Wolfgang Schwartz

Emsland Grafschaft Bentheim

mit Grenzgebiet Niederlande

60 ausgewählte Touren

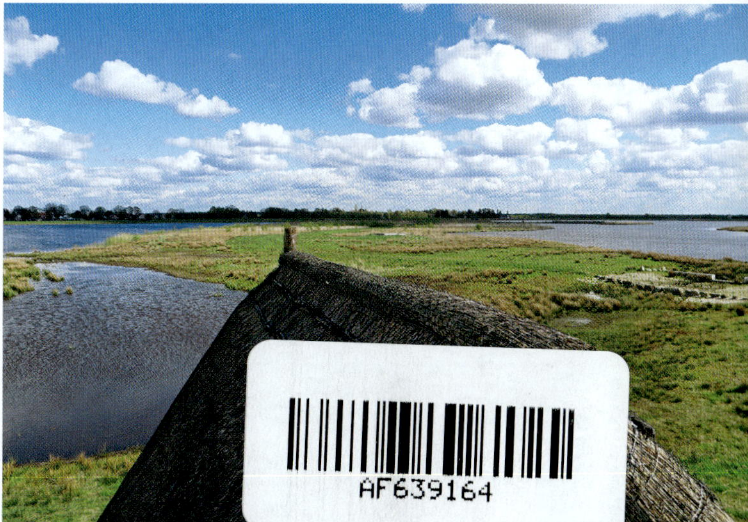

ROTHER BERGVERLAG

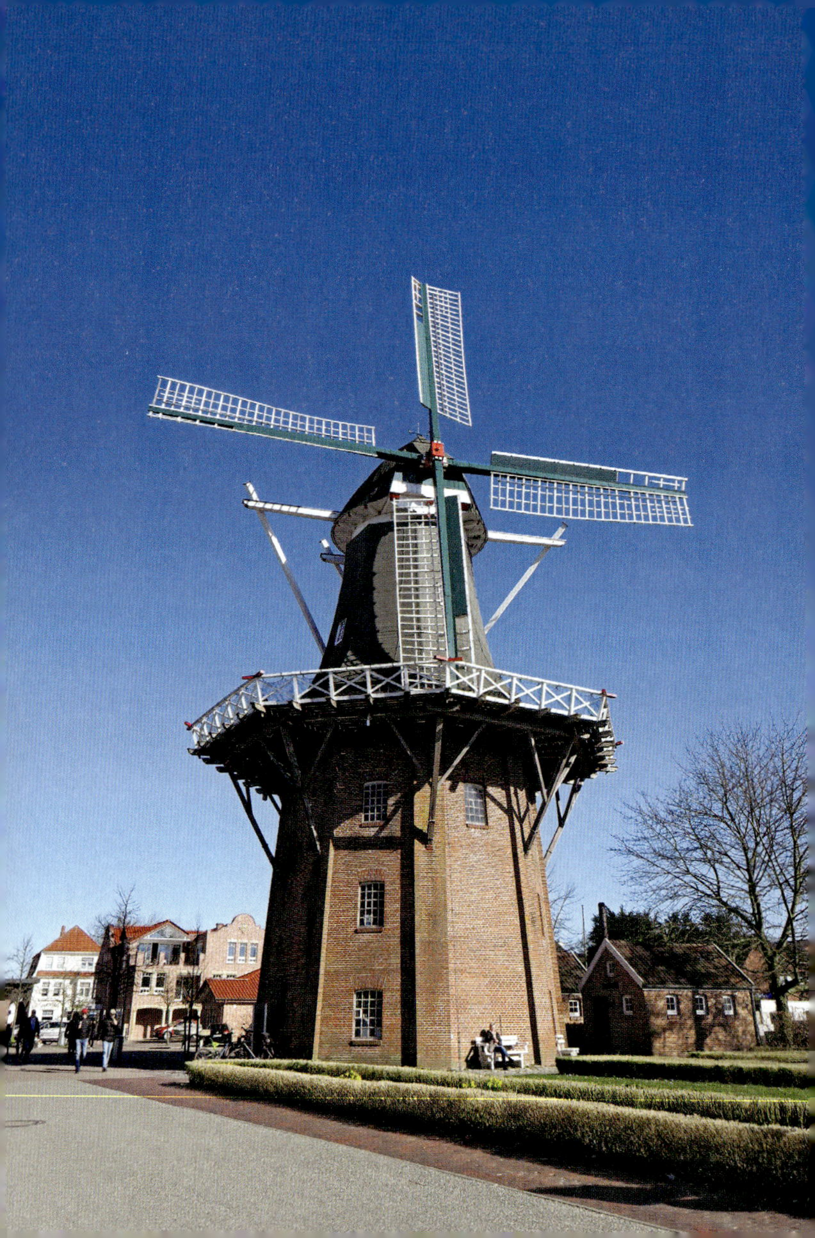

VORWORT

Der Westen Niedersachsens mit dem Emsland und der Grafschaft Bentheim sowie die Niederlande gelten weithin als Paradies für Radfahrer. Dass sich die überwiegend flache Landschaft aber auch hervorragend auf abwechslungsreichen Wanderwegen erkunden lässt, ist weniger bekannt.
Dieser Wanderführer beschreibt 60 Touren in der Region zwischen Papenburg und der Grenze zu NRW. Die Moränenlandschaft des Hümmlings ist genauso dabei wie die Ems- und Vechteniederung.
Die Landschaft wurde großteils in den letzten 10.000 Jahren nach der Eiszeit geprägt. Besonders gut lassen sich die geologischen Spuren im Emsland erkennen, das im November 2023 als 19. Nationaler Geopark in Deutschland zertifiziert wurde.
Im Großteil der Region findet man abgetorfte Moore, von denen einige renaturierte mit erlebnisreichen Wegen erschlossen werden. Ein paar Touren folgen diesen Lehrpfaden, andere erschließen einstmals wichtige Festungs- und Handelsstädte der Region – wie Meppen, Lingen, Nordhorn oder Bad Bentheim. Die Wanderungen führen durch Landschaften mit Wiesen, Wäldern, Wacholderheide, die Moränenlandschaft des Hümmlings, die Uelsener Berge und das niederländische Grenzgebiet sowie die westlichen Ausläufer des Teutoburger Waldes mit Sandsteinfelsen bei Bad Bentheim.
Das Element Wasser verbindet fast alle Touren – als See, Teich in Mooren und Wäldern, als Kanäle oder Flüsse bzw. deren naturnahen Altarmen; etwa Ems, Hase, Vechte, Dinkel oder Ruiten Aa.
Das Grenzgebiet Deutschland-Niederlande ist historisch, kulturell und wirtschaftlich eng miteinander verwoben. Daher beschreibt dieser Wanderführer auch besonders schöne Wanderziele jenseits und nahe der Grenze sowie einige grenzüberschreitende Wanderungen (Touren 9, 51, 60). Dort überraschen viele Wege mit besonders schönem und naturnahem Verlauf, etwa entlang mäandernden Flussläufen, Heideflächen und einem aussichtsreichen ehemaligen Müllberg als zweithöchster Erhebung der Provinz Drenthe.
Ein Plus: Fast alle Touren sind gut mit dem öffentlichen Nahverkehr erreichbar. Falls nicht, sind kurze Hinweise angegeben, wie man gut mit dem Fahrrad vom nächsten größeren Ort zu den Ausgangspunkten gelangt.

Tiendeveen, Frühjahr 2024 — Wolfgang Schwartz

Meyers Mühle in Papenburg war bis 1945 in Betrieb (Tour 9).

INHALTSVERZEICHNIS

Mittleres und südliches Emsland

Südliche Grafschaft Bentheim und Grenzgebiet Niederlande

Nördliche Grafschaft Bentheim

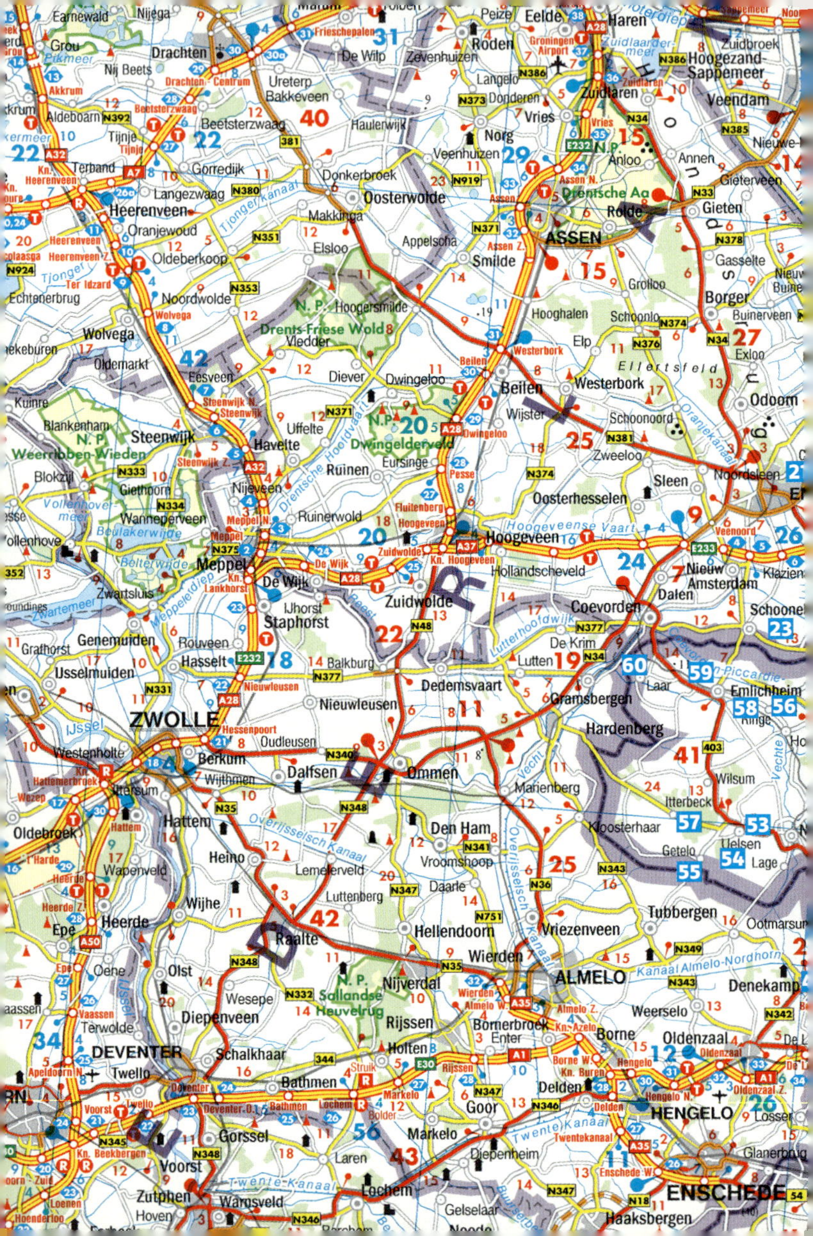

Earnewald
Nijega
Grou
Pikmeer
Drachten
Frieschepalen
De Wilp
Zevenhuizen
Peize
Roden
Eelde
Haren
Groningen Airport
Zuidlaardermeer
Zuidbroek
Hoogezand-Sappemeer
Veendam
Nij Beets
Drachten-Centrum
Ureterp
Bakkeveen
Langelo
Donderen
Zuidlaren
Akkrum
Aldeboarn
Beetsterzwaag
Haulerwijk
Norg
Vries
Tijnje
Veenhuizen
Anloo
Annen
Nieuwe-Pekela
Terband
Gorredijk
Donkerbroek
Gieterveen
Kn. Heerenveen
Langezwaag
Oosterwolde
Drentsche Aa
Rolde
Gieten
Heerenveen
Tjonger kanaal
Makkinga
Assen
Oranjewoud
Elsloo
Appelscha
Assen Z.
Smilde
Gasselte
Heerenveen Z.
Oldeberkoop
Tjonger
Ter Idzard
Grolloo
Echtenerbrug
Noordwolde
Hoogersmilde
Hooghalen
Schoonlo
Borger
Buinerveen
Wolvega
N. P. Drents-Friese Wold
Vledder
Westerbork
Elp
Exloo
Oldemarkt
Eesveen
Diever
Dwingeloo
Beilen
Ellertsfeld
Odoorn
Kuinre
Steenwijk N.
Uffelte
Wijster
Schoonoord
Oranjekanaal
Blankenham
N. P. Weerribben-Wieden
Steenwijk
Havelte
N. P. Dwingelderveld
Zweeloo
Steenwijk Z.
Ruinen
Eursinge
Pesse
Noordsleen
Blokzijl
Giethoorn
Nijeveen
Drentsche Hoofdvaart
Sleen
Oosterhesselen
Vollenhove
Wanneperveen
Meppel N.
Ruinerwold
Fluitenberg
Hoogeveen
Hoogeveense Vaart
Veenoord
Beulakerwijde
Meppel
Belterwijde
Zuidwolde
Kn. Hoogeveen
Hollandscheveld
Nieuw Amsterdam
Klazienaveen
Zwartsluis
De Wijk
Kn. Lankhorst
Dalen
Meppelerdiep
IJhorst
Staphorst
Reest
Coevorden
Schoonebeek
Zwartemeer
Lutterhoofdwijk
De Krim
Genemuiden
Rouveen
Grafhorst
Hasselt
Balkburg
Lutten
Laar
IJsselmuiden
Nieuwleusen
Dedemsvaart
Coevorden-Piccardie-Kanal
Emlichheim
Gramsbergen
Ringe
ZWOLLE
Hessenpoort
Hardenberg
Oudleusen
Westenholte
Berkum
Dalfsen
Ommen
Kn. Hattemerbroek
Wijthmen
Wilsum
Vechte
Itterbeck
Wezep
Marienberg
Hattem
Oldebroek
Overijsselsch Kanaal
Den Ham
Kloosterhaar
Uelsen
Getelo
Lage
Heino
Vroomshoop
't Harde
Wapenveld
Lemelerveld
Heerde
Luttenberg
Daarle
Heerde Z.
Wijhe
Tubbergen
Ootmarsum
Epe
Raalte
Hellendoorn
Vriezenveen
Olst
Wierden
Kanaal Almelo-Nordhorn
Oene
N. P. Sallandse Heuvelrug
Nijverdal
ALMELO
Denekamp
Almelo W.
Almelo Z.
Wesepe
Weerselo
Vaassen
Diepenveen
Rijssen
Borne
Terwolde
Kn. Azelo
Bornerbroek
Enter
Oldenzaal
Schalkhaar
Holten
Borne W.
Hengelo
Kn. Buren
DEVENTER
Apeldoorn N.
Twello
Bathmen
Struik
Delden
HENGELO
Hengelo N.
Oldenzaal Z.
Losser
Voorst
Deventer-O.
Markelo
Goor
Bolder
Twentekanaal
Gorssel
Glanerbrug
Kn. Beekbergen
Laren
Diepenheim
Voorst
Enschede-W.
Apeldoorn-Zuid
Loenen
Zutphen
Warnsveld
Twente-Kanaal
Lochem
Gelselaar
ENSCHEDE
Haaksbergen
Hoenderloo
Hoven

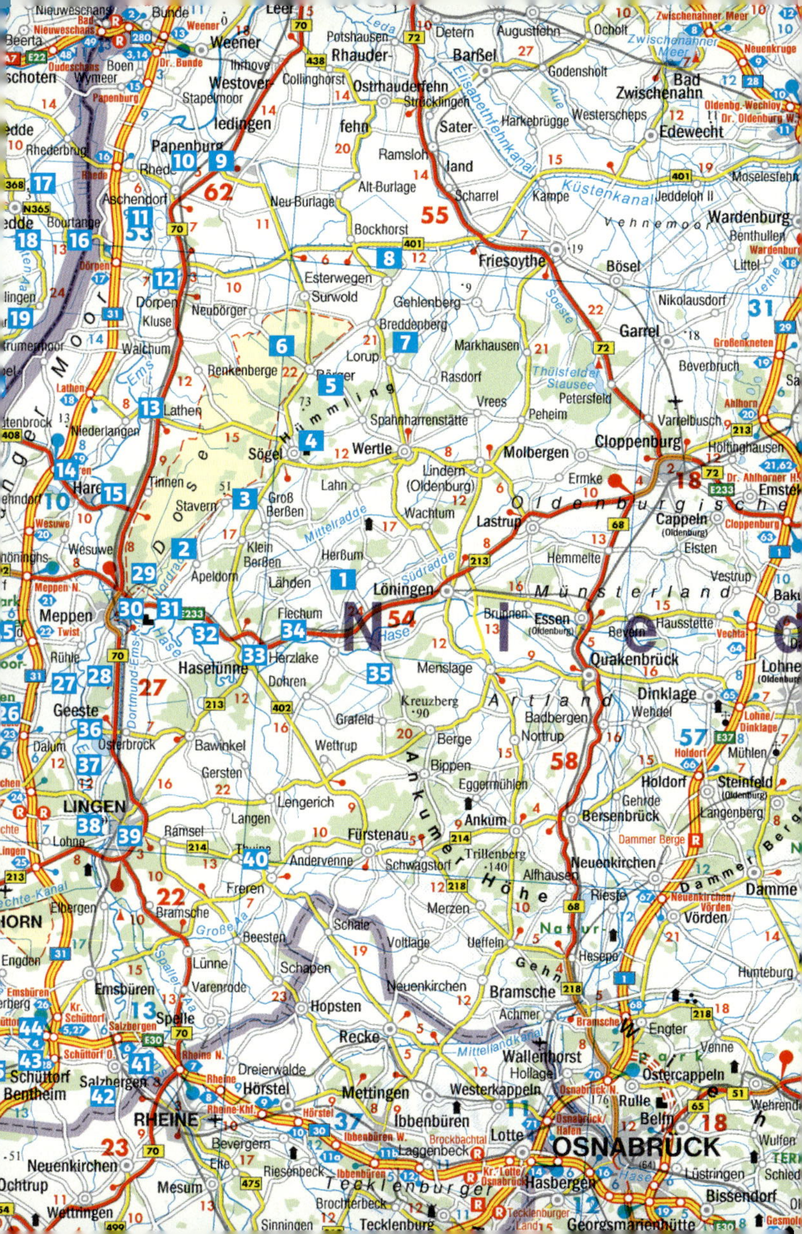

Nieuweschans
Bunde
Weener
Leer
Rhauder-
Potshausen
Detern
Augustfehn
Ocholt
Zwischenahner Meer
Barßel
Godensholt
Bad Zwischenahn
Ihrhove
Westover-
ledingen
Collinghorst
Ostrhauderfehn
Strücklingen
Saterland
Harkebrügge
Westerscheps
Edewecht
Papenburg
Rhede
Aschendorf
Ramsloh
Scharrel
Kampe
Küstenkanal
Jeddeloh II
Moselesfehn
Neu-Burlage
Alt-Burlage
Bockhorst
Vehnemoor
Wardenburg
Friesoythe
Bösel
Esterwegen
Surwold
Gehlenberg
Breddenberg
Nikolausdorf
Garrel
Dörpen
Kluse
Neubörger
Walchum
Lorup
Markhausen
Thülsfelder Stausee
Beverbruch
Renkenberge
Börger
Rasdorf
Vrees
Petersfeld
Lathen
Niederlangen
Hümmling
Spahnharrenstätte
Peheim
Varrelbusch
Cloppenburg
Sögel
Wertle
Lindern (Oldenburg)
Molbergen
Höltinghausen
Haren
Tinnen
Stavern
Groß Berßen
Lahn
Ermke
Emstek
Cappeln
Oldenburgische Münsterland
Wachtum
Lastrup
Elsten
Wesuwe
Klein Berßen
Herßum
Hemmelte
Vestrup
Apeldorn
Lähden
Löningen
Meppen
Flechum
Essen (Oldenburg)
Hausstette
Bevern
Haselünne
Herzlake
Menslage
Quakenbrück
Lohne (Oldenburg)
Dohren
Kreuzberg
Artland
Badbergen
Dinklage
Wehdel
Geeste
Dalum
Osterbrock
Bawinkel
Grafeld
Berge
Nortrup
Mühlen
Wettrup
Bippen
Holdorf
Steinfeld (Oldenburg)
Gersten
Eggermühlen
Gehrde
Lingen
Lengerich
Ankum
Bersenbrück
Langenberg
Langen
Ankumer Höhe
Dammer Berge
Ramsel
Thuine
Fürstenau
Trillenberg
Andervenne
Schwagstorf
Alfhausen
Neuenkirchen
Damme
Lohne
Freren
Merzen
Rieste
Vörden
Elbergen
Bramsche
Beesten
Schale
Voltlage
Ueffeln
Hesepe
Hunteburg
Engden
Lünne
Schapen
Varenrode
Emsbüren
Spelle
Hopsten
Bramsche
Achmer
Engter
Venne
Schüttorf
Recke
Mittellandkanal
Wallenhorst
Hollage
Ostercappeln
Dreierwalde
Salzbergen
Hörstel
Bentheim
Mettingen
Westerkappeln
Rulle
Belm
Rheine
Ibbenbüren
Lotte
Osnabrück
Wulften
Bevergern
Elte
Laggenbeck
Riesenbeck
Neuenkirchen
Hasbergen
Lüstringen
Tecklenburger Land
Ochtrup
Mesum
Brochterbeck
Bissendorf
Wettringen
Sinningen
Tecklenburg
Georgsmarienhütte
Schledehausen

TOP-TOUREN

Hümmlinger Pilgerweg bei Sögel
Die von Flussniederungen durchzogene Geestlandschaft des Hümmling lässt sich eindrucksvoll auf kürzeren Abschnitten des insgesamt 90 km langen Hümmlinger Pilgerwegs erwandern. Höhepunkte sind ein indonesisches Batakhaus, die barocke Schlossanlage Clemenswerth sowie einige Hügelgräber *(Tour 4, 5.30 Std.).*

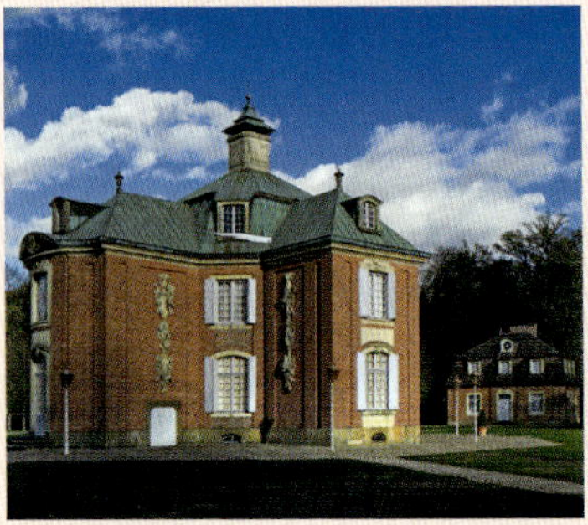

Von Aschendorf nach Papenburg
Durch Wiesen, Wald und Parkanlagen führt diese Streckentour von Aschendorf in die Schiffbaustadt Papenburg. Dort erinnern Torfkähne sowie eine Windmühle an die Vergangenheit als Fehnkolonie. Unterwegs bieten der Bokeler Baggersee und optional der Tunxdorfer Waldsee Badegelegenheiten *(Tour 9, 2.00 Std.).*

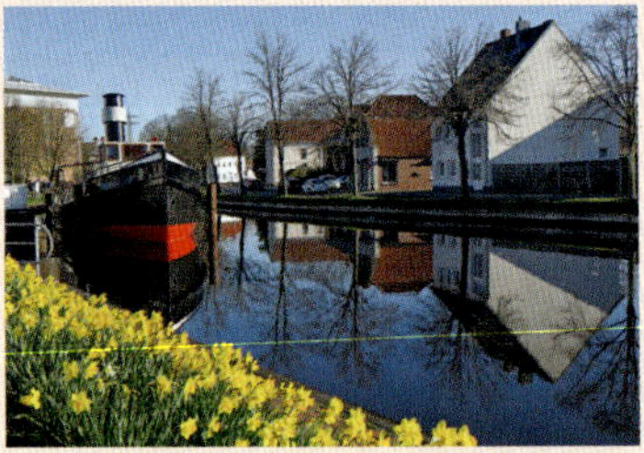

Westerwoldse Aa
Die Westerwoldse Aa präsentiert sich zusammen mit dem mäandernden Bachsystem der renaturierten Ruiten Aa als Naturidyll mit urigen Uferpfaden. Besonders schön ist der Abschnitt bei Wedde *(Tour 17, 3.00 Std.).*

Ter Apel – Ruiten Aa
Durch den Wald und entlang der Ruiten Aa schlängeln sich bei Ter Apel abwechslungsreiche Pfade. Start- und Endpunkt der Wanderung ist ein ehemaliges Kloster mit UNESCO-Welterbestatus *(Tour 20, 2.00 Std.).*

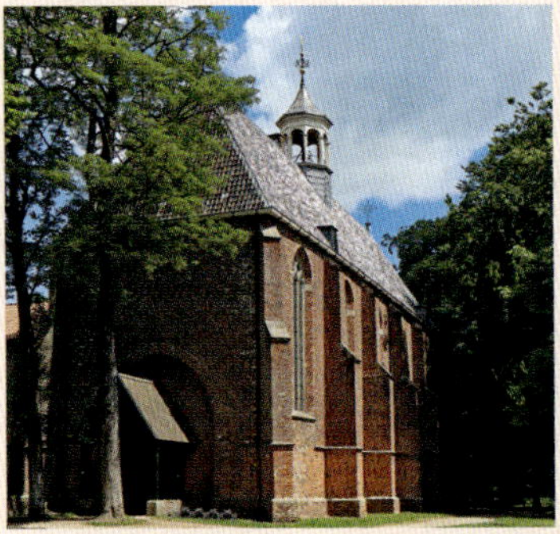

Weiteveen – Bargerveen
Das direkt an der Grenze zu Deutschland liegende Bargerveen ist ein Erfolgsmodell für Moorrenaturierung. 30 km Rad- und Wanderwege erschließen das seit mehr als 50 Jahren wiedervernässte Moor *(Tour 24, 4.15 Std.).*

Meppen – Bokeloh
Einsame Ufer- und Waldwege führen durch das Naturparadies am unteren Hasetal mit mäanderndem Fluss und einer Binnendüne. Am Wendepunkt Bokeloh erinnert ein bebilderter Rundweg an den Maler Otto Pankok *(Tour 31, 4.00 Std.).*

Naturerlebnis-Lehrpfad Wachendorf
Zwischen der Wachendorfer Wacholderheide und der Ems erstreckt sich eine kleinräumig abwechslungsreiche Landschaft mit Wacholderheide, Wald, Wiesen und Feuchtwiesen der Flusslandschaft Ems. 13 Stationen des Naturerlebnis-Lehrpfads informieren über die verschiedenen Lebensräume *(Tour 38, 2.00 Std.)*.

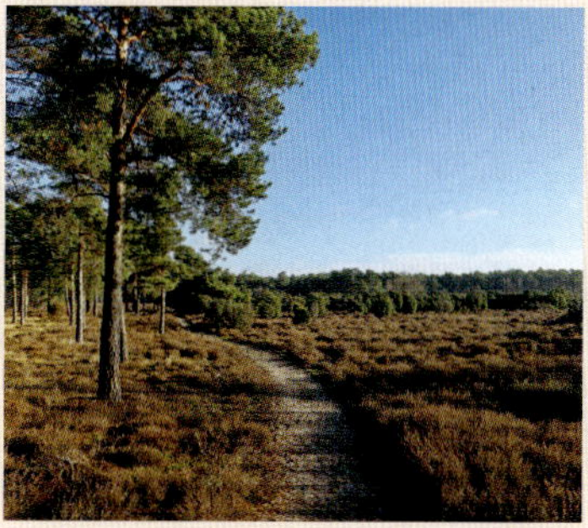

Denekamp – Dinkel
Kurz vor ihrer Mündung in die Vechte bei Neuenhaus windet sich die Dinkel mäanderreich an Denekamp vorbei. Die Tour folgt diesen attraktiven Flussschleifen mit Auwald vorbei am Schloss Huis Singrave *(Tour 49, 2.30 Std.)*.

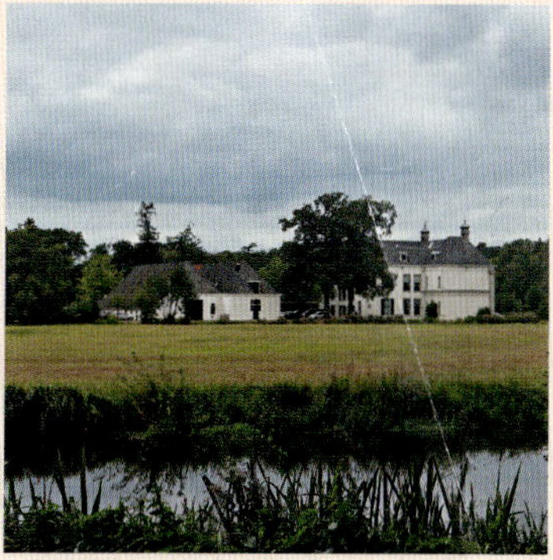

Dreiländersee – Gildehauser Venn
Moor- und Heidelandschaften prägen das am Dreiländereck Niedersachsen – NRW – Niederlande gelegene Naturschutzgebiet Gildehauser Veen. Unterwegs bietet der Dreiländersee Badegelegenheit *(Tour 47, 2.45 Std.)*.

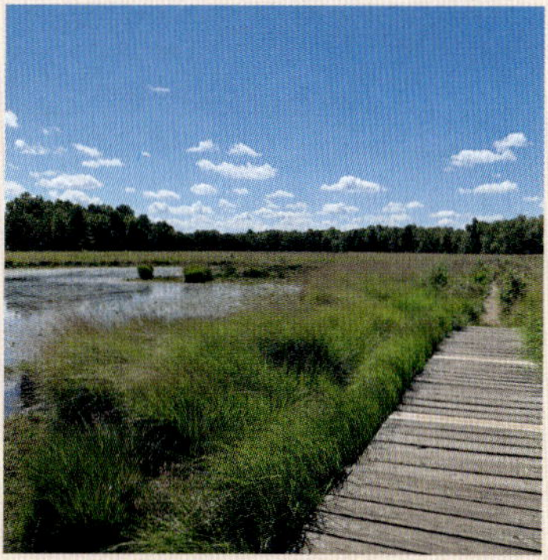

Itterbecker Heide
An der Grenze zu den Niederlanden bietet diese Rundwanderung in der Endmoräne der Uelsener Berge abwechslungsreiche Landschaften mit Heide, Wald und Feldern. Unterwegs lädt die Itterquelle zu einer Pause ein *(Tour 56, 3.15 Std.)*.

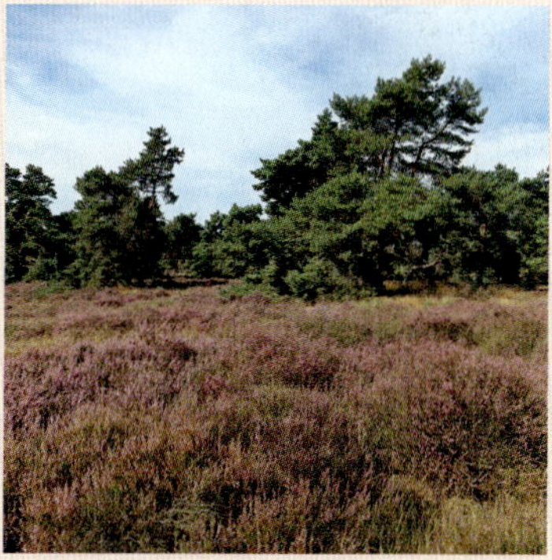

ALLGEMEINE HINWEISE

Schwierigkeitsbewertung

Die Summe der Anforderungen, die eine Tour unter normalen Bedingungen stellt, drückt sich in der Farbe der Tournummer aus. Drei Stufen werden unterschieden (leicht, mittel, schwierig), von denen in der flachen Region nur eine – die leichteste – anzutreffen ist:

SCHWIERIGKEITSKATEGORIEN

■ = Leicht

Wanderungen auf überwiegend markierten Wegen, durch Wälder und Felder, Ortschaften und entlang Flüssen und Kanälen, größtenteils auch für Kinder und Senioren geeignet.

Anforderungen

Alle Wanderungen sind als leicht einzustufen; es gibt keine nennenswerten Auf- oder Abstiege – abgesehen von Aussichtsdünen und -hügeln mit maximal etwa 30 m Aufstieg. Es überwiegen Wald- und Feldwege sowie Pfade. Dazu kommen Radwege oder kleine verkehrsarme Straßen. Besonders im Winterhalbjahr sind einige Wege bei und nach nassem Wetter stellenweise schlammig. Entsprechende Informationen sind genauso wie weitere spezielle Anforderungen den jeweiligen Touren in der Kurzinfo vorangestellt.

An der idyllisch gelegenen Burg Wedde begann 1568 der 80-jährige Krieg der Niederlande (Tour 17).

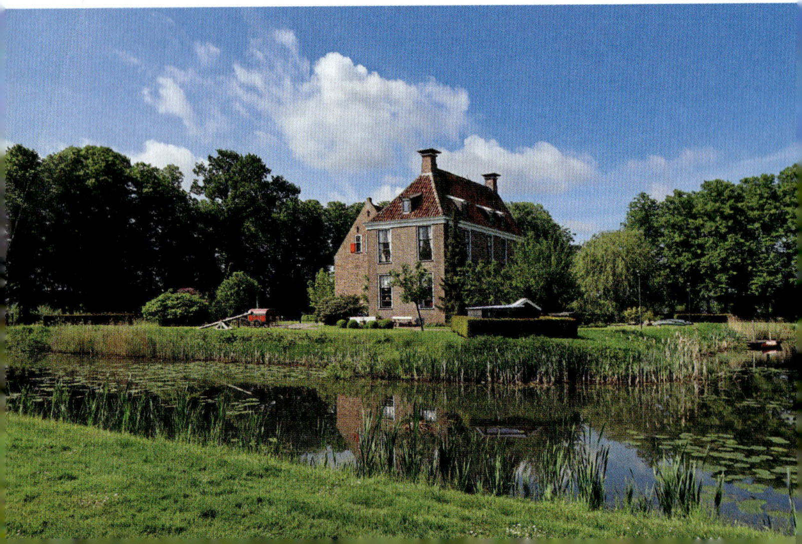

Wandern mit Kindern

Von den beschriebenen Touren sind alle leicht und für Kinder geeignet, sofern sie nicht länger als etwa 20 km sind. Viele der Rundwanderungen können abgekürzt werden, sind fast immer abwechslungsreich und bieten verschiedene Höhepunkte.

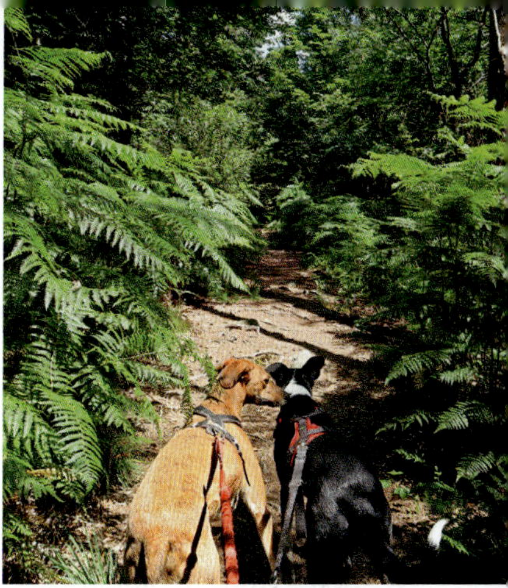

Wandern mit Hund bei Bad Bentheim (Tour 45).

Wandern mit Hund

In Deutschland besteht in Naturschutzgebieten Anleinpflicht für Hunde, ebenso in anderer freier Landschaft in der Brutzeit (1.4.–15.7.). Hunde sollten immer in Rufweite sein und auf keinen Fall streunen oder wildern. Die Nutzung von Hundekottüten versteht sich von selbst. Bis auf Tour 19 können Hundehalter bei allen Touren mit ihren Vierbeinern wandern. Bei Streckentouren sind die Bedingungen im öffentlichen Nahverkehr für die Mitnahme von Hunden zu beachten: In Bahnen muss für größere Hunde (größer als eine Hauskatze) eine Fahrkarte gelöst werden. Oft gibt es spezielle Zusatztickets, im Fernverkehr ein Kinderticket. Bei Ländertickets gelten Hunde tariflich als zusätzliche erwachsene Person (5 €). Beim Grenzübertritt müssen Hunde gechipt und gegen Tollwut geimpft sein.

SYMBOLE

Symbole im Tourenkopf

- mit Bahn/Bus erreichbar
- Einkehrmöglichkeit
- für Kinder geeignet

Symbole im Höhenprofil

- Ort mit Einkehrmöglichkeit
- Einkehrmöglichkeit
- Schutzhütte, Unterstand
- Parkplatz
- Bushaltestelle
- Bahnhof/S-Bahn-Haltestelle
- Brücke
- Kirche, Kapelle
- Burg, Schloss, Ruine
- Aussichtsturm
- Aussichtsplatz
- Quelle
- Abzweigung links
- Abzweigung rechts
- archäologische Stätte
- Rastplatz / Picknickplatz
- Campingplatz
- Bademöglichkeit
- Windmühle

Gefahren

Die Region hat keine gefährlichen wilden Tiere, aber leider Zecken: Das Emsland gilt als Hochrisikogebiet für FSME. Da Zecken auch andere Krankheiten wie Borreliose übertragen können, empfehlen sich entsprechende Vorsichtsmaßnahmen, z.B. das Tragen von langen Hosen, Schuhen mit hohem Schaft und ggf. langen Socken. Nach Wegen mit langem Gras sollte man sich entsprechend kontrollieren. Ausführlich und aktuell informiert die Website zecken.de. Besonders zeckengefährdend sind Wege durch hohes Gras, wie es auf den vielen Wegen neben Flüssen – etwa der Vechte oder Mittelrade – im Spätsommer keine Seltenheit ist, denn dort wird nur selten gemäht.
Vor allem wenn man mit Hunden unterwegs ist, sollte man sich vor Jägern in Acht nehmen (Vorsicht bei Treibjagden!). Einige Touren führen zudem durch das Waffenerprobungsgelände WTD91 nordöstlich von Meppen und dürfen aus diesem Grund nur am Wochenende begangen werden (Touren 2, 6).

Wegenetz und Markierungen

In der Region dominieren Radwege und -schilder. Punktuell gibt es aber auch ein gutes Netz an ausgewiesenen Wanderwegen, etwa im Hümmling mit den großteils als Qualitätsweg »Wanderbares Deutschland« zertifizierten 15 Hümmling-Pfaden, oder auf niederländischer Seite. Generell verlaufen die Wege im niederländischen Grenzbereich meistens abwechslungsreicher und auf kleineren Wegen bzw. Pfaden gegenüber den auf deutscher Seite häufigen Wirtschaftswegen.
Die Grafschaft Bentheim wirbt mit 320 km ausgeschilderten Wanderwegen. Neben dem 80 km langen Fernwanderweg »Auf den Spuren der Podagristen« zwischen Bad Bentheim und Coevorden sind das 15 als »Spurensuche« vermarktete Tagestouren mit thematischen Schwerpunkten, die aber teilweise etwas straßenlastig sind. Markiert sind die Rundtouren mit dem Schild »Spurensuche«, beim Podagristenpad mit einem »P« ergänzt.

Nummerierte Knotenpunkte

Im Grenzbereich ist das in den Niederlanden übliche Markierungssystem mit Knotenpunkten (»Knooppunten«, manchmal auch »Keuzepunten«) zu finden, das als »Wandernetzwerk« (»Wandelnetwerk«) die Orientierung erleichtern soll. Dabei sind die Schnittpunkte der netzartig konzipierten Wanderwege mit Nummern versehen, die von den benachbarten Punkten jeweils mit Richtungspfeilen angegeben sind. Anhand der zum Teil verfügbaren Karten (teils auch online) wird so die Wegfindung im Gelände erleichtert. Nach Erfahrung des Autors ist das allerdings Theorie. Tatsächlich ändern sich die Nummerierungen gelegentlich, und die korrespondierenden Pfeile sowie ausgehängte oder online im Routenplaner hinterlegte Karten werden nur unzureichend aktualisiert (vor allem in den Niederlanden). Dies führt in der Praxis gelegentlich eher zur Verwirrung.

Die Region wird mit Netzen bzw. Knotenpunktsystemen für Radfahrer und Wanderer sowie stellenweise Reiter überzogen, mit jeweils unterschiedlichen Nummern, aber stellenweise gleichen Wegen. Leider sind die korrespondierenden Übersichtskarten gerade für Wanderer eher selten.

In der Grafschaft Bentheim ist das Wanderknotenpunktsystem insofern mangelhaft, als häufig zwar Richtungswegweiser wie etwa »N11 Alte Weberei« zu finden sind, aber oft die Markierungen der Wegpunkte vor Ort fehlen, von Übersichtskarten ganz zu schweigen. Daher ist nur sehr gut vorab informierten Wanderern ersichtlich, worauf sich Kürzel wie »N11« beziehen.

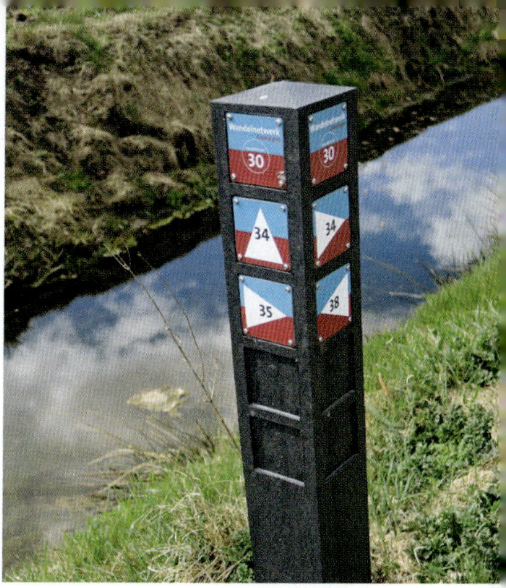

Markierung Wanderknotenpunktsystem bei Bourtange.

Die in den Niederlanden häufigen Wanderknotenpunkte sind vor Ort gut angegeben und markiert, die entsprechenden Übersichtskarten auch hier selten; dafür sehr gut online abrufbar: wandelnet.planner.routemaker.nl

Das Gebiet im und um das Bourtanger Moor – zwischen Lingen und Haren – hat ebenfalls Wanderknotenpunkte, allerdings nur inselhaft und nicht flächendeckend. Dafür gibt es viele Karten vor Ort und online: naturpark-moor.eu/erleben/natur-aktiv/wandern-spazieren/wanderknotenpunktsystem

GPS-TRACKS UND KOORDINATEN DER AUSGANGSPUNKTE

Auf **gps.rother.de** stehen zu diesem Wanderführer GPS-Tracks und die Koordinaten der Ausgangspunkte zum kostenlosen Download bereit. Dieser QR-Code führt direkt zum Download.
1. Auflage, Passwort: **462301hre**

Die GPS-Tracks können in die **Rother App** importiert werden. In der App kann man unterwegs stets sehen, wo man gerade ist und wo es langgeht. **Anleitungen dazu: rother.de/gps**

Trotz sorgfältiger Prüfung können wir Fehler und zwischenzeitliche Veränderungen nicht ausschließen. Verlassen Sie sich für die Orientierung niemals einzig und allein auf die GPS-Daten, sondern beurteilen Sie die Verhältnisse vor Ort.

Fernwanderwege

Einige der Touren verlaufen entlang Fernwanderwegen, die im Infokasten mit den wichtigsten Angaben zusammengefasst sind. Die meisten bekannten Fernwanderwege überschreiten die deutsch-niederländische Landesgrenze und unterstreichen damit die enge Verbundenheit im historischen, kulturellen, wirtschaftlichen und touristischen Bereich. Mit Ausnahme des Hünenwegs haben die Fernwanderwege in der Region ein Manko: Sie verlaufen über längere Strecken mangels Alternativen entlang Straßen, die zwar meistens nicht viel Autoverkehr haben, aber weniger für kurzweiliges Wandern stehen. Daher wurden für dieses Buch nur die interessantesten Teilstücke ausgesucht, oft variiert mit anderen Wegen.

Hünenweg

Der mit einem blauen »h« auf gelbem Grund markierte Hünenweg verbindet als 324 km langer Fernwanderweg das deutsche Osnabrück mit dem niederländischen Groningen und damit drei Geoparks: das Emsland,

BEKANNTE FERNWANDERWEGE IN DER REGION

Fernwanderweg	Strecke	km	Markierung	Touren
Hünenweg	Osnabrück – Meppen – Emmen – Groningen (NL)	324	blaues »h« auf gelbem Grund	21, 22, 24, 31–35
Noaberpad	Bad Nieuweschans (NL) – Emlichheim – Bocholt – Milseek (NL)	432	rot-weiß	17–24, 53–55
Emswanderweg	Rheine – Meppen – Leer	162	weißes E	11, 28, 38, 41
Töddenweg	Osnabrück – Rheine – Oldenzaal (NL)	111	weißes T, E11	42–44
Vechtdalpad	Zwolle (NL) – Gramsbergen – Hoogstede (D)	105	blau-weiß	6, 58
Dinkelpad	Gronau – Losser (NL) – Neuenhaus	77	blau-weiß	47, 48
Smokkelroute	Denekamp – Losser – De Tip – Snippert (NL)	100	violett-weiß	46, 48
Auf den Spuren der Podagristen	Bad Bentheim – Coevorden (NL)	80	»Spurensuche« mit P	52, 53, 58, 59
Westerwoldepad	Rundweg bei Ruiten Aa (zw. Wedde und Ter Apel)	100	gelb-blau	17–20
Hümmlinger Pilgerweg	Rundweg im Hümmling (zw. Sögel und Esterwegen)	90	Steine mit Kreuzen, Sinnspruchtafeln	3, 4, 8
Hümmling-Pfade	15 großteils zertifizierte Rundwege		violettes »h« auf weißem Grund	1–3, 5–8

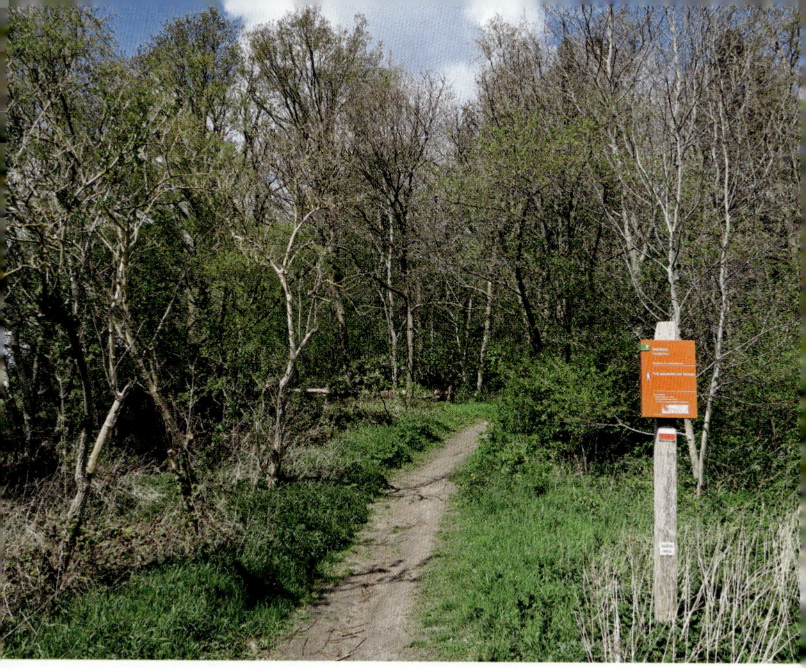

Der Grenzweg Noaberpad ist rot-weiß markiert, hier bei Oosterbos (Tour 22).

Terra.vita rund um Osnabrück, Hondsrug im niederländischen Drenthe – wobei die letzten beiden UNESCO-zertifiziert sind. Der Hünenweg wurde in seiner jetzigen Form als EU-Projekt 2022 offiziell eröffnet und geht zurück auf zwei Vorläuferwege: in den Niederlanden auf den Hondsrugpad und in Deutschland auf den Hünenweg. Mehrere Touren dieses Buches folgen stellenweise dem jetzigen Hünenweg (Touren 21, 22, 24, 31–35) sowie der älteren Route, wo noch viele Markierungen erhalten sind, darunter auch das »F« des 1937 eingerichteten Vorläufers Friesenweg (Touren 3–6, 31). Das nicht seltene Nebeneinander neuer und alter Hünenweg-Markierungen fördert allerdings nicht die Orientierung vor Ort.

Noaberpad

Der rot-weiß markierte Noaberpad führt als 432 km langer Fernwanderweg entlang der deutsch-niederländischen Grenze vom Wattenmeer am Dollart zum Rhein, überwiegend auf niederländischer Seite. Zuständig für diese Route sind die niederländischen Naturfreunde (NIVON), die mit ihr die Gemeinsamkeiten und Unterschiede der beiden »Nachbarn« (wörtliche Bedeutung von »Noaber«) zeigen wollen.

ZUR REGION

Die Landkreise Emsland und Grafschaft Bentheim bilden den westlichen Anschluss Niedersachsens an die Niederlande und sind geografisch wie geschichtlich, kulturell und wirtschaftlich eng mit dem östlichen Nachbarn verbunden. Daher liegt es auf der Hand, diesen Wanderführer auf die grenznahe Region der Niederlande auszudehnen, zumal die dortigen Provinzen Drenthe und Overijssel einige sehr attraktive Wanderwege im Grenzbereich bieten.

Die beiden Landkreise werden jeweils von einem größeren entwässernden Fluss geprägt: der Vechte in der Grafschaft und der Ems im Emsland. Deren aus einem Höhenzug bestehende Wasserscheide bildet in etwa die natürliche Grenze zwischen diesen beiden Landkreisen, während die Niederlande durch natürliche Barrieren wie Moore (Bourtanger Moor) und Flüsse (Dinkel) getrennt werden.

Emsland

Der Landkreis Emsland ging nach einer Kreisreform 1977 aus den drei Altkreisen Aschendorf-Hümmling, Meppen und Lingen hervor, woraus sich das heutige dreigeteilte Kreiswappen erklärt. Mit seinen 2.883 km² galt das Emsland bis 1993 als flächenmäßig größter Landkreis Deutschlands. Dessen geringe Bevölkerungsdichte begünstigte die Anlage von flächenintensiven Testanlagen: für Waffen (Hümmling), Autos (bei Papenburg) und den Transrapid (bei Dörpen). Meppen ist Kreisstadt, größer aber sind das südlich gelegene Lingen sowie Papenburg im Norden.

Die barocke Schlossanlage Clememswerth besticht mit acht radialen Sichtachsen (Tour 4).

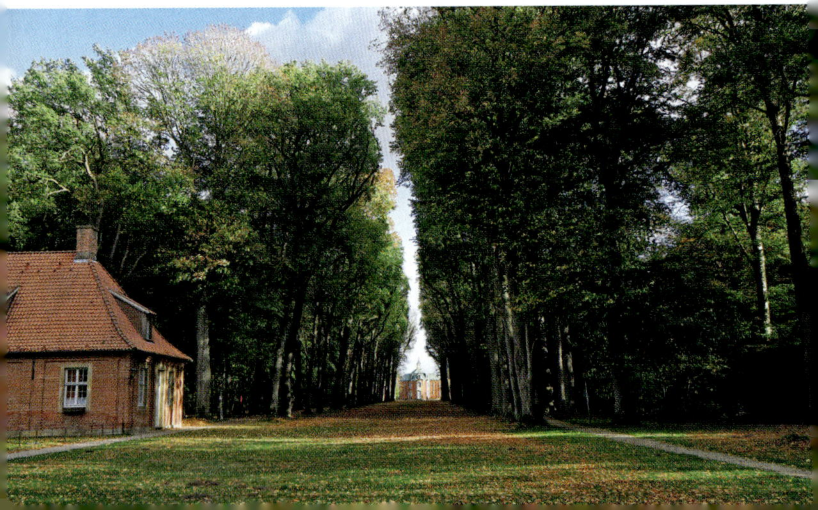

Das Emsland ist bekannt für seine Hünengräber, nicht umsonst ist eines oben im Wappen zu finden. Besonders viele sind im Hümmling erhalten. Früher gab es diese auch an anderen Stellen; die ganze Region war in der Steinzeit besiedelt. Im Emsland bieten Moore, Sand und Findlinge eine Reise in die Erdgeschichte. Aus diesem Grund schmückt sich das Emsland mit dem Titel »Geopark«, eine entsprechende Zertifizierung als »Nationaler GeoPark« wird angestrebt.
Das Emsland mit seinen sandigen Böden und Mooren galt bis in die Mitte des letzten Jahrhunderts als arme Region. Die wirtschaftliche Wende kam mit der industriellen Förderung von braunem (Torf) und schwarzem (Erdöl) Gold. Letzteres wird wie Erdgas bis heute gefördert – auch in der Grafschaft Bentheim und den benachbarten Niederlanden, wenn auch nur in überschaubaren Mengen. Die Erdölfelder Rühle und Bramberge bei Meppen gehören zu den ertragreichsten des Landes.

Grafschaft Bentheim

Der Norden der Grafschaft Bentheim wird geprägt von Moor- und Heidegebieten sowie der Vechteniederung, während der Süden mit dem Bentheimer Höhenrücken als westlichem Ausläufer des Teutoburger Waldes Höhen bis 92 m erreicht (Bentheimer Burg). Kreisstadt ist nicht etwa das namensgebende Bad Bentheim, sondern weiter nördlich Nordhorn.
Der Name geht zurück auf die historische Grafschaft mit Hauptsitz auf der Bentheimer Burg. Die Grafschaft Bentheim ist überregional durch die genügsame Schweinerasse Bentheimer Landschwein und den bei Baumeistern und Bildhauern beliebten Bentheimer Sandstein bekannt. Von daher landet man beim Googeln von »Bentheimer Rücken« auch eher beim Schwein als beim Höhenrücken des Bentheimer Sandsteins. Letzterer wurde seit dem Mittelalter exportiert, etwa zum Bau des Königlichen Palais in Amsterdam, dem Rathaus von Münster oder der Frauenkirche von Antwerpen. Mit Lastkähnen wurde der Stein über die Vechte in die damals prosperierende Kolonialmacht Holland und von dort in deren Kolonien exportiert. In der 1632 auf dem Weg nach Indonesien vor Australien gesunkenen Batavia wurde bei deren Hebung 1970 ein 6 m hohes Portal aus Bentheimer Sandstein gefunden.

Landschaftsbild und Geologie

Die Region wurde großteils durch eiszeitliche Gletscher geprägt, durch die Moränenhügel und Moore entstanden, umrahmt von zahlreichen Flussniederungen. Am Schnittpunkt von Geest und Flussmarschen laden abwechslungsreiche Landschaften mit Mooren, Moränen, Wäldern, Wiesen, Kanälen und Knicks zum Wandern ein.
Entscheidend für die Prägung der Landschaft war das Drenthe-Stadium als weitester Eisvorstoß der Saale-Eiszeit. Stauchendmoränen markieren die Reichweite der Gletscher wie beim 91 m hohen Windmühlenberg als höchster Erhebung des Emslands. Nach Abschmelzen der Gletscher ent-

standen in Abflussbahnen des Schmelzwassers Moore wie das Hahnenmoor und kleinere Flusstäler wie die der Nord-, Mittel- und Südradde im Hümmling. Deren Fließrichtung entspricht als ehemalige Gletscherspalten der Bewegungsrichtung des Eises. Das nacheiszeitliche Schmelzwasser lagerte Sandmassen am Fuße der Moränen ab – der heutigen Geest mit ihren Sandböden. Auf Flugsandflächen bildeten sich mangels einer schützenden Vegetationsdecke Binnendünen. Steinzeitliche und mittelalterliche Funde unter Dünen belegen, dass viele Dünen aber auch erst in den letzten 200–300 Jahren entstanden sind.
Eine landschaftliche und geologische Besonderheit ist im Süden der Grafschaft der Bentheimer Höhenrücken als westlicher Ausläufer des Teutoburger Waldes. Dieser bis zu 92 m (Bentheimer Burg) aufragende Sandstein-Höhenzug entstand vor 125 Millionen Jahren aus kreidezeitlichen Meeresablagerungen und setzt sich unterirdisch fort in der nördlichen Grafschaft und im südlichen Emsland. Daraus lassen sich dort die Erdöl- und Erdgasvorkommen erklären. In dem porenreichen Sandstein sind große Mengen Erdöl gespeichert. Unter der Stadt Bad Bentheim führen die günstigen Speichereigenschaften zur Einlagerung von Wasser.

Flusstäler und Niederungen

Die wiesenreichen Niederungen der einst mäandernden Hauptflüsse Ems und Vechte sowie ihrer Nebenflüsse bestimmen große Teile der Landschaft. Einige Flüsse sind bis heute periodisch überschwemmt. Dann sind auch die entsprechenden Wanderungen nicht oder nur mit Einschränkungen möglich – vor allem entlang der Vechte und Hase. Erschwerend für Wanderer ist im Spätsommer auch der hohe Grasbewuchs auf vielen flussbegleitenden Uferwegen, die nur selten gemäht werden – etwa entlang der Vechte oder Nordradde.
Einige früher im Zuge von Begradigungen abgetrennte Altarme von Flüssen werden wieder renaturiert und bieten wichtige Pufferzonen bei schwankenden Wasserständen. Anhand verschiedener Flussterrassen – etwa bei der Ems zwischen Rheine und Lingen – lassen sich die verschiedenen nacheiszeitlichen Wasserstände des Flusses gut erkennen; die oberen gelten als älteste.

Moore

Ein Zehntel der Fläche des norddeutschen Tieflandes waren einst Moorlandschaften; sowohl Nieder- wie Hochmoor. Niedermoor wird im Gegensatz zum Hochmoor nur vom Regenwasser gespeist und hat keinen direkten Kontakt zum Grundwasser. Die Entstehung geht auf die Eiszeit zurück: Am Rande von Moränen bildeten sich durch den Abfluss des Schmelzwassers tief gelegene Flächen, in denen sich in Jahrtausenden abgestorbene organische Substanz anhäufte und zu Torf umgewandelt wurde. Dessen gute Wasserspeichereigenschaften wissen Gartenfreunde zu schätzen. Für das

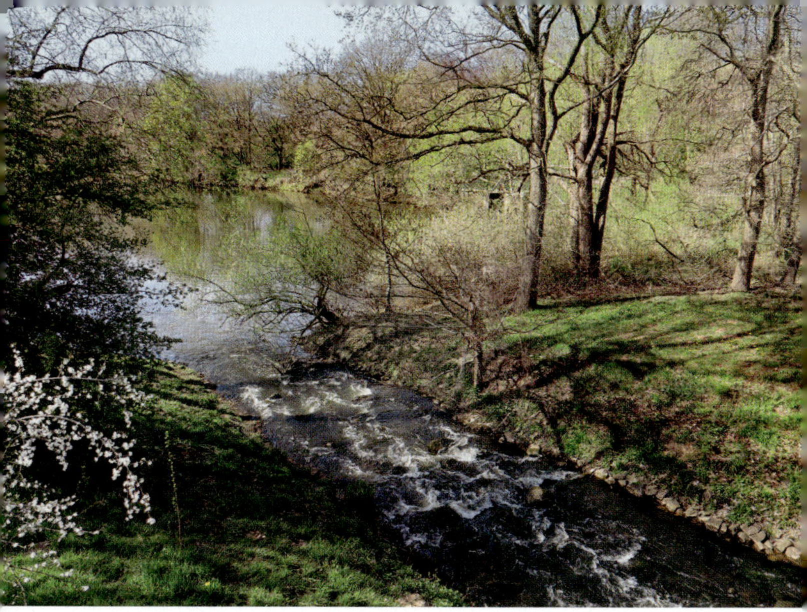

Das alte Versener Wehr war bis zur Kanalbegradigung 1939 in Betrieb (Tour 28).

Weltklima wichtiger ist die CO_2-Speicherfähigkeit: Eine 1 m dicke Torfschicht bindet etwa 10-mal mehr CO_2 als Wald auf derselben Fläche. Damit steckt in einer 1 ha großen vernässten Moorfläche mit 3 m dicker Torfschicht etwa so viel CO_2 wie in 30 ha Wald!

Im 18. Jh. bedeckten Moore mit 6.300 km^2 mehr als 13 % der Fläche Niedersachsens. Von diesen großflächigen Mooren sind heute infolge Abtorfung nur wenige erhalten; inselhaft nur rund 500 km^2 Hochmoore. Trotzdem wird auf deutscher Seite noch abgetorft, etwa bis 2036 in der Esterweger Dose, während auf niederländischer Seite (Bargerveen) der Torfabbau vor mehr als 30 Jahren eingestellt wurde und noch ursprüngliches Hochmoor erhalten ist.

Zu den bedeutendsten Mooren der Region zählen Kanalmoore wie Esterweger Dose und Melmmoor (Tour 8) oder die Reste des einst großflächigen Bourtanger Moors. Dessen südliche Teilflächen wie Dalum-Wiethmarscher Moor, Geest- (Tour 26), Rühler- (Tour 25), Provinzialmoor und auf niederländischer Seite das großflächig renaturierte Bargerveen (Tour 34) werden grenzüberschreitend vermarktet als internationaler Naturpark Bourtanger Moor« (naturpark-moor.eu). Bemerkenswert sind auch die jeweils rund 600 ha großen Gebiete Hahnenmoor an der Hase (Tour 35) und Gildehauser Venn an der Grenze zu NRW (Tour 47).

Geest

Nacheiszeitliche Sandablagerungen bestimmen zwischen den Flussniederungen und Moorgebieten große Teile der Region, oft zu Binnendünen aufgeweht und mit Nadelwäldern und Heide bewachsen. Der Name geht zurück auf das niederdeutsche »güst« und bezeichnet die Unfruchtbarkeit des sandigen Bodens. Geestrücken begegnen wir beidseitig der Ems: auf der linken Seite etwa bei Haren, Lohne und Salzbergen. Rechtsemsisch bei Aschendorf, Lathen und nördlich wie südlich von Meppen – insofern ist der Name der Gemeinde Geeste südlich von Meppen Programm. Endmoränen bilden die höchsten Erhebungen der Region wie beim 91 m hohen Windmühlenberg der Freren-Linger Endmoräne und dem 89 m hohen Poascheberg als Teil einer Endmoräne zwischen Uelsen und dem niederländischen Enschede, die neben den Uelsener auch die Wilsumer Berge als Ausläufer umfasst (Touren 54–57).

Einen großen Teil der Geest bildet westlich von der Emsniederung die bis zu 73 m hohe Grundmoränenlandschaft des Hümmlings mit ihren zahlreichen vorgeschichtlichen Hünen- und Hügelgräbern (Touren 1–8). Der als Naturpark ausgewiesene Hümmling (huemmling.de) bietet mit seinen bewaldeten Höhen und den nacheiszeitlich entstandenen Flusstälern der Nord-, Mittel- und Südradde vielfältige Wandermöglichkeiten, darunter die Hümmling-Pfade. Die sandigen und daher wenig fruchtbaren Böden des Hümmlings haben eine lange Tradition als Militärstandort: Von 1962 bis 1963 waren in der Lahner Heide bei Werlte sogar amerikanische Atomwaffen stationiert als einem von zehn Hauptlagern von Nuklearwaffen in der Bundesrepublik. Weiter westlich testete der Rüstungskonzern Krupp seit dem 19. Jh. schwere Waffen. Heute erprobt die Bundeswehreinheit WTD91 dort Waffen und Munition auf dem mit rund 200 km^2 größten messtechnisch ausgestatteten Schießplatz Westeuropas. Das bedeutet im Westen des Hümmlings häufige Sperrungen: Die Wandertouren 2 und 6 sind beide nur am Wochenende möglich (ab Freitag 14 Uhr). Verbindungsstraßen zwischen der A31 und dem Hümmling sind gelegentlich gesperrt, aktuelle Sperrungen werden im Internet unter dem Punkt Geländesperrungen angekündigt: bundeswehr.de/de/organisation/ausruestung-baainbw/organisation/wtd-91.

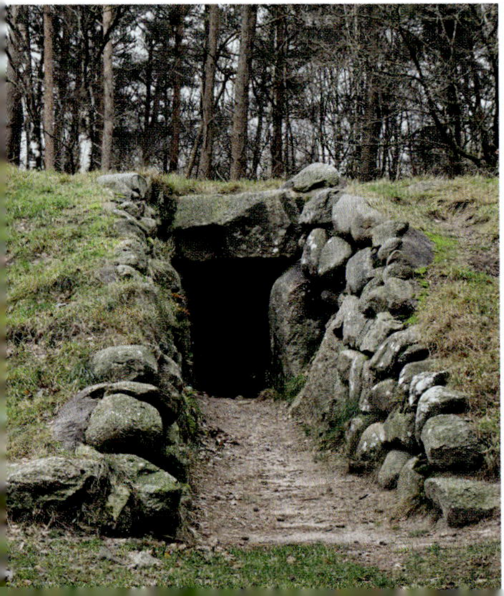

Rekonstruierter Grabhügel (Tour 3).

Hünengräber

Zu den besonderen Merkmalen der Region zählen Hünen- und Hügelgräber, vor allem im Emsland und dort besonders im Hümmling sowie in der benachbarten niederländischen Provinz Drenthe. Früher waren die Hünengräber gleichmäßiger über die Region verteilt, wurden aber in den dichter besiedelten Bereichen oft aufgelöst bzw. als recycelte Steine für andere Bauten verwendet.

Die Hünengräber reichen bis in die jüngere Steinzeit zurück und stammen meistens aus der sogenannten Trichterbecherkultur vor rund 5.000 Jahren. Viele Hügelgrabanlagen sind jünger und datieren auf die Bronzezeit vor rund 3.500 Jahren.

Die Großgräber der Steinzeit bestehen im Emsland aus einer in Ost-West-Richtung ausgerichteten Kammer, gebildet aus mehreren Tragsteinen. Die tonnenschweren Decksteine wurden auf die zuvor mit Erde gefüllte Grabkammer gezogen. Nach heutigen Schätzungen waren bei dem Bau dieser Gräber rund 100 Personen etwa 4 Monate im Einsatz. Die Hünengräber wurden später mit Erde eingedeckt. Am Fuß dieser so entstandenen (länglichen) Hügel dienten Steine als Erosionsbremse, um ein Abrutschen zu verhindern – bei manchen Hünengräbern sind entsprechende Steinovale noch zu erkennen.

Bedeutende vorgeschichtliche Stätten bei den Touren (steinzeitlich, wenn nicht anders angegeben):

- Waffen- und Königsgrab sowie Deymanns Mühle (Tour 3)
- bronzezeitliches Gräberfeld Männige Berge (Touren 4, 5)
- Steenhus in Börger (Tour 6)
- D45 in den Emmerdennen (Touren 21, 22)
- Alt-Frerener Großsteingrab mit 20 m langer Kammer (Tour 40)
- (rekonstruierter) Bronzezeithof Uelsen (Tour 54)
- bronzezeitliche Halle-Hesinger Hügelgräberheide (Tour 55)

Gewässer

Die meisten Wanderungen führen am Wasser entlang: Neben Seen, Flüssen und Kanälen sind das vor allem die Flüsse Ems, Vechte und Hase sowie in den Niederlanden Dinkel und Ruiten Aa, denen teilweise eine sowohl trennende (Grenzfluss) als auch verbindende (Schifffahrt) Funktion zukommt.

Die für die Region namensgebende Ems gilt mit ihren 371 km als längster in Deutschland entspringender Fluss (Touren 13, 15, 27, 28, 37, 38, 41, 42). Von ihrer Quelle unterhalb des Teutoburger Waldes fließt die Ems von Rheine nordwärts zu ihrer Mündung in die Nordsee beim Dollart, in gerader Linie begleitet vom 324 km langen Dortmund-Ems-Kanal (Touren 13, 27, 30, 39). Die 170 km lange, östlich von Osnabrück entspringende Hase erreicht bei Herzlake das Emsland und mündet bei Meppen in die Ems (Touren 31–35).

Durch den Hümmling fließen die in die Ems mündende Nordradde (Touren 2, 3) und die in die Hase mündenden Süd- und Mittelradde (Tour 4).
Die Vechte fließt auf 182 km Länge von der Münsterländer Tieflandsbucht durch die Grafschaft Bentheim in die Niederlande (Touren 51–53, 58–60) und mündet dort bei Zwolle in den kleineren Fluss Zwarte Water auf dessen Weg in das IJsselmeer. Gespeist wird sie u.a. von der bei Neuenhaus einmündenden und in NRW entspringenden Dinkel, die den Großteil ihrer 89 km durch die Niederlande fließt (Touren 48, 49, 53). Ein niederländisches Naturidyll ist der Bach Ruiten Aa, der sich nach 30 Jahren umfangreicher Renaturierung 30 km lang seinen Weg vom Quellmoor Bargerveen (Tour 24) hin zur Mündung in die Westerwoldse Aa bahnt (Touren 17–20), die bei Bad Nieuweschans in den Dollart mündet.
Die Wanderungen führen an flachen Moorgewässern und vielen Seen entlang, die alle künstlich entstanden sind. Das Geeste-Speicherbecken (Tour 36) und der Hasesee (Tour 33) dienen der Wasserregulierung. Alle übrigen Seen sind Baggerseen: Dreiländer- (Tour 47), Bokeleger Bagger- (Tour 9), Tunxdorfer Wald- (Tour 10), Flaar- (Tour 12), Dankerner (Tour 14), Möller-, Saller (Tour 40) sowie Quentiner See (Tour 44).

Flora

Die vielen Naturlandschaften im westlichen Niedersachsen sowie in den angrenzenden Niederlanden bedingen eine vielfältige Pflanzenwelt. Auelandschaften an Hase und Ems mit deren Altarmen sowie Au- und Bruchwäldern, in der Grenzregion die ausgedehnten, oft wiedervernässten Moo-

Wollgras im Hahnenmoor (Tour 35).

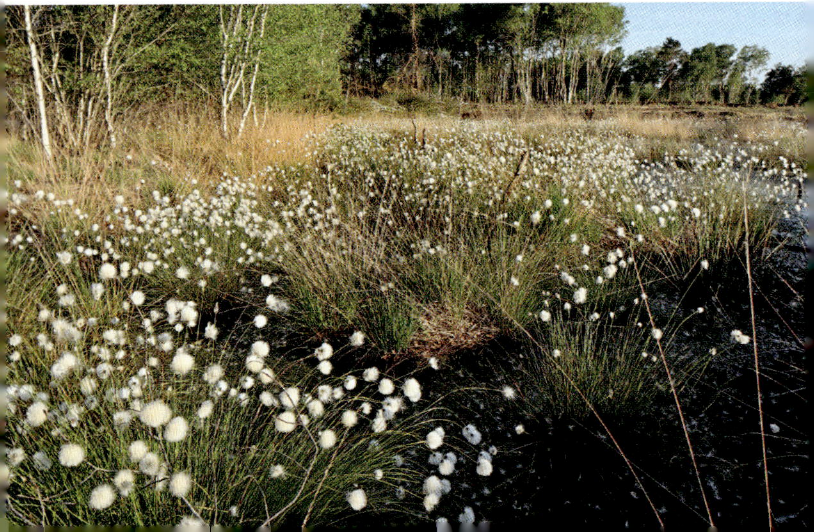

re des Bourtanger Moors, dazu Heidegebiete und große Waldgebiete mit verschiedenen Zusammenstellungen. Viele botanische Raritäten bieten die renaturierten Bäche in den Niederlanden im Ruiten-Aa-Gebiet mit mäandrierenden Bachlandschaften und typischen Pflanzen wie Echtem Mädesüß, Brennendem Hahnenfuß und verschiedenen Orchideenarten.
In renaturierten Moorgebieten wie dem Bargerveen oder Hahnenmoor findet man seltene typische Moorpflanzen wie Sonnentau, Gewöhnliche Natternzunge, Zweiblättrige Waldhyazinthe und Übersehenes Knabenkraut. Das Wollgras ist zwar weniger selten, dafür aber beeindruckend in der Blütezeit im Frühjahr, wenn sich die Moore weiß färben. Die für den Mooraufbau wichtigsten Pflanzen sind aber eher unspektakulär: Rund 15 Torfmoosarten tragen wesentlich zur Moorbildung bei, indem diese nach ihrem Absterben die Torfschicht abbauen und große Mengen CO_2 speichern.
Wenn auch die Hase und Ems nur stellenweise wieder natürlich verlaufen, sind vor allem an den Altarmen immer wieder Au- und Bruchwälder zu finden mit Schwarz-Erlen, Weiden und Schwarz-Pappeln. Die Wälder der Region, vor allem Misch- und Laubwälder, bieten im frühen Frühjahr bunte Blütenteppiche aus Schneeglöckchen, Buschwindröschen, Scharbockskraut, Hoher Lerchensporn und Waldmeister.

Fauna

Großwildarten wie Rehe und Damhirsche sowie seltener auch Wildschweine kommen auf deutscher Seite vor, die beiden letztgenannten aber nicht im niederländischen Grenzgebiet. Wölfe sind seit einigen Jahren in der ganzen Region wieder heimisch, Rudel gibt es zum Beispiel bei Meppen, Sögel und Nordhorn. Eine Erfolgsgeschichte im Artenschutz sind die wieder angesiedelten Biber: Im Jahr 1989 wurden acht von der Elbe stammende Biber an der Hase angesiedelt, deren Population sich inzwischen auf rund 160 Tiere in 70 Revieren im weiteren Umkreis erhöht hat – bis zur Ems und der Vechte. Dem Biber widmet sich ein eigener Lehrpfad bei Eltern (Tour 34). Fischotter sind auf deutscher und niederländischer Seite wieder heimisch.

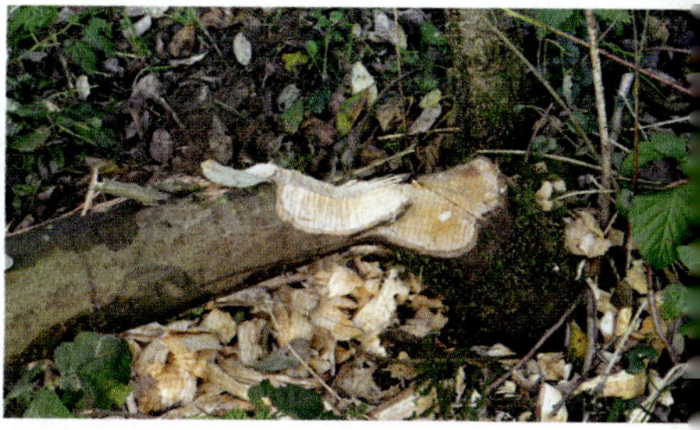
Ein vom Biber gefällter Baum (Tour 34).

In den Mooren begegnet man mit Glück seltenen Moorfröschen, Waldeidechsen, Schling- und Ringelnattern. Bei den im Moor und auf Heideflächen lebenden giftigen Kreuzottern mit ihrem gezackten Muster sollte man Vorsicht walten lassen. In den weiten Flächen des Bargerveens sowie in anderen Mooren und naturnahen Landschaften brüten noch seltene Arten wie Blaukehlchen, Ziegenmelker und Neuntöter.

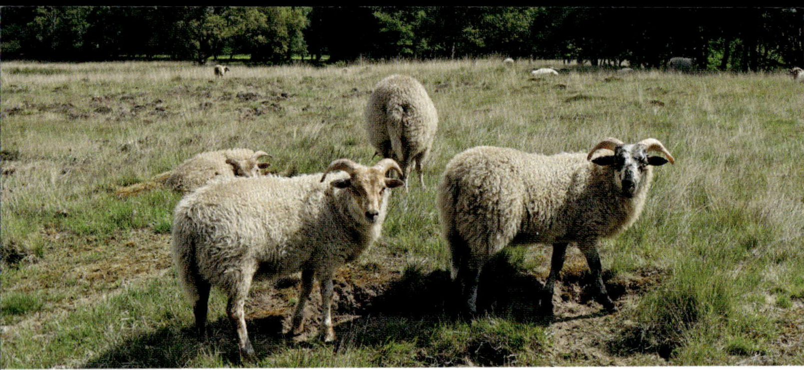

Schafe der Rasse Drents Heideschaap bei Sellingen (Tour 19).

Die Wiesenlandschaften des Emslands bieten Weidevögeln wie Kiebitz, Großem Brachvogel und Rotschenkel Brutgebiete. An einigen Bächen und Flüssen mit Steilufern brüten Eisvögel, die oft als blauer Blitz über das Wasser fliegen. In den Wäldern findet man viele Meisen-und Spechtarten, und in den halboffenen Landschaften mit Baumreihen und kleineren Wäldchen hört man immer wieder Pirole. Mit viel Glück auch Nachtigallen, die gerne in Böschungen in feuchteren Gebieten brüten. Im Ruiten-Aa-Gebiet gab es erste Brutversuche von Seeadlern, die sich in den Niederlanden seit ein paar Jahren ausbreiten. Zu Vogelzugzeiten ziehen viele Kraniche durchs Emsland, deren trompetenähnliche Rufe von Weitem zu hören sind. Im Winter sind auf den Feldern Tausende Wildgänse wie Bläss- und Saatgänse sowie Sing- und Zwergschwäne zu beobachten, die hier überwintern, ehe sie zum Brüten wieder in den Norden fliegen. Uhus sind seit einigen Jahren wieder in der Region heimisch und brüten auf deutscher und niederländischer Seite.

Naturschutz

In der Region gibt es rund 100 geschützte Naturgebiete, davon 76 im Emsland. Das Spektrum reicht von großen Gebieten wie der unteren Haseniederung mit Natura-2000-Status mit mehreren Teilflächen bis hin zu kleinen isolierten wie der nur 20 ha großen Hügelgräberheide Hesingen.
Auf niederländischer Seite ist das Bargerveen nennenswert (Tour 24), das schon seit mehr als 50 Jahren renaturiert wird und noch Teile vom ursprünglichen Hochmoor bietet. Der Torfabbau wurde dort 1992 endgültig eingestellt, während auf deutscher Seite des internationalen Naturparks »Bourtanger Moor« zwischen Rütenbrock und Wietmarschen die Konzessionen zum Torfabbau erst Jahrzehnte später auslaufen.
Eine besondere Erfolgsgeschichte des Naturschutzes ist die 30 Jahre währende Renaturierung der 30 km langen Ruiten Aa mit mäanderndem Bachtal, Eichenwäldern, Heide und Feuchtwiesen (Touren 17–20). Als wichtiger Teil des Natuurnetwerk Nederland verbindet sie als Korridor inselhafte Naturschutzgebiete.

Heidegebiete, aber auch die Moore haben in den letzten Jahren vermehrt mit Dürre und zu viel Stickstoffeintrag zu kämpfen, sodass sich Gräser stärker ausbreiten und der Artenreichtum abnimmt. Diese Stickstoffüberschüsse sind besonders problematisch in den Niederlanden, wo viele Naturareale direkt an intensiv genutzte landwirtschaftliche Flächen grenzen und deutlich mehr Überdüngungen ertragen müssen als in Deutschland. Seit Jahrzehnten gilt beim westlichen Nachbarn ein doppelt so hoher Güllegrenzwert wie in Deutschland und dem Rest der EU – dank landwirtschaftlicher Lobby. Zu hoher Stickstoffeintrag ist auch in Gebieten des Emslands und der Grafschaft Bentheim ein Thema, insbesondere solchen mit Massentierhaltung.

NATURSCHUTZGEBIETE (AUSWAHL)

Emsaue: 133 ha große lang gestreckte Fläche entlang der Ems im Bezirk Münster (Touren 41, 42).
Hochmoor bei Esterwegen mit den Naturschutzgebieten Melmmoor/Kuhdammoor, Legmoor, Esterweger Dose (Tour 8).
Emstal von Lathen bis Papenburg: 4.574 ha großes EU-Vogelschutzgebiet V16 mit 357 ha großer Teilfläche Rhede-Flaar (Tour 11).
Bargerveen: 2.345 ha großes Natura-2000-Gebiet mit renaturiertem Moor (Tour 24).
Provinzialmoor: 530 ha großes Gebiet mit Hochmoor bei Rühlerfeld (Tour 25).
Geestmoor: 260 ha großes Gebiet mit Hochmoor bei Groß-Hesepe (Tour 26).
Dalum-Wietmarscher Moor und Georgsdorfer Moor: 2.678 großes EU-Vogelschutzgebiet V13 zwischen Georgsdorf und Groß-Hesepe (Tour 26).
Borkener Paradies: 33 ha große sandige Fläche in Emsschleife mit Magerrasen und altem Hudewald (Tour 28).
Untere Haseniederung: 893 ha großes Gebiet mit 13 Teilgebieten entlang der renaturierten Hase zwischen Meppen und Haselünne mit Altarmen, Auwäldern, Huteweiden und Moor (Touren 31–33).
Hahnenmoor: 620 ha großes, nach früherer erheblicher Abtorfung großteils wiedervernässtes Moorgebiet bei Herzlake (Tour 35).
Biotop am Speicherbecken Geeste: 42 ha großes Gebiet mit drei Stillgewässern und Röhrichtzone (Tour 36).
Wachendorfer Wacholderheide: 23 ha großes Heidegebiet mit Wacholder auf Binnendüne (Tour 38).
Samerrott: 266 ha großer Hain-Buchen-Mischwald südöstlich von Schüttorf mit FFH-Status (Tour 42).
Gildehauser Venn: 650 ha großes Schutzgebiet mit Moor und Heide an der Grenze zu NRW (Tour 47).
Dinkelland: Tal der mäandernden Dinkel mit Natura-2000-Status (Touren 48, 49).
Bergvennen & Brecklenkampse Veld: 133 ha großes Gebiet in NL mit Moor-, Heide- und Graslandschaft (Tour 51).
Dal van de Moosbeek: niederländisches Natura-2000-Gebiet südlich von Uelsen mit Flusstal (Tour 55).
Hügelgräberheide Halle-Hesingen: zusammen mit Paardenslenke grenzüberschreitendes Heide-Schutzgebiet (Tour 55).
Itterbecker Heide: 85 ha mit Wacholderheide, Trockenrasen, Wald (Tour 56).

PERSÖNLICHKEITEN

Einige bekannte Persönlichkeiten stammen aus der Region, prägten sie oder ließen sich in Werken davon inspirieren:

Der niederländischer Landschaftsmaler **Jacob van Ruisdael** (1628–1682) unternahm um 1650 mehrere Reisen in das deutsch-niederländische Grenzgebiet mit mehreren Ansichten der Grafschaft Bentheim als Resultat; die Burg taucht in mehr als 30 seiner Werke auf.

Der von den Nazis als entartet eingestufte Künster **Otto Pankok** (1893–1966) lebte und zeichnete in Gildehaus und Bokeloh einige seiner charakteristischen Kohlebilder. Drucke davon sind vor authentischer Kulisse in freier Natur beim eindrucksvollen 2,8 km langen Rundgang in Bokeloh zu sehen (Tour 31).

Erich Maria Remarque (1898–1970) wirkte 1920 vor seiner Schriftstellerkarriere (»Im Westen nichts Neues«) als Dorflehrer im emsländischen Klein Berßen am Hümmling.

Wilhelm Anton Riedemann (1832–1917), Unternehmer und Pionier der Tankschifffahrt sowie Gründer von Esso, wurde 1832 in Meppen als Sohn eines Eisenwarenhändlers geboren.

Otto-Pankok-Rundweg bei Bokeloh (Tour 31).

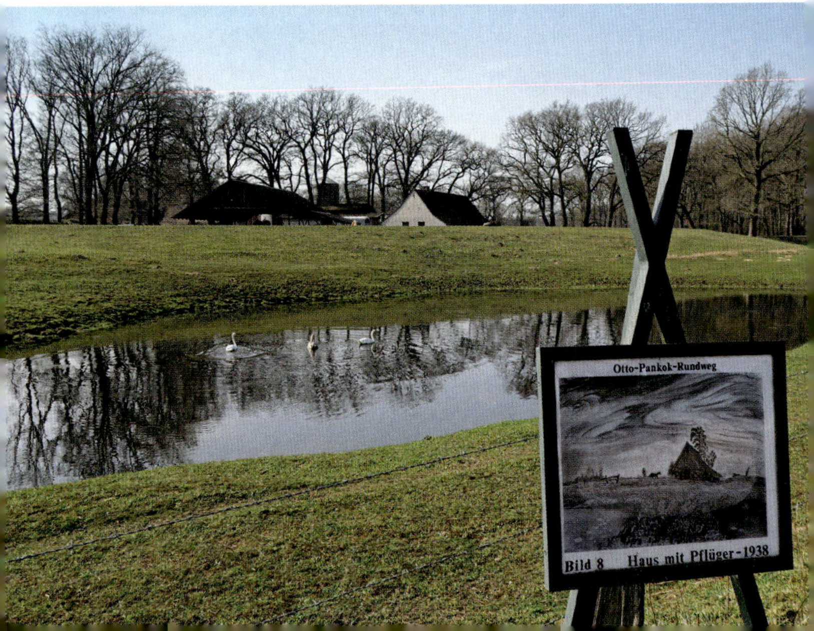

Der Umwelt zuliebe …

Auch beim Wandern hinterlassen wir einen ökologischen Fußabdruck, aber im Einklang mit der Natur unterwegs zu sein, ist gar nicht so schwer!

VORBEREITUNG UND ANFAHRT

- Sich vorab informieren, worauf in Bezug auf Natur und Umwelt in der jeweiligen Wanderregion besonders zu achten ist.
- Soweit möglich mit Bahn und Bus anreisen, Wander- und Rufbusse nutzen.
- Ist eine Anfahrt mit dem Auto nötig, Fahrgemeinschaften bilden.
- Bei weiten Anfahrten Mehrtagestouren planen oder von einem Quartier vor Ort aus mehrere Touren absolvieren.
- Flugreisen möglichst reduzieren und durch Beiträge zu Klimaschutzprojekten kompensieren.

KLEIDUNG UND AUSRÜSTUNG

- Beim Kauf von Outdoor-Kleidung auf umweltfreundliche und faire Herstellung achten und Kleidungsstücke möglichst viele Jahre nutzen.
- Ausrüstung kann man eventuell auch gebraucht kaufen oder ausleihen.
- Reparieren statt neu kaufen.

VERPFLEGUNG

- Beim Einkauf Bio-Ware, regionale und saisonale Erzeugnisse bevorzugen.
- Hütten und Gasthäuser auswählen, die regionale Produkte verwenden.
- Auf Einwegflaschen und Plastikverpackungen verzichten, stattdessen wiederverwendbare Trinkflaschen und Brotzeitboxen benutzen.

ÜBERNACHTUNG

- Bei lokalen Anbietern buchen, damit Menschen vor Ort profitieren.
- Auf Hütten und in anderen Unterkünften Strom und Wasser sparen.

UNTERWEGS

- Wege benutzen und Abkürzer vermeiden.
- Sperrungen von Wegen und Schutzgebieten respektieren.
- Keine Blumen pflücken und keine Pflanzen entnehmen.
- Waldbrandgefahr beachten.
- Müll wieder mit nach Hause nehmen und dort entsorgen.
- Toilettengänge in freier Natur möglichst vermeiden.
- Lärm vermeiden.
- Hunde an die Leine nehmen.

ROTHER
BERGVERLAG

TOURISTISCHE INFORMATIONEN

ÖPNV

Fast alle hier beschriebenen Wanderungen sind mit öffentlichen Verkehrsmitteln erreichbar, manche mit kurzen Zuwegen. Dabei wurde auf möglichst gute Anbindungen, idealerweise per Bahn, geachtet. Das öffentliche Busnetz ist sonntags stark eingeschränkt.

Die Region wird durch zwei sich in Rheine kreuzende Hauptbahnstrecken mit Nahverkehrs- sowie EC-/IC-Zügen erschlossen: das Emsland mit der Nord-Süd-Verbindung Münster-Rheine-Meppen-Leer-Norddeich, die Grafschaft Bentheim mit der Ost-West-Verbindung von Rheine via Bad Bentheim zur niederländischen Grenze, die vom Nahverkehr halbstündlich und mit dem EC alle 2 Stunden Richtung Berlin und Amsterdam bedient wird.

Von Bad Bentheim zweigt eine stündlich frequentierte Nahverkehrsstrecke via Nordhorn nach Neuenhaus ab, die 2025 nach Emlichheim und 2026 in das niederländische Coevorden verlängert werden soll – ideal für die Touren 58–60. Betreiber ist die Bentheimer Eisenbahn (be-mobil.de).

Für die gesamte Region gibt es weder auf deutscher noch niederländischer Seite einen zentralen Verkehrsverbund, stattdessen ein Wirrwarr an Buslinien und -verbünden:

- Emsland Nord (Touren 1–15, 21, 25, 26): Levelink (levelink.de) sowie bei Dörpen Thünemann (thuenemann-lathen.de) und Frericks Reisen (frericks-reisen.de).

Der Bahnhof Bad Bentheim ist Grenzbahnhof zu den Niederlanden (Touren 43, 45).

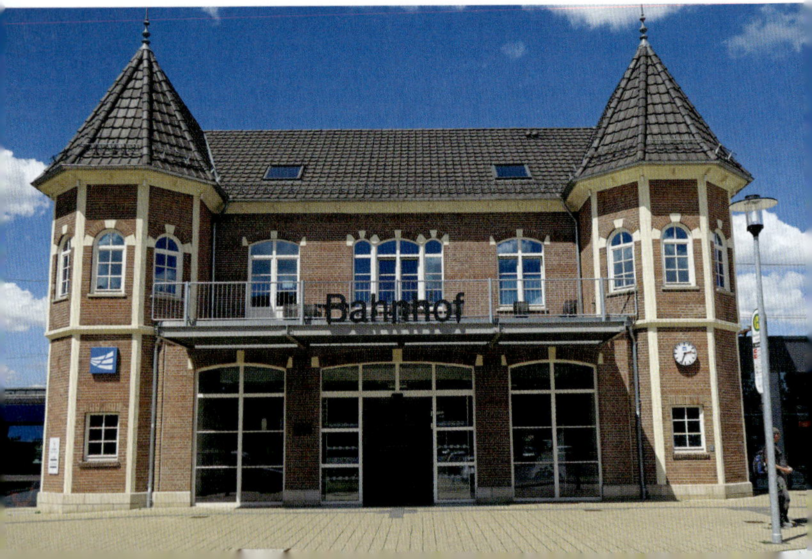

- Emsland Mitte (Touren 31–35): BV-Emsland Mitte/Nord und Kalmer Reisen Haselünne; gelistet bei reise-freunde.de
- Emsland Süd (Tour 40): Verkehrsgemeinschaft Emsland Süd, vge-emsland-sued.de
- Grafschaft Bad Bentheim (Touren 43–47, 51–60): Verkehrsgemeinschaft Grafschaft Bentheim, vgb-mob.de
- Niederländische Provinz Drenthe (Touren 15–24): qbuzz.nl/gd/direct-naar/deutsch

Portale bzw. Websites mit allen Verkehrsverbindungen:
- Deutschland: bahn.de
- Niederlande: 9292.nl

INFOS UND ADRESSEN

Emsland Tourismus GmbH, Herzog-Arenberg-Straße 12, 49716 Meppen, Tel. +49 5931 9250900, emsland.com
Grafschaft Bentheim Tourismus, Nino-Allee 2, 48529 Nordhorn, Tel. +49 5921 961196, grafschaft-bentheim-tourismus.de
Naturpark Hümmling e.V., Ordeniederung 1, 49716 Meppen, Tel. +49 5931 9250988, huemmling.de
Internationaler Naturpark Bourtanger Moor – Veenland e.V., Ordeniederung 1, 49716 Meppen
Tel. +49 5931 9250977, naturpark-moor.eu

Informative Internet-Adressen

- geolife.de, Tourenportal des Niedersächsischen Landesamtes für Geoinformation
- wandelnet.planner.routemaker.nl, Karte aller Wanderknotenpunkte und -routen in den Niederlanden
- naturpark-moor.eu, gute Infos für Wanderer auf Website des Naturparks Moors inkl. Karten der Wanderknotenpunkte an der Grenze zwischen Geeste und Haren
- stonepages.de, Infos zu allen Hünengräbern des Emslands (und weiteren) – eine Fundgrube für Archäologie-Freaks
- emsland.de, offizielle Website des Kreises. Tipp für weitergehende Infos, u.a. zur Geologie und Geschichte: Kreisbuch Emsland als pdf auf emsland.de/das-emsland/kreisbeschreibung/kreisbuch/kreisbuch.html

Wanderkarten

Für das Emsland und die Grafschaft Bentheim gibt es keine Wanderkarte, dafür mehrere Radwanderkarten (etwa von BVA), deren Maßstab mit maximal 1:75.000 für Wanderer aber zu ungenau ist; lediglich für die Vorplanung geeignet.

Für Wanderer geeignete gedruckte Karten sind die flächendeckenden topografischen Kartenwerke des Landesvermessungsamtes Niedersachsens (1:25.000 und 1:50.000), die teilweise aber mehr als 25 Jahre alt sind. Erhältlich für je 5 € auf mapfox.de, wo auch die genauen Kartenschnitte einsehbar sind.
Für das niederländische Grenzgebiet sind folgende gedruckte Wanderkarten erhältlich (ebenfalls auf mapfox.de), etwa vom ANWB in etwas ungewöhnlichem Maßstab:

- ANWB: Westerwolde – Bourtange – Sellingen 1:33.333, ISBN 9789018046354 (Touren 16–20)
- ANWB: Hondsrug Süd – Bargerveen 1:33.333, ISBN 9789018046415 (Touren 21–24)
- ANWB: Dinkelland – Denekamp – Tubbergen 1:33.333, ISBN 9789018046453 (Touren 48–51, 54, 55)

KLEINER SPRACHFÜHRER NIEDERLÄNDISCH

Beek	Bach	**Plattegrond**	Stadtplan
Dienstregeling	Fahrplan	**Rivier**	Fluss
Fietsen	Radfahren	**Schrikdraad**	Elektrozaun
Hei	Heide	**Sloot**	Graben
Hunebed	Hünengrab	**Station**	Bahnhof
Knooppunt	Knotenpunkt	**Toren**	Turm
Meer	See	**Veen**	Moor
Noaberpad	Nachbarpfad	**Wandelen**	Wandern
Observatiepunt	Aussichtspunkt	**Wegwijzer**	Wegweiser
Omleiding	Umleitung		

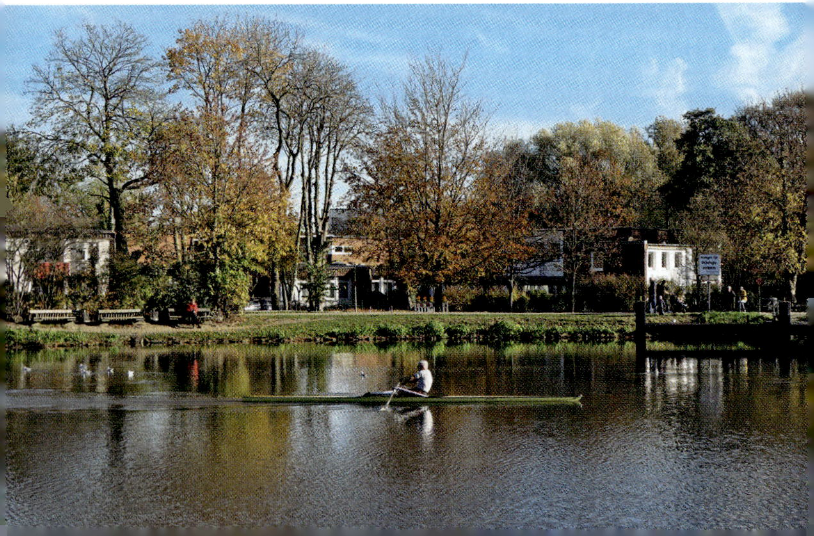

WEITERE SPORT- UND FREIZEITANGEBOTE

Radfahren

Radfahren ist zweifelsohne die beliebteste Outdooraktivität der Region. Das Emsland und die Grafschaft Bentheim belegten zusammen mit dem Osnabrücker Land bei der ADFC-Radreiseanalyse 2022 den Spitzenplatz unter den beliebtesten Radregionen Deutschlands.
Im Emsland erstreckt sich ein 2.400 km langes Radwegenetz mit beliebten Fernradwegen wie dem Ems-Radweg (375 km) oder der Radroute Dortmund-Ems-Kanal (340 km). Die Grafschaft Bentheim wirbt mit 1.200 km Radwegen und den beiden rund 220 km langen Fernstrecken Grafschafter Fietsentour und Vechtetalroute. Die Niederlande gelten mit ihren vielen Radwegen abseits von Straßen ja ohnehin als das Radreiseland.

Klettern

Die flache Region bietet natürlich keine Herausforderungen für Alpinisten, sondern lediglich folgende Kletterparks bzw. Hochseilgärten:

- Bad Bentheimer Klippen: Klettern unter freiem Himmel im alten Sandsteinbruch östlich von Bad Bentheim (Tour 45).
- Hochseilgarten Schloss Dankern (schloss-dankern.de/hochseilgarten): Bei der Urlaubsanlage Schloss Dankern westlich von Haren laden 18 Kletterelemente zwischen 4 und 16 m Höhe zum Kraxeln ein, genauso wie eine 12 m hohe Kletterwand.
- Kletterwald Surwold (kletterwald-surwold.de): 9 verschiedene Parcours im Hümmling südöstlich von Papenburg.
- Kletterwald Sögel (kletterwald-soegel.de): Bis zu 13 m hoher Kletterparcours im Hümmling; derselbe Anbieter betreibt auch eine Kletteranlage in Werlte.
- Kletterhalle Werlte (kletterhalle-werlte.de): Indoorangebot mit 40 verschiedenen Routen vom 3. bis 8. Schwierigkeitsgrad und bis zu 12 m Höhe.
- AvaTarZ Deurningen (avatarz.nl): größter Outdoorkletterpark der Niederlande mit 6 Parcours und 110 Stationen 10 km westlich von Bad Bentheim.

Wassersport

Kanufahren ist auf der Ems und Hase auf der gesamten Länge im Emsland möglich, auf der Vechte zwischen Quendorf und Neuenhaus. Die Dinkel darf nur vom 1.9. bis 1.4. befahren werden. Segler und Surfer finden überschaubare Reviere am Geester Speicherbecken (Tour 36), am Dankern- (Tour 14) und Bokeler Baggersee (Tour 9). Badestrände gibt es dort, sowie am Tunxer Waldsee bei Aschendorf (Tour 10), Saller See bei Freren (Tour 40), Möllersee bei Meppen (Tour 29), Lohnersee bei Lingen, Quendorfer See bei Schüttorf (Tour 44), Dreiländersee nördlich von Gronau (Tour 47) und dem Badesee in

Ein Ruderer auf dem Dortmund-Ems-Kanal in Lingen (Tour 39).

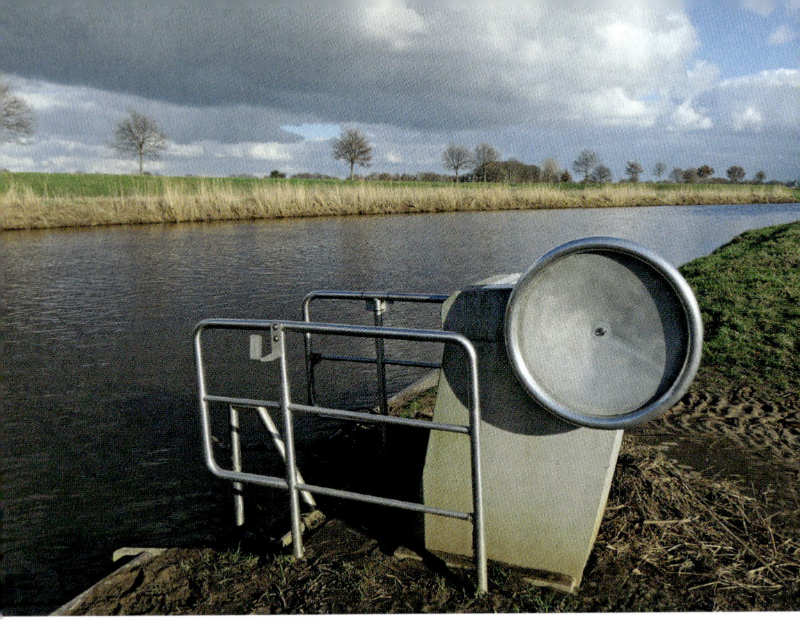

Kurbelfähren an der Vechte (Tour 60).

den Wilsumer Bergen (Tour 57). Die meisten dieser Badeseen entstanden durch Sandabbau.
Größere künstliche Badelandschaften gibt es in Bad Bentheim, Nordhorn, Lingen, Meppen, am Dankernsee sowie Papenburg. Wellness bieten die Bad Bentheimer Mineraltherme, deren Sole mit 27% Salzgehalt zu den weltweit stärksten zählen soll (bentheimer-mineraltherme.de).

Boots-/Schifffahrten

Viele Städte liegen an Gewässern und sind historisch eng mit Flüssen und Kanälen als Handelswegen verbunden, die heute großteils dem Freizeitverkehr dienen. Im Sommerhalbjahr angebotene Boots- bzw. Schiffstouren bieten daher mancherorts eine gute Ergänzung zu den Wanderungen.

- Nordhorn (vvv-nordhorn.de/freizeit-kultur/fahrten-mit-den-vechtebooten): Bootsrundfahrten auf der Vechte im Sommerhalbjahr jeden Tag stündlich sowie Sonderfahrten.
- Lingen (hotel-am-wasserfall.de/fahrgastschifffahrt): Schifffahrten auf der Ems ab Hotel Am Wasserfall.
- Eine Besonderheit zur Querung kleiner Flüsse sind Kurbelfähren, mit denen man sich mit eigener Kraft fortbewegt, etwa über die Vechte (Tour 60) oder die Dinkel südlich von Neuenhaus (nahe bei Touren 52, 53).

Museen

Es gibt viele kleine Museen in der Region; hier eine Auswahl besonders bekannter, die großteils bis auf vereinzelte Ruhetage täglich durchgehend geöffnet sind. Nicht nur die Themen, sondern auch die Eintrittsgebühren variieren – von gratis (Geologisches Freilichtmuseum Gildehaus) bis zu rund 30 € (Wildlands Emmen).

- Emsland Moormuseum (moormuseum.de): Das Emsland Moormuseum in Hesepe bei Meppen beleuchtet die Industriekultur und den früheren Moorabbau. Dieses größte Moormuseum Europas bietet eine moderne Ausstellung in zwei Hallen. Eine Schmalspurbahn erschließt auf einer 2,5 km langen Strecke der ehemaligen Torfbahn das Außengelände.
- Veenpark (veenpark.nl): Der Veenpark dokumentiert als flächenmäßig eines der größten Freilichtmuseen Europas (160 ha) nördlich vom Bargerveen den Torfabbau und die Lebensbedingungen der Arbeiter am letzten Ort der Niederlande, wo noch Torf gestochen wurde. Zu sehen sind u.a. die alten Behausungen der Torfstecher, die seinerzeit oft aus dem armen benachbarten Emsland kamen.
- Von-Velen-Anlage in Papenburg (von-velen-anlage.de): Diese ehrenamtlich betriebene Freilichtanlage in Papenburg zeigt mit 17 Stationen das ehemalige Leben der alten Torfstecher in der nach holländischem Vorbild angelegten Moorarbeitersiedlung.
- Maritime Erlebniswelt Papenburg (maritime-erlebniswelt.de): Moderne, im Jahr 2002 eröffnete interaktive Ausstellung zu Stadtgeschichte und Schiffbau in Papenburg.

TOP-TEN-AUSSICHTSPUNKTE

In der ansonsten eher flachen Region bieten einige Türme und natürliche wie künstliche Erhebungen weite Ausblicke.

Aussichtsturm Ter Wupping, trotz nur 6 m Höhe weiter Blick bei Wedde (Tour 16)

Muur van Emmen, 48 m hoher zum Freizeitparadies aufgewerteter Müllberg (Tour 21)

Aussichtshügel Bargerveen, zwei künstliche Panoramahügel im renaturierten Moor (Tour 24)

Aussichtshügel Wiethmarscher Moor, künstlicher Hügel bei Groß-Hesepe mit spiralförmigem Aufgang (Tour 26)

Aussichtsturm Lahre, 10 m hoher Turm an der Hase (Tour 32)

Povelberg, künstlicher Hügel bei Industriebrache in Nordhorn (Tour 50)

Spöllberg, 47 m hoher Heidehügel bei Uelsen (Tour 53)

Aussichtsturm Lönsberg, 35 m hoher Turm südlich von Uelsen (Touren 54, 55)

Aussichtsturm im Dosenmoor bei Vrees (keine Tour, aber Hümmling-Pfad)

Aussichtsturm Isterberg, 35 m hoher Turm an B403 nördlich von Bad Bentheim (mit Autoabstecher Tour 44)

- Museen an der Koppelschleuse Meppen (archaeologie-emsland.de, stadtmuseum-meppen.de): An der Meppener Koppelschleuse nahe der Mündung der Hase in die Ems präsentieren zwei Museen unter einem Dach ihre Sammlungen; das Emsland Archäologie Museum sowie das Stadtmuseum mit der Entwicklung von Meppen und Migrationsgeschichte des Emslands.
- Geologisches Freilichtmuseum Gildehaus (grafschaft-bentheim-tourismus.de/poi/geologisches-freilichtmuseum): Am Romerberg nördlich von Gildehaus führt ein 200 m langer Rundweg zu 50 Steinen nahe dem einzigen noch in Betrieb befindlichen Steinbruch der Grafschaft Bentheim. Leider sind infolge Moos-/Algenwachstums viele Steine schwer zu erkennen.
- Erdöl-Erdgas-Museum in Twist (erdoel-erdgas-museum-twist.de): Dieses kleine Museum nahe dem Ölfeld Rühle beleuchtet Entstehung, Förderung sowie Leitung und Speicherung von Erdöl und -gas in dieser Region seit den 1940er-Jahren bis heute.
- Emslandmuseum Lingen (emslandmuseum.de): Ausstellungen zur Geschichte und Kultur der Stadt Lingen im ehemaligen Gebäude der Landeszentralbank. Im früheren Kutscherhaus des Palais Dankelman wird Bau- und Wohnkultur gezeigt.
- Kunsthalle Lingen (kunsthallelingen.de): In der Halle IV des alten Lingener Eisenbahnausbesserungswerks ist in Containerbauweise ein Kulturzentrum mit vielen Treppen, Fluren und Plätzen entstanden. Gezeigt werden wechselnde Ausstellungen.
- kunstwegen (www.kunstwegen.org): kunstwegen ist eine 180 km lange internationale dezentrale Freiluftgalerie mit Skulpturen zwischen Ohne, Nordhorn und Zwolle entlang der Vechte; dazu zählen auch Kunstobjekte im Stadtraum zwischen Emmen und Zwolle. Insgesamt 80 Skulpturenprojekte aus über 40 Jahren thematisieren den Zusammenhang zwischen der regionalen Geschichte und der Landschaft. Beispiele sind Samern (Tour 42), Nordhorn (Touren 50, 51), der Spöllberg bei Uelsen (Tour 53) oder Laar (Tour 60).

Zoos/Tierparks und weitere Attraktionen

- NaturZoo Rheine (naturzoo.de): Der NaturZoo Rheine zeigt rund 1.000 Tiere in 100 Arten – in einem Streichelzoo, dem ersten Affenwald Deutschlands, Seevogel-Voliere mit u.a. Pinguinen, Feuchtbiotop, Seehundbecken.
- Tierpark Nordhorn (tierpark-nordhorn.de): 2000 Tieren in 100 Arten stehen jährlich fast 500.000 menschliche Besucher gegenüber. Zu den Schwerpunkten gehören u.a. das Amphibienhaus, afrikanische Savannenlandschaft, Streichelzoo, Seehunde. Der Geierfelsen wurde vom Verband der Zootierpfleger für besonders gute Tierhaltung ausgezeichnet. Regionaltypisch sind die bunten Bentheimer Schweine.

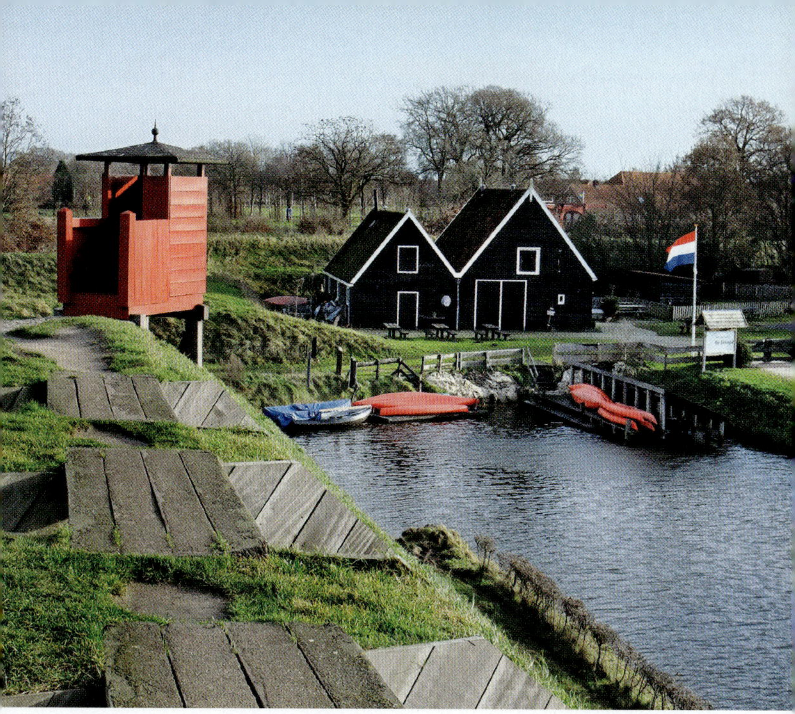

Im Grenzgebiet erinnert die Festung Bourtange an den Krieg gegen die Spanier (Tour 16).

- Wildlands Emmen (wildlands.de): Wildlands ist eine zeitgemäße Weiterentwicklung des früheren Noorder Dierenparks, seinerzeit einer der bedeutendsten Zoos der Niederlande, bekannt für die Aufteilung nach Kontinenten. Aufwendig gestaltet, werden drei Themenbereiche mit hohem Erlebnisfaktor gezeigt: Regenwald (Jungola), Savannenlandschaft (Serenga), polare Regionen (Nortica).
- Emsflower Emsbüren (emsflower.de/besucher): Europas größte Beetpflanzengärtnerei mit jährlich 300 Millionen ausgelieferten Pflanzen ist ein Erlebnispark mit angegliedertem Tropen- und Schmetterlingsgarten. Der Strom und die Wärme der riesigen Anlage stammen aus Restholz der Landschaftspflege.
- Papenburger Meyer-Werft (besucherzentrum-meyerwerft.de): Weit im Hinterland baut die Papenburger Meyer-Werft Ozeanriesen und ist nicht nur eine der bedeutendsten Werften für Kreuzfahrtschiffe, sondern auch Deutschlands größter Theaterbauer. Werftbesichtigungen sind nur online buchbar.

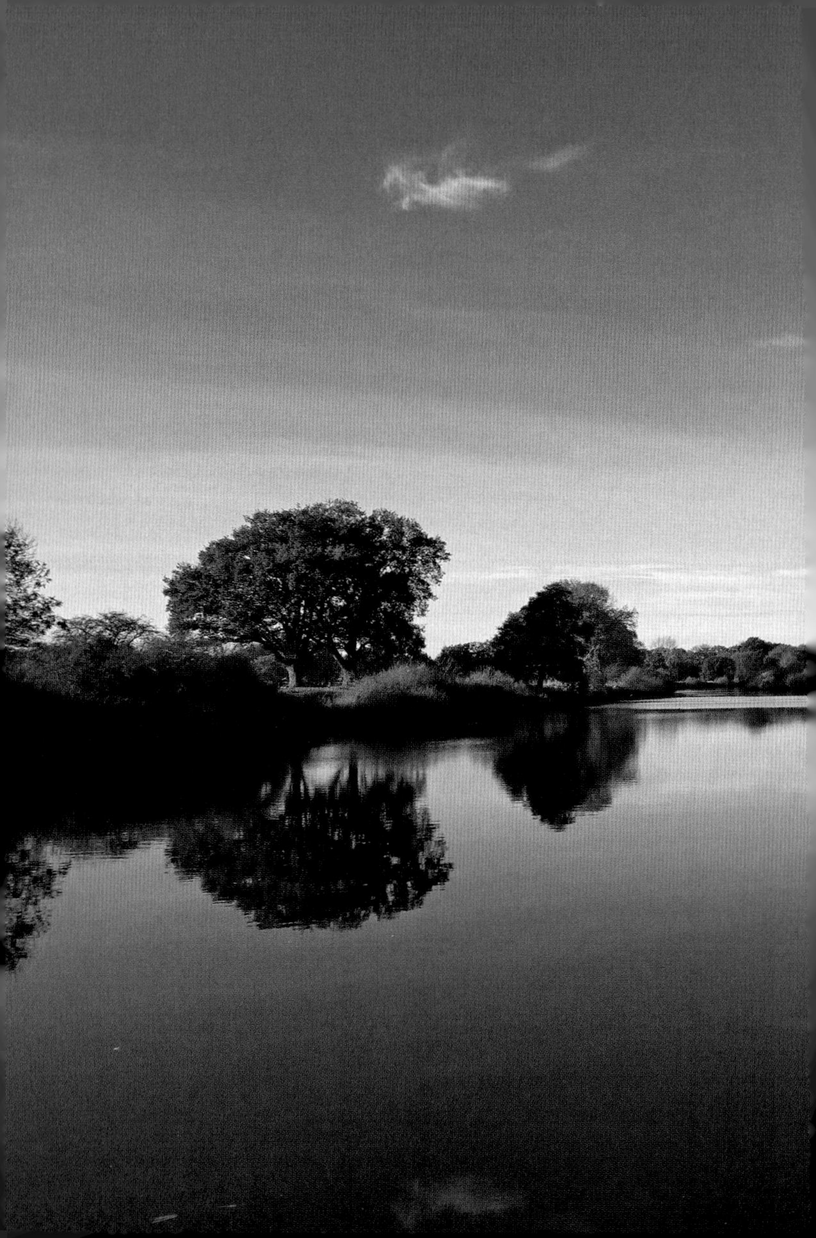

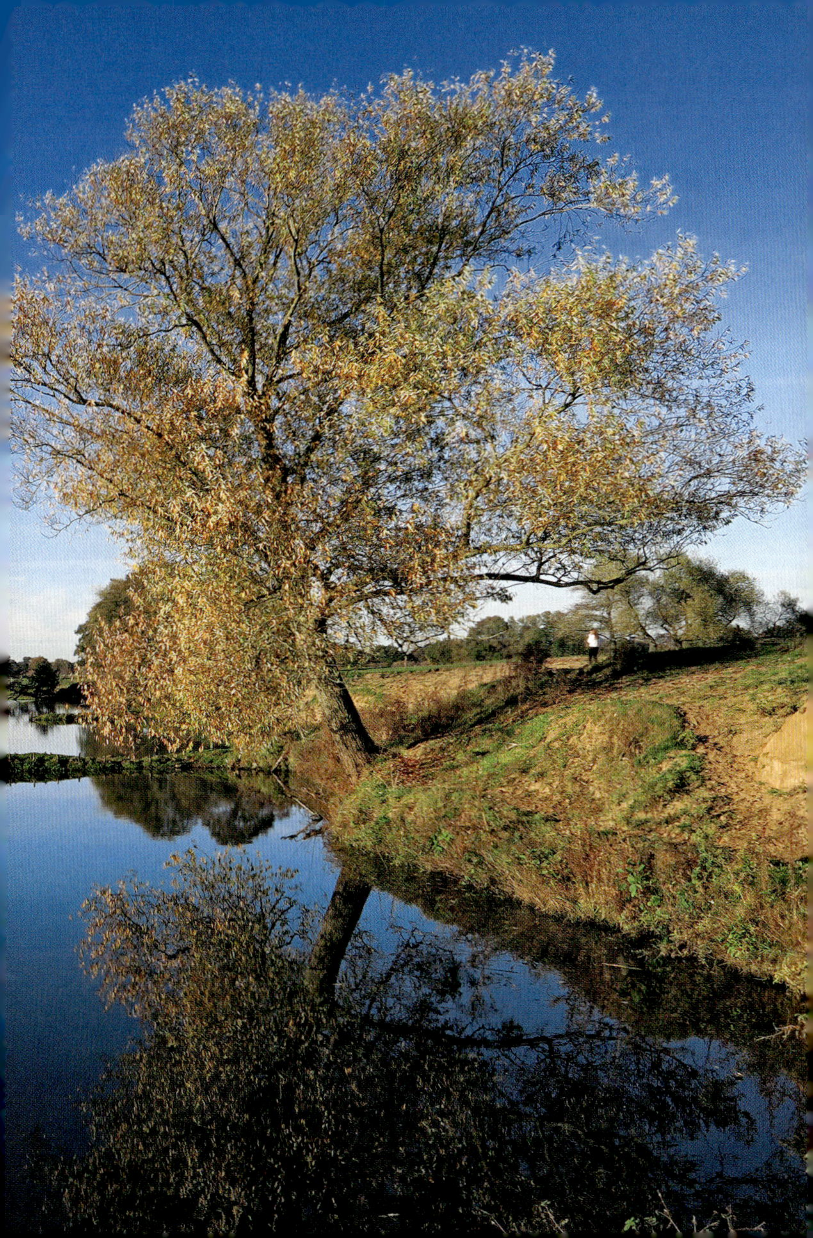

↗ 45 m | ↘ 45 m | 9.8 km

2.30 h

1 Großer Sand bei Holte-Lastrup

Rundwanderung zwischen Hümmling-Höhenrücken und Hase

Zwischen Lähden und Holte-Lastrup erhebt sich die rund 30 m hohe bewaldete Binnendüne des Großen Sands in der Geestlandschaft des südlichen Hümmlings. Wie überall im Hümmling belegt ein Steingrab die vorgeschichtliche Besiedlung. Diese mit dem Hümmling-Pfad Großer Sand identische Rundtour beginnt im Ortsteil Holte des Doppelortes Holte-Lastrup, urkundlich bereits um 947 erwähnt. Die St.-Clemens-Kirche in Holte geht großteils auf das 16. Jh. zurück, der Turm wurde im 19. Jh. ergänzt. Die Vorläuferkirche wurde bereits um 1276 erstmals urkundlich erwähnt und damit 40 Jahre vor der Schule des Ortes. Letztere gilt nachweislich als älteste des Emslands.

Ausgangspunkt: Kirche in Holte-Lastrup mit Parkplatz (Navi: An der Holter Kirche, 49774 Lähden).
ÖPNV: Bushaltestelle Holte-Markt u. a. mit Linie 935 Richtung Haselünne (Mo–Fr beinahe stündlich) und 945, reisefreunde.de.
Anforderungen: Leichte Rundwanderung über Feld- und Forstwege, teilweise etwas kleinere Pfade im Wald, kurze Abschnitte auf Straße.

Markierung: Gute und durchgehende violett-weiße Markierung als Hümmling-Pfad Großer Sand mit stilisiertem h (abgekürzt HP).
Einkehr: Am Wochenende Gasthaus am Markt in Holte (Sa ab 15, So ab 11 Uhr), alternativ in Holte Bäckerei/Café (Sa und So nur vormittags).
Varianten: Abkürzung ab 3 (4 km kürzer) oder ab 4 (1,3 km kürzer) links direkt auf Waldweg nach Holte-Lastrup.

Vom Parkplatz vor der **St.-Clemens-Kirche** 1 folgen wir den Wegweisern des Hümmling-Pfads (HP) links an der Kirche, am Friedhof und Spielplatz vorbei, ehe uns rechts die Straße durch das Wohngebiet führt. Auf der nach links abzweigenden Straße (wird später zu einem Feldweg) verlassen wir Holte und halten uns vor dem Wald und bei der ersten Kreuzung im Wald rechts.
HP führt geradeaus abwechselnd durch Wald und Felder. Bei den beiden folgenden Abzweigungen zweigt HP nach links und bei der ersten Kreuzung im Wald nach rechts Richtung Großsteingräber. Das **Großsteingrab Herßum** 2 mit Bank und Infotafel ist eine Ansammlung tonnenschwerer Findlinge. Mit einem südlichen Eingang zur in Ost-West-Richtung orientierten einst 20 mal 2 m großen Kammer und zwölf Jochen gilt es als typischer Vertreter der »Emsländer Kammer«. Die zwölf Decksteine sind alle abgesunken, vermutlich als Folge von Sprengungen im 19. Jh. zur Gewinnung von Baumaterial. Die Markierungen leiten links weiter über einen grasigen Pfad durch Wald,

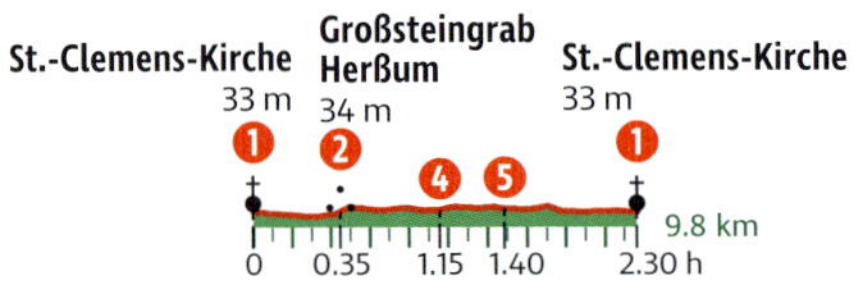

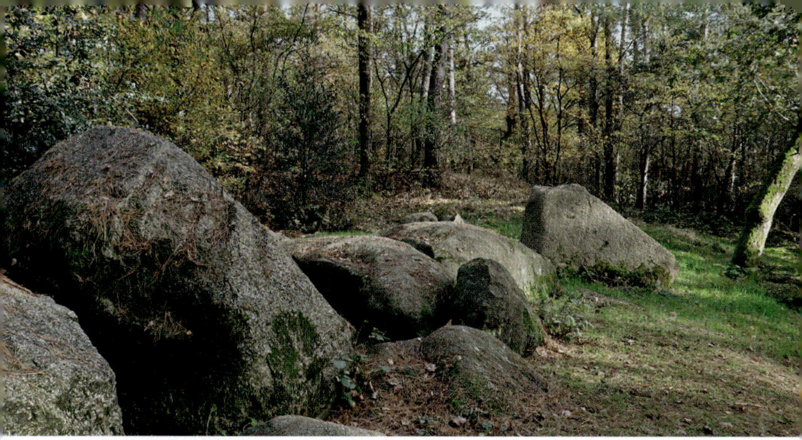

Beim Großsteingrab Herßum liegen heute alle früheren zwölf Decksteine am Boden.

einen Feldweg am Waldrand und wieder durch Wald, wo ein schöner Aufschluss das **Bodenprofil** ❸ zeigt – leider ohne kommentierende Infotafel. HP führt abwechselnd weiter durch Wald- und Feldlandschaft entlang dem Westrand des bewaldeten Großen Sandes. Nach Querung der Lähdener Landstraße kommen wir bei einer **Kreuzung am Waldrand** ❹ geradeaus auf einen Grasweg (HP). Nach einem Rechtsschwenk liegt links das 23 ha große NSG »Tiefes Vehn«, ein kleines Moor innerhalb der mit Kiefern bestandenen Grundmoränenlandschaft.

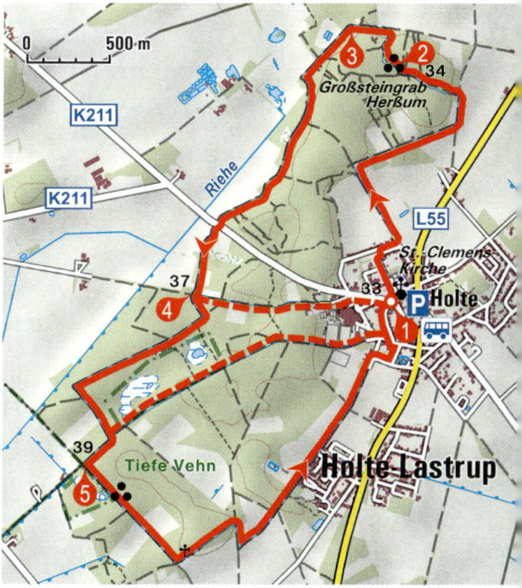

Bei einer **Kreuzung** am Waldrand mit **Bank** ❺ folgen wir vor Beginn einer asphaltierten Straße dem Forstweg nach links Richtung Holte Lastrup (2,9 km). HP führt weiter durch Wald und nach einer Linksabzweigung bei der folgenden Kreuzung am Waldrand entlang. Noch einmal rechts und dann links nähert sich der Pfad Holte-Lastrup. Dort halten wir uns am Ortsrand rechts, dann zweimal links, ehe uns rechts die Straße Am Schultenhof zurück zur **St.-Clemens-Kirche** ❶ bringt.

↗ 50 m | ↘ 50 m | 9.3 km

2 Apeldorner Sandberge mit Radde-Schleifen

2.15 h

Flusswanderung am Rand des Geestrückens

Am Südrand windet sich die Nordradde zur Ems und bietet einsame Wandermöglichkeiten auf dem begrasten Uferweg. Der als »Radde-Schleifen« titulierte Hümmling-Pfad folgt diesem Fluss bei Apeldorn, Feld- und Waldwege schließen den Kreis. Ein großer Teil dieser Rundwanderung führt durch das militärische Gelände der WTD 91, die hier werktags Waffen testet. Daher ist diese Tour nur freitags ab 14 Uhr und an Wochenenden möglich!

Ausgangspunkt: Apeldorn-Dorfmitte mit Parkplatz gegenüber der Kirche (Navi: Apeldorner Hauptstraße, 49716 Meppen).
ÖPNV: Bushaltestelle Apeldorn-Mitte, Linie 930 Richtung Sögel und Meppen (Mo–Fr alle 1–2 Stunden sowie Samstagvormittag), levelink.de.

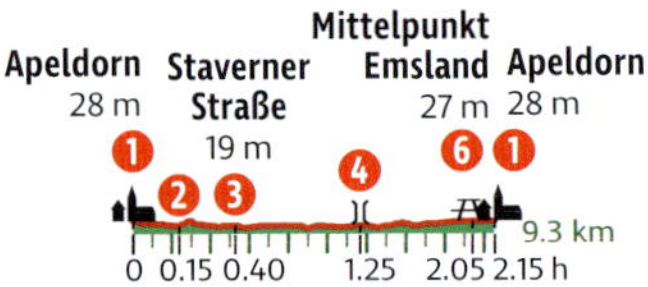

Anforderungen: Leichte Wanderung über grasigen Uferpfad, Wald- und Feldwege sowie kleine Straßen. Der Uferpfad bei Nordradde wird recht selten gemäht. Wegen der Zeckengefahr und gelegentlicher Brennnesseln sind daher lange Hosen ratsam und bei nasser Witterung wasserfeste Schuhe!
Markierung: Gute und durchgehende violett-weiße Markierung als Hümmling-Pfad Radder Schleifen mit stilisiertem h.
Einkehr: Dorfladen mit Snacks am Ausgangspunkt.
Hinweis: Wegen des militärischen Geländes ist diese Tour nur Freitag ab 14 Uhr bis inkl. Sonntag möglich!

Das bereits im 9. Jh. urkundlich erwähnte Dorf **Apeldorn** ❶ gehört seit 1974 zu Meppen. Aber die Kreisstadt liegt 10 km entfernt – entsprechend beschaulich geht es hier zu. Am Parkplatz gegenüber der Kirche biegen wir in die kleine Straße Sandkuhle und passieren einen Picknicktisch. Vor einem Hof mit Kruzifix biegen wir rechts in die Sackgasse. Nach 1 km informieren bei einem **Beobachtungsstand** ❷ Schilder über den Beginn des Militärgebietes. Hier tauchen wir halbrechts auf einem Graspfad in den Wald, halten uns bei einer T-Kreuzung links und folgen den violetten Markierungen bis zur **Staverner Straße** ❸. Dort links und über die Radde. Hinter der Brücke nimmt uns links der Uferweg

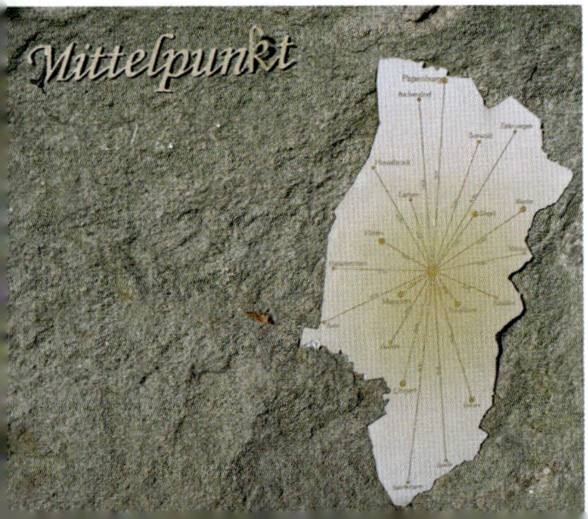

Mittelpunkt des Emslands.

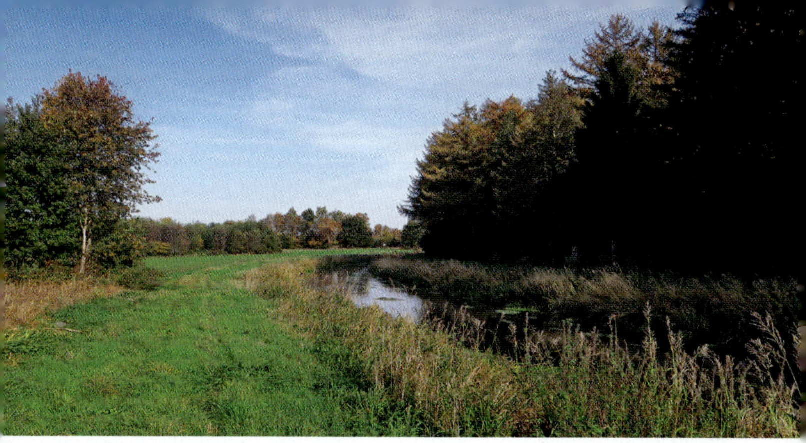

Uferweg an der Nordradde.

auf, dessen Gras infolge nur sporadischem Mähen recht hoch sein kann. Die idyllische Ruhe am Wochenende lässt nichts ahnen von dem benachbarten militärischen Testgelände – wenn nicht gelegentlich Schilder vor Munitionsresten warnen würden. Die Waffenerprobung geht zurück auf das 19.Jh.; heute liegt hier der größte messtechnische Schießplatz Westeuropas.

Bei der nächsten **Brücke** ❹ – mit der Sandheimer Straße – queren wir wieder die Nordradde und verlassen die kleine Straße nach 200 m rechts auf einem Feldweg. In einer Linkskurve mit oft offener **rot-weißer Schranke** ❺ leitet der Hümmling-Pfad scharf links auf einen Privatweg. Auf diesem geht es abwechselnd am Waldrand entlang und zwischen Feldern weiter. Links ist hinter dem Wald der 60 m hohe weiße Turm Sandheim erkennbar, mit seiner Messplattform 1965 erbaut für die Tests der WTD91. Nach einer Straßenquerung erreichen wir den geografischen **Mittelpunkt des Emslands** ❻ mit Picknicktisch und Infotafel. Geradeaus gelangen wir zur Hauptstraße mit links der Kirche und Dorfmitte von **Apeldorn** ❶.

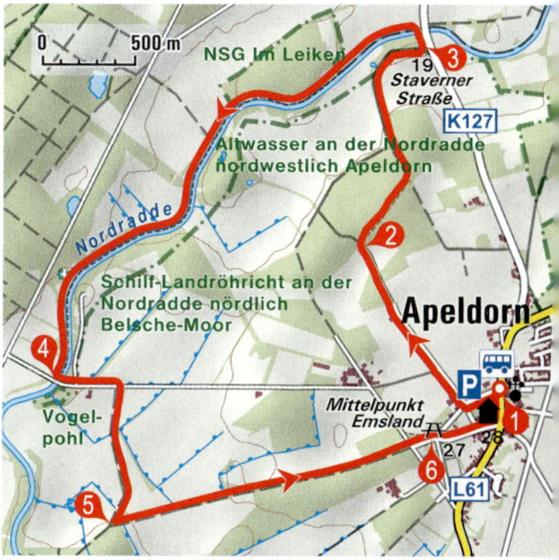

↗ 95 m | ↘ 95 m | 23.8 km

3 Staverner Steingräberrunde

6.00 h

Hünen- und Hügelgräber am Hümmling

Zahlreiche Megalithanlagen belegen eine intensive steinzeitliche Besiedlung des Hümmlings. Diese Rundwanderung berührt zwei große Ansammlungen dieser Grabanlagen und folgt dabei dem Hümmling-Pfad »Großer Prähistorischer Pfad«, der wiederum in zwei kleine Runden aufgeteilt ist: den »Staverner Mühlenpfad« im Westen und »Steingräberpfad« im Osten. Daneben bietet die Tour weite Blicke über Felder, Wälder sowie Uferpassagen entlang der Nordradde.

Ausgangspunkt: Dorfmitte von Stavern mit Parkplatz vor der Kirche und Dorfladen (Navi: Kirchstraße, 49777 Stavern).
ÖPNV: Bushaltestelle Stavern-Kirche bei ❶ sowie Groß Berßen Meyer nach ❻, beide mit Linie 930 Richtung Sögel und Meppen (Mo–Sa alle 2 Stunden, levelink.de).
Anforderungen: Leichte Wanderung über Feld- und Waldwege, Uferpfade und kleine Straßen. Der Graspfad an der Nordradde wird nicht allzu oft gemäht.
Markierung: Violett-weiße Markierungen mit stilisiertem h des Hümmling-Pfads, durchgehend Großer Prähistorischer Pfad sowie »Mühlenpfad« für die westliche und »Steingräberpfad« für die östliche Hälfte. Stellenweise alte Markierungen des Hünenwegs.
Einkehr: Bäckerei-Café in Groß-Berßen.
Varianten: 1. Verkürzung **in zwei etwa gleich lange Hälften** (jeweils 16 km): den westlichen »Mühlenpfad« und den östlichen »Steingräberpfad«. Dazu führt mittig ein gut ausgewiesener Pfad zwischen ❸ und ❼ durch die geschützte Hügelgräberheide Mansenberge.
2. **Kleinere Runde mit Wassermühle Bruneforth** (13 km): kurz nach ❷ nicht links, sondern rechts entlang der Nordradde auf Uferweg bis zur Wassermühle mit Rastplatz. Dort links auf Brücke über Nordradde und nach 200 m rechts (An der Nordradde) bis ❽.
3. **Abkürzung vor Stavern** (0,6 km kürzer): kurz vor Stavern geradeaus statt links auf Hümmling-Pfad durch Wald.

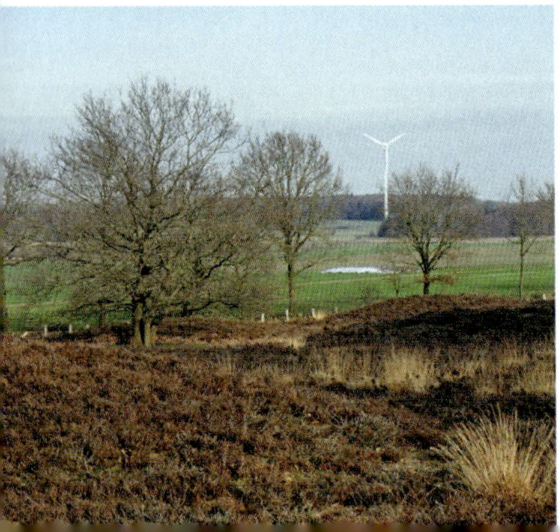

In der Dorfmitte von **Stavern** ❶ starten wir an der Kirche und gehen entlang der Dorfstraße, links vorbei am Dorfladen, nordwärts und nach 5 Minuten bei der Straßengabelung rechts (Holtberg). Nach Haus Nr. 3 weisen die Markierungen nach links, kurz darauf leicht links versetzt geradeaus und links vorbei am überschaubaren Gewerbegebiet von Stavern in ein Waldstück. Nach 1,5 km

Von Mansenberge bieten sich schöne Blicke auf das Umland.

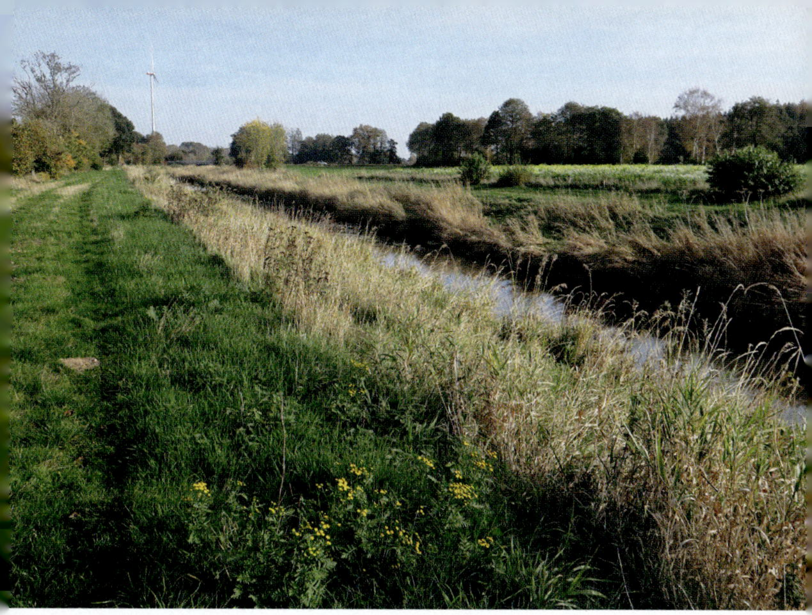

Das Gras am Nordraddeweg ist nicht immer so kurz gemäht wie hier.

langer Geradeausstrecke leiten die Markierungen rechts auf einen abwärts führenden Feldweg mit Blick auf den Windpark Sögel. Unten an der Straße gehen wir rechts, gleich danach links und nach 120 m bei einer **Gabelung** vor einem **Güllesilo** ❷ rechts auf einen Feldweg zur Nordradde. Dort begleitet der Hümmling-Pfad die Nordradde links auf grasigem Pfad, der nicht allzu oft gemäht wird.

Bei der **Brücke der Sögeler Straße** ❸ wechseln wir die Seite – oder kürzen rechts die Straße querend ab entlang dem Mühlen- und Steingräberpfad Richtung Mansenberge (Variante 1).

Der »Große Prähistorische Pfad« begleitet die Nordradde über Gras auf der rechten Seite und verlässt sie schließlich nach 2,3 km nach einer eingezäunten Weide. Die Nordradde im Rücken weisen die Markierungen den Weg erst über Wiesen, später neben einem Baumwall links und in den Wald hinein.

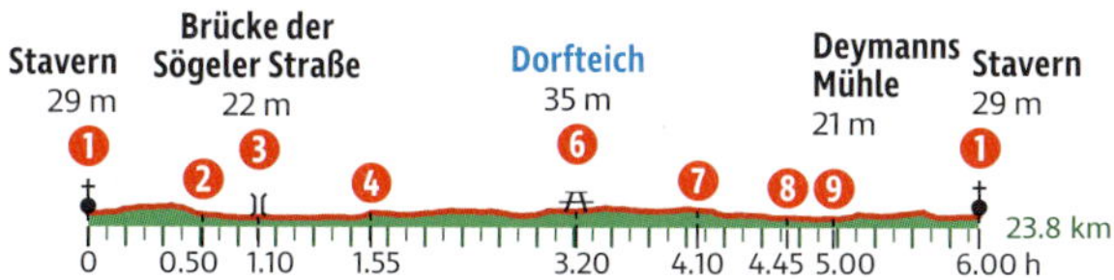

Bei der **Gabelung am Waldrand** ❹ schwenken wir links auf den Plattenweg und an dessen Ende rechts auf den Gras/Feldweg. Vor dem Wald leitet HP rechts auf den Sandweg und nach wenigen Minuten in den Wald. Kurz vor dem Waldrand scharf nach links in einen kleinen Waldweg mit Reitverbot.
Nach 500 m erreichen wir das **Königsgrab** ❺ mit Bank und Infotafel zu den »Pyramiden des Nordens«. Das jungsteinzeitliche Grab ist mit 21 von einst 24 Tragsteinen noch gut erhalten. HP führt am linken in den 1950er-Jahren rekonstruierten Hügelgrab mit 6 t schwerem Deckstein vorbei zur Straße und quert diese – wegen der ungewöhnlich hohen Dichte an Steingräbern auch »Hünengräberstraße des Hümmling« bezeichnet. Hinter einer Schutzhütte wendet sich HP nach links und passiert mehrere Gräber, von denen nur das erste noch gut erhalten ist (Wappengrab). Am Parkplatz weist die Markierung nach links Richtung Groß Berßen und 5 Minuten später nach rechts. HP führt über einen grasigen Weg durch ein Wäldchen und erreicht 10 Minuten nach dessen Ende eine Straße. Hier rechts auf den Radweg, nach 100 m auf Grasweg in den Wald und bei einem Haus über die Grünfläche zum **Dorfteich** ❻. Dort lädt ein Picknicktisch an einer Streuobstwiese zur Rast ein. Vom Dorfteich umgeht HP Groß Berßen ostwärts und leitet dazu rechts über die Straße Am Sportplatz Richtung Nordradde (5,9 km).
Bei der zweiten Kreuzung – vor einer Blechbude – führt HP links zum Dorf, über ein Hofgelände und bei der Straße nach links. 50 m nach dem nur sehr selten bedienten Bushäuschen und Picknicktisch gehen wir rechts und kurz darauf links auf einen Radweg neben der Straße. Nach 200 m zweigt HP rechts auf einen Grasweg und bei der folgenden Kreuzung hinter einem Zaun nach rechts. Bei einer Abzweigung am Baumwall nehmen wir rechts

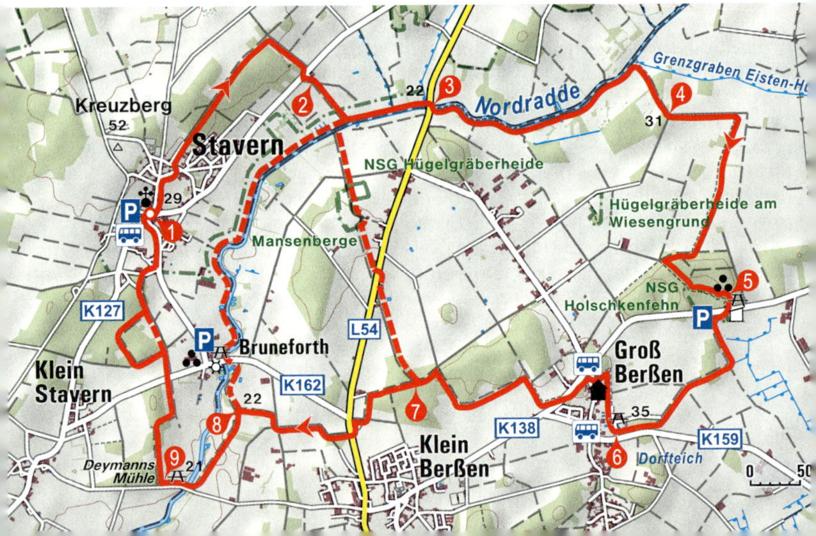

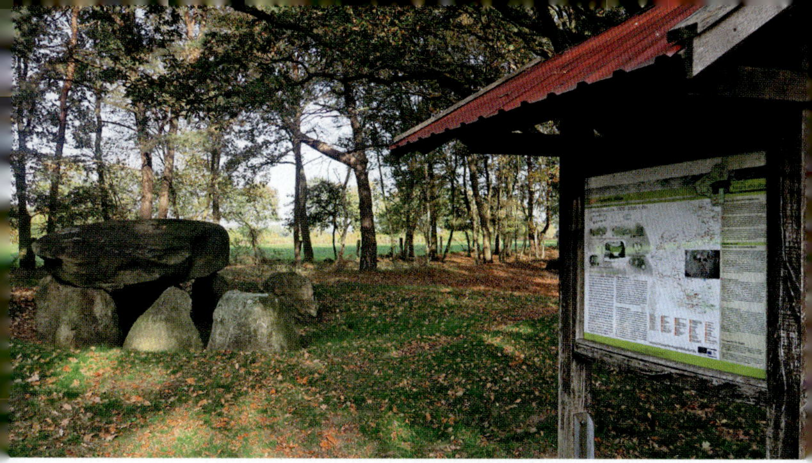

»Deymanns Mühle« bezeichnet eine Ansammlung von vier Steinzeitgräbern.

den Grasweg am Wald. Kurz danach durch Wald, und an dessen nördlichem Rand bei einer Kreuzung links in den Forstweg.

Nach 300 m zweigen bei einer **beschilderten Gabelung** 7 die beiden Hümmling-Pfade Mühlen- und Steingräberpfad rechts ab, während wir uns geradeaus halten, u. a. Richtung Stavern (6,7 km). Zunächst geht es durch Wald und später am Waldrand entlang, auch nach einer Linkskurve. Vor einer Remise rechts zur Sögeler Straße, dort links auf den Radweg und nach 100 m bei einer Werbetafel zu einem Imbiss rechts. HP leitet bei einer T-Kreuzung nach rechts und auch bei der folgenden Kreuzung mit rot-weißen Pfählen nach rechts. Wir verlassen den Spurweg mit Betonplatten nach 120 m, indem wir links abbiegen (Reitverbot). HP zweigt nach 5 Minuten nach links auf einen Grasweg am Waldrand mit einer **Gebäuderuine** 8. Bei der folgenden Querstraße überqueren wir rechts die Nordradde und erreichen nach 100 m in einem Waldstück vier steinzeitliche Grabanlagen von **Deymanns Mühle** 9 mit Infotafeln und Unterstand. Das größte und am weitesten von der Straße entfernt liegende Grab ist das Hünenbett mit nur ansatzweise erhaltenem Steinkranz von 33 m Länge und 7 m Breite.

100 m nach dem Grab gehen wir beim Wegweiser »Grabhügelfeld« nach rechts und kommen durch Kiefernwald mit bronzezeitlichen Grabhügeln. Nach einer Rechtsabzweigung verlassen wir den Wald auf einem breiten Grasweg, der nach einer Linkskurve auf Stavern zuführt. Nach 10 Minuten schwingt HP nach links zu einer Schleife auf netten Waldwegen, man könnte aber auch geradeaus gehen (600 m kürzer, Variante 3). Am Ortsanfang biegen wir vor einem großen Platz mit dem Schützenhaus nach rechts und gleich danach wieder nach rechts. Vor einer Reitanlage erreichen wir die Landstraße und folgen ihr links in die Dorfmitte von **Stavern** 1.

TOP

4

↗ 70 m | ↘ 70 m | 21.6 km

5.30h

Hümmlinger Pilgerweg bei Sögel

Rundwanderung mit Batakhaus und barocker Schlossanlage

Der Hümmlinger Pilgerweg zieht eine 91 km lange Runde durch den Hümmling nördlich von Sögel, eine der ältesten Gemeinden des Emslands. Bei einer tagestourtauglichen Runde lassen sich mehrere Höhepunkte des Pilgerweges erleben, die durch Flusslandschaft, Wald und Heide führt. Große Teile dieses Gebietes dienten jahrhundertelang dem Adel als Jagdrevier, so auch im 18. Jh. dem Kölner Kurfürst und Erzbischof Clemens August I., der sich in Sögel ein Jagdschloss mit barocker Parkanlage erbauen ließ – der Startpunkt dieser Tour.

Ausgangspunkt: Schlossanlage Clemenswerth in Sögel mit Parkplatz südlich vom Schloss (Navi: Clemenswerth 7, 49751 Sögel).
ÖPNV: Bushaltestelle Sögel-Busbahnhof vor dem Schloss Clemenswerth mit vielen Busverbindungen u.a. Richtung Papenburg (970, levelink.de), Meppen (930, levelink.de), Dörpen (951, frericks-reisen.de) und Lathen (931, thuenemann-lathen.de). Außerdem Haltestelle Werpeloh-Kirche mit Linie 970 Richtung Papenburg (Mo–Fr mehrmals täglich), levelink.de.

Anforderungen: Lange, aber leichte Wanderung über Wald- und Feldwege, entlang Uferpfad und teils Straßen.
Markierung: Hümmlinger Pilgerweg mit rot-weißen Wegweisern bzw. Pfeilen. An Abzweigungen stehen oft Steine mit Metallkreuzen an den Seiten der entsprechenden Gehrichtungen, manchmal auch mit Sinnspruchtafeln. Stellenweise Markierungen der Hümmling-Pfade Kurfürsten- (8 km) und Ohetalrunde (Tour 5).
Einkehr: Sögel, Schlosskeller am Schloss

Marstall am Schloss Clemenswerth.

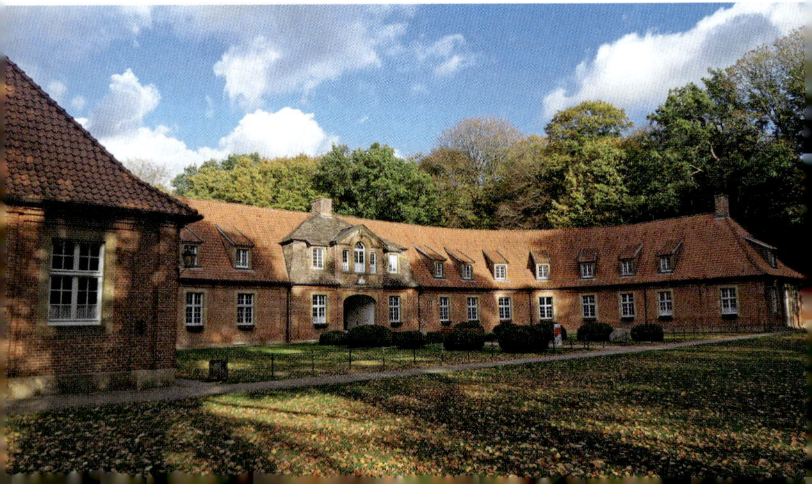

Clemenswerth im Pavillon Osnabrück (Mo Ruhetag) sowie mit kurzen Abstechern Sögel sowie Bäckerei-Café in Werpeloh, am Wochenende auch Gasthof Werpeloher Hof.
Varianten: 1. Kurz vor ❹ bis nach ❽ links **Richtung Sögel** (9 km kürzer).
2. **Verzicht auf Werpeloh**: vor ❻ geradeaus auf Feldweg und damit weniger auf Straßen (2,5 km kürzer).
3. Am Schluss ab Sporthalle geradeaus **direkt zum Schloss** – vorbei am Klostergarten (0,4 km kürzer).
Mögliche kurze Abstecher:
1. Ab ❷ links zum Raddesee – mit Badeverbot (0,3 km).
2. Kurz nach ❹ links zur jahrhundertealten Spahn-Buche (0,2 km).
3. Steingrab (0,2 km).
Tipps: Jagdschloss Clemenswerth in Sögel mit Museum, Marstall, Pavillons und Gartenanlage in Sögel zu Beginn der Tour, clemenswerth.de. Batakhaus in Werpeloh (nur Sommerhalbjahr So 15–17 Uhr), batakhaus-werpeloh.de. Am westlichen Ortsrand von Sögel steht in der Sprakeler Straße 54 die 2022 vollendete rumänisch-orthodoxe Kirche, das größte nur aus Holz gebaute Gotteshaus Deutschlands mit Platz für 200 Gläubige.
Kombi-Tipp: 29 km lange Runde zwischen Sögel und Börger (mit Tour 5).

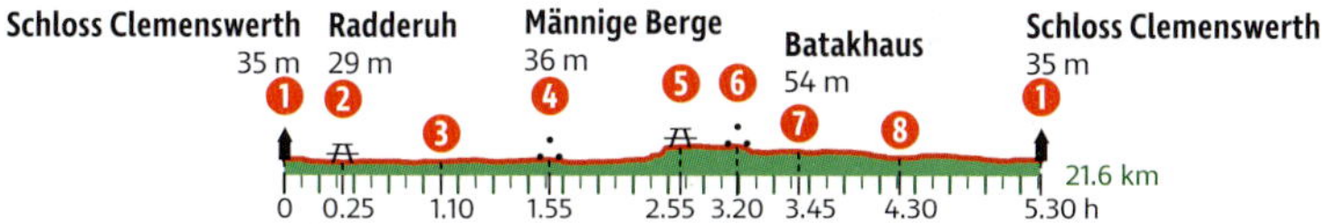

Das zentral stehende Hauptgebäude der **Schlossanlage Clemenswerth** ❶ ist eher bescheiden, umso prächtiger die am absolutistischen Ideal orientierte Anlage mit acht sternförmig angeordneten Sichtachsen. Das mittige Jagdschloss ist von acht Pavillons umgeben, die teilweise nach den Bistümern des damaligen Schlossherrn benannt sind.
Die Rundtour beginnt entlang der östlichen Sichtachse – zwischen den beiden Pavillons Paderborn und Hildesheim. Die Achse endet am Schlossteich, angelegt vom Erzbischof für die Entenjagd. Wir queren den Teich über die Brücke und halten uns links. Beim folgenden Rad-KP 48 hinter der Schranke geradeaus Richtung Lorup und Werlte. Nach 120 m verlassen wir in einer Linkskurve den breiten Weg mit den Pilgermarkierungen und wählen für das folgende Teilstück eine schönere Alternative am Fluss, markiert als Hümmling-Pfad Kurfürsten-Runde. Dazu biegen wir rechts in den Grasweg und vor der Nordradde nach links auf den idyllischen Uferweg. Kaum vorstellbar, dass nur wenige Kilometer westlich – in der Lahner Heide – zwischen 1962 und 1993 als einem der größten Atomwaffenlager der Bundesrepublik US-amerikanische Nuklearsprengköpfe gelagert wurden.
Bei einer Straßenkreuzung am **Picknickplatz Radderuh** ❷ mündet von links wieder der Pilgerweg ein, dem wir geradeaus entlang der Nordradde und nach 250 m vor einer Leitplanke beim Stein mit dem Spruch »Herr gib mir Gelassenheit« nach links folgen. Der Pilgerweg verläuft 1,7 km entlang dem Spahnholzer Südholzgraben. Bei querenden Straßen gehen wir geradeaus. Danach geradeaus auf Spurweg und nach 250 m durch eine Rechtskurve.

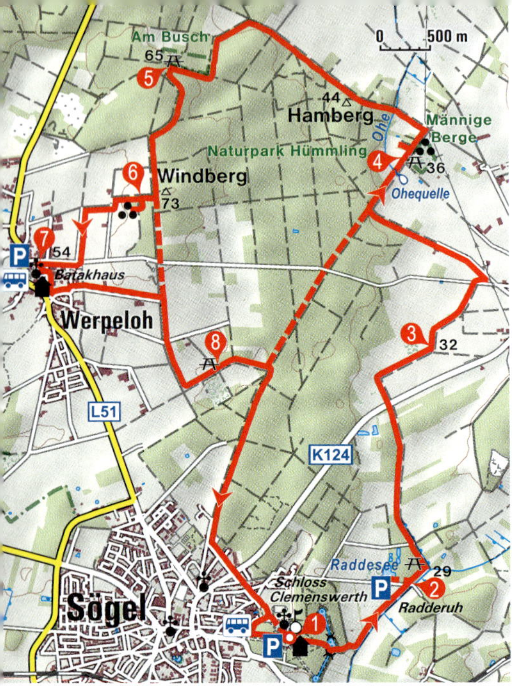

Bei einer Gabelung mit **zwei Bänken** 3 halten wir uns links und erreichen nach 10 Minuten einen Betonplattenweg. Dort kurz rechts und wenige Meter nach dem Ortsschild von Spahnharrenstätte links Richtung Männige Berge (2,3 km), auf gepflasterter Straße unter einer Hochspannungsleitung hindurch. Kurz nach dem Hof Grothe erreichen wir den Wald, wo bei der ersten Kreuzung ein Schild (»Vorsicht Jagd«) an das Hobby des früheren Erzbischofs erinnert.

Hier rechts Richtung Männige Berge – oder abkürzend links nach Sögel (Variante 1). Nach 5 Minuten sind rechts einige der Grabhügel auf der Heidefläche der **Männige Berge** 4 erkennbar – insgesamt sollen es 65 sein (1.600–600 v.Chr.). Der Pilgerweg führt zusammen mit dem Hümmling-Pfad Ohetalrunde geradeaus. Nach wenigen Minuten trennen sich beide bei der folgenden Kreuzung. Wir nehmen den nach links führenden Hümmling-Pfad und verlassen diesen nach 2 km bei einer Gabelung vor einem Feld zur Linken. Vor dem Feld biegen wir links in den nicht markierten, aber deutlichen Grasweg am Waldrand (vorbei an einem orangen Plastikrohr). Nach 5 Minuten vor einem weiteren Plastikrohr links in den Grasweg mit Pilgerzeichen. Der Pilgerweg folgt dem Waldrand und taucht schließlich als schmaler Pfad in den Wald ein.

Bei einem Picknicktisch mit Sinnspruch »Gott finden in Dir« schwenkt der Pilgerweg nach rechts und bei der folgenden Kreuzung mit weiterem Picknicktisch und rechts der geschützten Heidefläche **Am Busch** 5 nach links. Der Pilgerweg leitet südwärts duch den Wald mit einer kleinen Linksschleife. Beim Rettungspunkt 034 links weiter südwärts. Nach 10 Minuten leichten Anstiegs biegen wir bei einem Picknicktisch nach rechts. 100 m links von uns ragt der Windberg (72 m) auf, der höchste Berg des Hümmlings. Nun geht es in westlicher Richtung mit dem Pilgerweg am Waldrand entlang (links ausgeschilderter **Abstecher** 6 zu einem jungsteinzeitlichen **Steingrab**).

Nach der Einmündung in einen Wirtschaftsweg gelangen wir etwas im Zickzack gut markiert auf kleinen Straßen nach Werpeloh und dort links Richtung Batakhaus. Der Pilgerweg leitet über den baumbestandenen Platz links am runden Backsteinbau der Franziskus-Kirche vorbei zum bunten **Batakhaus 7**. Dieses den Pfahlhäusern der indonesischen Batak 1978 nachempfundene Holzhaus vermittelt als Brücke der Völkerverständigung und Missionsmuseum einen Einblick in die Lebenswelt auf Sumatra.
Links am Batakhaus führt der Pilgerweg vorbei und kurz darauf an einer Kindertagesstatte. Wir folgen den Markierungen durch den Ort und verlassen Werpeloh schließlich in östlicher Richtung auf dem Drohnsweg zurück zur Hochfläche des Windbergs mit namentlich passenden Windrädern. Oben schwenkt der Pilgerweg nach rechts auf einen asphaltierten, später geschotterten Weg und 5 Minuten nach einem Hof nach links auf einen Grasweg, der nach der **Spruchtafel »Geh Deinen Weg« 8** mit Picknicktisch und einer Rechtskurve in den Wald eintaucht. Dort rechts Richtung Sögel (2,7 km).
Nach 2,7 km verlassen wir am Waldende bei einer Gabelung den Pilerweg und wandern auf schönerer und ruhiger Strecke links vom Ortsrand (Tannenkamp, Tempo-30-Zone). Wir halten uns immer geradeaus (später mit Markierungen der Kurfürsten-Runde), auch bei Kreuzungen und Fußwegen. Nach der Kreuzung mit der Straße In Tünneken gehen wir ebenfalls geradeaus, rechts vorbei an der Sporthalle zur nach dem Schlossarchitekten benannten Schlaunallee. Dort entweder abkürzend geradeaus etwas links versetzt direkt zum Schloss (Variante 3) oder rechts vorbei am Schulzentrum und dem Busbahnhof zum sehenswerten Marstall. Von ihm führt links die Hauptachse zum Hauptgebäude der **Schlossanlage Clemenswerth 1**.

Das Batakhaus in Werpeloh entstand 1978 im Stil eines indonesischen Pfahlhauses.

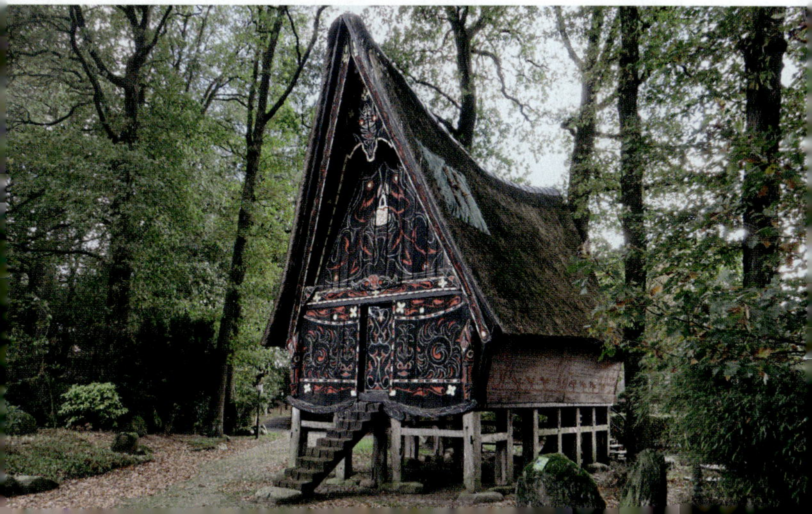

↗ 55 m | ↘ 55 m | 14.9 km

5 Börger – Ohetal

3.45 h

Rundtour auf Hochfläche am Hümmling

Die Landschaft südöstlich von Börger ist von einer Hochebene geprägt, die als Wasserscheide die Einzugsgebiete zweier Emszuflüsse voneinander trennt. Südlich fließt die Nordradde am Höhenzug des Hümmling vorbei zur Mündung in die Ems bei Meppen, nordwärts strömt die Ohe als Quellbach der Sagter Ems und schließlich der Leda mit einer großen Schleife nach Leer zur Mündung in die Ems. Diese Wanderung erschließt die Hochfläche entlang der noch jungen Ohe mit abwechselnd Wäldern und aussichtsreichen offenen Flächen. Die Tour folgt dem Hümmling-Pfad Ohetalrunde sowie stellenweise dem Hümlinger Pilgerweg.

Ausgangspunkt: St.-Jodocus-Kirche in Börger mit Parkgelegenheit (Navi: Sögeler Straße/Hauptstraße, 26904 Börger).
ÖPNV: Bushaltestelle Börger-Kirche mit Verbindungen Richtung Sögel sowie Papenburg mit u.a. Linie 970 (Mo–Fr mehrmals täglich), levelink.de.
Anforderungen: Leichte Wanderung über Feld- und Waldwege.
Markierung: Fast durchgehend violett-weiße Markierung des Hümmlings-Pfads Ohetalrunde mit stilisiertem h, stellenweise auch »Hümmling-Pilgerweg« und alte (gelbe) Hünenweg-Markierungen.
Einkehr: Bäckerei-Café und Pizzeria in Börger.
Kombi-Tipp: Zusammen mit Tour 4 wäre eine 29 km lange Rundtour möglich zwischen Sögel und Börger; dazu Tour 4 bis 4 und weiter mit Tour 5 ab 4 bis 3; dort Pilgermarkierungen folgen bis 5 von Tour 4 und wie dort beschrieben zurück nach Sögel.

Die zu einer Hünengrabattrappe aufgestellten Findlinge vor der neugotischen katholischen **Kirche St. Jodocus** 1 weisen auf Börgers bekannte Großsteingräber hin. Von den Steinen folgen wir dem Hümmlinger Pilgerweg rechts an der Kirche vorbei und halten uns kurz darauf zweimal rechts, rechts vorbei an einem Platz mit Tisch und Bank sowie Holzhütte. Bei der folgenden Kreuzung (Poststraße) erreichen wir den markierten Hümmling-Pfad »Ohetalrunde« und folgen dessen Markierung halbrechts in die Eschstraße. Der Pfad leitet bei der nächsten Kreuzung links in den Friedhofsweg und nach Verlassen der Bebauung geradeaus auf die aussichtsreiche Anhöhe des Sunderbergs mit dem **Ubben Krüß** 2, einem Kreuz auf Feldsteinen und einem Findling mit dem Spruch »Du führst uns hinaus ins Weite«. Bis zum

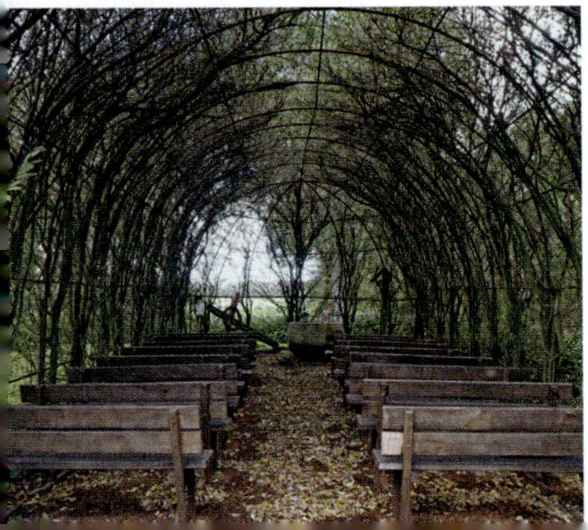

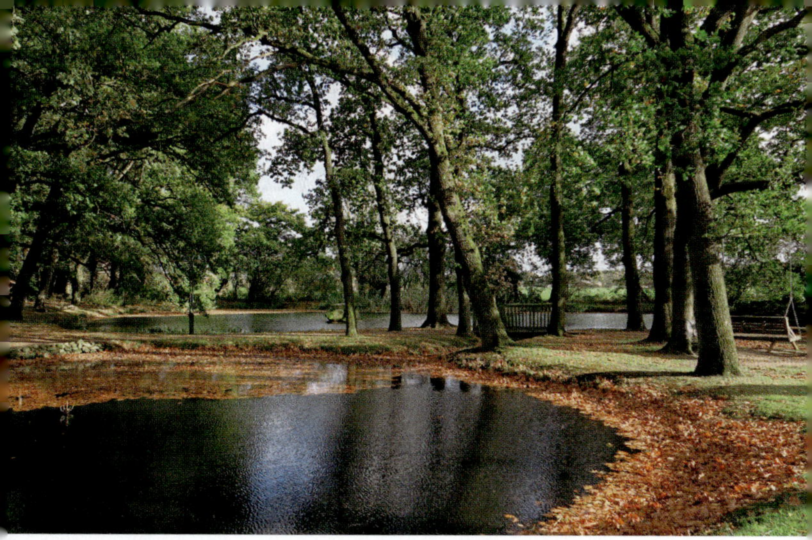

Park am Walkemüllerhaus.

Zweiten Weltkrieg stand an diesem beliebten Prozessionsziel und Motiv für Maler eine Kreuzigungsgruppe.

Am Waldrand folgen wir dem Pilger- und Ohetalweg nach links und nach wenigen Metern halbrechts in den Wald. Bei der T-Kreuzung vor einem Jagdhochsitz gehen wir links und bei der folgenden Kreuzung mit der rechten **Abzweigung des Pilgerweges** ❸ geradeaus – zusammen mit dem Ohetalweg. 1,5 km wandern wir geradeaus durch Wald und am Waldrand, um dann am Ende eines kleinen Waldstückes zur Linken dem Ohetalpfad rechts in den Wald zu folgen. Bei der folgenden Kreuzung treffen wir wieder auf den Pilgerweg und folgen ihm links zum Naturschutzgebiet Männinge Berge, einem Heidefeld mit bronzezeitlichen Hügelgräbern. Ein Abstecher führt links zur rund 400 Jahre alten **Spahner Buche** ❹.

Der Ohetalpfad leitet nun länger geradeaus nordostwärts und ändert erst nach 2,3 km seine Richtung: 80 m nach einer Straßenquerung im Wald bei **Rad-KP 71** ❺ halten wir uns links und nach 1 km bei einer Gabelung der Graswege etwas rechts. Der Pfad erreicht bald offenes Gelände und quert im Anschluss an ein weiteres Waldstück über eine kleine steinerne **Furt** ❻ die Ohe – Namensgeberin dieser Rundtour.

Ein Grasweg leitet zwischen Wiesen zur Börger **Weidenkirche** ❼, einem 2013 aus Weidenruten geflochtenen Ort der Besinnung für Pilger. Hier geradeaus zusammen mit dem einmündenden Pilgerweg entlang der kleinen Straße nach Börger, 100 m nach dem Ortsschild rechts und danach links durch das Gewerbegebiet. Nach 400 m verlassen wir den Radweg, queren

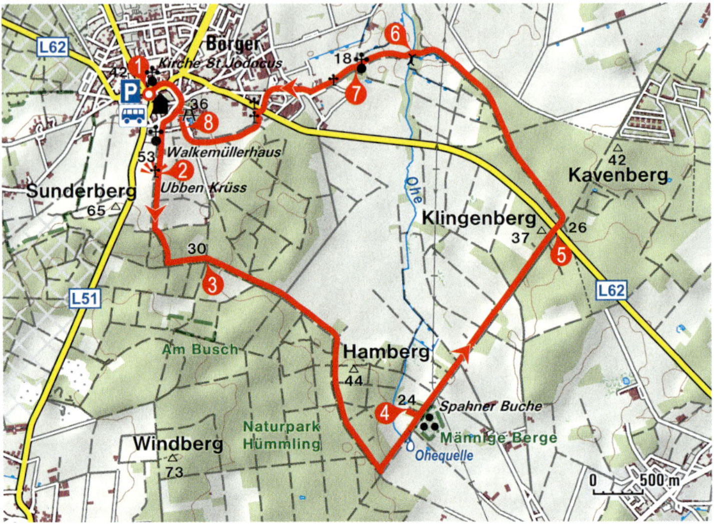

links die Straße und folgen der Markierung auf gepflasterter Straße durch ein Wohngebiet. Am Ende rechts und kurz darauf wieder links. Die bekannten Markierungen leiten über einen schönen Grasweg, der bei einem leiterartigen Kruzifix nach rechts schwingt. Am Ende gehen wir rechts entlang der Straße nach Börger. An dessen Anfang lädt rechts ein Park am **Walkemüllerhaus** 8 mit Picknicktischen zur Pause ein. Der Teich diente früher als Viehtränke und Entnahmestelle für Lehm und Ton. In dem 1985–87 hier neu aufgebauten Gebäude lebte und arbeitete früher der Walkemüller, heute wird es für öffentliche Veranstaltungen genutzt.
Von dieser ruhigen Oase führt ein schönerer ausgewiesener Weg zurück zur Kirche. Dazu verlassen wir nach dem Walkemüllerhaus halbrechts die Straße und folgen dem gepflasterten Weg durch den Stadtwald. Nach einem Spielplatz erreichen wir eine Straße bei der mit Steinen gelegten Zahl 1150 – (grob) das Alter des 854 erstmals urkundlich erwähnten Börgers. Hier gehen wir links auf den Kirchturm zu (Auf dem Brink) und nach Einmündung in die Kirchstraße auf unserem Hinweg zurück zur **Kirche St. Jodocus** 1.

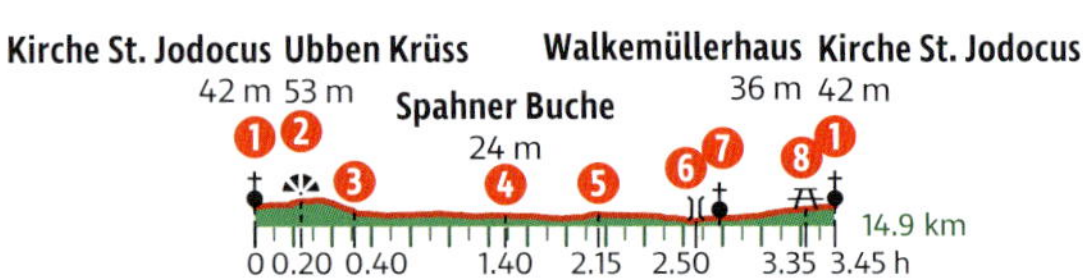

↗ 40 m | ↘ 40 m | 10.1 km

2.30 h

Wacholderpatt bei Börger 6

Rundwanderung über Großen Sand mit Heide und Wald

Börger ist bekannt für seine Steingräber, allen voran das Steenhus, eines der am besten erhaltenen Ganggräber im Emsland. Die Tour folgt dem Wacholderpatt über den Sandrücken des Hümmling mit Wald- und Heideflächen, wo früher viele Schafe weideten. Heide und Wacholder verschmähten sie bei der Begrasung, daher konnte sich hier die Wacholderheide entwickeln. Der Weg führt wie Tour 2 stellenweise durch das militärische Testgelände von WTD91 – daher ist auch diese Wanderung nur freitags ab 14 Uhr und am Wochenende möglich.

Ausgangspunkt: St.-Jodocus-Kirche in Börger mit Parkgelegenheit (Navi: Sögeler Straße/Hauptstraße, 26904 Börger).
ÖPNV: Bushaltestelle Börger-Kirche mit Verbindungen Richtung Sögel sowie Papenburg mit u.a. Linie 970 (Mo–Fr mehrmals täglich), levelink.de.
Anforderungen: Leichte Wanderung über stellenweise schmale Feld- und Waldwege sowie kurzzeitig kleine Straße.

Markierung: Fast durchgehend violett-weiße Markierung des Hümmling-Pfads Wacholderpatt (WP) mit stilisiertem h, stellenweise alte (gelbe) Hünenweg-Markierungen.
Einkehr: Bäckerei-Café und Pizzeria in Börger.
Hinweis: Diese Tour ist wegen des Militärgeländes nur Fr ab 14 Uhr bis einschließlich So möglich.

Kiefernwald bei Börger.

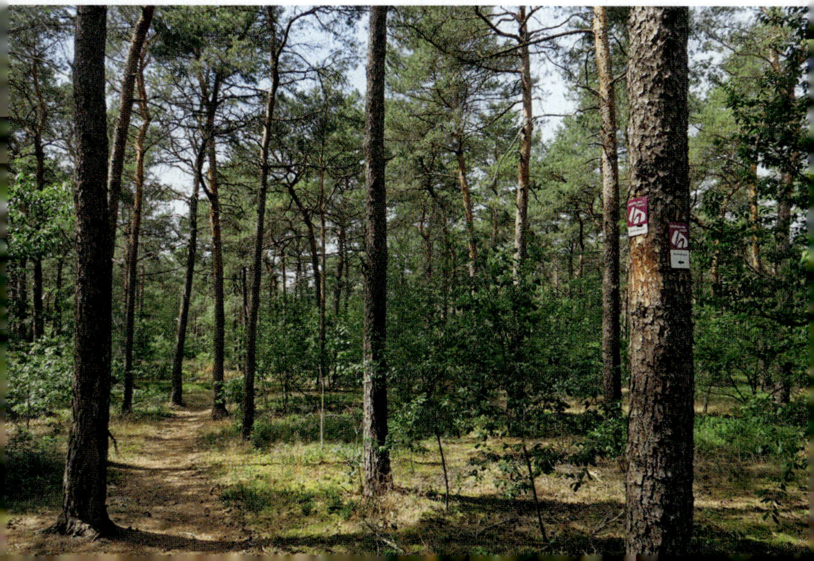

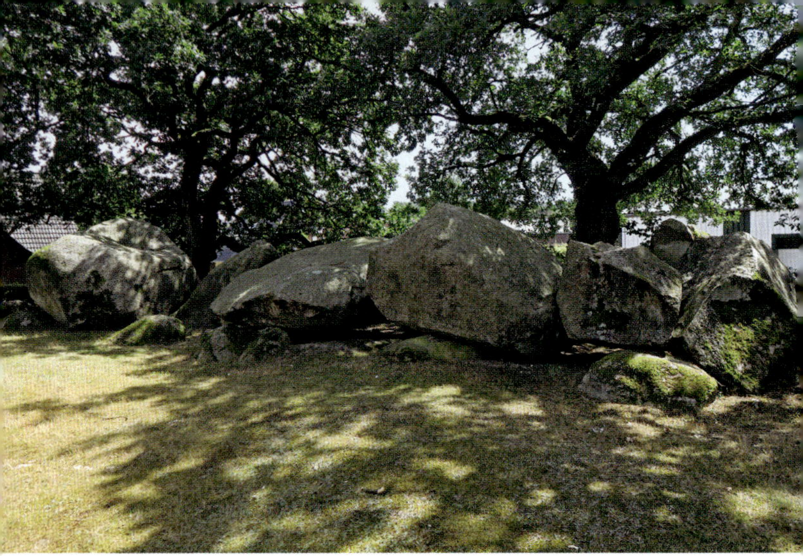

Das Steinzeitgrab Steenhus liegt am Ortsrand von Börger.

Gegenüber der **Kirche St. Jodocus** ❶ führt die Neubörger Straße entlang der Schule in westliche Richtung. Nach 5 Minuten macht diese Straße eine Rechtskurve, wo wir nach links und gleich darauf rechts in die Bergstraße abbiegen. Nach 100 m liegt rechts auf dem Vogelberg bei einem Kinderspielplatz ein zerstörtes Steingrab. Dahinter mündet von rechts der Hümmling-Pfad Wacholderpatt (WP) ein, dem wir geradeaus folgen. Am Ortsende geht die kleine Straße in einen breiten Sandweg über. Nach 1 km weist uns die Markierung rechts auf einen Waldpfad, wo ein Schild das Berühren von Munition verbietet. Bei **zwei Schranken** ❷ schwenkt WP nach links, schlängelt sich durch den Wald und quert nach einer weiteren Schranke die Neubörger Straße. Bei einer Gabelung kurz nach der Straße halten wir uns links und erreichen am Feldrand einen mehrfach restaurierten **Schafstall** ❸ aus dem 19. Jh. als Zeugnis der früheren Schafhaltung.
Die WP-Markierungen sowie ältere des Hünenwegs leiten links am Schafstall vorbei. Nach einem Picknicktisch folgen wir den Markierungen bei einer Ga-

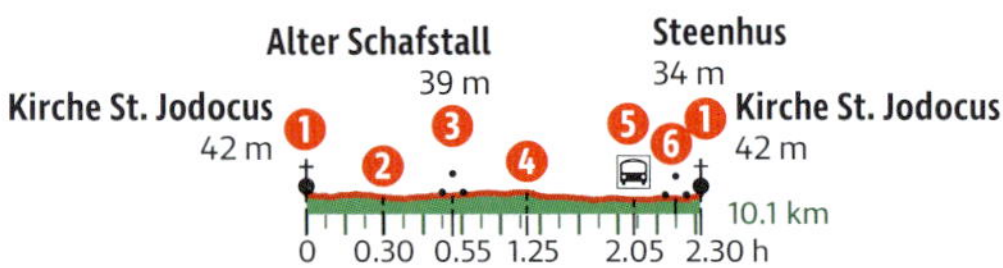

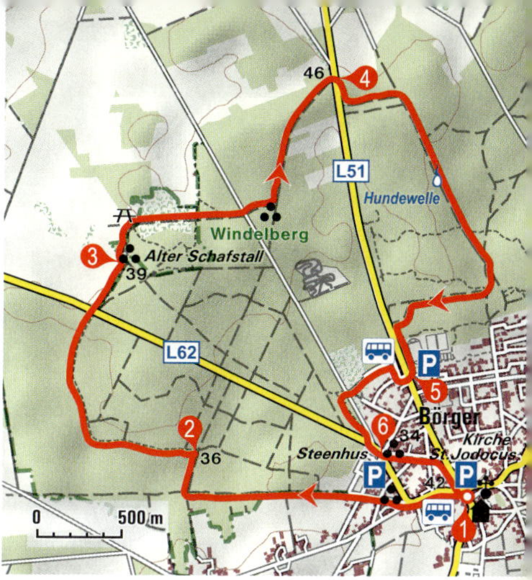

belung von Graspfaden rechts in den Wald, der sich schnell zugunsten der Wacholderheide lichtet. Ein breiter Sandweg leitet durch diese besonders zur Heideblüte attraktive Landschaft.

Bei einer Straße leicht links versetzt geradeaus, durch Wald und dort bei einer T-Kreuzung links Richtung Börger (3,2 km). Der gut markierte Pfad leitet durch den Wald zur **Waldstraße** 4, die wir rechts auf dem Radweg für 120 m begleiten, ehe wir nach der Straßenquerung links dem schmalen markierten Waldpfad folgen. Bei einer T-Kreuzung biegen wir rechts in den sandigen Waldweg, der sich nach 1,1 km hinter einer Schranke gabelt. Hier halten wir uns rechts. Nach 170 m schwenken wir bei einem Militär-Warnschild wieder nach rechts und verlassen den WP nach 500 m bei einer Pfadgabelung links auf schönerem und kürzerem Pfad, der nach wenigen Minuten vor der Waldstraße wieder auf WP trifft. Dieser begleitet die Straße vorbei am Sportplatz zur **Bushaltestelle Siedlung** 5 und leitet dahinter rechts in die Erikastraße. Gleich danach rechts, links (Heideweg) durch Wohngebiet und später offene Fläche. Nach einer Straßenquerung schwingt HP in den Wald und mündet nach einer Linkskurve in eine Straße. Diese führt zu einem Platz mit Sportfeld, dem offiziellen Startpunkt des Wacholderpatts.

Hinter der folgenden Kreuzung liegt etwas erhöht das **Steenhus** 6 als besterhaltenes Hünengrab von Börger.

Das jungsteinzeitliche Ganggrab besteht aus einer 14,5 m langen Kammer mit neun von einst elf Decksteinen. Rechts am Grab vorbei führt die Straße Am Hünenstein Richtung Ortsmitte – den vorher rechts abzweigenden WP ignorieren wir. Die Straße mündet in die Waldstraße ein, der wir rechts zurück zur **Kirche St. Jodocus** 1 folgen.

Schafstall.

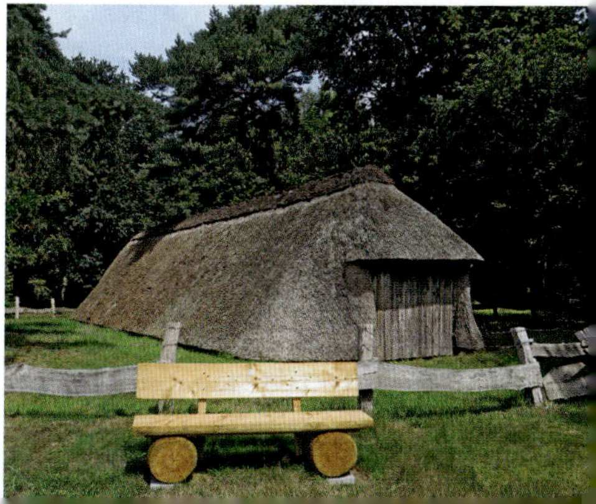

↗ 45 m | ↘ 45 m | 11.5 km

7 Loruper Kateekerpatt

2.45 h

Waldreiche Rundwanderung im Norden des Hümmling

Auf einer sandigen Hochfläche oberhalb der Ohe liegt Lorup – mit seinen Wäldern ein Wanderparadies, durch das ein Hümmling-Pfad führt. Dessen Name »Kateekerpatt« bezeichnet den Pfad eines Eichhörnchens und bezieht sich damit auf den (früheren) Waldreichtum der Region. Angeblich hätte ein Eichhörnchen von Baum zu Baum springend ohne Bodenkontakt den Ort umrunden können. Heute müsste ein Eichhörnchen dafür fliegen – die großen zusammenhängenden Wälder gibt es nicht mehr. Dafür ein abwechslungsreiches Mosaik aus Wäldern und Feldern mit ansprechender Wegführung.

Ausgangspunkt: Krulls Haus in Lorup mit Parkplatz (Navi: Hauptstraße 14, 26901 Lorup).
ÖPNV: Bushaltest. Lorup-Krulls Hus, Linie 610–980) Richtung Papenburg und Werlte (Mo–Sa mehrmals täglich), levelink.de.
Anforderungen: Leichte Wanderung über Waldwege und -pfade sowie stellenweise Feldwege und kleine Straßen.
Markierung: Fast durchgehend violett-weiße Markierung des Hümmling-Pfads (HP) Kateekerpatt mit stilisiertem h, kurzzeitig auch Hümmling-Pilgerweg.
Einkehr: In Lorup.

Das mehr als 100 Jahre alte Heimathaus **Krulls Hus** ❶ im Zentrum von Lorup ist ein lange Zeit von der Familie Krull bewohntes Bauernhaus, das heute für kulturelle Zwecke genutzt wird. In der Remise hinter dem Glockenturm sind hinter Glas alte landwirtschaftliche Geräte des Heimatrings ausgestellt. Die Skulpturen vor Krulls Hus erinnern an die Auswanderer des Ortes, vor allem nach Holland zur Arbeit sowie dauerhaft nach Übersee.

Wir entfernen uns von dieser Hofstelle mit rund 1.000 Jahre zurückreichender Geschichte, indem wir der kleinen Straße Am Osteresch rechts an Krulls Hus und dahinter an einer Skate-Anlage vorbei nordwärts folgen und uns vor einem Parkplatz links halten. Der von Bäumen gesäumte Fußweg leitet zu einem Platz mit Brunnen; dort weist die HP-Markierung halbrechts in die kleine Straße (Kolpingstraße) und nach 100 m bei einer Bank und holzgeschnitztem Wegweiser nach rechts. Die Straße Westernbrink führt rechts vorbei an dem Dorfteich, an dessen Ende wir uns rechts halten. Die Markierungen weisen anschließend durch offene Landschaft: am Hof geradeaus auf Schotterweg, bei einer T-Kreuzung vor einem Sportfeld rechts (Mittelweg) und nach 150 m links in einen Betonplatten-Spurweg. HP leitet an dessen Ende vor Häusern rechts (Nordholt) und bei einer Reitanlage links haltend in das Waldgebiet der Westertannen.

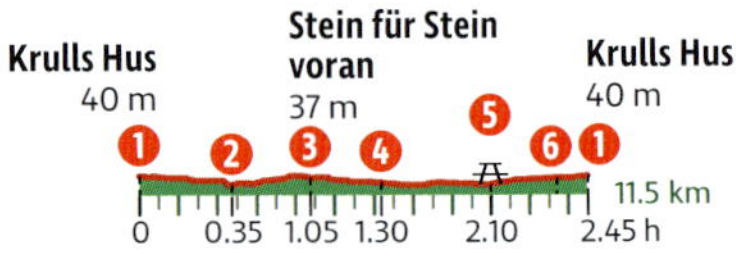

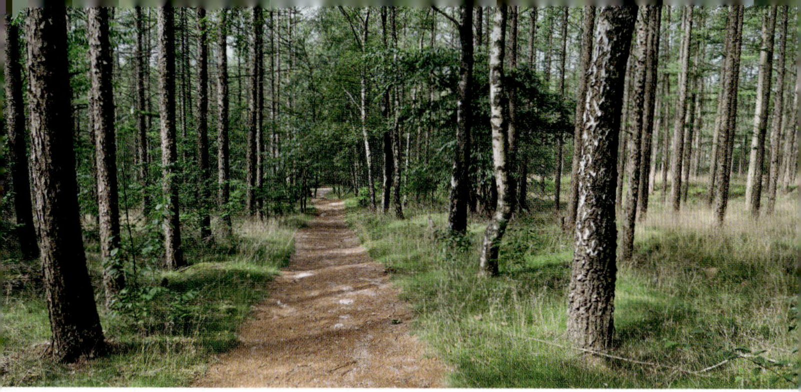

Die Wälder bei Lorup sind großteils von Nadelbäumen geprägt.

Nach Querung der Landstraße schwingt HP beim grünen Schild »Wanderweg« links in in einen einladenden Waldpfad mit leichtem Auf und Ab. Bei einer Lichtung mit einer roten Bank gehen wir rechts, folgen kurz vor der Straße den Markierungen nach links und queren die Straße bei einem Picknicktisch. Auf der anderen Straßenseite verlassen wir bei einer Hütte die abzweigende Nebenstraße in einer Linkskurve und folgen dem **Waldsportpfad** 2 geradeaus.
Bei der Kreuzung mit einem Plattenweg verlässt HP den Sportpfad und zweigt nach links. Ab der nächsten Kreuzung – bei einem Findling mit dem Spruch **»Stein für Stein voran«** 3 – begleitet uns der von links einmündende Hümmlinger Pilgerweg am Waldrand. Rechts blickt man über die Hochfläche des 42 m hohen Helkensberg. Bei der nächsten Querstraße folgen wir HP nach rechts (der Pilgerweg zweigt links ab) und gleich darauf nach links abwärts in den Wald. Dort bei der nächsten Abzweigung rechts Richtung Lorup (5,7 km). Nach Querung der **Gehlenberger Straße** 4 begleitet HP für 70 m links den Radweg und taucht dann rechts in die Ostertannen ein, wo wir uns bei der ersten T-Kreuzung links halten. Der Kateekerpatt schlängelt sich durch den Wald und nähert sich schließlich am Waldrand Lorup. Bei einem Picknicktisch folgen wir HP durch die **Linkskurve** 5 und nach 250 m auf einem Grasweg rechts in den Wald. Nach dem Waldende halten wir uns vor einem Sportplatz halbrechts und genießen von einem Betonplattenspurweg den Blick über die Felder – wenn nicht hoch stehender Mais die Aussicht verhindert.

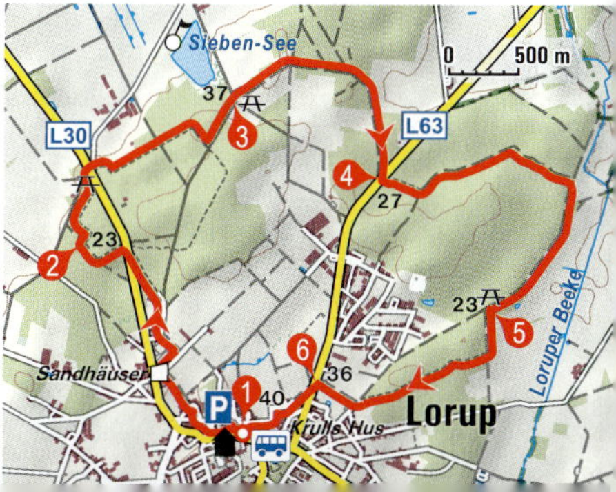

↗ 45 m | ↘ 45 m | 8.4 km

8 Moor bei Esterwegen

2.00 h

Rundwanderung zu KZ-Gedenkstätte und Moorlehrpfad

Nördlich vom Hümmling erstreckt sich am Küstenkanal eines der größten Hochmoore zwischen Papenburg und Oldenburg, darunter das geschützte Melmmoor. Der gleichnamige Hümmling-Pfad erschließt dieses Gebiet mit zwei Schleifen; die schönere (südliche) ist Teil dieser Rundtour und mit der nördlichen verlängerbar. Ausgangspunkt ist Esterwegen, dessen Name als eines von 15 ehemaligen Emslandlagern mit einem traurigen Kapitel deutscher Geschichte verbunden ist. Die rund 1.000 Insassen waren aus sozialrassistischen oder kriminellen Gründen inhaftiert, später kamen auch Kriegsgefangene und Widerstandskämpfer dazu, darunter Carl von Ossietzky. Die Atmosphäre in den Zwangsarbeitslagern spiegelt das 1933 im KZ entstandene Lied »Wir sind die Moorsoldaten« wider, als Hymne des Widerstands. Heute erinnert eine Gedenkstätte an diese dunkle Epoche.

Ausgangspunkt: Wanderparkplatz bei Sportstadion und Hotel Graf Balduin (Navi: Am Sportpark 1, 26897 Esterwegen), alternativ Parkplatz an der Gedenkstätte Esterwegen.
ÖPNV: Mit 0,7 km langem Zubringer Bushaltestellen Alte Post/Kirche und Busbahnhof/Poststraße in Esterwegen mit Linie 980 Richtung Papenburg und Werlte (Mo–Sa mehrmals täglich), levelink.de. Von den Haltestellen auf Hauptstraße an der Kirche rechts vorbei, nach 5 Minuten hinter der Waldschule rechts Richtung Hotel Graf Balduin (Am Sportpark) zum Ausgangspunkt.
Anforderungen: Leichte Wanderung über gut ausgebaute Pfade und Bohlenwege, Feld- und Forstwege und kürzere Abschnitte auf Straßen mit wenig Verkehr.
Markierung: Violett-weiße Markierung des Hümmling-Pfads Melmmoortour mit stilisiertem h sowie zwischen 3 und 4 markierter Verbindungsweg.
Einkehr: Esterwegen, SB-Cafeteria in Gedenkstätte.
Variante: Verlängerung mit nördlicher Melmmoortour (zusätzlich 7,5 km): nach 3 geradeaus statt rechts Richtung Begräbnisstätte an der B401 und weiter entlang HP-Markierungen – stellenweise etwas monoton lange geradeaus – bis zur Route bei 4.
Tipps: Gedenkstätte Esterwegen (Mo Ruhetag, freier Eintritt), gedenkstaette-esterwegen.de.

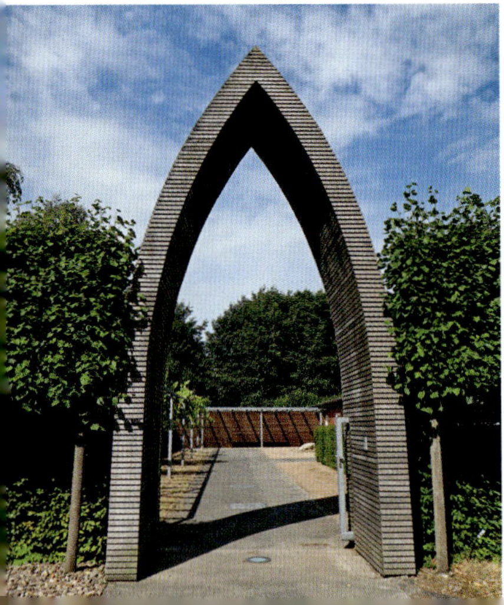

Eingang zum Kloster Esterwegen bei der gleichnamigen Gedenkstätte.

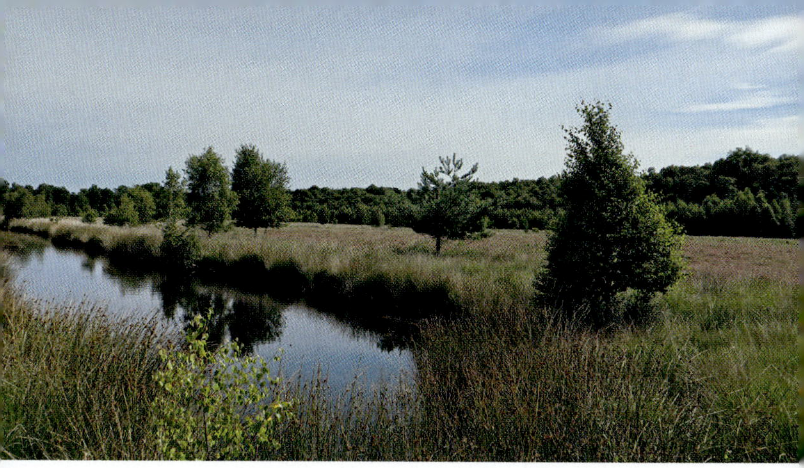

Der MoorInfoPfad erschließt bei Esterwegen das Melm- und Kuhdammoor.

Vom Rondell hinter dem **Hotel Graf Balduin** ❶ passieren wir auf dem Forstweg die Schranke und wenden uns nach rechts Richtung Gedenkstätte Esterwege (1,8 km), vorbei am Friedhof (HP). Nach der Kreuzung am Rad-KP 9 Straße erreichen wir geradeaus haltend die **Gedenkstätte Esterwegen** ❷. In ehemaligen Lagerhallen der Bundeswehr mit neuem Foyer dokumentiert eine Ausstellung die Geschichte der Emslandlager und Lebensbedingungen der Häftlinge. Dahinter erinnert seit 2007 ein Franziskanerinnenkloster an diesen Ort. Das KZ selbst ist nicht erhalten, allerdings zeigt die Landschaftsgestaltung links von der Ausstellung Spuren des früheren Lagers.
HP umrundet das frühere KZ-Gelände gegen den Uhrzeigersinn und zweigt dazu 100 m hinter dem Parkplatz bei einer Schutzhütte links auf den MoorInfoPfad auf Holzbohlen und mit 17 Stationen zur Entstehung, Biologie, Abtorfung, Archäologie (Moorleiche) und heutigem Schutz der Moore.

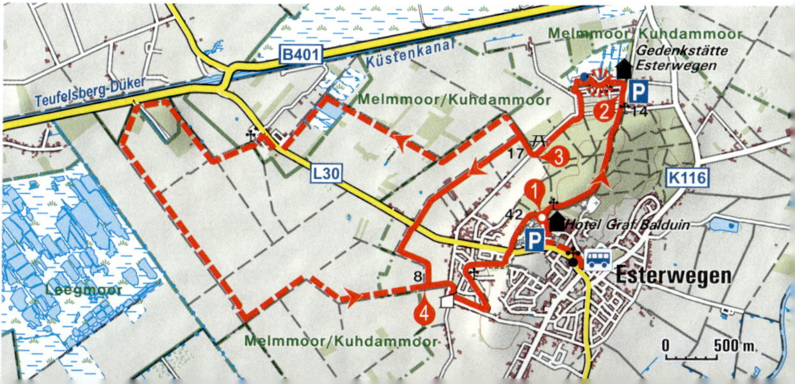

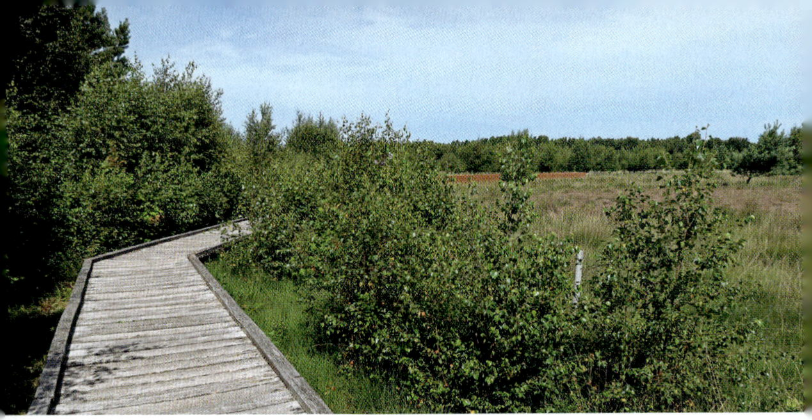

Vom 700 m langen Bohlenweg bietet der MoorInfoPfad gute Einblicke in das Moor.

Der Holzbohlenweg quert dabei einen Stahlsteg, der das Lager mit dem Moor als Ort der schweren Zwangsarbeit verbindet.
Am Ende des Bohlenwegs schwenken wir links auf den Damm durch Wald und gehen kurz darauf rechts am Zaun der Gedenkstätte entlang Richtung Melmmoor. Am Waldrand endet der Zaun; hier folgen wir HP nach rechts Richtung Melmmoor entlang der Straße durch Mischwald. An dessen Ende biegen wir bei einer Kreuzung mit **Picknicktisch** ❸ rechts auf den Schotterweg und nach 200 m links auf den Feldweg Richtung Esterwegen (2,6 km), ausgewiesen als HP-Verbindungsweg – optional für die nördliche Verlängerung geradeaus (Variante). Der grasige Feldweg führt durch leicht hügeliges Gelände und später alleeartig an Hühnerställen vorbei. Nach Querung einer Straße geradeaus auf sandigem Feldweg und bei der T-Kreuzung links auf das Dorf zu. Der Verbindungsweg erreicht bei der folgenden **T-Kreuzung mit Bank** ❹ wieder die nördliche Schleife der Melmmoortour, die uns links auf die südlichen Variante Richtung Esterwegen leitet (0,3 km).
Im Ort biegen wir bei der T-Kreuzung mit der Straße Hinterm Berg nach rechts und kurz darauf links in den Mühlenweg. Nach kurzem Anstieg schwenken wir kurz vor dem Ende der Tempo-30-Zone nach links auf den Betonplatten-Spurweg mit einer Baumreihe (Verkehrsverbot). Beim Abstieg in ein Wohngebiet führt uns die Markierung bei Haus-Nr. 77 rechts in die zweite gepflasterte Straße und am Straßenende geradeaus auf und ab durch ein Wäldchen. Nach 150 m halten wir uns links und folgen HP zur Hauptstraße. Nach deren Querung leitet ein geschotterter Feldweg geradeaus vorbei am Sportstadion zurück zum Parkplatz am **Hotel Graf Balduin** ❶.

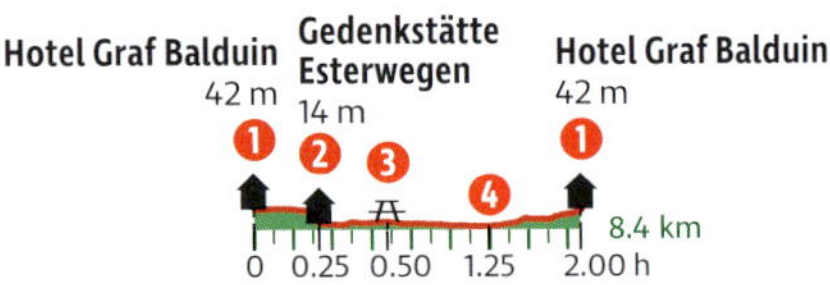

↗ 20 m | ↘ 20 m | 8.2 km

2.00 h

TOP 9

Von Aschendorf nach Papenburg

Auf ruhigen Wegen in die Schiffbaustadt

Papenburg an der Ems bietet als älteste, 1630 gegründete, und längste Fehnkolonie Deutschlands mit dem südlichsten Seehafen des Landes mehrere Superlative. Trotz einer Entfernung von 60 km zur Nordsee entstehen hier einige der größten Kreuzfahrtschiffe weltweit. Papenburgs wirtschaftliche Standbeine – heute der Bau von Kreuzfahrtschiffen, früher der Abbau von Torf in Mooren – sind beide keine Lieblinge von Umwelt- und Naturschützern. Die Streckentour lässt nichts von diesen Konflikten spüren: Durch verschiedene Landschaften mit Feldern, Wäldern, Parks und viel Wasser nähern wir uns Papenburg.

Ausgangspunkt: Bahnhof Aschendorf; großer Parkplatz gegenüber vom Bahnhof bei einem Supermarkt (Navi: Zur Waage, 26871 Papenburg).
Endpunkt: Bahnhof Papenburg mit Parkplatz etwas nördlich (Navi: Bahnhofstraße 27, 26871 Papenburg).
ÖPNV: Stündlich Regionalbahnverbindungen zwischen Aschendorf und Papenburg.
Anforderungen: Leichte Wanderung über Wege auf Waldboden, Gras, Kies sowie Radwege und verkehrsarme Straßen.
Markierung: Keine.
Einkehr: Papenburg.
Kombi-Tipp: Kombiniert mit dem ersten Teil von Tour 10 zum Tunxdorfer Waldsee insgesamt 15 km lange Tour. Zunächst Tour 10 bis 100 m nach 6, dann links auf Uferweg am Seitenkanal und weiter mit dieser Tour ab 6.
Tipps: Gut Altenkamp in Aschendorf (Tour 19), Bademöglichkeit im Bokeler Baggersee bei 4. Drei Angebote stehen für den Wandel Papenburgs von der Fehnkolonie zur Schiffbaustadt: die Freiluft-Fehnsiedlung Von-Velen-Anlage (von-velen-anlage.de), die 2022 eröffnete Maritime Erlebniswelt zu Stadtgeschichte und Schiffbau (maritime-erlebniswelt.de) und das bekannteste Aushängeschild der Stadt, die Meyer-Werft, die nur mit Voranmeldung besucht werden kann (besucherzentrum-meyerwerft.de).

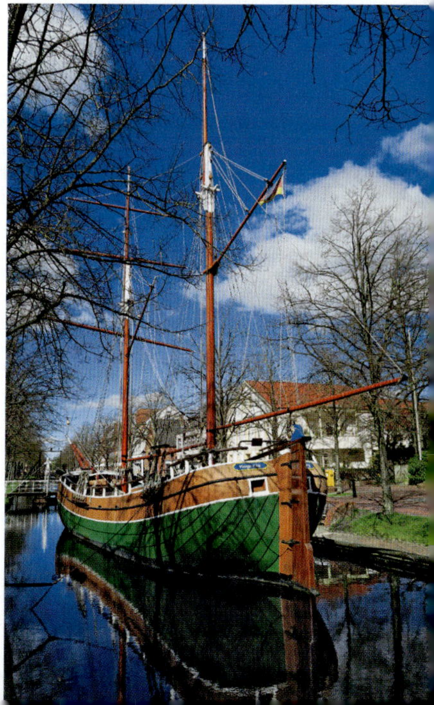

Nachbau eines Frachtschiffes aus dem 18. Jh. im Papenburger Hauptkanal.

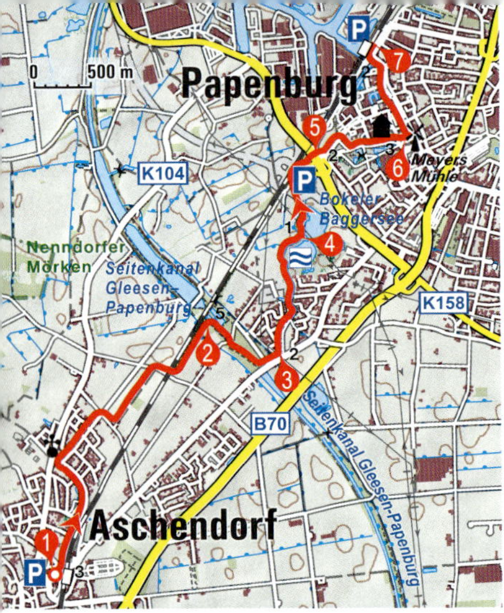

Vom **Bahnhof Aschendorf** ❶ beginnen wir die Tour in nördlicher Richtung, queren die Straße beim Bahnübergang und gehen geradeaus neben der Bahnlinie, kurz auf kleinem Fußweg, dann entlang der Windthorststraße. Nach 5 Minuten folgen wir der Straße durch die Linkskurve und biegen nach weiteren 5 Minuten rechts in die Straße Pöhle. Bei der Kreuzung nach dem Ende der Bebauung schwenken wir rechts in die Lange Straße und nach 150 m links in den Feldweg.

Dieser mündet in den Tunxdorfer Torfweg ein, dem wir rechts über die Bahngleise folgen. Nach dem Bahnübergang steigen wir links auf den Wall und wandern zwischen Bäumen rechts oberhalb der Bahnstrecke. Am Ende des Walls gehen wir noch 100 m geradeaus durch Wald und biegen vor dem Gewässer (Kanal) rechts auf den Pfad. Dieser begleitet den unvollendeten **Seitenkanal Gleesen – Papenburg** ❷. An dessen Ende bei einer Straßenkreuzung geradeaus. Der Waldweg mündet in die Emdener Straße, deren Radweg wir links für 250 m folgen. Vor einem Stromverteilerkasten ❸ biegen wir nach links in den Fußweg neben einem Bach. Bei einer Kreuzung mit Holzbank rechts und nach der Holzbrücke links entlang dem kleinen Pfad rechts neben dem Wassergraben. Bei Abzweigungen halten wir uns geradeaus und bleiben so auf der rechten Seite vom Wassergraben. Am Siedlungsende führt der Weg samt Graben links am **Bokeler Baggersee** ❹ vorbei. Der Doppelsee entstand in den 1990er-Jahren und besteht aus zwei Seen: dem größeren nördlichen Surfsee und dem kleineren südlichen Badesee.

Bei einer Gabelung mit rechts einer Holzbrücke zwischen den beiden Seeteilen gehen wir kurz rechts und nach wenigen Metern – vor der Brücke – links in den Waldweg, der ufernah den Surfsee passiert. 100 m nach einer kleinen Holzbrücke im Wald leicht links haltend über eine weitere Brücke

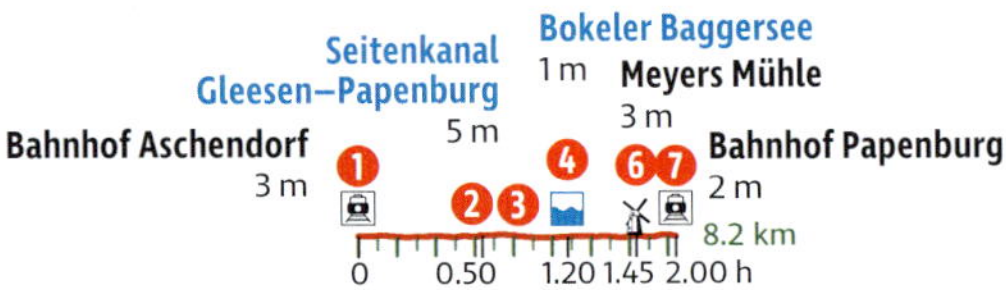

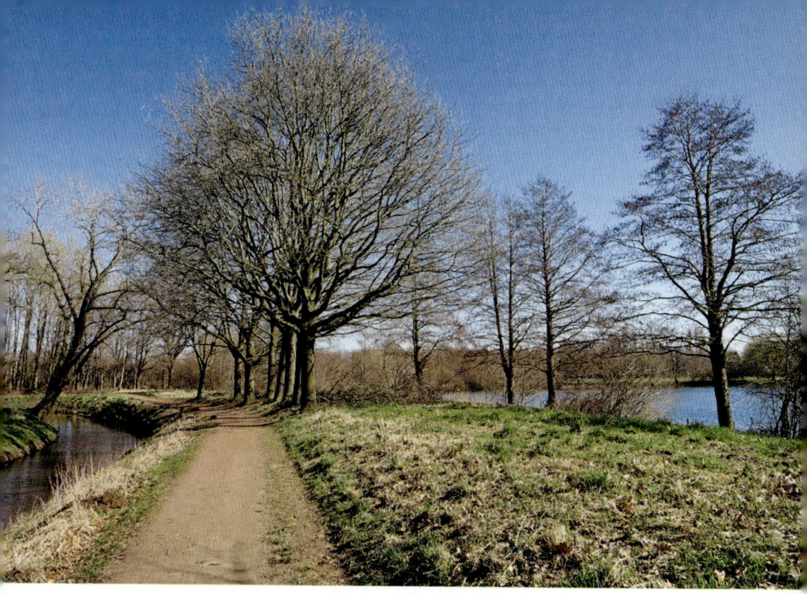

Weg am Bokeler Baggersee.

und geradeaus auf Fußweg zwischen einem Feld (rechts) und einer Wallhecke (links). Am Ende schwenken wir nach rechts, passieren einen Parkplatz zur Linken und folgen dem Radweg etwas links unter der **Rheiderlandstraße** ❺ hindurch. Der Radweg führt links an einem Kreisverkehr entlang Richtung Papenburg. 100 m nach dem Kreisel wenden wir uns nach rechts und betreten auf breitem asphaltiertem Weg den Stadtpark, im Jahr 2014 hergerichtet für die Landesgartenschau. Deren damaliges Motto »bunt und bliede« (»bunt und fröhlich«) trifft zumindest im Frühjahr auch heute noch zu für die Anlage mit den vielen blütenreichen Blumenbeeten, Bäumen und Brücken.

120 m nach dem Parkeingang gehen wir bei einer Kreuzung links, um den Park von West nach Ost zu durchqueren: Am schönsten ist es weiter leicht rechts über den Kiesweg für Fußgänger, links am Teich entlang. Weiter geht es geradeaus, nach einer Brücke noch einmal rechts neben dem Teich und am Parkende geradeaus links an **Meyers Mühle** ❻ vorbei. Der 1888 errichtete dreistöckige Gallerieholländer wurde 1998 nach starkem Verfall saniert. Hinter der Mühle erreichen wir den Hauptkanal der in Reihe angelegten Fehnkolonie Papenburg. Am Kanal schwenken wir nach links und folgen diesem früheren Wasserweg der Torfschiffe links oder rechtsseitig. Spätestens beim Hotel Alte Werft wechseln wir auf die rechte Seite und wandern auf dem Radweg in nördlicher Richtung zum **Bahnhof Papenburg** ❼.

↗ 35 m | ↘ 35 m | 15.1 km

10 Aschendorf – Tunxdorfer Waldsee

3.45 h

Rundwanderung in der Emsschleife bei Papenburg

In der Emsschleife südlich von Papenburg liegen zwei der ältesten Dörfer Niedersachsens, die beide schon im 8. Jh. urkundlich erwähnt wurden: Aschendorf und Tunxdorf. Diese abwechslungsreiche Rundwanderung beginnt in Aschendorf und führt durch eine kleinräumige Landschaft mit alten Baumwällen zum Tunxdorfer Waldsee mit Badegelegenheit. Zurück geht es am Ufer des Seitenkanals Gleesen-Papenburg und durch angrenzende Feuchtgebiete nach Aschendorf.

Ausgangspunkt: Bahnhof Aschendorf; großer Parkplatz gegenüber vom Bahnhof bei Supermarkt (Navi: Zur Waage, 26871 Papenburg).
ÖPNV: Bahnhof Aschendorf mit stündlichen Regionalbahnverbindungen Richtung Emden und Münster sowie Bushaltestellen Aschendorf-Emdener Straße/Behnes Wiesen und Emdener Straße/Tunxdorfer Torfweg mit Linien 974 und 965 Richtung Papenburg, levelink.de.
Anforderungen: Leichte Wanderung über Feld- und Waldwege sowie kleine Straßen mit kaum Verkehr. Teilweise kurze, aber steile An- und Abstiege auf dem Wall neben der Bahnstrecke im letzten Abschnitt der Wanderung.
Markierung: Gelegentlich Straßenschilder und Wegweiser.
Einkehr: In Aschendorf.
Variante: Abkürzung ohne Seitenkanal (gesamt 9,7 km); dazu bei ④ rechts in die Sackgasse und nach 250 m links in den Feldweg zu Route kurz vor ②. Von dort auf bekanntem Weg zurück zu ①.
Kombi-Tipp: Verlängerbar mit Streckentour nach Papenburg (Tour 9).
Tipps: Badestelle am Tunxdorfer Waldsee, Gut Altenkamp 200 m östlich vom Bahnhof mit barockem Park und wechselnden Ausstellungen (Mo Ruhetag, gut-altenkamp-ev.de).

Am **Bahnhof Aschendorf** ① orientieren wir uns nordwärts und folgen nach Querung der Großen Straße der Windthorststraße nordwärts, anfangs neben der Bahnlinie. Bei der Kreuzung mit der Kreisstraße geradeaus (Hofer Kirchweg) Richtung Draiberg, ebenso bei der Reithalle (Verkehrsverbot). Die schöne Eichenallee leitet zu einer Kreuzung am Waldrand, wo wir links dem Schotterweg folgen. Bei der Kreuzung im Wald mit links dem 10 m hohen **Draiberg** ② gehen wir geradeaus an der Bank vorbei, durch ein Holztor und bei der T-Kreuzung am Waldrand rechts auf den Feldweg. Bei einem Hof am Waldende geradeaus zwischen Feldern. 100 m nach einem Kreuzbild biegen wir links in die gepflasterte Straße und nach 150 m rechts in den etwas san-

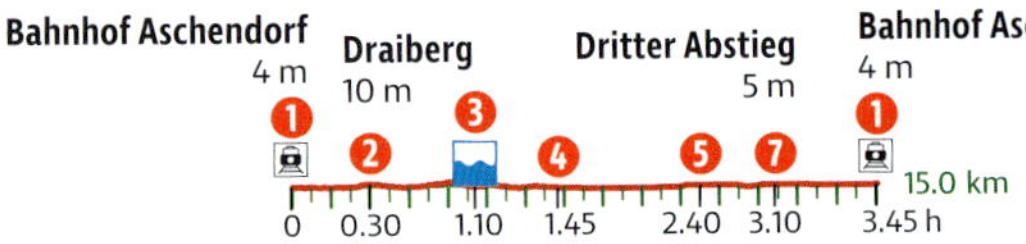

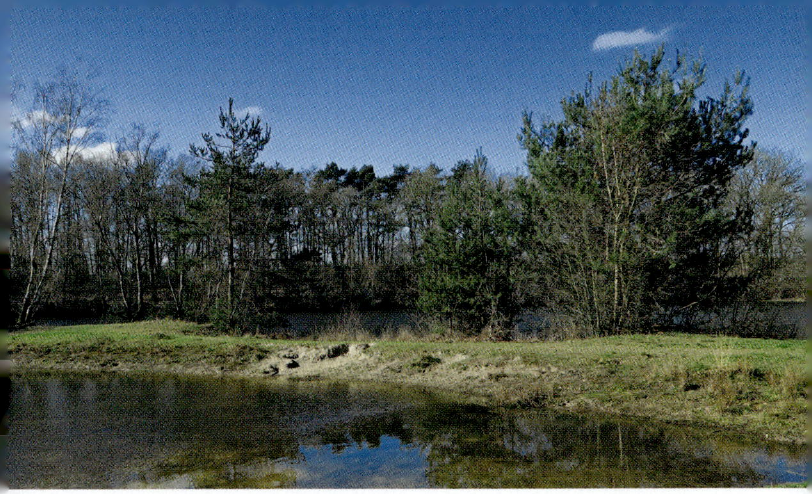

Der Tunxdorfer Waldsee entstand durch Ausbaggerung der 16 m hohen Tunxdorfer Berge.

digen Weg, der geradeaus im leichten Auf und Ab abwechselnd an kleinen Feldern vorbei und in den Wald führt.

Kurz vor dem Tunxdorfer Waldsee nehmen wir bei einer Kreuzung neben einer kleinen Wiese den Pfad geradeaus zum See und umgehen diesen im Uhrzeigersinn auf dem Uferweg. Nach 5 Minuten erreichen wir den **Badestrand** ❸ des in den 1960er-Jahren durch Ausbaggerungen zur Emsdeichererhöhung entstandenen Tunxdorfer Waldsees. Der Uferweg leitet weiter ostwärts, ehe wir 100 m nach dem Strand bei einer hügeligen Stelle vor einer krummen Eiche den See verlassen, links auf den Sandwall aufsteigen und hinter diesem dem Feldweg rechts folgen mit Blick auf die Papenburger Werft. Bei einer Kreuzung am Waldrand geradeaus auf gepflastertem Weg und nach 130 m bei einer T-Kreuzung auf gepflasterter Allee nach rechts.

Die Straße erreicht nach 20 Minuten eine Kreuzung mit rechts einem **Sackgassenschild** ❹. Hier biegen wir links in den Feldweg, der neben einem Baumwall auf mehrere Höfe zuführt. Vor diesen wenden wir uns bei einer Gabelung halblinks und kommen an einem Haus vorbei. Die kleine Straße geht später in einen Feldweg neben einem Baumwall über – in Richtung der sichtbaren Meyer-Werft mit einem der weltweit größten überdachten Trockendocks.

Vor dem Deich des nie fertiggestellten Gleesen-Papenburg-Seitenkanals nehmen wir die Straße nach rechts. Nach Querung der Bokeler Straße erwartet uns eine schöne Passage geradeaus auf dem von Bäumen gesäumten Kanalweg. Der Uferweg mündet am Ende des breiten Kanalbeckens in eine Straße, der wir durch die Linkskurve folgen, um gleich darauf auf schönerem Pfad den kleinen See rechts zu umgehen. Danach wechseln wir wieder auf die

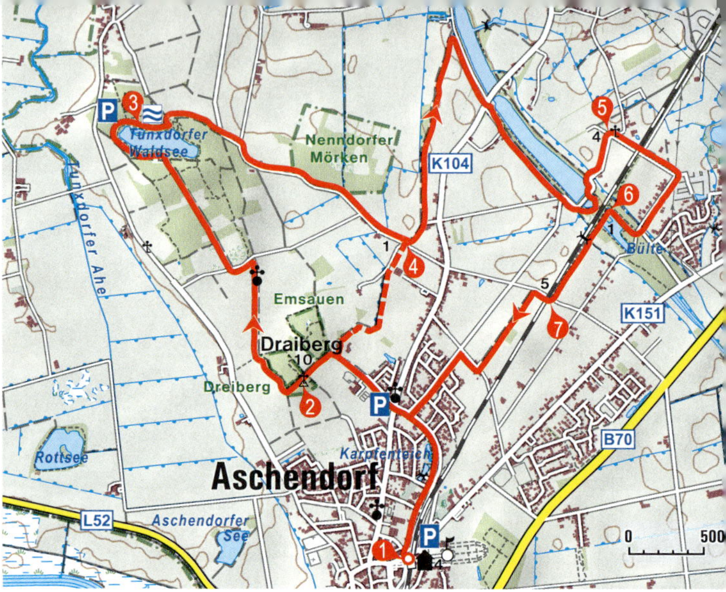

Straße, die uns über einen Graben führt. Bei der folgenden Kreuzung rechts auf die **Waldstraße** ❺ Richtung Papenburg (3,4 km) und nach Querung der Bahnlinie zunächst geradeaus. Der rechts nach dem Bahnübergang abzweigende einladende Weg ist an späterer Stelle gesperrt. Bei einer Gabelung zweigen wir nach rechts ab (Bülte) und passieren ein Wohngebiet. An dessen Ende queren wir einen Ableiter und biegen nach 30 m rechts in den Waldweg. Bei einem **Erdwall** links von der **Bahnbrücke** ❻ über den Ableiter schwenken wir nach links und folgen dem Wall links neben der Bahnstrecke, unterbrochen von einem Graben. Nach dem insgesamt **dritten Abstieg** ❼ vom Wall queren wir die Bahnlinie rechts und nehmen nach 150 m den links abzweigenden von Bäumen gesäumten Gras-/Feldweg. An dessen Ende biegen wir im Wohngebiet rechts in die gepflasterte Straße und bei der nächsten Kreuzung links in die Straße Pöhle. An deren Ende führt uns die Windthorststraße auf bekannter Strecke zurück zum **Bahnhof Aschendorf** ❶.

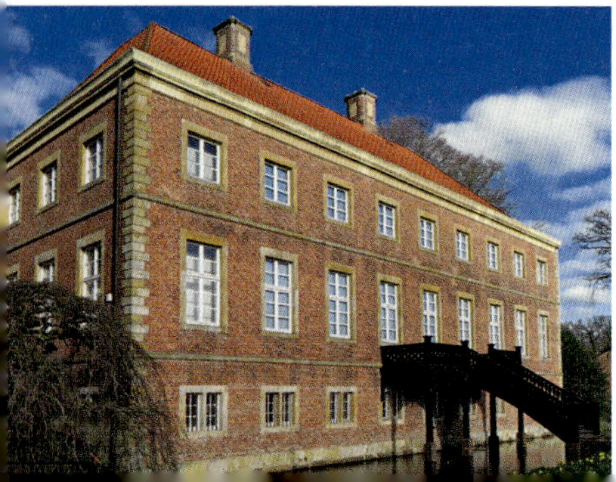

Gut Altenkamp in Aschendorf.

↗ 30 m | ↘ 30 m | 5.5 km

1.30 h

Borsumer Berge und Flaarsee

11

Rundwanderung bei Rhede

Auf einer Binnendüne erhebt sich das zur Gemeinde Rhede gehörende Borsum über die Ems. Bis zum Bau einer hochwasserfreien Straße nach Rhede war der Ort bei hohem Wasserstand der Ems inselhaft von der Außenwelt abgeschnitten. Der bewaldete Sandrücken westlich von Rhede bietet gute Wandermöglichkeiten. Nördlich der Borsumer Berge bildet der Flaarsee bei Vögeln, Radfahrern und Wanderern ein beliebtes Ziel; entstanden in den 1980er-Jahren durch Sandabbauarbeiten für die A31. Von einem Ausguck lassen sich Vögel gut beobachten, darunter im Winter Zwerg- und Singschwäne.

Ausgangspunkt: Straßenkurve Sande östlich der Borsumer Berge mit Parkgelegenheit am Straßenrand (Navi: Sande/ Borsumer Berge, 26899 Rhede), alternativ 700 m weiter östlich Parkplatz bei Borsumer Dorfkirche (Navi: Kirchweg 1, 26899 Rhede).
ÖPNV: Keine gute Anbindung; mit 1 km langem Zuweg Bushaltestelle Borsum; dort fährt Linie 965 Richtung Papenburg wenige Male werktags, teils als Rufbus, Anmeldung 120 Min. vor Abfahrt Tel. +49 4961 71717, levelink.de. Von der Haltestelle nordwärts zur Dorfmitte; dort links in Dorfstraße und an der Kirche vorbei westwärts in 10 Minuten zur Straßenkurve bei ❶.
Anforderungen: Leichte Wanderung über kleine verkehrsarme Straßen, Wald- und Feldwege.
Markierung: Anfangs Emslandweg (E), stellenweise Radwegweiser und -knotenpunkte (Rad-KP).
Einkehr: Keine.

Westlich der Borsumer Berge schwingt die von Borsum kommende Straße Sande in einer **Linkskurve** ❶ südwärts. Hier nehmen wir den weiter westlich führenden Feldweg auf den Wald zu mit sporadischen Markierungen (E) des Emswegs, etwa an einer Bank am Waldrand bei Rettungspunkt EL-RH-007. Wir tauchen geradeaus in den Wald (E) ein, halten uns bei einer Gabelung nach 150 m links und bei der folgenden mit Kiefer und **Emsweg-Pfosten** ❷ an einer Lichtung halbrechts (E). Der Emsweg leitet durch Mischwald und nach dem Waldende bei Rad-KP 53 leicht links versetzt geradeaus auf kleiner Straße zwischen Wiesen/Feldern Richtung Vogelbeobachtungsstation (E, Dohlhoff) nordwärts.

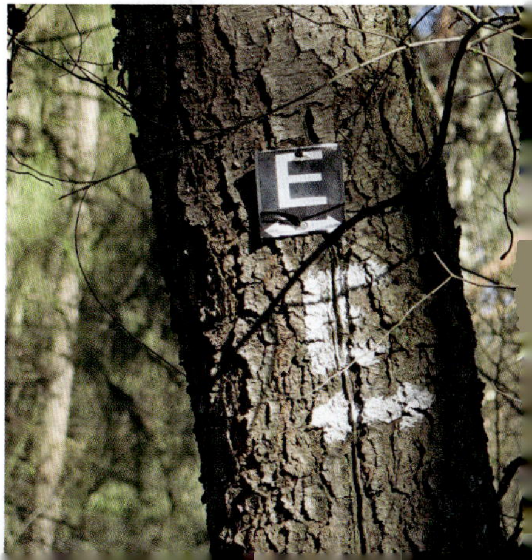

Emsweg-Markierung.

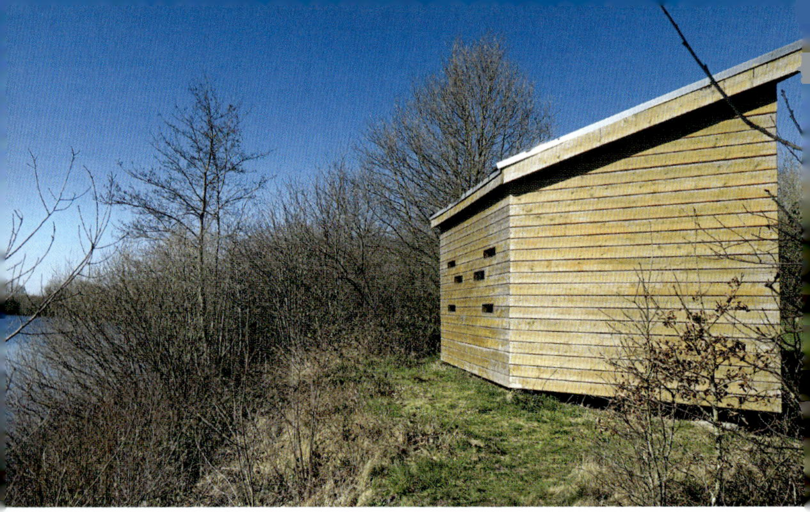

Vogelbeobachtungstand am Flaarsee.

100 m nach einer hölzernen **Schutzhütte** ❸ bei einer T-Kreuzung links und beim Hof durch die Rechtskurve. Nach 5 Minuten verlassen wir die Straße und damit den Emsweg, indem wir links in den Feldweg Richtung Vogelbeobachtungsstation (E) biegen. Nach wenigen Minuten erreichen wir zur Linken einen Beobachtungsstand mit Infotafeln und Blick auf den **Flaarsee** ❹ mit seiner reichen Vogelwelt. An den Ufern brüten unter anderem Blaukehlchen, Großer Brachvogel, Kiebitz und Uferschnepfe. Wir gehen geradeaus zur in Nord-Süd-Richtung verlaufenden kleinen Landstraße und folgen ihr nach links. Nach rund 1 km leitet die Straße durch eine Linkskurve und weiter südostwärts, begleitet von Bäumen und kleinem Bach. Beim **Rad-KP 28** ❺ zweigen wir nach links in den breiten Weg, der uns wieder in die Borsumer Berge führt. Nach 100 m halten wir uns bei ❷ rechts und gehen durch Wald und später aussichtsreich zwischen Feldern auf bekanntem Weg zurück zur **Linkskurve** ❶ der Straße Sande.

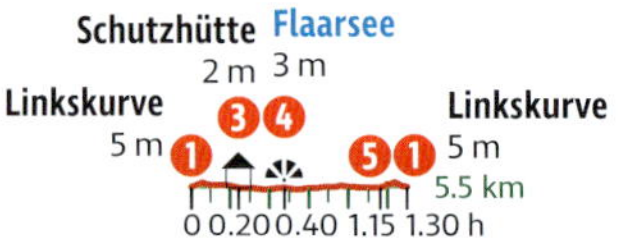

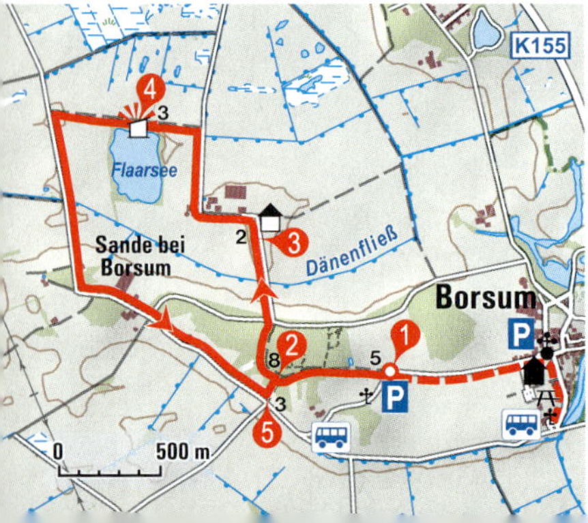

↗ 35 m | ↘ 35 m | 14.4 km

3.30 h

Dörpen – Ems 12

Rundwanderung durch Emsauen

Bei Dörpen zweigt der 70 km lange Küstenkanal ab, der die Ems mit der Hunte bei Oldenburg verbindet. Dieser soll bis 2030 ausgebaut werden in Ergänzung zum Dörpener Güterverkehrszentrum als Umschlagplatz für Waren zwischen Kanal, Bahn und Straße. Passend dazu bewegt sich diese Rundwanderung zwischen dem Bahnhof und der Kanalabzweigung von der Ems; abwechselnd zwischen Wäldern und Feldern, entlang dem Kanal sowie auf kleinen Wegen und Straßen durch Dörpen.

Ausgangspunkt: Bahnhof Dörpen mit Parkplatz (Navi: 26892, Neudörpener Str., 26892 Dörpen), alternativ ebenfalls kostenfreie Parkmöglichkeiten in der Ortsmitte.
ÖPNV: Bahnhof Dörpen mit stündlichen Regionalbahnverbindungen Richtung Emden und Münster.
Anforderungen: Leichte Wanderung über Feld-, Wald- und Uferwege sowie kleine Straßen und Fußwege im Ort.
Markierung: Stellenweise Wanderwegmarkierungen »W« mit einer Ziffer.
Einkehr: Ortsmitte von Dörpen.
Varianten: 1. **Entlang dem Kanal** statt durch Dörpen-Ortsmitte (2 km kürzer): ab 3 links auf alleeartigem Kanalweg südwestwärts; 150 m nach der Straßenbrücke weiter bei 5.
2. **Durch Grünanlagen und Wohnsiedlung** statt Schleife zum Kanal (2,7 km kürzer): bei 2 links in Kampweg, nach 200 m in leichter Linkskurve rechts auf Grasweg neben Graben, durch Linkskurve und über Straße, am Ende links in Straße und kurz darauf geradeaus Fußweg neben Graben; nach der zweiten Brücke rechts in Wohngebiet, nach 50 m rechts in Kleiststraße und Richtung Nordwest (später Lessing- und Schillerstraße), am Ende vor Kita links, dann rechts und nach 250 m bei 4 links in den Bürgerpark.

Auf dem Küstenkanal Dörpen werden überwiegend Schüttgüter transportiert.

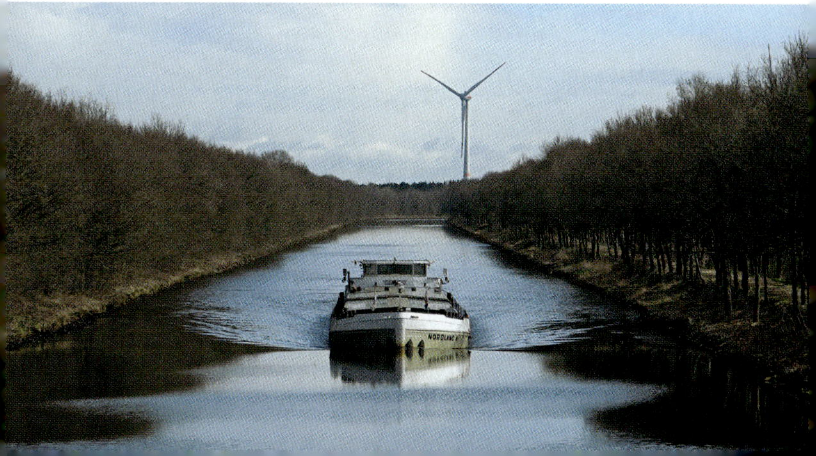

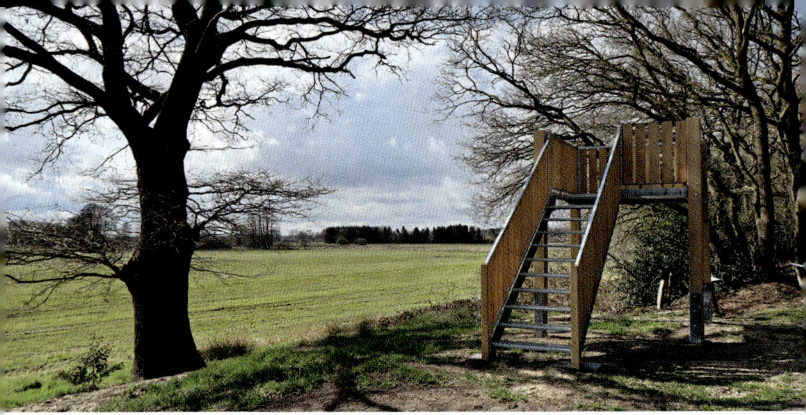

Nahe dieser Aussichtsplattform stürzte im Zweiten Weltkrieg ein US-Flugzeug ab.

Am **Bahnhof Dörpen** ❶ orientieren wir uns nordwärts und folgen nach Querung der Hauptstraße dem Waldpfad parallel zur Bahnstrecke. Vor einer Straßenbrücke schwenken wir bei einem Picknicktisch nach links, queren am unteren Ende der Brücke die Straße und kurz darauf links auf dem Radweg die B70, ehe uns die Burgstraße geradeaus in den besiedelten Bereich führt.
Vor der Einmündung in die Neudörpener Straße auf dem Bürgersteig geradeaus an einer Grünfläche entlang mit Picknicktisch und Schild **»Treff am Eck«** ❷. Hier biegen wir rechts in den von Hecken gesäumten Fußweg. Am Ende kurz rechts, dann links in die Hermann-Schmitz-Straße und nach Querung der Hauptstraße durch Wohngebiet: halbrechts (Nordestraße), links (Birkenweg), bei Kreuzung rechts (Sackgasse Am Erlenbruch), zuletzt als schmaler Weg. Vor dem Park gehen wir kurz links, dann rechts auf dem Fußweg durch die Grünanlage und links um den Teich. Nach dem Park links nordwärts und nach 30 m bei einer Gabelung mit Holzbank links. Die Nordestraße führt erst am Ortsrand entlang und schließlich aus Dörpen heraus. Am Siedlungsende leitet der Feldweg geradeaus, ehe wir nach 250 m bei einem Markierungspfahl links dem Feldweg am Waldrand folgen.

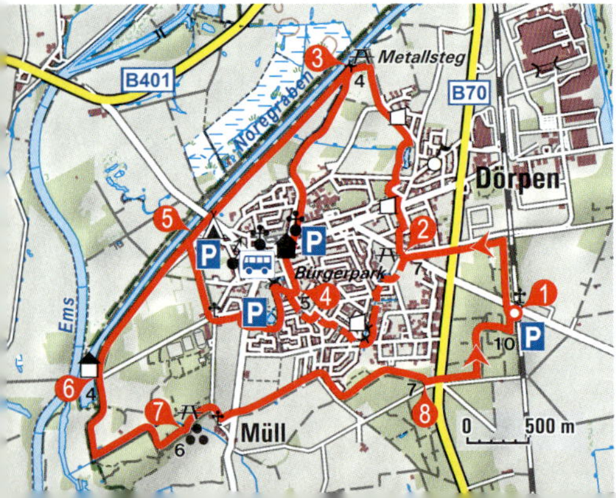

Nach 200 m führt rechts ein **Metallsteg** ❸ zu einer Rastgelegenheit und dem Kanalweg (Variante 2), wir gehen aber weiter geradeaus auf gut befestigtem Weg neben einem Entwässerungsgraben.

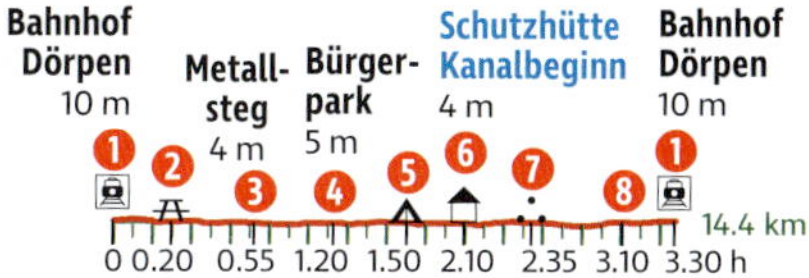

Beim Bauhof erreichen wir wieder den Ort. Geradeaus (Am Sande) zur Hauptstraße, dort beim griechischen Restaurant rechts und nach 50 m beim Kreisverkehr links. Nach 5 Minuten gehen wir rechts in den **Bürgerpark** 4 und an einem Teich vorbei. Wir nehmen den etwas längeren, aber schöneren Weg gegen den Uhrzeigersinn. Nach dem Teich auf Radweg südwärts, nach 150 m rechts und links am zweiten Teich vorbei. Am Parkende wandern wir beim Parkplatz rechts in die Ahlener Straße, nach 80 m vor der Neubausiedlung links Richtung Sportpark und bei der Kreuzung am Waldrand rechts auf geradem, nicht asphaltiertem Fahrweg vorbei am Ortsschild Dörpen nordwärts zum Küstenkanal.

Der Weg endet bei einem Parkplatz mit Bänken vor einem **Campingplatz** 5. Hier beginnt links haltend unsere Passage auf dem breiten Uferweg links neben dem Küstenkanal. Nach 1,5 km markiert eine **Schutzhütte** 6 den **Beginn des Küstenkanals**, der hier von der Ems abzweigt. Hinter der Hütte nimmt uns ein breiter Schotterweg auf und führt durch eine kleinräumige Landschaft im Emstal mit Weiden und Hecken unweit eines Altarms. Nach 10 Minuten folgen wir dem Weg durch eine Linkskurve vorbei an einem Fachwerkhaus, weiter neben dem Graben am Waldrand entlang und 0,5 km weiter nach einer Rechtskurve in den Wald. Dort leitet der Weg zu einer **Aussichtsplattform** 7 mit Weideblick und Picknicktisch an der Absturzstelle eines US-Flugzeuges im Zweiten Weltkrieg.

Der Weg führt über einen kleinen Graben in den Dörpener Ortsteil Müll, wo wir bei den Höfen erst rechts, dann links gehen und nach Querung der Hauptstraße geradeaus dem Feldweg folgen.

Am Wegende nehmen wir bei der Neubausiedlung die Straße nach rechts und 50 m nach dem Waldanfang den Forstweg links vorbei an der Schranke. Dieser mündet nach einer weiteren Schranke in eine **gepflasterte Straße** 8, der wir links haltend über die B70 und weiter geradeaus durch Wald folgen. Nach 5 Minuten nimmt uns links der mit einer Schranke versehene Forstweg auf, den wir nach weiteren 5 Minuten kurz vor einem Hochsitz rechts auf kleinem, grasigem Forstweg verlassen. Hinter der folgenden Schranke erkennen wir die Bahnlinie, die wir links haltend auf dem Forstweg zurück zum **Bahnhof Dörpen** 1 begleiten.

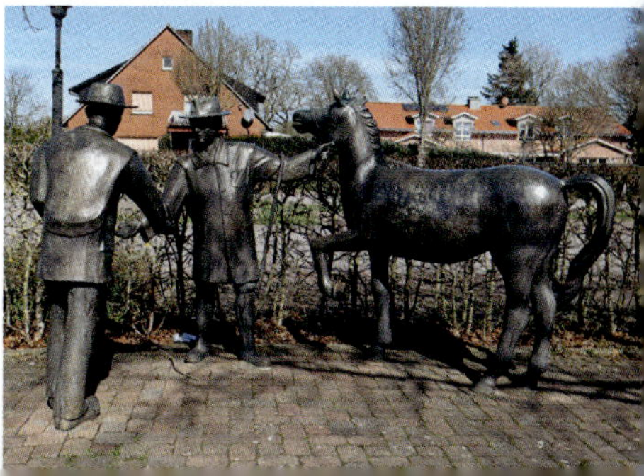

Pferdehändler-Skulptur in Dörpen.

↗ 30 m | ↘ 30 m | 9.7 km

13 Lathen

2.30 h

Rundwanderung zwischen Ems und Transrapid-Teststrecke

Lathen liegt zwischen der Ems und dem Sandrücken des Hümmling und bietet abwechslungsreiche Landschaften mit Kiefernwald, Flusslandschaft und einem netten See. Der Ort stand vor Jahrzehnten regelmäßig in den Schlagzeilen durch die Versuchsanlage der Magnetschwebebahn Transrapid, die hier bis 2009 auf einer 32 km langen Betonkonstruktion ihre Runden bis zu 450 km/h schnell drehte. Die Technik konnte sich bis auf Flughafenzubringer (in Shangai realisiert, in München projektiert) nicht durchsetzen. Der Rückbau der Anlage soll 2024 beginnen, nachdem zuletzt noch Weiternutzungen durch einen chinesischer Bahnkonzern sowie für ein Hyperloop-Projekt im Gespräch waren.

Ausgangspunkt: Bahnhof Lathen mit mehreren (kostenlosen) Parkgelegenheiten (Navi: Am Bahnhof, 49762 Lathen).
ÖPNV: Bahnhof mit stündlichen Regionalverbindungen Richtung Emden und Münster via Meppen.
Anforderungen: Leichte Wanderung über Wald- und asphaltierte Radwege, kleine Straßen.
Markierung: Straßenschilder, Radwegweiser.
Einkehr: Lathen.
Varianten: 1. **Verzicht auf Passage an der Ems** (2 km kürzer); dazu nach ❹ geradeaus auf Emsweg statt rechts und zu ❼, dahinter links auf die Hauptroute.
2. **Abkürzung im Süden mit Einkehrgelegenheit** (0,3 km kürzer): ab ❺ links Richtung Hotel Lathener Marsch und vorbei am Hotel-Restaurant zu ❻.
Tipps: Ehrenamtlich betriebenes Besucherzentrum zum Transrapid mit davor einem etwas heruntergekommenen Exemplar des ehemaligen Hightech-Verkehrsmittels in der Hermann-Kemper-Straße 23, 300 m nördlich von ❸, transrapid-besucherzentrum.de (nur im Sommerhalbjahr geöffnet).

Den **Bahnhof Lathen** ❶ verlassen wir mit dem Rücken zur Bahnlinie stehend links vorbei am überdachten Fahrradparkplatz und queren links die Gleise. Hinter der Schranke weist links eine alte Dampflok auf die 1898 eröffnete 29 km lange Strecke der Hümmlinger Kreisbahn hin. Der Personenverkehr wurde 1970 eingestellt, aber bis heute fahren sporadisch Güterzüge nach Werlte.

Nach dem Bahnübergang schwenken wir rechts in die Straße Thran, folgen ihr durch die Linkskurve und biegen an deren Ende rechts in die Lathener Straße. Beim kleinen Kreisel links (Neue Lande) und nach 70 m direkt vor dem Gelände der Bachbrücke links, über die Brücke und auf kleinem Pfad nordwärts durch einen schmalen Waldstreifen an der Lathener Beeke.

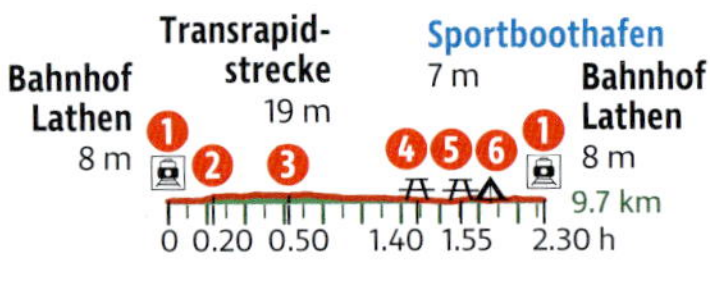

Am Ende halten wir uns rechts, queren auf dem Radweg den Bach

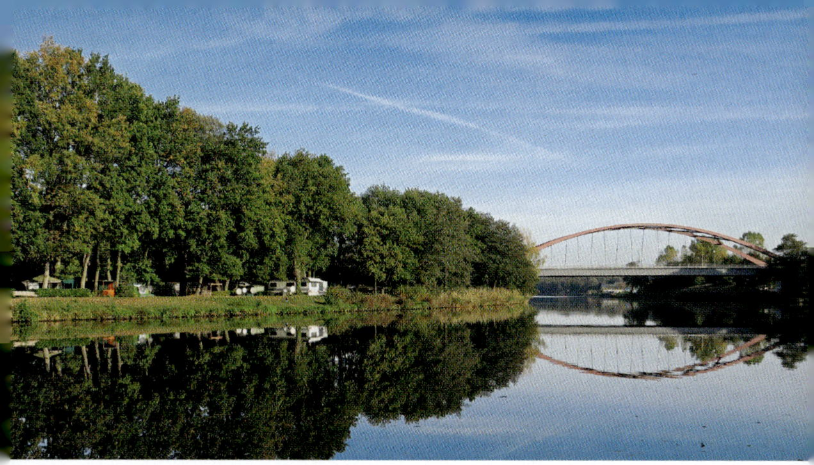

Ems.

und biegen nach der Straßenunterführung links in die kleine Straße Unter der Düne (1,5 t). Nach 100 m beginnt rechts hinter dem Zaun der längste Anstieg der Tour – über eine **Treppe** ❷ erklimmen wir den Sandrücken mit Nadelbäumen und gehen geradeaus. Nach einem umzäunten Tiergehege hinter dem Haus St. Marien verlassen wir den jetzt breiteren und asphaltierten Weg in einer Rechtskurve, indem wir links bei der gelb-roten Schranke den abwärts führenden Waldweg nehmen. Aufgepasst! Beim dritten Querweg folgen wir einem orangenen Pfeil nach rechts und dem Weg durch den Nadelwald. Bei der Gabelung vor dem umzäunten Gelände einer Landmaschinenfirma links und am Ende des Zauns rechts. Nach 150 m gelangen wir scharf links auf einen Waldweg (Pfeil mit W15), der neben einem Graben nordwärts führt.
Nach 500 m geht es links weiter, aber vorher ist ein 100 m langer Abstecher zur 1986 erbauten **Transrapid-Teststrecke** ❸ möglich. Die Magnetschwebebahn wurde nicht der erhoffte mobile Lückenschließer zwischen Bahn und

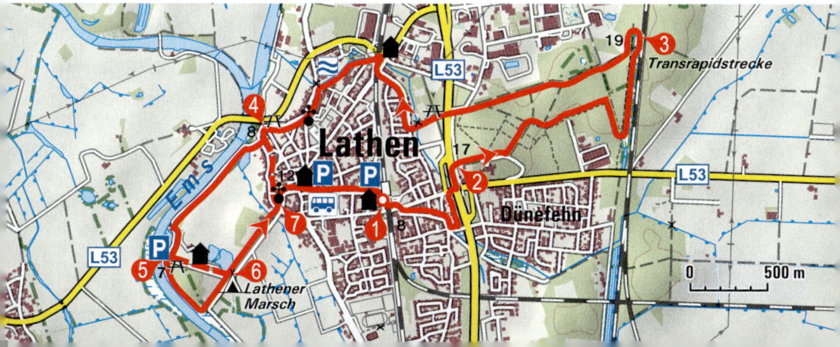

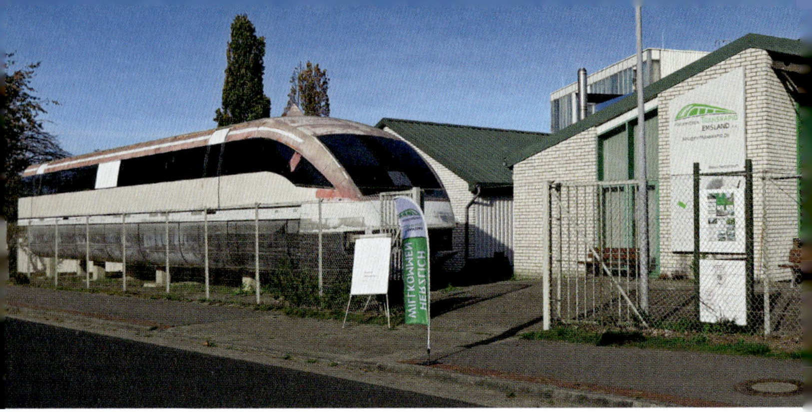

Der Transrapid vor dem Infozentrum symbolisiert dessen Technik – etwas gealtert.

Luftfahrt und wurde letztlich einzig als Flughafenzubringer in Shanghai in die Praxis umgesetzt.

Bei einer Kreuzung des südwestwärts führenden Waldweges gehen wir leicht rechts versetzt geradeaus (Reitverbot). Vor der B70 geradeaus auf breiteren Weg und kurz darauf durch die Unterführung. Nach einem Picknicktisch geradeaus auf gepflastertem alleeartigem Fußweg und bei einem Kruzifix am Ende rechts in die Wassermühlenstraße. Nach einer Bachbrücke halten wir uns zweimal links und queren links die Bahngleise. Nach dem Bahnübergang links über die Vorfahrtstraße und halbrechts in den Fußweg ohne Winterdienst. Wir bleiben auf der rechten Seite der Lathener Beeke und ignorieren Brücken. Der schöne Pfad endet bei der Mühlenstraßenbrücke. Hier links und hinter der Schule beim Rad-KP 92 rechts Richtung Meppen (Alter Schienenweg). Nach Querung der Emsstraße geradeaus, vorbei am Rad-KP 53 (Emsweg). Wir folgen der kleinen Straße vor der im Jahr 2006 erbauten Vitusbrücke durch die Linkskurve, vorbei am **Rastplatz zum Kuckuck** 4 mit Tischen, Obstbäumen und Spielplatz.

Gleich darauf leitet uns in der Rechtskurve der Radwegweiser rechts zur Ems, der wir links auf dem Radweg für 1,5 km folgen, vorbei an einem **Sportboothafen** 5 mit rundem Picknicktisch und Parkplatz. Weiter geradeaus am Ufer oder alternativ links abkürzend vorbei am Restaurant-Café Lathener Marsch. 5 Minuten nach dem Boothafen schwenkt der Kanalradweg nach links. Nach 50 m vor einer Infotafel über den Hirschkäfer bei einer Gabelung links in eine Allee und rechts vorbei am **Campingplatz Lathener Marsch** 6. Hinter dem Ortsschild von Lathen queren wir die Burgstraße und wandern geradeaus entlang der Einbahnstraße (Kirchstraße). 100 m nach einem Rechtsknick rechts von der katholischen **Kirche St. Vitus** 7 kurz rechts und dann links Richtung Rathaus und Markt. Die Große Straße führt ostwärts durch die Ortsmitte mit dem Rathaus und endet am **Bahnhof Lathen** 1.

↗ 30 m | ↘ 30 m | 8.7 km

2.15 h

Dankernsee und Dünen 14

Rundwanderung um See und über Geest bei Haren

Der Name »Haren« deutet auf die Umgebung hin; das emsländische »har« bezeichnet eine sandige Anhöhe. Das in der Geest gelegene Dankern ist mit seinem schönen Wassersport- und Badesee ein beliebtes Naherholungsgebiet. Mittelpunkt ist der Freizeitpark Schloss Dankern mit einem der größten Spielplätze Deutschlands und einem prächtigen Barockschloss. Der Park entstand in den 1970er-Jahren zur wirtschaftlichen Sicherung des Wasserschlosses, das bis heute von der Besitzerfamilie bewohnt wird. Die Tour umrundet den durch Sandausbaggerung entstandenen Dankernsee und führt zum Gut Düneburg mit schönem Schlosspark.

Ausgangspunkt: Parkplatz Dankernsee gegenüber dem Spaßbad Topas (Navi: Schloßallee 7, 49733 Haren).
ÖPNV: Schlechte Anbindung; es gibt nur eine Bushaltestelle (Neppenkamp) zwischen 3 und 5 mit wenigen Verbindungen der Linie 921 werktags Richtung Haren, levelink.de.
Anforderungen: Leichte Wanderung am Seeufer, über Pfade, Feld- und Waldwege, wenige Abschnitte auf kleinen Straßen.
Markierung: Wanderknotenpunktpfeile und folgende Nummern (KP): 18–91–34–02–10–18.
Einkehr: Gut Düneburg (Mo Ruhetag), Strandbistro am Dankernsee (nur Sommersaison) sowie Restaurant (tagsüber nur am Wochenende).
Varianten: Reine (jeweils 4,4 km lange) Seerunde ohne Gut Düneburg; dazu nach 2 links über Seebrücke oder vor Grillplatz 3 geradeaus.
Tipp: Führung durch das Schloss Dankern (Di im Sommerhalbjahr).

Der Dankernsee ist für seinen langen flachen Sandstrand bekannt.

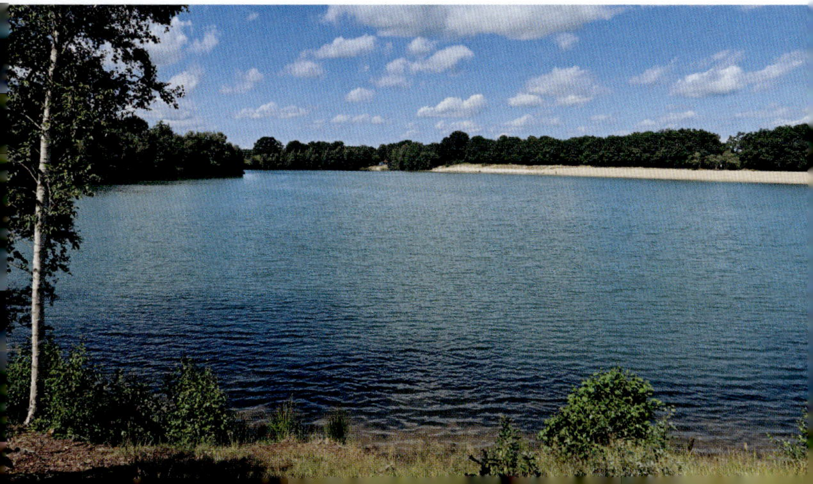

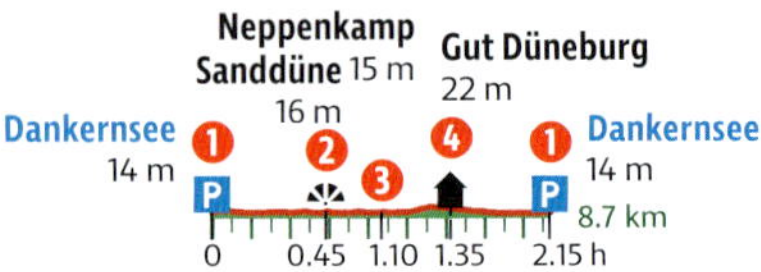

Am **Parkplatz Dankernsee** 1 schwenken wir vor dem Spaßbad Topas links auf die Straße, biegen nach 50 m rechts in den Radweg neben der Sackgasse und nach 200 m links in den Fußweg Richtung Wasserski. Bei KP 18 erreichen wir den See und folgen rechts dem Uferweg Richtung KP 91 und später KP 34, vorbei am Bistro, der Wasserskianlage und der Seebrücke. Der Strand erstreckt sich 3 km lang um den See als natürliche Attraktion des Freizeitparks Schloss Dankern. Dieser Familienpark bietet mehr als 200 Freizeit- und Sportangebote sowie fast 800 Ferienhäuser und katapultiert damit die Gemeinde Haren an die Spitze der niedersächsischen Tourismusstatisik: mit rund 1 Mio. jährlichen Übernachtungen unter den Top Ten der Gemeinden in Niedersachsen.

Nach dem Hundestrand am Westufer des Sees leitet uns ein uriger Pfad durch Wald am Ufer entlang. Am Südufer passieren wir eine hohe **Sanddüne** 2, einen Friedhof und einen Grillplatz. Vor einem weiteren Grillplatz (Nr. 3) verlassen wir wenige Minuten nach der Seebrücke den Dankernsee auf dem rechts abzweigenden Weg zu Ferienhäusern. Nach einer kleinen Brücke über den Mersbach biegen wir bei KP 34 nach links Richtung KP 2 und folgen kurz darauf rechts haltend den Wanderpfeilen durch die Ferienhaussiedlung. An deren Ende bei T-Kreuzung vor einem Feld rechts und sofort links Richtung Neppenkamp. In **Neppenkamp** 3 queren wir die Lindloher Straße und folgen dem Rad-/Fußweg links. Nach 150 m scharf rechts in die Fehndorfer Straße und nach weiteren 150 m kurz hinter Häusern auf

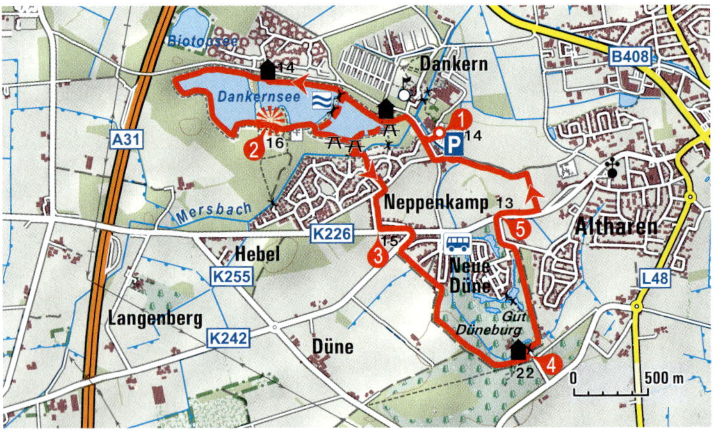

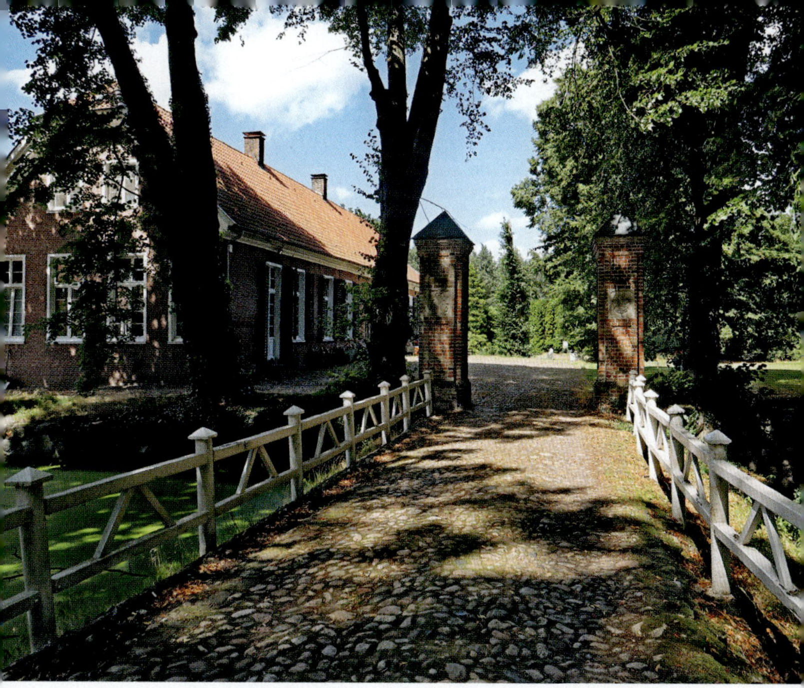

Das Herrenhaus von Gut Dünenberg geht auf einen Gutshof aus dem 18.Jh. zurück.

einem Feldweg nach links (Pfeil). Am Ende biegen wir bei einigen Häusern nach rechts (Verkehrsverbot) und folgen dem Pfeil links am kleinen alten Hof vorbei. Der Feldweg führt am Waldrand leicht aufwärts und nach einer Linkskurve in den Wald.

Nach KP 2 leitet ein schöner Hohlweg geradeaus im Auf und Ab über hügeliges Golfgelände. Bei KP 10 gehen wir links Richtung KP 5 durch das Tor zum **Gut Düneburg** ❹. Das heutige Hotel mit Golfplatz geht auf einen Gutshof aus dem 17. Jh. zurück.

Auf dem Gutsgelände schwenken wir vor dem Graben nach rechts in die Allee und vor einer Weide nach links in den alleeartigen Schotterweg. Nach etwa 10 Minuten weist uns der Pfeil bei einer T-Kreuzung vor Häusern nach links und nach 250 m auf der Anhöhe **Ravensberg** ❺ am Radweg neben der Hauptstraße nach rechts. In der Linkskurve der Straße nehmen wir neben Haus Nr. 7 den links abzweigenden Feldweg aufwärts, biegen nach 5 Minuten links in den alleeartigen Feldweg und nach Querung eines Wassergrabens rechts in die Schlossallee. Nach wenigen Minuten ist rechts der Startpunkt am **Parkplatz Dankernsee** ❶ erreicht.

↗ 10 m | ↘ 10 m | 6.1 km

15 Hafenstadt Haren an der Ems

1.30 h

Stadtrundgang durch eine einstige polnische Stadt mit Museumshafen

Das an der Mündung des Haren-Rütenbrock-Kanals in den Dortmund-Ems-Kanal gelegene Haren hat eine lange Tradition als Stadt der Binnenschiffer. Die 24.000 Einwohner zählende inländische Kleinstadt Haren überrascht als einer der größten Reedereistandorte Deutschlands: Rund 20 Reedereien haben hier ihren Sitz mit insgesamt rund 50 See- und Küstenschiffen, dazu kommen 50 privat betriebene Binnenschiffe. Diese Rundwanderung bietet viel Wasser sowie Schiffe an drei Häfen und der Maritimen Meile mit Museumshafen. Kurios: Nach dem Krieg war Haren drei Jahre lang auf Anordnung der alliierten Militärregierung als »Maczków« eine polnische Gemeinde mit 4.000 polnischen Bürgern, darunter ehemaligen Kriegsgefangenen und Zwangsarbeitern der Emslager, für die Hunderte Häuser zwangsgeräumt wurden.

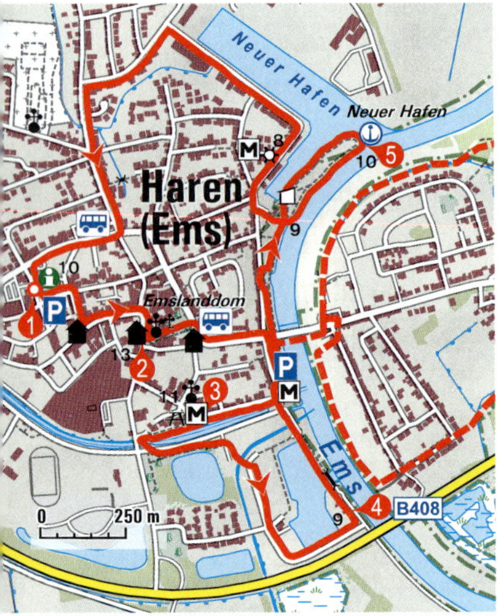

Ausgangspunkt: Touristinfo Haren gegenüber dem Rathaus mit Parkplatz auf Neuem Markt (Navi: Neuer Markt 1, 49733 Haren), alternativ (kostenfreier) Parkstreifen an Kanalstraße oder Parkplatz bei Amisia-Anleger in Schleusenstraße.
ÖPNV: Bushaltestelle Haren-Rathaus mit Linie 919 von/nach Meppen (Mo–Fr stündlich, Sa zweistündlich sowie 911 von/nach Haren-Bahnhof mit weiteren Haltestellen entlang der Tour: Nordring, Mittelstraße (Mo–Sa stündlich), levelink.de.
Anforderungen: Leichte Wanderung über Rad-/Fußwege, Schotterwege und Straßen.
Markierung: Teilweise Radwegweiser sowie Knotenpunkt-Pfeile und folgende -nummern (KP): 87-3-15-7-81-4-25-61-4.
Einkehr: Haren.
Variante: Runde an der Ems (3 km); nach ❷ auf Straßenbrücke über Ems, dort links auf Radweg. Nach 10 Minuten rechts und geradeaus südwärts zur Unterführung unter Emmelner Straße; danach geradeaus auf Radweg, später kleiner Straße zur Ems; dort rechts zurück zur Emsbrücke.
Tipps: Museumsschiffe an der Kanalstraße (Besichtung Mai–Oktober Di–So 14–17, So 15–18 Uhr) sowie mit Abstecher ab Neuem Hafen Inselmühle mit Dokumentationszentrum Haren/Maczków zur polnischen Stadtgeschichte (Mi & Do 10–13 Uhr, Do & So 14–17 Uhr).

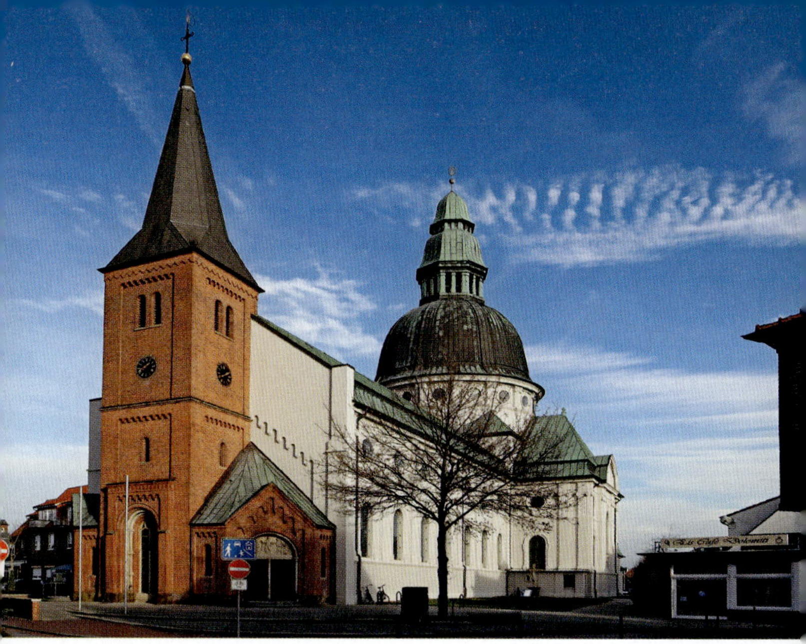

Emslanddom.

Von der **Touristinfo Haren** ❶ gehen wir links am Rathaus vorbei und schwenken nach links über den Neuen Markt, ehe uns die Fußgängerzone Alter Markt nach rechts aufnimmt. Beim Brunnen biegen wir links in die Lange Straße und umgehen kurz darauf rechts die St.-Martinus-Kirche. Diese auch **»Emslanddom«** ❷ genannte katholische Kuppelkirche entstand um 1910 als eines der größten Gotteshäuser im Emsland und integriert den Westturm der neuromanischen Vorgängerkirche.
Der Fußweg rechts neben der Kirche mündet in die Emsstraße, der wir rechts durch die Linkskurve folgen. Vor der Emsbrücke rechts in die Schleusenstraße Richtung Schifffahrtsmuseum und vor der Schleuse rechts in die Kanalstraße. Links fließt der Haren-Rütenbrock-Kanal als 14 km lange Verbindung zwischen dem Emsland und Ter Apel und damit der einzigen deutsch-niederländischen schiffbaren Verbindung nördlich des Rheins. Mehrere Museumsschiffe veranschaulichen die maritime Bedeutung der Stadt, darunter Nachbauten des 40 m langen Transatlantikseglers »Helene« von 1890 oder der typischen Emspünte »Haren I«.

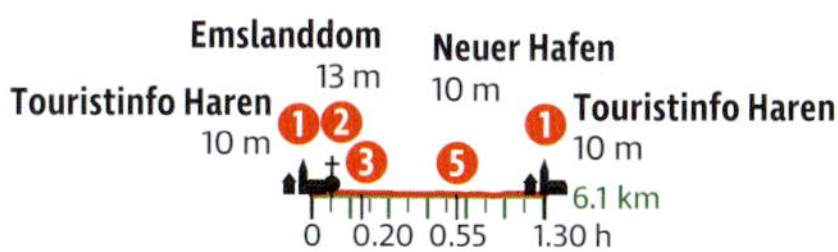

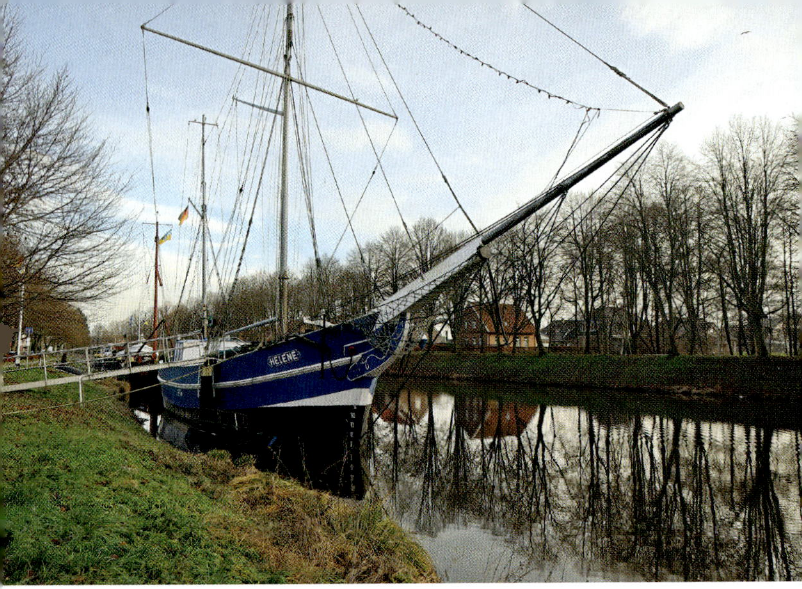

Die von Lehrlingen nachgebaute Spitzpünte »Helene« dominiert den Museumshafen.

Mittelpunkt des **Schifffahrtsmuseums** ❸ ist rechts das alte Schleusenwärterhaus. Links davon gehen wir hinter Picknicktischen links über die Brücke, dahinter links und sofort rechts hinunter. Ein netter Pfad führt durch den Park am See vorbei. Danach rechts auf Straße durch ein Wohngebiet und auf Holzbrücke über den Wesuwer Brookgraben. Dahinter schwenken wir rechts auf die Straße und umgehen auf dieser den Jachthafen gegen den Uhrzeigersinn. Vor einem Spielplatz bei KP 3 geradeaus und vor der Ems links Richtung KP 7. Unterwegs erinnern eine Skulptur und Info an die alte **Fährstelle** ❹. Auf der 1872 eingestellten Fährverbindung ereignete sich 1844 ein Unglück, als die Fähre mit 13 Personen an Bord infolge vom Kapitän angeordneter plötzlicher Gewichtsverlagerung sank.
Radbrücken leiten erst über die Zufahrt zum Jachthafen und bei der Schleuse über den Kanal. Nach der zweiten Brücke schwenken wir rechts über den Parkplatz (KP 81) mit rechts dem Anleger für das Ausflugsschiff Amisia. Der Uferweg führt entlang der Ems zu KP 25 an der Mündung des **Neuen Hafens** ❺; hier scharf links Richtung KP 61, am Pavillon vorbei und rechts haltend entlang dem schmucklosen Neuen Hafen. An dessen Ende biegen wir links in den Bockholter Weg, folgen ihm nach 300 m durch die Linkskurve und gehen dann auf die Kirche zu. Bei der Kreuzung vor der Einbahnstraße schwenken wir rechts in den Nordring und nach 300 m vor dem Discounter links zur **Touristinfo Haren** ❶ vor dem Marktplatz.

↗ 15 m | ↘ 15 m | 8.1 km

2.00 h

Festung Bourtange

16

Rundwanderung im Grenzgebiet bei rekonstruierter Festungsstadt

Bourtange bedeutet eine Reise zurück in die Vergangenheit, und zwar das 16. Jh., als Wilhelm von Oranien im 80-jährigen Krieg auf einem Sandrücken im Moor an der Handelsstraße zwischen Groningen und Münster eine Festung anlegen ließ. Damit konnte er erfolgreich das spanisch besetzte Groningen isolieren und später einnehmen. Die im Grundriss fünfeckige Festung verfiel später, wurde aber seit 1964 neu aufgebaut und präsentiert sich heute als touristische Attraktion mitten im Moor. Diese Rundwanderung erschließt die Festungsanlage und das Umland.

Ausgangspunkt: Infozentrum am Zugang zur Festungsstadt mit Besucherparkplatz (Navi: Willem Lodewijkstraat 33, 9545 PA Bourtange, NL).
ÖPNV: Bushaltestelle Bourtange-Bakovensweg mit Linie 72 Richtung Emmen via Ter Apel (Mo–Fr stündlich), qbuzz.nl/gd.
Anforderungen: Leichte Wanderung über kleine Feld- und Ufer- sowie Radwege und kleine Straßen.
Markierung: Stellenweise Noaberpad (rot-weiß) sowie großteils Wege des Wanderknotenpunktsystems mit Pfeilen und folgenden Nummern (KP): 37-36-38-30-37.
Einkehr: In Festungsstadt Bourtange.
Varianten: Mehrere Abkürzungsmöglichkeiten: 1. ab KP 36 rechts auf Pfad Richtung KP 35 und immer rechts haltend nach Bourtange, zuletzt rechts auf dem Bisschopsweg (1,5 km bis Bourtange).
2. ab KP 35 rechts auf breitem Grasweg, nach 150 m bei KP 35 links Richtung KP 37 nach Bourtange (1 km bis Bourtange).
Tipps: Einige Häuser der Festungsstadt können mit Originalmobiliar und Ausstellungen besichtigt werden; die Eintrittskarte gibt es beim Infozentrum ❶, die Außenbesichtigung ist gratis.

Vom **Infozentrum** ❶ der Festung Bourtange (KP 37) gehen wir anfangs Richtung Vesting und schwenken gleich vor der ersten Brücke nach links – die Festung heben wir uns für den Schluss der Wanderung auf. Der Pfad führt entlang dem Stobbenkanaal und wird auch Smokkelpad bezeichnet, wie viele grenznahe Wege. Nach 5 Minuten weist der Pfeil des Wanderknotenpunktsystems nach rechts und gleich darauf nach links. Wir passieren auf der rechten Seite des Kanals KP 36 (Variante nach Bourtange) und gehen vor der rekonstruierten rautenförmigen **Redoute Bakoven** ❷, dem früheren Wachposten einer Schleuse, rechts durch das Holzgatter.

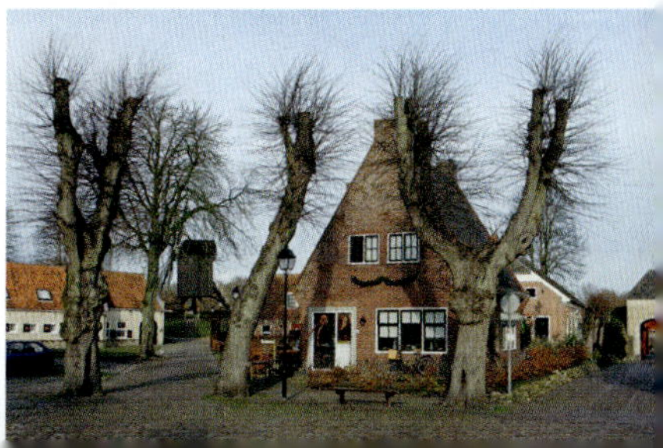

Marktplatz in Bourtange.

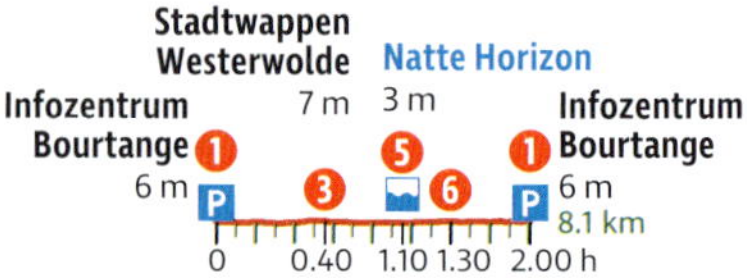

Von dem gerade verlaufenden Weg auf dem Soldatendijk schweift der Blick über die offene Landschaft mit Feldern zur Linken. Auf die landwirtschaftliche Nutzung der Umgebung seit dem Mittelalter deutet der Name von Bourtange hin, abgeleitet von Bouretange (»Bauernzange«).
1 km nach der Redoute zweigt der Weg nach rechts und führt entlang der deutsch-niederländischen Grenze südwärts über einen von Bäumen bewachsenen 700 m langen Wall. Diese 1796 von Napoleons Truppen angelegte sogenannte »Linie bei Abeltjeshuis« sollte die seinerzeit französische Festung verstärken, weil das als natürliche Schutzbarriere dienende Moor zu vertrocknen drohte.
Im Anschluss an ein Waldstück mit links parallel führender Wegoption quert der Weg beim **Stadtwappen Westerwolde** ❸ die Bourtanger Straße und leitet leicht rechts versetzt geradeaus durch ein Holzgatter. Danach folgen wir dem Pfad über die Wiese des Zwarte Veen und nach 50 m auf dem breiten Damm nach rechts (stellenweise Markierungspfähle). Nach 10 Minuten mündet der Weg vor einem Waldstück in einen Radweg ein, dem wir rechts ostwärts folgen. Nach einer Straßenquerung geht es geradeaus auf einem Spurweg weiter. Der Straßenname (Inundatieweg) bezieht sich auf die Möglichkeit, ein Gebiet zu Verteidigungszwecken unter Wasser setzen zu können, wie es die Niederländer in früheren Jahrhunderten öfter praktizierten, etwa im 80-jährigen Krieg gegen die Spanier, im 18. Jh. gegen Ludwig XIV. oder im Zweiten Weltkrieg gegen die Deutschen.
Bei **KP 30** ❹ ignorieren wir den rechts abzweigenden Nieuwerksweg – eine Abkürzungsmöglichkeit nach Bourtange (Variante) – und gehen geradeaus Richtung KP 34, nach 10 Minuten vorbei an der Badestelle **Natte Horizon** ❺ mit Blick auf die Wallanlagen der Festung. Nach einer Linkskurve verlassen wir den Weg und damit die Wanderpfeile auf dem rechts abzweigenden einladenden Pfad namens Atalanta, der erst links und später rechts entlang einem Wassergraben verläuft. Am Ende biegen wir rechts in die Straße und bei der folgenden Kreuzung mit der Bushaltestelle zur Linken rechts in die Willem Lodewijkstraat, benannt nach dem Erbauer der Festung Burtange. In der Linkskurve mit einem orangen Briefkasten und grauen **Bunker** ❻ aus dem Zweiten Weltkrieg wechseln wir geradeaus auf den Uferpfad und folgen ihm zur Zugbrücke mit links dem Infozentrum ❶.

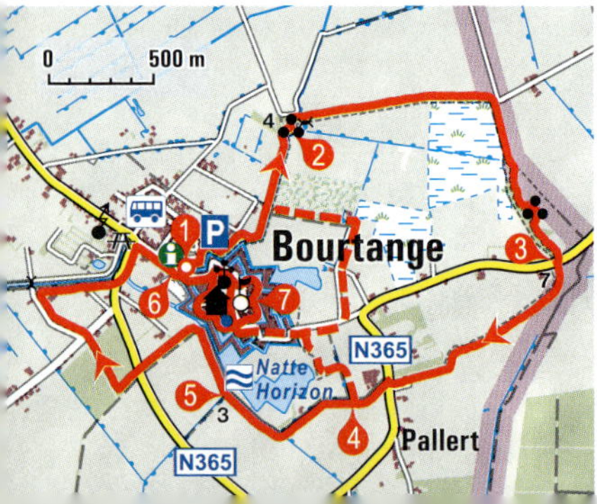

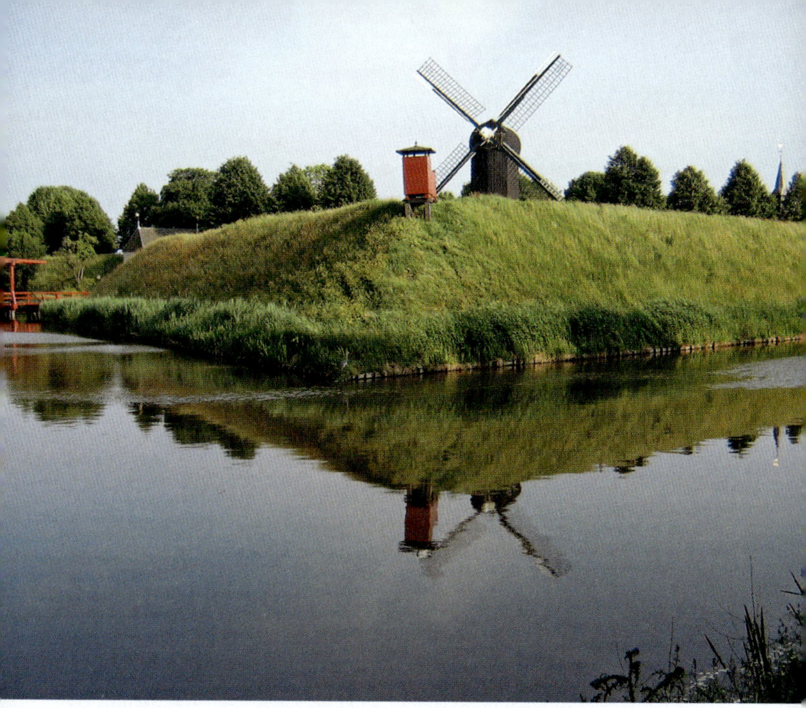

Bourtange war bis zum 19. Jh. gleichzeitig eine Festung und ein Dorf.

Ein Abstecher in die originalgetreu erbaute Festungsstadt gehört zum touristischen Pflichtprogramm (frei, nur der Eintritt in einige Häuser kostet Eintritt). Dazu gehen wir rechts über die Zugbrücke und folgen dem gepflasterten Haupt- oder rechts davon dem Wallweg in die Festungsstadt, wo sich gleich nach dem Stadttor und scharf rechts dem Aufgang eindrucksvolle Blicke über die Wallanlagen bieten. In der ersten von fünf Ecken der sternförmigen Anlage steht die Windmühle (Molenbastion). Von jeder der fünf Ecken sowie dazwischen führen Zugänge radial zum zentralen **Marktplatz** 7 – Verlaufen ist unmöglich in dieser kleinen symmetrischen Anlage. In den Häusern werden Erfrischungen und traditionelle Produkte wie Kerzen oder Klompen (Holzschuhe) hergestellt und verkauft. Die Kapiteinswoning, Synagoge sowie eine Ausstellung in den alten Soldatenbaracken können besichtigt werden. In Letzteren gibt es auch einige Gästezimmer. Vom zentralen Platz geht es entlang der Batterijenstraat zum bekannten nördlichen Stadttor und durch dieses zurück zum **Infozentrum** 1.

TOP

17

Westerwoldsche Aa

↗ 10 m | ↘ 10 m | 11.7 km

3.00 h

Wasserreiche Wanderung bei Wedde in Drenthe

Eine der einsamsten Naturlandschaften der Niederlande im Grenzgebiet zu Deutschland wird von den renaturierten Flusslandschaften der Westerwoldsche und deren Zufluss Mussel Aa geprägt. Wanderer erwartet ländliche Idylle und eine attraktive Wegführung fast ausschließlich über kleine Pfade vorbei an Feuchtwiesen mit großer Artenvielfalt. Der Aussichtsturm Ter Wupping bietet als Höhepunkt einen Überblick über die Feuchtwiesen an der mäandernden Mussel Aa. Startpunkt ist die sehenswerte Burg Wedde (Huis te Wedde), wo einer der längsten Kriege Europas seinen Anfang nahm.

Ausgangspunkt: Parkplatz bei der Burg Wedde (Navi: Hoofdweg 7, 9698 AA Wedde, NL).
ÖPNV: Bushaltestelle bei ❶ mit Linie 14 Richtung Stadskanaal und Winschoten (Mo–Fr stündlich), qbuzz.nl/gd.
Anforderungen: Leichte Wanderung über Feldwege und kleine Pfade, die bei nassem Wetter stellenweise feucht oder matschig sein können. Kurze Abschnitte über wenig befahrene Straßen.
Markierung: Teilweise Pfeile und folgende Nummern von Knotenpunkten (abgekürzt »KN«): 81-39-83-86-36-39-79. Außerdem Noaberpad (N) mit rot-weißer Markierung bis Engelkensbrug und gelb-blau markierter Westerwoldepad (WWP) am Anfang sowie im Mittelteil, dort auch blaue Markierung.
Einkehr: Wedde.
Varianten: Abkürzungsmöglichkeiten links abzweigend 0,2 km nach ❷ zu ❼ (6,5 km kürzer) oder ab ❹ zu ❻ (3 km kürzer). Die erste Schleife ohne die Musselse Aa (bis zur Engelkensbrug) ist 6 km lang.
Kombi-Tipp: Zusammen mit Tour 18 schöne 27 km lange Streckentour zwischen Wedde und Sellingen; dazu bei dieser Tour ab der Brücke über die Mussel Aa nach ❸ auf dem rot-weiß markierten Noaberpad entlang der Ruiten Aa bis südlich von Vlagtwedde. Weiter bei Tour 18 kurz hinter Vlagtwedde. Rückfahrt mit Umstieg in Vlatgwedde von Linie 72 auf 14.
Tipps: Burg Wedde mit Museum und Schlossgarten (Mi–So 12–17 Uhr, burchtwedde.nl).

Brücke über Oosterholtsdiep.

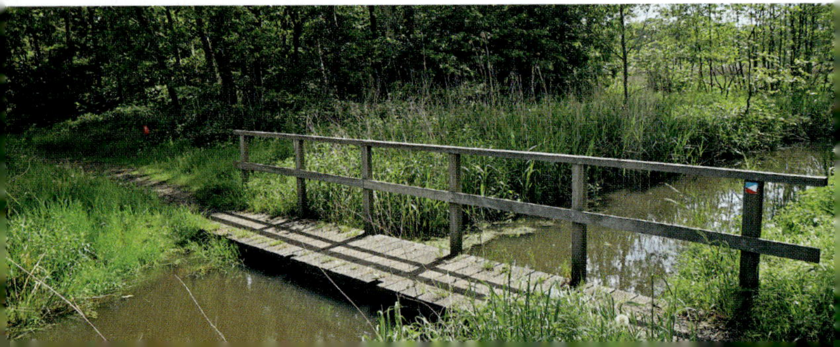

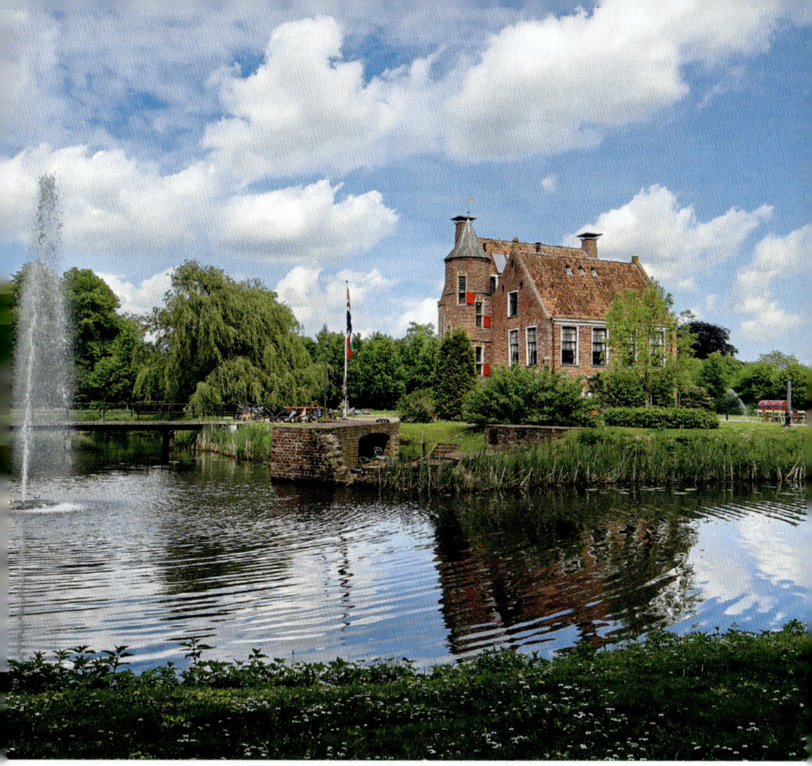

Die Wasserburg Wedde dient heute als Kinderhotel und Hochzeitslocation.

Die im 14. Jh. als Wasserschloss erbaute Burg Wedde ❶ spielte eine wichtige Rolle in der niederländischen Geschichte: Von hier aus zog Ludwig von Nassau-Dillenburg, Bruder des Prinzen Willem von Oranien, zum Auftakt des 80-jährigen Krieges gegen die katholischen Spanier in die Schlacht von Heiligerlee.
Vom Parkplatz bei der Burg folgen wir der Straße nach links in westlicher Richtung und am Ortsende hinter KP 75 der Straße nach links (Kempkebosweg) Richtung KP 81. Nach 150 m biegen wir nach links; nach einer Schranke leitet der Weg zur Westerwoldsche Aa, wo uns ein genussreicher Uferpfad erwartet (Pfeil, N, WWP). Bei einem Stauwehr (KP 81) gehen wir geradeaus und queren die Westerwoldsche Aa bei der folgenden Brücke (N). Nach 500 m erinnert ein Gedenkstein an die Hexenverbrennung auf dem eiszeitlich entstanden Geselberg ❷. An dieser Stelle wurden im 16. Jh. mehrere Frauen nach Folter lebendig verbrannt.

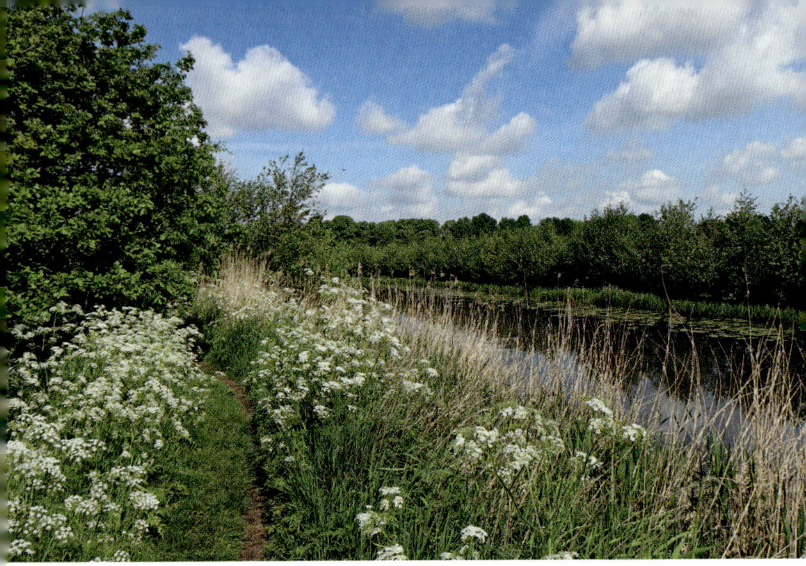

Weg an der Westerwoldschen Aa.

Nach 150 m folgen wir bei einer linken Abzweigung (erste Abkürzungsmöglichkeit) dem alleeartigen Feldweg (Meienweg) geradeaus (N) und nach weiteren 150 m dem Pfad nach rechts vorbei an einer Holzschranke (KP, N). Der Pfad nähert sich wieder der Westerwoldsche Aa und quert sie rechts über die Engelkensbrug ❸. Vor den Höfen von Wessinghuizen schwenken wir nach links und begleiten wieder den Fluss auf schönem Pfad. Nach erneuter Flussquerung halten wir uns vor Feldern bei KP 39 rechts. Genauso bei KP 83 ❹, wo uns der Radweg westwärts durch Grünland und über die Mussel Aa leitet. 200 m nach der Brücke schwenken wir links zum Aussichtsturm Ter Wupping ❺, der trotz seiner nur 6 m Höhe einen weiten Blick über die Feuchtwiesen bietet.
Der Grasweg nähert sich bald wieder der Mussel Aa (WWP). Über die folgende Brücke queren wir links diesen Zufluss der Westerwoldsche Aa und genießen den Graspfad, der nach einem Haus in einen Schotterweg mündet (WWP, blau). Bei KP 86, dem südlichsten Punkt dieser Tour, gehen wir scharf links durch das Wäldchen Richtung KP 99 (rot, blau) und bei der Ga-

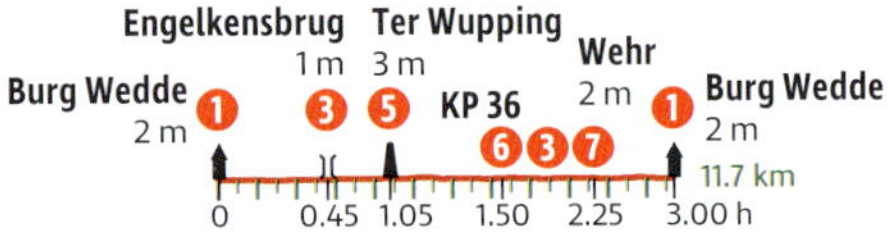

belung an einer Wiese links durch ein mooriges Gebiet (blau, N, WWP, KP). Nach 500 m biegen wir hinter einer kleinen Brücke links auf den Grasweg (blau) und nach 100 m links auf die Straße (blau). Bei der nächsten Gabelung am KP 36 ❻ rechts in den Feldweg (Wijtlangerweg, N, blau).
Bei KP 39 erreichen wir wieder die vom Hinweg bekannte Strecke und folgen ihr rechts Richtung KP 81 über die Brücke und dahinter rechts haltend (blau) zur Engelkensbrug ❺. Anders als auf dem Hinweg gehen wir hier 150 m geradeaus entlang der Straße und nehmen in deren Rechtskurve hinter dem Haus den links abzweigenden Meienweg (WWP). Nach 100 m schwenken wir beim Hinweisschild der niederländischen Forstbehörde Staatsbosbeheer rechts in das Wäldchen. Vor einem Hof und Graben folgen wir Letzterem nach links zur Nationalstraße. Kurz davor nimmt uns ein Schotterweg für wenige Meter nach rechts auf, ehe wir beim Wehr ❼ links das Veelerdiep queren und dahinter diesem Wassergraben links folgen (Pfeile, WWP). Ab KP 79 führt die Route rechts durch den Baumwall und später an einem Graben und einer Wiese entlang nach Wedde.
Bei den ersten Häusern von Wedde biegen wir vor einem Kleingartenzaun nach links (Privéweg) und am Ende nach rechts. Über eine Brücke, durch ein Tor und links haltend durch den Park gelangen wir am Wasserschloss vorbei zum Parkplatz der Burg Wedde ❶.

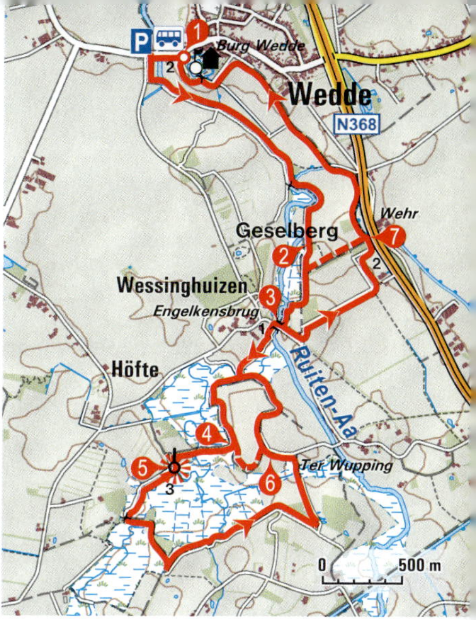

Furt über die Mussel Aa.

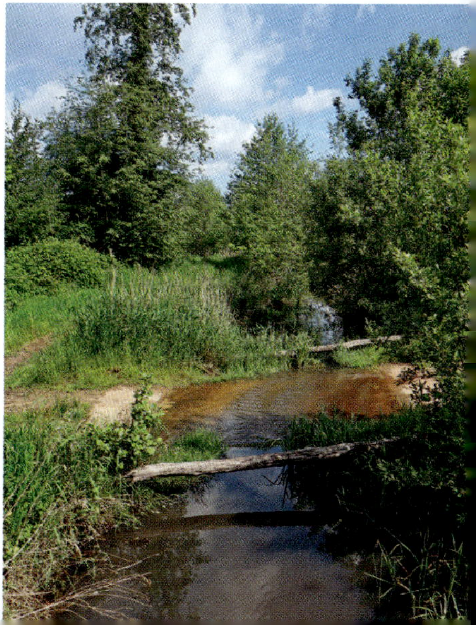

↗ 40 m | ↘ 35 m | 17.2 km

18 Von Vlagtwedde nach Sellingen

4.15 h

Grenznahe Streckenwanderung entlang der Ruiten Aa

Mehrere Wanderwege begleiten die mäandernde Ruiten Aa zwischen Vlagtwedde und Sellingen. Diese abwechslungsreiche Streckentour bietet Wiesen und Wälder in der Flussniederung sowie Felder, ein Heidegebiet und kleine Dörfer. Über weite Strecken begleiten uns Markierungen des Fernwanderweges Noaberpad sowie der regionalen Wanderroute Westerwoldepad. Optional ist die Festung Bourtange als anderes Endziel mit Busanbindung möglich.

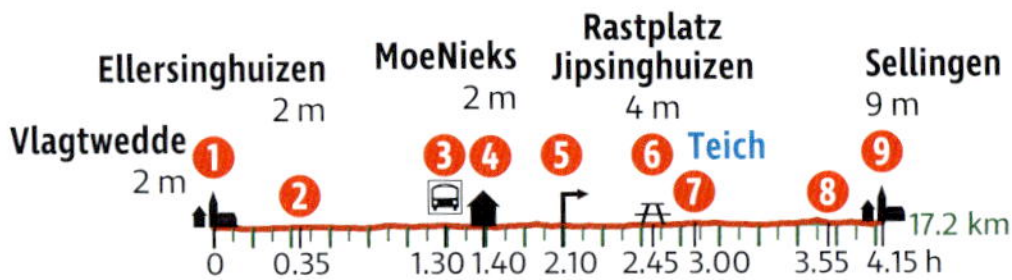

Ausgangspunkt: Vlagtwedde mit zentrumsnahen Parkgelegenheiten bei Supermärkten an der Hauptstraße (Navi: Wilhelminastraat 25, 9541 AM Vlagtwedde, NL).
Endpunkt: Gemeindehaus Sellingen mit Parkgelegenheiten am Gemeindehaus (Navi: Dorpsstraat 1, 9551 AB Sellingen, NL).
ÖPNV: Häufige Verbindungen zwischen den Bushaltestellen Vlagtwedde-Kraaikampweg am Start und Sellingen-Kerkpad am Ziel mit Linie 72 von/nach Emmen (Mo–Fr stündlich), qbuzz.nl/gd. Der Bus hält auch unterwegs bei ❸ und ❻ sowie beim optionalen Endziel Festung Bourtange.
Anforderungen: Leichte Wanderung über Rad-, Gras-, Feld- und Waldwege sowie kleine Straßen. Die stellenweise pfadartigen Wege werden zwar gemäht, erfordern aber je nach Jahreszeit und Witterung Schuhe, die gegen Feuchtigkeit imprägniert sind.
Markierung: Fast durchgehend Westerwoldepad (gelb-blau, WWP) und Noaberpad (rot-weiß, N) sowie Wanderknotenpunktsystem (abgekürzt »KP x«) mit folgenden Nummern: 93-59-46-45-28-29-20-15-11-10-2.
Einkehr: Vlagtwedde, Sellingen, sowie unterwegs Teehaus MoeNieks (unregelmäßig geöffnet, oft am Wochenende, moenieks.nl).
Varianten: 1. Abkürzung als kleine 3,3 km **kurze Runde südlich von Vlagtwedde:** bei ❷ scharf links und auf schönem Weg Richtung KP 58 und KP 57 zurück nach Vlagtwedde.
2. **Abkürzung auf Radweg vor** ❽ (0,4 km kürzer); ab KP 02 geradeaus statt rechts.
3. **Streckentour** von Vlagtwedde nach Bourtange (gesamt 15 km) und zurück mit Buslinie 72 (s.o.): Tour wie beschrieben bis kurz nach ❹ bei KP 45, weiter links auf rot-weiß markiertem Weg über Ruiten Aa und etwas im Zickzack entlang der Knotenpunkte 44, 43, 42, 40 bis 37 am Bunker bei ❻ von Tour 6.
Kombi-Tipp: Verlängerung mit Tour 17 zu 27 km langer Streckentour ab Wedde, Rundtour 16 bei Bourtange als Ergänzung zur Streckentourvariante.

In der Ortsmitte von **Vlagtwedde** ❶ folgen wir der Hauptstraße westwärts. Hinter dem Supermarkt (Jumbo) leitet der Radweg links am Kreisverkehr vorbei in die kleine Straße Onstwedderweg, die wir nach 250 m links vor dem Spielplatz verlassen. Der Metbroekweg führt auf einer Holzbrücke über die Ruiten Aa und bei einer Gabelung nach links (Radschild Richtung Sellingen 14,8 km), begleitet von der rot-weißen Markierung des Noaberpads (N).

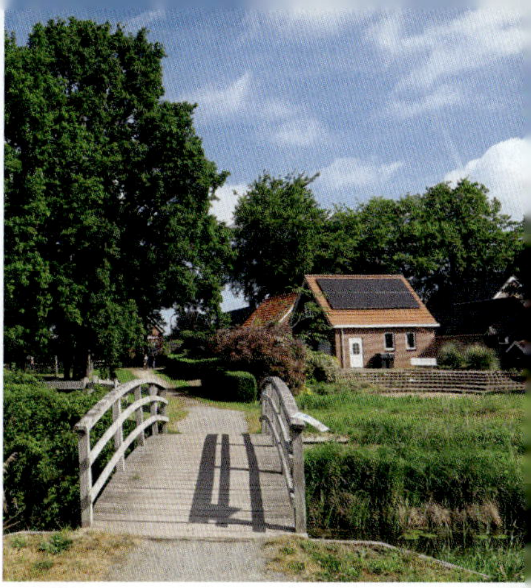

Brücke nach Vlagtwedde.

Vor einer T-Kreuzung bei KP 93 mit dem Winselweg gehen wir scharf links Richtung KP 58 durch ein Holzgatter. Der Pfad quert bei einer Bank die Ruiten Aa und erreicht nach einer weiteren Bank am Flussufer die Nationalstraße. Deren Radweg leitet uns rechts nach **Ellersinghuizen** ❷. Dort rechts in den Houtweg und am Ende des Fahrwegs geradeaus auf Graspfad zwischen Feldern.

Vor einem Haus mit Spielplatz, der ehemaligen Herberge Bommelhoeve, gelangen wir auf einen Schotterweg und folgen diesem links zum geklinkerten Harpelerweg, wo uns ein Radschild nach links und kurz darauf nach rechts Richtung Sellingen weist (ab jetzt bis kurz nach ❹ wieder begleitet von N). Wir verlassen den Radweg (Dikke Eikweg) bei einer Bank links auf einem Spur- und später Grasweg. N quert die Hauptstraße und folgt auf der anderen Seite dem Doene-Esweg. Nach 30 m rechts am Haus vorbei auf Sandweg und nach weiteren 30 m rechts in Spurweg am Waldstreifen. Bei einer angewinkelten Bank schwingt der Weg nach rechts und nähert sich wieder der Hauptstraße. Dort links auf dem Radweg durch die Rechtskurve und vor der **Bushaltestelle Weende** ❸ links in den Renneborgweg als Radweg Richtung Bourtange (Renneborgweg).

Nach 5 Minuten gehen wir in einer Linkskurve bei KP 46 über den Zaun (N, WWP), anschließend entlang dem Grasweg und vor der Ruiten Aa rechts entlang dem Uferpfad. Der mit einem Pfeil markierte Weg entfernt sich bald für 500 m vom Uferbereich und verläuft landseitig über einen Grasweg vorbei am idyllisch gelegenen **Teehaus MoeNieks** ❹ mit Produkten aus eigenem Garten. Die Markierungen leiten vom Teehaus durch das Holzgatter und über einen Grasweg zurück zur Ruiten Aa; dort am Gatter rechts auf den Graspfad neben dem Fluss.

100 m nach einer kleinen Holzbrücke über einen Bach neben der Ruiten Aa und 30 m vor einem Holzgatter gehen wir bei der Kreuzung mit einem Pfad geradeaus und durch das Gatter. (Im Falle der Variante nach Bourtange bei

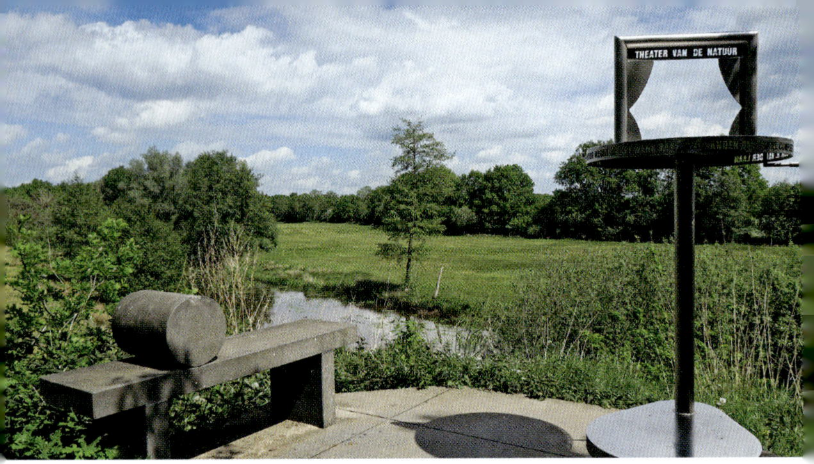

Das Theater van de Natuur bietet einen schönen Blick auf die mäandernde Ruiten Aa.

der Kreuzung links Richtung KP 44.) Nach dem Gatter leitet der gut markierte Weg (u.a. Pfeil Richtung KP 28) kurvenreich entlang Baumwällen, zwischen Feldern und schließlich durch Wald zur Ruiten Aa, die wir über eine Brücke bei KP 28 queren. 200 m danach biegen wir bei **KP 29** ❺ rechts in die Spurweg-Allee Richtung KP 74 und folgen kurz darauf bei einer verwinkelten Holzbank dem Pfad geradeaus (Pfeil).

Nach einer Linkskurve vor dem Ufer geht es über den schmalem und stellenweise etwas holperigen Randstreifen eines Felds bzw. Ackers. Am Feldende leitet der Grasweg geradeaus zwischen Wiesen zu einem Stauwehr, wo ein befestigter Weg zur Straße bei KP 74 führt. Hier rechts auf Radweg nach Jipsinghuizen mit einer Bushaltestelle. Hinter der Bushaltestelle in einer Rechtskurve geradeaus auf Klinkerpfad (Pfeil) und im Rechtsbogen zur Holzbrücke über die Ruiten Aa. Auf der anderen Seite erinnert beim **Rastplatz Jipsinghuizen** ❻ eine Skulptur an die Tausenden Arbeitslosen, die in Ostgroningen zur Zeit der Weltwirtschaftskrise um 1930 Torf stechen mussten.

Vom Rastplatz folgen wir der Ruiten Aa südwärts, zunächst auf kleiner Straße, später auf einem Schotterweg mit Geschwindigkeitsempfehlung von 15 km/h (wegen Staubrisiko). Nach einer Holzbrücke geradeaus auf Radweg mit Betonplatten oder links daneben auf breiterem Fahrweg. Bei einer Bank weisen uns die farbigen Markierungen nach rechts (WWP, N). Der Spurweg führt unter Eichen in den Wald mit Heidefläche und **Teich** ❼. Nach Letzterem schwenken wir bei einer Kreuzung nach links (N, WWP) und erreichen nach wenigen Minuten wieder den Radweg. Dort rechts und nach dem Ende eines Gatters geradeaus entlang der kleinen Straße. Diese verlassen wir nach 500 m in einer Linkskurve links auf einem Waldweg (N, WWP). Nach dessen Einmündung in eine Straße links über die Straße und gleich danach – vor dem Ortsschild Rijsdam – rechts auf den Uferpfad. Das Dorf verdankt seinen Namen einem Reisigdamm (wörtliche Bedeutung), der im 17. Jh. angelegt wurde, um weiter flussabwärts das Wasser im Bourtangermoor aufzustauen. Bei einem Grabenübergang mit KP 11 schwenken wir nach rechts Richtung KP 10. Der schöne Uferweg mündet in eine Straße (Vonderweg), die uns mehrmals rechts haltend über die Ruiten Aa führt. 100 m nach der Brücke biegen wir bei einer Kreuzung mit rechts einem Parkplatz links in den geklinkerten Dennenweg. Nach 250 m ignorieren wir bei KP 2 den rechts abzweigenden Weg neben einem Graben und biegen kurz darauf hinter dem Graben nach rechts (NB, WWB). In lang geschwungenem Linksbogen um eine umzäunte Heidefläche begleitet der Weg den Waldrand. Bei einer T-Kreuzung links und links haltend an einem Teich vorbei. 100 m nach dem Teich queren wir wieder den Dennenweg und genießen die malerische Aussicht auf das Tal der Ruiten Aa vom **»Theater van de Natuur«** **8** genannten Aussichtspunkt.

Südwärts davon leitet der Noaberpad entlang dem Ufer Richtung Sellingen vorbei an einem Grondwatermeter zur Messung des Grundwasserpegels. Bei der nächsten Brücke (max. 15 t) links über die Ruiten Aa. Danach halten wir uns leicht rechts und wandern geradeaus unter dem Schild des Sportvereins VV Sellingen hindurch (Pfeil, ww23), vorbei an Sportplätzen – das Betretungsverbot bezieht sich auf die Sportanlagen selbst, nicht den Durchgang. Nach rund 10 Minuten schwenken wir vor einem kleinen Parkplatz nach rechts zur Hauptstraße und gehen dort links zur Bushaltestelle im Ortszentrum von **Sellingen** **9**.

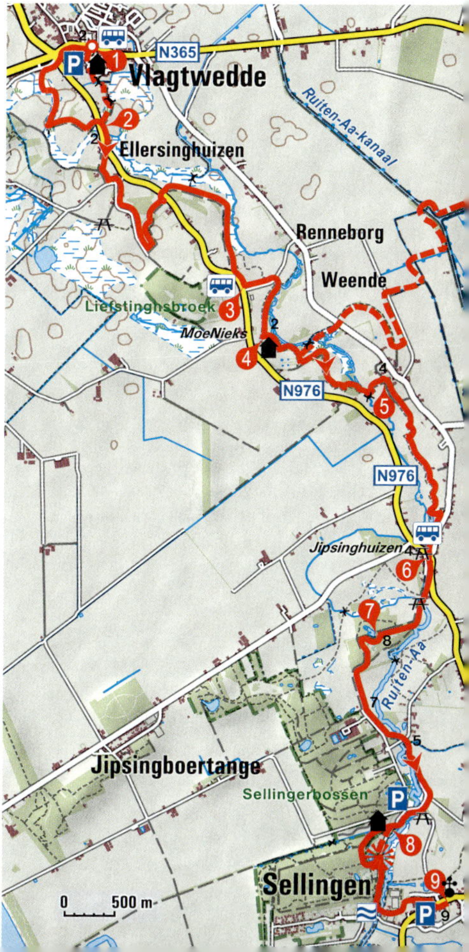

↗ 30 m | ↘ 30 m | 12.1 km

19 Runde bei Sellingen

3.00 h

Wasser- und waldreiche Wanderung an der Ruiten Aa im Grenzgebiet

An der deutschen Grenze gelegen präsentiert sich das niederländische Sellingen als idealer Ausgangspunkt für eine Rundtour durch das Flusstal der schlingernden Ruiten Aa mit Wäldern und Heidegebieten. 30 Jahre dauerten die Renaturierungsarbeiten dieses rund 30 km langen Flusses, zu dessen Fischbewohnern inzwischen wieder Schmerlen und Flussaale zählen. Kleinräumige von alten Baumwällen gesäumte Weiden und Felder mit historischen Höfen erinnern an die Besiedlung seit dem Mittelalter. Jüngeren Datums sind der Kanal und die üppig bewachsene Pflanzenkläranlage.

Ausgangspunkt: Gemeindehaus Sellingen mit beidseitiger (gebührenfreier) Parkgelegenheit (Navi: Dorpsstraat 1, 9551 AB Sellingen, NL), alternativ Wanderparkplatz bei ③.
ÖPNV: Bushaltestelle Sellingen-Kerkpad nahe ① mit Linie 72 von/nach Emmen und Winschoten (Mo–Fr stündlich), qbuzz.nl/gd.
Anforderungen: Leichte Wanderung über Pfade, Feldwege und kaum befahrene Straßen. Nach Regen stellenweise schlammige Wege.
Markierung: Pfeile und folgende Nummern des Knotenpunkt-Wandernetzwerks (KP): 4-89-87-86-48-47-49-63-7. Anfang (bis KP 87) sowie zwischen ⑤ und KP 63 Noaberpad (rot-weiß, kurz N), teils auch Westerwoldepad (blau-gelb).
Einkehr: Sellingen.
Varianten: 1. **Abkürzung ohne südlichen Teil** (2,7 km kürzer): ab KP 87 zwischen ② und ③ links entlang Noaberpad (KP 5-61-62) zu KP 63 nach ⑥, dort links weiter auf Route.
2. Abkürzende **»Viehvariante«** (1,7 km kürzer): im Falle der Wegsperrung ab ④ infolge grasenden Viehs entlang dem Poststruikenweg geradeaus über die Ruiten Aa, bei der Kreuzung mit der Nationalstraße halblinks und gleich darauf rechts (Laudemarkenweg) bis zur Wegkreuzung bei ⑤, dort wie beschrieben links weiter.
3. **Offizieller Umweg im Falle grasenden Viehs** ab ⑤ (200 m länger): vorher bei KP 86 geradeaus, danach immer links haltend zur Ruiten-Aa-Brücke zwischen ⑤ und ⑥.
Kombi-Tipp: Tour 18, Streckentour von Vlagtwedde nach Sellingen (kombiniert 28 km).
Tipps: Kirche in Sellingen. In dem historischen Gebäude der Touristinfo beleuchtet eine Ausstellung die Geschichte von Westerwolde (Do–So).
Hinweis: Hunde sind stellenweise nicht erlaubt. Der Abschnitt zwischen ⑤ und ⑥ darf im Sommer oft aufgrund grasenden Viehs nicht begangen werden. In diesem Fall wählt man den offiziell angegebenen Umweg (Variante 3) oder die bei Variante 2 angegebene Abkürzung.

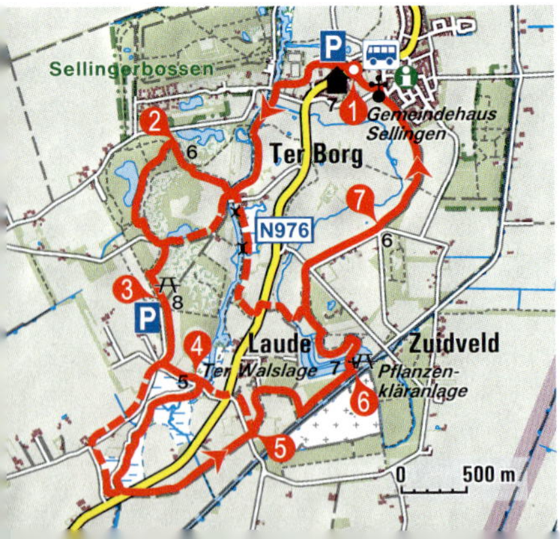

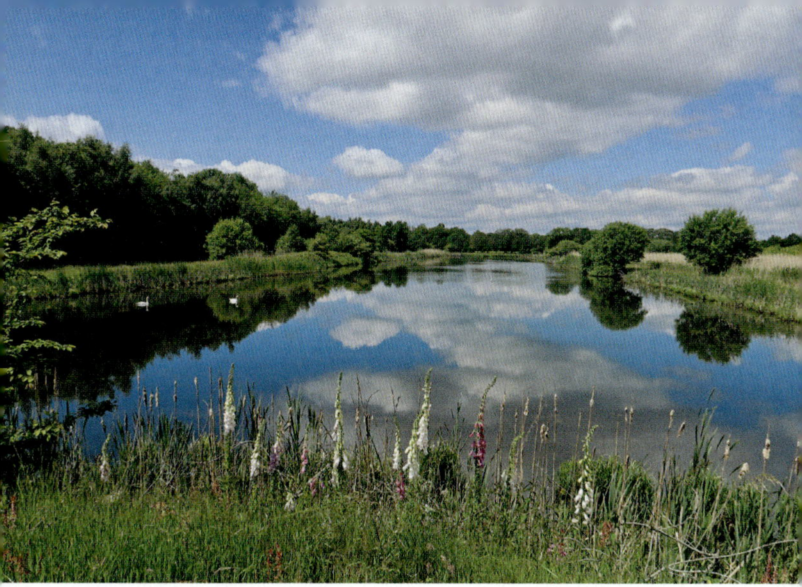

Pflanzenkläranlage mit Heliophytenfilter.

Zwischen dem **Gemeindehaus Sellingen** ❶ und dem Supermarkt folgen wir dem Breewischweg, nach wenigen Metern durch die Linkskurve und am Ortsrand entlang. Nach dem Sportplatz begegnen wir auf der Brücke erstmalig der Ruiten Aa und folgen ihr links für 1 km auf dem rot-weiß markierten Noaberpad (N) am Ufer. Bei Höfen und KP 4 verlassen wir den Fluss rechts Richtung KP 89, N). N führt durch ein Tor in ein Weidegebiet der ehemaligen Forstbehörde Staatsbosbeheer und schwenkt vor einem **See mit Bank** ❷ nach links. Bei einer Gabelung nach 10 Minuten bei KP 89 leitet N links durch offenes Naturgrasland mit Heide, vereinzelten Bäumen und kleinen Seen. Die Markierungen ändern sich an der folgenden Kreuzung bei KP 87: N zweigt links ab, wir orientieren uns jedoch am grünen Wegweiser von Staatsbosbeheer, der uns nach einer Linkskurve bei einem Baumwall durch ein Tor zu einem **Parkplatz mit Picknicktisch** ❸ führt. An dessen Südende weist der KP-Pfeil rechts entlang der kleinen Straße zur Kreuzung bei KP 86. Dort links auf dem Poststruikenweg Richtung KP 61.

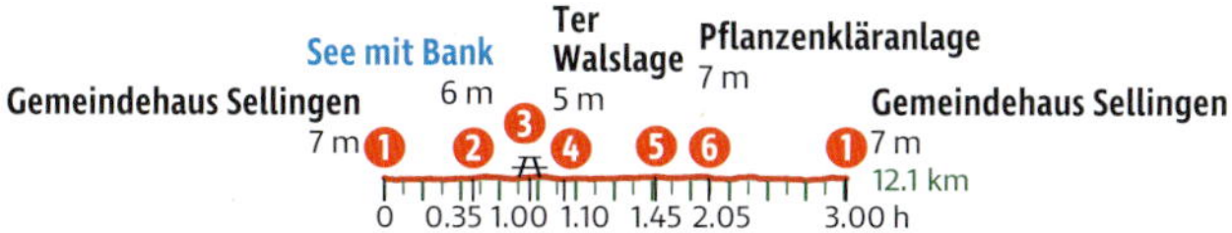

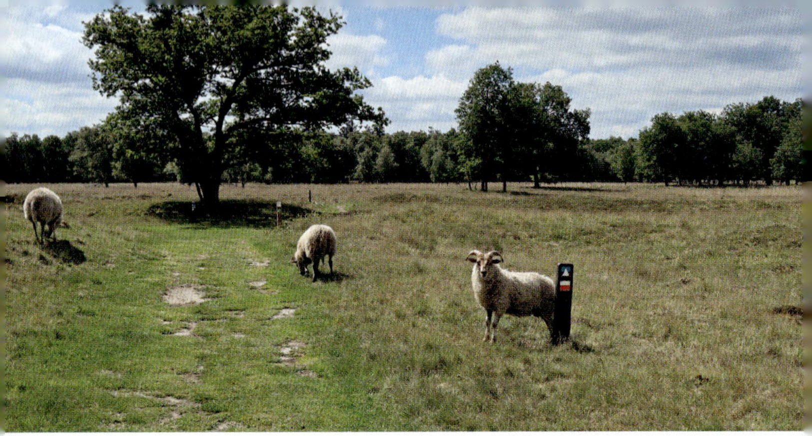

Schafe halten die Vegetation auf geschützten Flächen und hier auf dem Weg kurz.

Vor der Ruiten Aa gehen wir rechts durch das Gatter in das Naturgebiet **Ter Walslage** ④ auf schönem Weg entlang der Ruiten Aa – wenn nicht am Gatter der Hinweis »Geen Toegang« den Zugang verwehrt. Das kommt häufiger in der Sommersaison vor, wenn Vieh auf der Fläche grast. In diesem Fall nehmen wir die vor Ort beschriebene Alternativroute (wieder zurück zu KP 86, Variante 2). Der schöne Weg durch das Bachtal endet beim Gatter vor der Hauptstraße, deren Radweg uns links über die Ruiten Aa führt. Hinter der Brücke nimmt uns halbrechts die Allee Middelbroek Meesterweg auf. Bei der Kreuzung KP 49 mit dem **Laudemarkenweg** ⑤ geht es geradeaus weiter Richtung KP 62 durch den Baumwall. Der Pfad endet vor einem Haus, wo wir dem Grasweg nach rechts entlang N (Tange-Es) folgen, der nach 200 m bei einer T-Kreuzung rechts über einen alleeartigen Feldweg leitet (Slangenborgweg). An dessen Ende links am Ruiten-Aa-Kanal entlang. Bei einem Picknicktisch nehmen wir links den Grasweg (N) über das Gelände der **Pflanzenkläranlange** ⑥ und folgen der Markierung und Pfeilen auf dem Deich um die Teiche herum.

Nach der Pflanzenkläranlage vor grünem Kasten rechts auf grasigen Pfad, sofort danach links, über den Zaun und am Waldrand zu KP 63. Hier verlassen wir N, indem wir geradeaus durch Wald Richtung KP 6 gehen. Am Waldende über eine Zauntreppe und hinter einem Gatter geradeaus auf dem Zuidesweg – ohne Markierungen. Nach 5 Minuten nehmen wir in der **Rechtskurve** ⑦ der Straße den halblinks abzweigenden Feldweg mit Verkehrsverbot (später KP-Pfeile). Am Ortsrand von Sellingen gehen wir bei KP 7 geradeaus und rechts an der frühgotischen reformierten Kirche von 1300 vorbei. Hinter der Backsteinkirche schwenken wir links auf den gepflasterten Weg und nach 70 m bei der Gabelung nach rechts zurück zum **Gemeindehaus Sellingen** ①.

↗ 45 m | ↘ 45 m | 7.3 km

2.00 h

TOP **20**

Ter Apel – Ruiten Aa

Waldwanderung an der Grenze mit UNESCO-gelistetem Kloster

Auf einem bewaldeten Sandrücken nahe der Grenze liegt Ter Apel mit seinem bekannten Kloster, dem einzigen noch gut erhaltenen der Provinz. Rund um die Backsteinanlage mit dem UNESCO-Weltkulturerbestatus laden Wälder und die renaturierte Ruiten Aa mit verschlungenen Pfaden zum Wandern ein.

Ausgangspunkt: Kloster Ter Apel mit (gebührenfreiem) Parkplatz (Navi: Boslaan 6, 9561 LH Ter Apel, NL).
ÖPNV: Bushaltestelle Bus Ter Apel-Schotslaan bei 6 mit Linie 42 von/nach Emmen (Mo–Sa stündlich), qbuzz.nl/gd.
Anforderungen: Leichte Wanderung über Pfade am Bach Ruiten Aa, durch Schlosspark und Wald, Graswege, Feldwege, kürzere Abschnitte über Straßen. Ein kurzer Abschnitt nach 6 ist möglicherweise etwas überwachsen.
Markierung: Knotenpunktmarkierungen (Pfeile) fast durchgehend mit folgenden Nummern: 24-27-28-29-18-24. Anfangs (bis nach 4) Westerwoldepad (gelb-blau, kurz WWP) und Noaberpad (weiß-rot, kurz N) – Letzterer zwischen 1 und kurz nach 3 sowie im letzten Abschnitt ab dem Ruiten-Aa-Kanal. Im Wald um das Kloster teilweise rote, gelbe und blaue Markierungen von Staatsbosbeheer.
Einkehr: Hotel-Restaurant Boschhuis gegenüber dem Kloster, weitere in Ter Apel.
Varianten: 1. Mehrere **Abkürzungsmöglichkeiten** durch zwischen 2 und 3 links abzweigende und über die Ruiten Aa führende Wege (1 bis 2 km kürzer). 2. **Verlängerung entlang dem Ruiten Aa-Kanal** (0,6 km länger): bei linker Abzweigung vor 7 weiter geradeaus entlang dem Kanal, nach 5 Minuten zweimal nacheinander links und Weg geradeaus folgend zu 7. Dort weiter auf der linken Seite der Ruiten Aa wie beschrieben.
Tipps: Besichtigung des Klosters mit gut erhaltenem Kreuzgang, Klostergarten im Innenhof und Museum für Kloster- und Kirchengeschichte sowie religiöse Kunst (Mo Ruhetag).

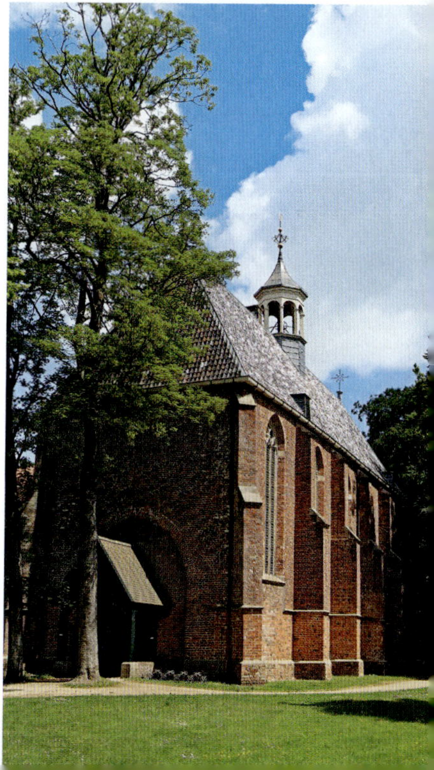

Kirche des Klosters Ter Apel.

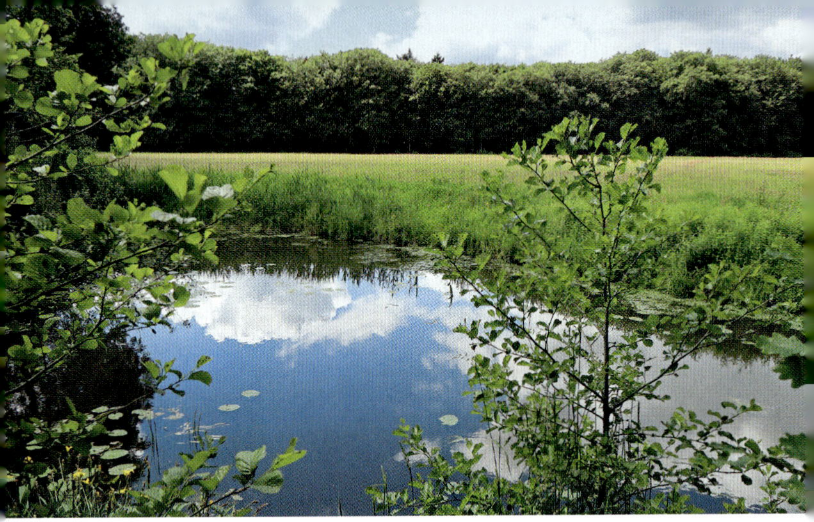

Die renaturierte Ruiten Aa präsentiert sich als Naturidyll, hier bei KP 27.

Das Kloster Ter Apel ❶ wurde 1465 durch das Kloster Bentlage bei Rheine gegründet, günstig gelegen an der jahrhundertealten Handelsstrecke vom westfälischen Münster nach Groningen. Aber schon nach rund 130 Jahren mussten die Mönche das Kloster infolge der Reformation verlassen. Das Kloster fiel an die Stadt Groningen, die die Anlage im 20. Jh. mit der Kirche und drei noch erhaltenen Flügeln sanierte, der Westflügel wurde 2001 neu erbaut.

Vor der Wanderung bietet sich eine 300 m lange Runde um die Backsteinmauern des Klosters auf dem Fußweg an, ehe die Rundwanderung durch den Wald beginnt; dazu gehen wir links am Hotel-Restaurant Boschhuis vorbei (weiß-rote, blau-gelbe und gelbe Markierung) und folgen nach 100 m der Straße geradeaus. Vor der Brücke über die Ruiten Aa schwenken wir nach links auf den Uferweg (blau, später auch gelb-blau). Über die (übernächste) **Brücke mit Infotafel** ❷ queren wir nach 5 Minuten den Fluss und folgen dem Uferpfad links auf der anderen Seite der Ruiten Aa (WWP, N, gelb).

Bei den folgenden Wegpunkten 27 und 28 halten wir uns geradeaus, bleiben auf der rechten Flussseite und queren die Ruiten Aa 10 Minuten nach KP 28 wieder über eine **Brücke mit einseitigem Geländer** ❸. Dahinter leitet uns die blaue Markierung rechts durch den Wald. Bei einer Kreuzung mit KP 29 schwenken wir links Richtung KP 36 in den Pfad am Waldrand und später durch

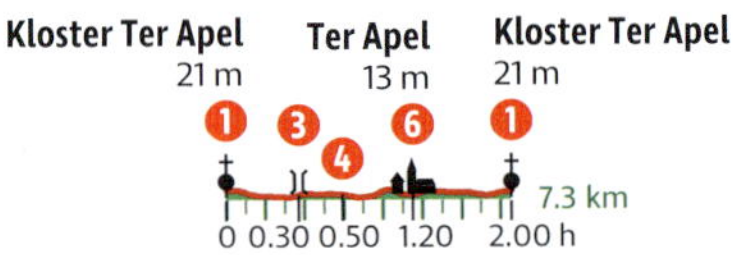

Wald. Pfeile und blaue Markierungen leiten uns über den Hauptweg. 10 Minuten nach KP 29 halten wir uns am Waldrand rechts, folgen dem Pfad diagonal über die **Wiese** 4 und an deren Ende dem Schotterweg nach rechts (WWP). Nach 100 m nehmen wir nach dem Graben links den sandigen Weg Richtung Wald, vor diesem links den Pfad zwischen Graben und Wald (WWP) und nach 150 m rechts den Weg durch den Wald.

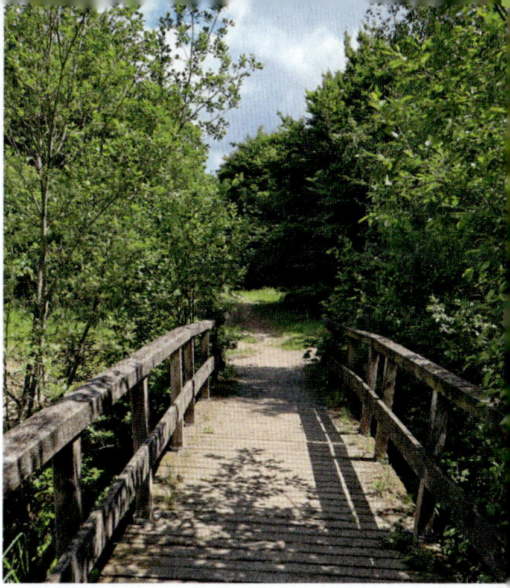

Holzbrücke über Ruiten Aa.

Bei der Kreuzung mit einem Betonradweg links und sofort danach halbrechts in Richtung einer Buchenallee. Wir queren den Klostergraben, biegen bei einer großen Scheune zweimal nacheinander nach rechts und folgen dem rot markierten Pfad südwärts durch Wald zu einem Teich: Bei einer Kreuzung nehmen wir den zweiten Waldweg nach links und nach 100 m den Weg nach rechts. Vor einem **Teich** und einer **Brücke** 5 halten wir uns rechts. Nach Querung einer links zum Kloster führenden Straße geradeaus auf Pfad links vom Graben.
Am Ortsrand von **Ter Apel** 6 halten wir uns vor dem Kanal links, biegen 50 m vor der Bushaltestelle halblinks in den Fußweg durch den Park und folgen nach 100 m der Allee mit Villen. Beim letzten Haus weist uns die blaue Markierung rechts den Weg in und durch den Wald, vorbei an einer Vogelvoliere. Der Weg mündet in eine Straße, die geradeaus zum Kanal führt. Vor der Brücke biegen wir bei KP 18 links in die kanalbegleitende Straße Richtung KP 19. Nach 5 Minuten nehmen wir den hinter dem Radweg links in den Wald führenden Pfad (N, blau), der nach wenigen Minuten den **Radweg vor einer Brücke** 7 quert und die Ruiten Aa weiter auf ihrer linken Seite begleitet – möglicherweise mit viel Vegetation. Bei der nächsten Brücke geradeaus weiter am Bach durch sandiges Gebiet mit renaturiertem Bachlauf (N, blau), bei der folgenden Kreuzung links und sofort rechts (N, Pfeil). Der Pfad leitet zu einer Straße, die uns geradeaus zurück zum **Kloster Ter Apel** 1 führt.

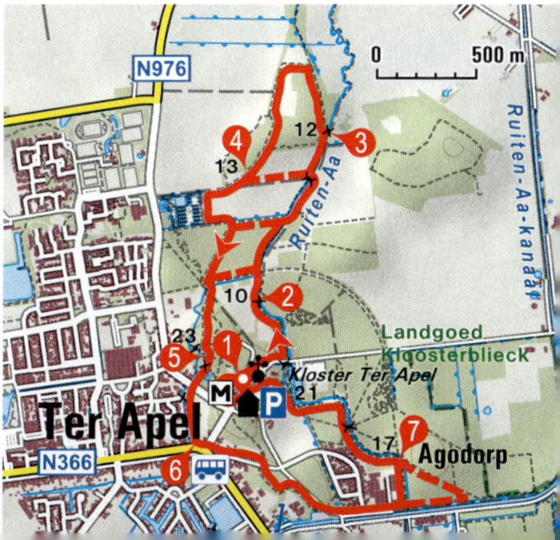

↗ 75 m | ↘ 75 m | 12.8 km

21 Emmerdennen – »Muur van Emmen«

3.00 h

Rundwanderung durch Stadtwald mit Hünengrab, Haantjeduin und Hondsrug

Das 107.000 Einwohner zählende Emmen liegt am Südrand des Hondsrug, einem 70 km langen Höhenrücken, entstanden durch Eisströme der Saale-Eiszeit vor 150.000 Jahren. Die von Nadelbäumen geprägten Emmerdennen bieten ein Hünengrab und mit der 26 m hohen Binnendüne Haantjeduin den höchsten natürlichen »Berg« der Provinz Drenthe. Aber es geht bei der Wanderung noch höher hinauf: auf die 48 m hohe »Muur van Emmen«, ein zum Freizeitparadies umgestalteter ehemaliger Müllberg mit fantastischem Weitblick.

Ausgangspunkt: Bahnhof Emmen mit (gebührenfreier) Parkgelegenheit an der Rückseite (Navi: Burgemeester Tijmesstraat, 7822 ED Emmen, NL).
ÖPNV: Bahnhof Emmen als Endpunkt der halbstündlich bedienten Bahnlinie nach Zwolle, arriva.nl.
Anforderungen: Leichte Wanderung über gut ausgebaute und befestigte Wege rund um die Inseln, stellenweise über Gras, gepflastert und mit Stufen.
Markierung: Erste Hälfte Hünenweg (blaues h auf gelbem Grund, kurz H), stellenweise auch Noaberpad (rot-weiß, N).
Einkehr: Bahnhof sowie mit Abstecher Stadtzentrum von Emmen.
Varianten: 1. Uriger **Pfad über Haantjeduin** (0,1 km kürzer): 1 km nach ❷ bei Kreuzung Pfad halbrechts und bald über Kamm und zuletzt Steintreppen auf die 26 m hohe Düne; 50 m nach dieser links und nach 50 m rechts wieder auf H.
2. Abkürzung vor De Muur van Emmen **ohne Emmerschans** (1 km kürzer): vor ❹ geradeaus statt links.
Tipps: Wildlands Emmen, einer der bekanntesten niederländischen Tier- und Freizeitparks (wildlands.nl).
Hinweis: Das Naherholungsgebiet »Muur van Emmen« darf nur zwischen Sonnenauf- und -untergang betreten werden. Beim Aufstieg wachsen viele Riesenbärenklau-Pflanzen am Weg, deren Berührung wegen der phototoxischen Substanzen bei Tageslicht Verbrennungen verursacht.

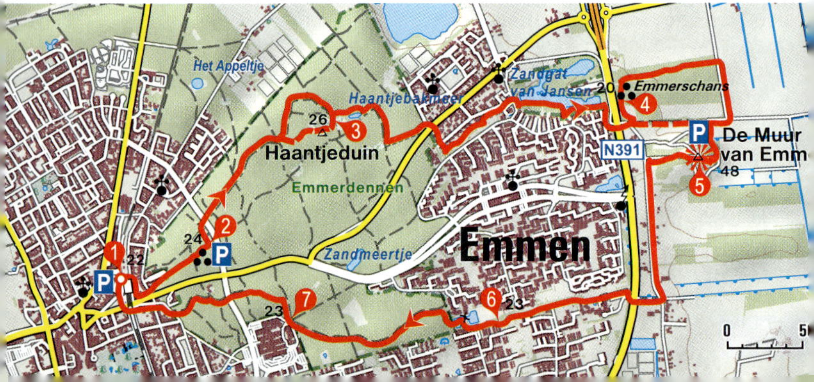

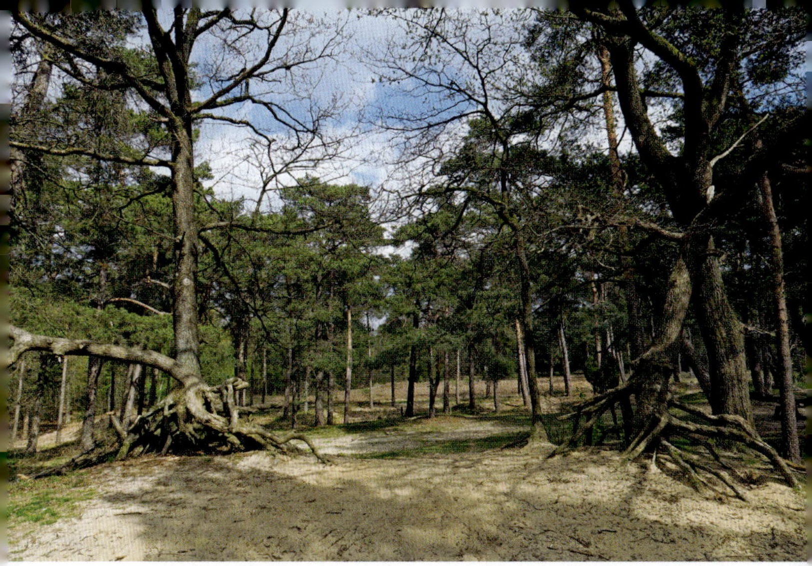

Haantjeduin in Emmerdennen.

Am für eine Großstadt eher provinziellen **Bahnhof Emmen** ❶ orientieren wir uns zur östlichen Rückseite (Fußgängerübergang) und gehen am Parkplatz vorbei südwärts (Burgemeester Tijmesstraat). Beim beschrankten Bahnübergang biegen wir links in die Boslaan und nach Querung der Dennenstraße beim Schild »Welkom op de Hondsrug – Emmerdennen« halblinks in den Wald (H, N). Dabei haben wir die Wahl zwischen dem schmalen gekiesten Radweg oder rechts parallel dazu dem breiten stellenweise etwas sandigen Waldweg. Beide Wege erreichen nach 5 bis 10 Minuten einen Hügel mit dem gut erhaltenen bzw. 1975 sanierten **Hünengrab D45** ❷. Die niederländischen Hünengräber wurden vom Archäologen van Giffen mit einer zweistelligen Nummer versehen, das »D« steht für die Provinz Drenthe.
Der Hünenweg führt links an D45 vorbei, links haltend über einen Parkplatz und nach einer Rechtsabzweigung über die Straße. Die gelben H-Markierungen leiten weiter auf breitem, stellenweise sandigem Weg durch Nadelwald und nach 10 Minuten bei einer Kreuzung halblinks – oder halbrechts für die

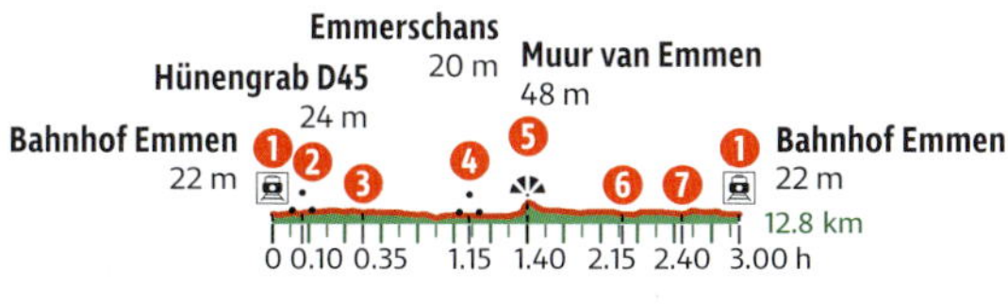

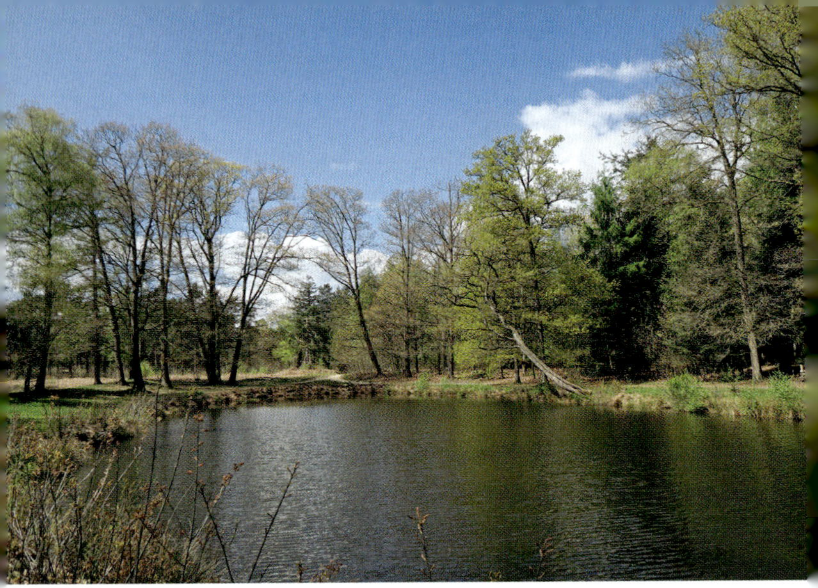

Haantjebakmeer in Emmerdennen östlich der Haantjeduin.

Variante 1 über Haantjeduin. Bei der folgenden **Kreuzung an der Haantjeduin** ❸ – vor einer Heidefläche – zweigt H nach links; der höchste Punkt der Düne liegt im Wald 100 m halbrechts vor uns. H führt nach der Heide links an einem Teich vorbei und quert ihn am Ende rechts über die Brücke. Nach weiteren gut markierten Abzweigungen quert H die Boslaan und passiert in einem Grünstreifen ein Wohngebiet.
Hinter einer Bushaltestelle leitet H an einem Stein vorbei zum See »Zandgat van Jansen«, wo bis in die 1970er-Jahre Sand abgebaut wurde. Der begrünte ehemalige Baggersee präsentiert sich heute als Naturoase. Wir gehen rechts am See vorbei, nach 200 m schwenkt H nach rechts aufwärts, nach 100 m nach links und oberhalb vom See zur vierspurigen Ringstraße. Diese stark befahrene Straße queren wir 100 m weiter rechts, folgen H für 50 m geradeaus und dann nach links – oder abkürzend ohne Emmerschans geradeaus (Variante 2). H umgeht die 1961 rekonstruierte ehemalige Festung **Emmerschans** ❹ aus der Zeit der französischen Herrschaft um 1800.
Am Waldende schwenkt H nach rechts auf eine kleine Asphaltstraße und bei der folgenden T-Kreuzung vor einem Feld nach links. Hier verlassen wir H und wenden uns nach rechts. Die Asphaltstraße führt nach 120 m durch eine Linkskurve, links an einem Parkplatz vorbei und wenige Meter nach einem Poller und seitlichen Betonblöcken leicht rechts versetzt geradeaus aufwärts. Der Pfad leitet links am Berg entlang. Vorsicht vor den zahlreichen

Riesenbärenklau-Pflanzen – solange man die Pflanzen nicht berührt, droht keine Verbrennungsgefahr!
Nach 100 m steigen wir rechts die Treppen hinauf auf den zweithöchsten Berg der Provinz Drenthe, eine ehemalige Mülldeponie. Diese wurde 2021 als Naherholungsgebiet für Radfahrer und Fußgänger namens **»Muur van Emmen« 5** neu gestaltet und auf 48 m erhöht. Zum Abstieg gehen wir geradeaus und nach Querung der Radtrasse etwas schöner leicht rechts versetzt auf dem Fußweg durch Grün. Bei Abzweigungen halten wir uns links und unten kurz rechts. Vor einem Reitgelände folgen wir links der geklinkerten Straße südwärts parallel zum Stadtring.
Nach 10 eher meditativen Gehminuten leitet rechts der Radweg wieder zum Ring, nach dessen Querung wir vor dem Pflegeheim rechts auf den Radweg einschwenken und nach 50 m links den Radweg Richtung Emmen-Centrum nehmen – zwischen dem Pflegeheim (links) und einem Wohngebiet (rechts). Wir folgen dem Radweg und ignorieren Abzweigungen. Nach 500 m ist rechts neben dem asphaltierten Radweg der alte schmale gepflasterte Weg durch Grünanlagen angenehmer zu gehen. Der Fußweg mündet bei einer **Kreuzung mit einer Straßenlaterne 6** und links einer Zufahrt mit Pollern in den Radweg ein. Hier rechts, nach 50 m links und auf gepflastertem Fußweg auf Teich mit Springbrunnen zu. Über diesen führt eine Brücke, hinter der wir nach links biegen. Nach dem Teich tauchen wir wieder in den Wald ein und nehmen dort nach Querung des Radweges hinter den Feldsteinen rechts den breiten Waldweg – parallel zum Radweg.
Nach 100 m zweigen wir links in den Waldweg und folgen ihm, alle Abzweigungen ignorierend, auch nach Querung eines Radweges. Der Weg nähert sich nach 1 km dem umzäunten Gelände des Krankenhauses; kurz darauf bei einer **Kreuzung** mit Radweg und einem kleinen Stein mit der **Ziffer »9« 7** geradeaus in nördlicher Richtung. Nach 150 m passieren wir zur Rechten den mit Steinen gesäumten Zugang zum betonierten Rollstuhlwanderweg. Hier auf einem Pfad links aufwärts und auf und ab über Moränenhügel. Nach 250 m gehen wir bei der Gabelung links, queren eine Straße und wandern weiter geradeaus durch Wald. Am Waldende nehmen wir die Straße (Veenkampenweg) rechts, durch eine Linkskurve und bei einer Kreuzung geradeaus. Vor den Bahngleisen schwenken wir nach rechts, queren diese kurz beim Bahnübergang und kehren rechts zurück zum **Bahnhof Emmen 1**.

Abstieg von Muur van Emmen.

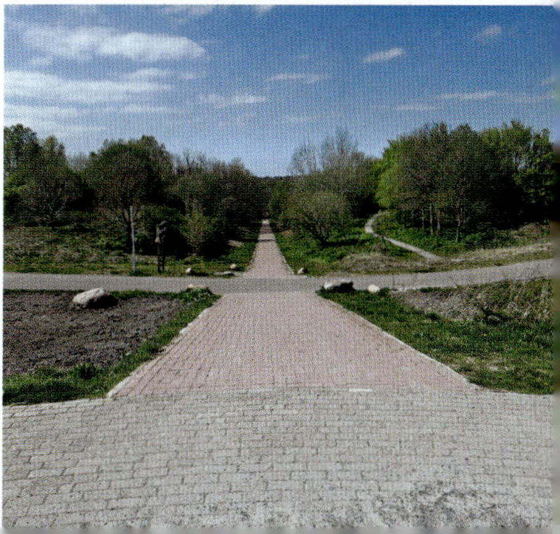

↗ 65 m | ↘ 65 m | 20.2 km

22 Von Klazienaveen nach Emmen

5.00 h

Auf dem Hünenweg durch den Oosterbos und die Emmerdennen

Auf seinem Weg von Osnabrück nach Groningen passiert der Hünenweg Emmen, die einzige Großstadt der Provinz Drenthe. Diese Etappe bietet eine große landschaftliche Vielfalt mit Wald, Moor, Dünen, und mehreren Gewässern. Die Tour folgt großteils dem Oosterbos, einem ehemaligen Hochmoor mit 1970 angelegtem Wald, in dem einige Flächen wieder vernässt und so renaturiert wurden. Vor Emmen erwarten uns die eiszeitlich geprägten Emmerdennen mit Sanddünen und Kiefern, von den Anwohnern auch als »Kleine Schweiz« bezeichnet.

Ausgangspunkt: Ortszentrum von Klazienaveen bei Supermarkt »Jumbo« und Bushaltestelle Centrum Linie 93 mit Parkgelegenheiten im Zentrum (Navi: Langestraat 500, 7891 AX Klazienaveen, NL).
Endpunkt: Bahnhof Emmen mit (gebührenfreier) Parkgelegenheit an der Rückseite (Navi: Burgemeester Tijmesstraat, 7822 ED Emmen, NL).
ÖPNV: Zwischen Emmen und Klazienaveen verkehren häufig die Buslinien 93 und 94 (Mo–Sa halbstündlich, So stündlich) mit Stopp in Nieuw Dordrecht-Klazienaveensestr. 6 (Variante), qbuzz.nl/gd. In niederländischen Bussen kann nur bargeldlos gezahlt werden!

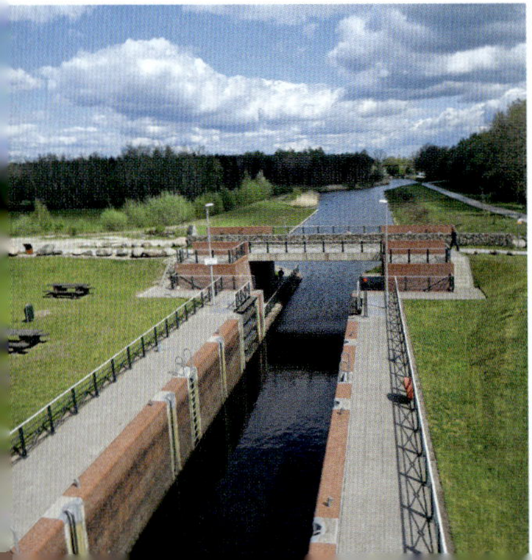

Anforderungen: Leichte Wanderung über Pfade, Radwege und kleine Straßen durch Wald, Felder sowie am Anfang und Ende besiedelten Bereich.
Markierung: Ab etwa ❷ durchgehend Hünenweg (blaues h auf gelbem Grund, abgekürzt H), teilweise Noaberpad (rot-weiß, abgekürzt N), bei der ersten Hälfte Wanderknotenpunkte mit Pfeilen und folgenden Nummern (abgekürzt als KP): 37-36-03-91-72-50-89-52-90-06-05-02-01.
Einkehr: Nur am Start und Ziel.
Varianten: 1. Geringe Abkürzung kurz nach ❷ **auf N statt H** (0,4 km kürzer).
2. Abkürzung **ohne** ❹ auf N geradeaus ab KP 06 bis KP 01 (1 km kürzer).
3. Auf den **aussichtsreichen ehemaligen Müllberg »Muur von Emmen«** statt zur Festung Emmerschans (gleiche Länge): ab ❺ wie bei Tour 21 kurz vor ❺ beschrieben auf den Berg und hinunter; beim Abstieg zunächst rechts haltend (N) zur Kreuzung vor der Ringstraße und links weiter wie beschrieben (oder vorher geradeaus mit 100 m langem Abstecher zur alten Festung).
4. Am Schluss **Abstecher in das Zentrum von Emmen** mit vielen Einkehr- und Einkaufsgelegenheiten (2 x 0,5 km).
Tipps: Wildlife-Park in Emmen (wildlands.nl).

Koppelschleuse beim Koning Willem-Alexander-Kanaal.

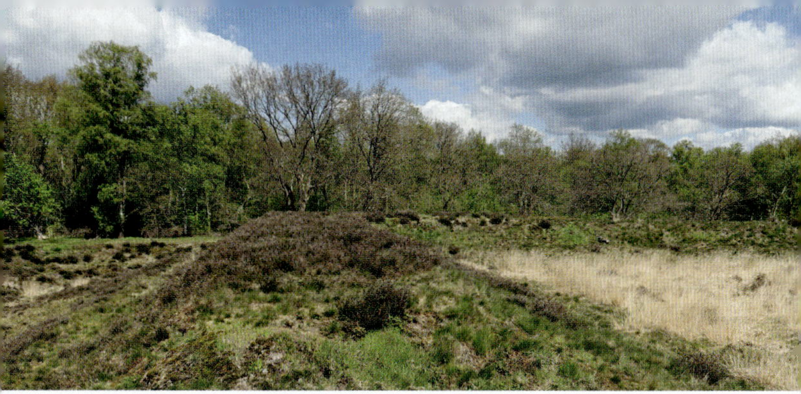

Reste der alten Festungsanlage Emmerschans aus der Zeit um 1800.

Das Zentrum des aus einer Moorarbeitersiedlung hervorgegangenen Emmer Stadtteils **Klazienaveen** ❶ liegt übersichtlich am Kanal. Startpunkt ist das östliche Ende beim Supermarkt Jumbo in Klazienaveens modernem Wahrzeichen, dem mit viel Glas erbauten Einkaufszentrum Schip, so genannt wegen seiner schiffsähnlichen Form. Von dort folgen wir dem Kanal Verlengde Hoogeveense Vaart in östlicher Richtung links am Parkplatz vorbei und zweigen nach 200 m links in die Ovingstraat, links vorbei an Klazienaveens größtem Industriebetrieb: Die Firma Norit ist auf Produkte aus Kohle spezialisiert, heute Puderkohle, früher (seit 1919) Kohlefilter und Kohletabletten gegen Durchfall. Der Standort entstand 1919 wegen der direkten Nähe zum Rohstoff Torf aus den umliegenden Mooren.
Nach der dritten Brücke über den die Straße begleitenden Scholtenkanal folgen wir dem Radweg nach links und nach einer Rechtskurve unter der A37 hindurch. Danach auf kleiner Straße links und nach 100 m beim kleinen Parkplatz rechts in den Wald. Wenige Minuten später stoßen wir im Wald bei KP 36 auf den gut markierten H, der uns bis zum Ziel begleiten wird. Links haltend leiten uns die Markierungen durch den Wald zur Koppelschleuse des 6 km langen **Koning Willem-Alexanderkanaal** ❷, eröffnet 2013 zur Förderung des Tourismus.
Nach Querung des Kanals bei KP 03 links, kurz am Kanal entlang, weiter mit mehreren Kurven durch Felder und über eine Hochmoorfläche und durch Wald (KP 91, KP 72). Der uns ab der Schleuse begleitende N nimmt die etwas kürzere Variante 1. Nach einem **Parkplatz** ❸ schwingt H etwas nach links (KP 50, KP 51,) und leitet im Zickzack durch Wald und renaturiertes Moor im Oosterbos (KP 89, KP 52, KP 90). H quert noch eine Straße, ehe nach weiteren Schleifen (KP 06, KP 05) und einer großen **wiedervernässten Fläche** ❹ im Oosterbos dessen Nordrand bei der folgenden querenden Straße erreicht wird (KP 02). Dort links und kurz darauf bei KP 01 rechts. H leitet geradlinig zwischen Feldern nordwärts, dann nach links, rechts in die kleine Straße

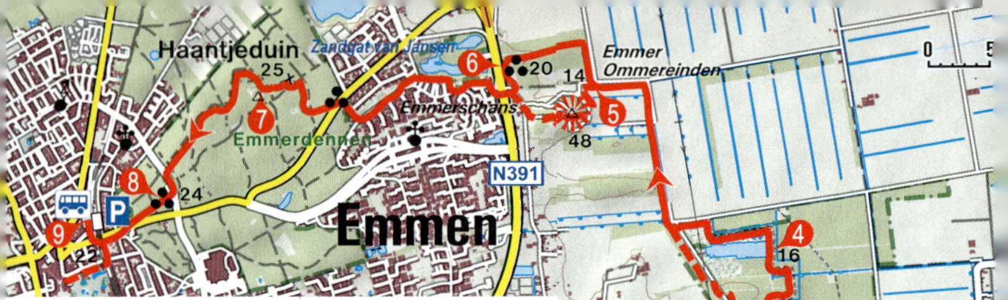

Emmer Ommereinden ❺ und nach 5 Minuten links durch das Gatter in den Wald – oder optional ab ❺ auf den aussichtsreichen ehemaligen Müllberg (Variante 3).

Der Waldweg schwingt nach links und passiert die erkennbaren Wälle der früheren französischen Festung **Emmerschans** ❻, aus der Zeit, als Napoleons Bruder Louis alias Lodewijk Napoleon das neu geschaffene Königreich Holland regierte. Vor dem 48 m hohen Berg der ehemaligen Mülldeponie schwingt H nach rechts und quert den vierspurigen Stadtring. Kurz rechts, dann links und nach 250 m rechts zum Baggersee. Links an diesem vorbei und weiter gut markiert durch das Wohngebiet. Danach quert H die Emmerdennen, zweigt dort vor dem sandigen Höhenrücken mit der 26 m hohen **Haantjeduin** ❼ nach rechts und passiert nach einer Straßenquerung das gut erhaltene **Hünengrab D45** ❽. Am Waldende gehen wir auf einer Straße geradeaus und nach dem Bahnübergang rechts zum **Bahnhof Emmen** ❶ mit dem Busbahnhof daneben – oder links entlang H zu einem 500 m langen Abstecher in das Zentrum von Emmen mit Fußgängerzone (Variante 4).

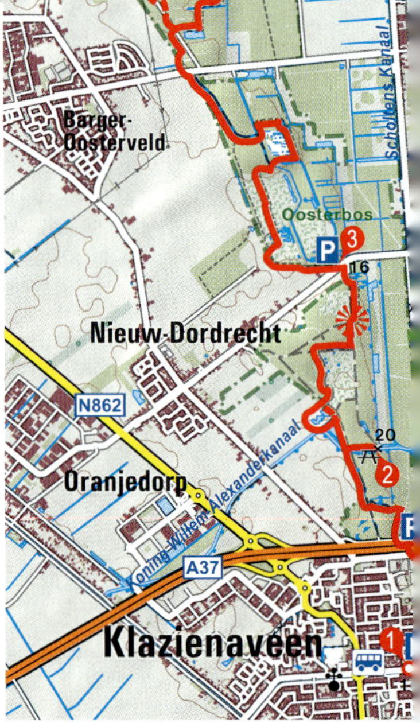

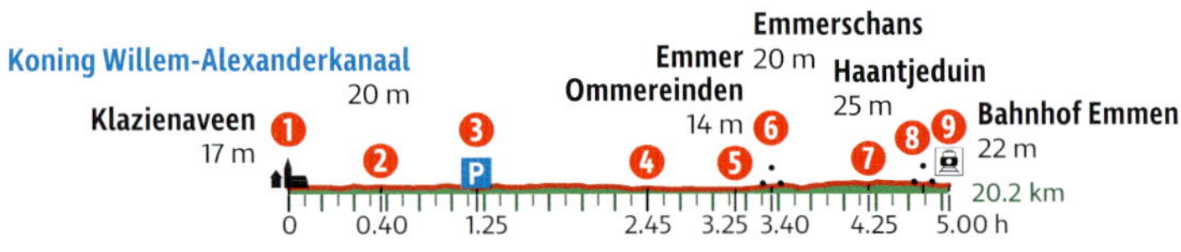

↗ 30 m | ↘ 30 m | 10.4 km

2.30 h

Schoonebeek – Grenzaa

23

Grenznahe Rundwanderung zwischen Bauernidylle und Ölfeldern

Das landwirtschaftlich geprägte Dorf Schoonebeek entstand im Spätmittelalter als Moorabeitersiedlung, der Ortsname (wörtlich »sauberer Bach«) geht zurück auf einen klaren Bach auf dem Sandboden. Jahrzehntelanger Ölförderung verdankt der Ort den Beinamen »Texas von Drenthe«. Seit Ölfunden in den 1940er-Jahren verwandelte sich das früher arme Bauerndorf in eine der reichsten Gemeinden der Niederlande. Die Rundwanderung veranschaulicht den Strukturwandel. Mit einem Birkenwald, einer astronomischen Forschungsanlage, dem Grenzfluss Grenzaa und dem auf Moorboden angepflanzten Waldstück Oosterbos sowie einem früheren Luftbeobachtungsturm bietet diese Tour viele weitere Höhepunkte.

Ausgangspunkt: Dorfmitte von Schoonebeek mit (kostenlosen) Parkplätzen (Navi: De Pallert, 7761 AC Schoonebeek, NL).
ÖPNV: Bushaltestelle Bus Schoonebeek-Europaweg 140 an der Hauptstraße etwa 150 m westlich vom Ausgangspunkt mit Mo–Sa stündlich den Linien 44 Richtung Emmen und 94 Richtung Coevorden sowie Emmen, qbuzz.nl/GD.
Anforderungen: Leichte Wanderung über Ufer- und Feldwege, kleine Straße sowie durch jungen Moorwald auf weichem, fast federndem, weil torfhaltigem, Boden.
Markierung: Stellenweise Noaberpad (rot-weiß) sowie großteils Pfeile und folgende Nummern der Wanderknotenpunkte (KP): 46-49-14-19-18-08-07-09-32-46.
Einkehr: Ortsmitte von Schoonebeek, Selbstbedienungscafé Terras de Boomgaard bei ❹.
Variante: Abstecher zur LOFAR-Station, einem Radioteleskop zur astronomischen Forschung (0,2 km länger); 0,5 km nach ❸ im Wald bei Gabelung links; kurz vor der Einmündung in die Straße ist links die wenig spektakuläre Station – mit Kunststoff bedeckt – auf dem Feld erkennbar. Rechts entlang der Straße wieder zur Route.

Am zentralen **Platz De Pallert** ❶ in Schoonebeek erinnert eine alte Pumpenanlage an die Ölförderung zwischen 1948 und 1996, als sich das Dorf zum Zentrum der niederländischen Ölförderung entwickelte mit Hunderten solcher Pumpen. Der sogenannte »Jaknikker« verdankt seinen Namen der regelmäßigen Auf- und Abbewegung der Anlage, die Öl aus 800 m Tiefe heraufpumpte. Heute wird das Öl wegen seiner viskosen Konsistenz mit horizontalen Leitungen und Wasserdampf gefördert.

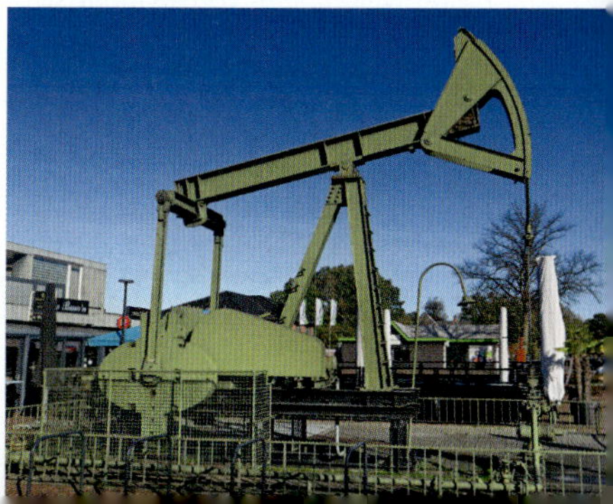

»Jaknikker«-Ölpumpe am Platz de Pallert.

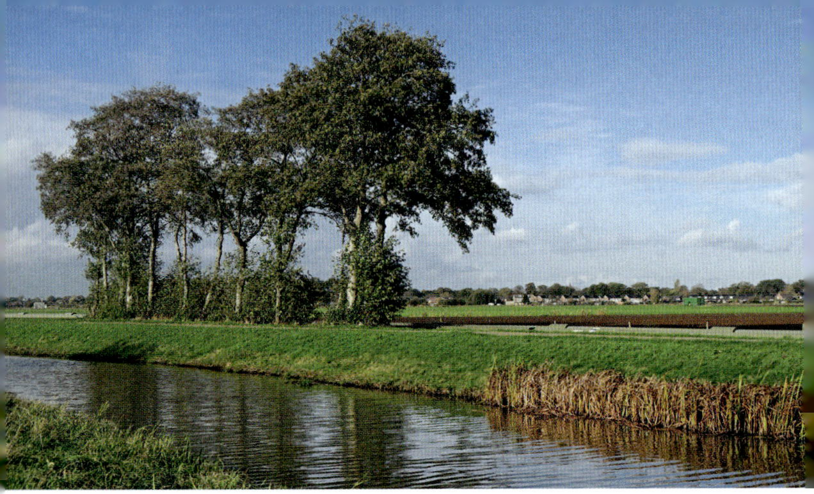

Der Fluss Grenzaa heißt in den Niederlanden »Schoonebeker Diep«.

Vom **Platz De Pallert 1** orientieren wir uns zur Kirche und gehen nach Queren der Hauptstraße rechts am Parkplatz und kurz darauf links an der Bibliothek im ehemaligen Rathaus vorbei. Der Fußweg führt unter Bäumen zwischen der gepflasterten Straße (links) und einer Wiese (rechts) nordwärts. Bei einer Gabelung folgen wir dem Pfeil nach links und gehen bei der folgenden Gabelung vor dem Zaun nach rechts. Der Pfad führt links um das **Hirschgehege 2** herum. Nach hälftiger Umgehung über die Holzbrücke und leicht links versetzt entlang der gepflasterten Straße. Die von Bäumen gesäumte Straße (Norbruislaan) führt vorbei an vereinzelten Bauernhäusern ostwärts. Nach dem Ortsendeschild von Schoonebeek biegen wir bei der T-Kreuzung mit KP 14 links in die Allee (Prinsenhofweg) und an deren Ende bei einem Picknicktisch (KP 19) nach rechts. Nach 500 m passieren wir zur Rechten eine von 18 Ölförderanlagen rund um Schoonebeek. Später geht es rechts dahinter weiter, aber vorher lohnt sich eine nette Runde durch einen auf dem Moorboden angepflanzten Wald mit einigen Birken und Farnen. Dazu bei **KP 18 3** mit Holzbarriere und Bank links auf einen Grasweg in den Wald. Bei einer Gabelung links und bei der folgenden Kreuzung geradeaus – für den Abstecher zur LOFAR-Anlage nach links (Variante). Der Waldweg endet bei einer Querstraße mit dahinter einem Kanal. Hier rechts und nach 200 m bei einer Holzbarriere wieder rechts in den Wald. Der Grasweg ist rot-weiß markiert als Teil des Fernwanderweges Noaberpad (N). Am Waldende gehen wir rechts entlang dem Kanal und beim bekannten **KP 18 2** links: über die Straße, links an der Ölförderanlage vorbei und auf einem Grasweg zwischen Feldern. Bei einer Holzbank und KP 08 folgen wir der geklinkerten Straße rechts in den Schoonebeeker Ortseil Oosterse Bos mit 200 Jahre alten reetgedeckten Bauernhäusern. In einer Rechtskurve lädt das SB-Café **Terras de Boomgaard** ❹ zur Rast ein. 50 m dahinter biegen wir bei einem alten Brunnen, Backhaus und Picknicktisch links in den Pfad (N). An dessen Ende rechts neben dem Graben an der Hauptstraße (Europaweg) und bei nächster Gelegenheit nach links (rot-weiß). Die kleine Straße führt südwärts zur deutschen Grenze, die vom Fluss Grenzaa gebildet wird. Hinter der Ölförderanlage gehen wir bei der **Grenzaa-Brücke** ❺ rechts und haben dabei die Wahl zwischen dem asphaltierten Weg auf rechter niederländischer Seite oder dem wanderfreundlicheren Grasweg auf linker deutscher Seite.

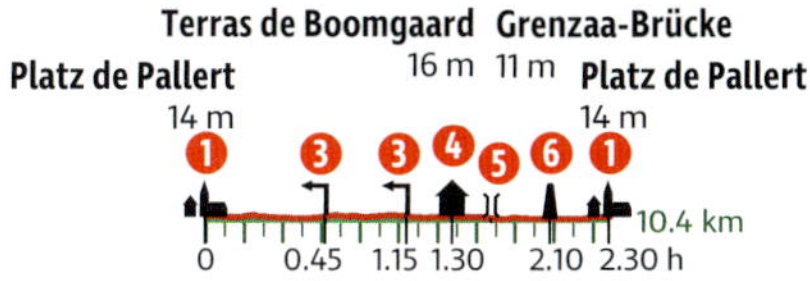

Am Grenzfluss sind deutlich die Unterschiede der Förderpumpen erkennbar: auf deutscher Seite noch die älteren an Pferdeköpfe erinnernde Tiefpumpen, auf niederländischer Seite neuere Pumpen mit höherer Effizienz.

Bei einer Baumgruppe endet der Grasweg auf deutscher Seite. Über ein Wehr gelangt man wieder in die Niederlande. Dort führt der rechtsseitige asphaltierte Weg zum markanten **Luftbeobachtungsturm** ❻, einem Relikt aus dem Kalten Krieg als einer von 276 niederländischen Beobachtungsposten des Luftraums. Der Turm wurde kurz nach seinem Bau 1954 mit der Einführung des Radars überflüssig. Der 2018 restaurierte und denkmalgeschützte Turm ist an wenigen Tagen im Jahr zugänglich.

Beim Turm wechseln wir kurz auf den Grasweg am Ufer und schwenken 50 m nach der Einmündung in den Asphaltbelag bei KP 32 rechts in die Kerkhoflaan, die zurück nach Schoonebeek führt. Nach dem Ortsschild bei der Kreuzung geradeaus, gleich darauf rechts über die Holzbrücke und weiter auf schönem Fußweg neben dem Kanal in den Ort. Zuletzt leitet die Straße geradeaus zurück zum zentralen Platz **De Pallert** ❶.

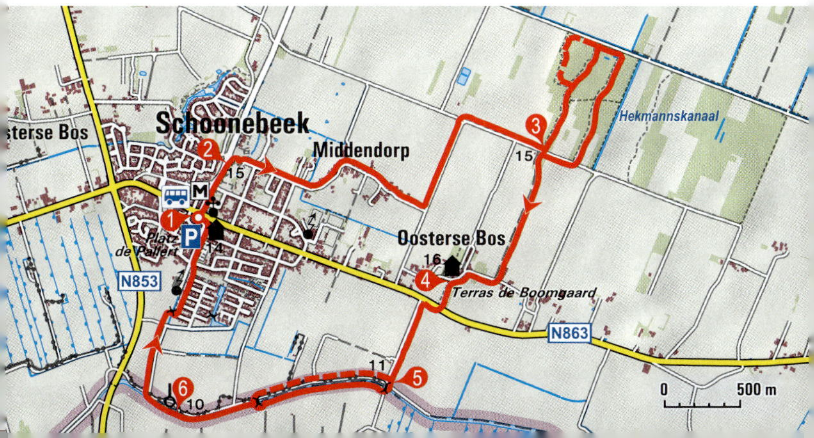

TOP

24 Weiteveen – Bargerveen

↗ 40 m | ↘ 40 m | 17.3 km

4.15 h

Rundwanderung durch renaturiertes Moor westlich von Meppen

Das Bargerveen ist das niederländische Kernstück des Bourtanger Moors – früher eines der größten zusammenhängenden Hochmoorgebiete Europas und heute Teil des internationalen Naturparks Bourtanger Moor. Während auf deutscher Seite noch Torf abgebaut wird, wird das Moor im niederländischen Teil, dem Bargerveen, seit mehr als 50 Jahren wieder vernässt – mit einem 50 km langen Netz aus Deichen und Gräben. Zahlreiche Wanderrouten durchziehen das Naturparadies – insgesamt rund 30 km Wanderwege!

Ausgangspunkt: Schaapskooi in Weiteveen am Südrand des Bargerveen mit großem Parkplatz (Navi: Ambachtsweg 5, 7765 BX Weiteveen, NL), alternativ Parkplatz am Nordrand bei 3 (Navi: Laardijk 7894, 7894 AS Zwartemeer, NL).
ÖPNV: Bushaltestelle Weiteveen-De Singel 0,5 km südlich vom Startpunkt mit Linie 94 Richtung Coevorden und Emmen (Mo–Sa stündlich), qbuzz.nl/gd. Von Coevorden voraussichtlich ab 2025 Bahnanschluss nach Deutschland.
Anforderungen: Leichte Wanderung abwechselnd über breite Wege und Pfade durch das Moor. Der Abschnitt entlang dem mit großen Betonplatten präparierten Hauptweg kann auch daneben über Gras oder Sand gegangen werden.
Markierung: Nummern und Pfeile des Wanderknotennetzwerks (KP) mit folgenden Nummern: 78-79-80-81-07-06-03-02-01-98-97-01-05-85-84-83-82-90. Zwischen 1 und 4 sowie 7 und 1 Hünenweg (blaues h auf gelbem Grund, H) sowie stellenweise Noaberpfad (rotweiß, N).
Einkehr: Aussichtsreiches modernes Restaurant Wollegras am Ausgangspunkt (Mi & Do 10–17, Fr–So 10–23 Uhr).
Varianten: Dank des dichten Wegenetzes lässt sich diese Tour an mehreren Punkten zu einer kleineren Rundwanderung abkürzen, etwa durch Querweg zwischen 2 und 6 (7,4 km kürzer), zwischen 7 und KP 78 und weiter zu 1 (2,6 km kürzer) oder durch kompletten Verzicht auf die Nordschleife ab 1 (3,4 km kürzer).
Tipps: Naturinfozentrum (täglich 10–16 Uhr) in der ehemaligen Mariakapelle in Weiteveen neben dem Veenloopcentrum (»Moorwanderzentrum«), wo Übernachtungen und geführte Touren angeboten werden (veenloopcentrum.nl/de).

Der Schaapskooi Weiteveen gilt als größter Schafstall der Niederlande.

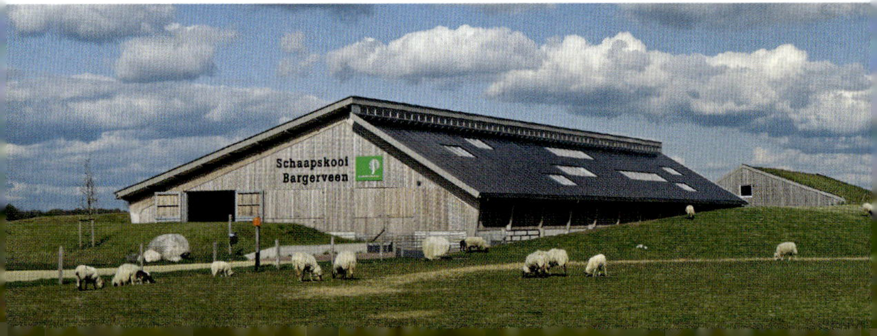

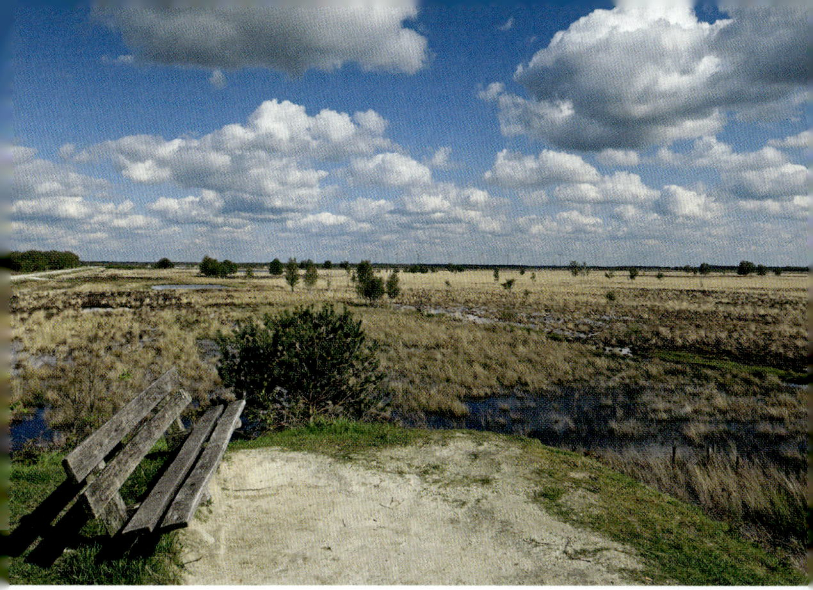

Blick vom Heuvel Peelzicht auf das südliche Bargerveen.

Das unweit der deutschen Grenze gelegene Weiteveen ist mit seinem Veenloopcentrum in der Ortsmitte eine von vier sogenannten »Moorpforten«, also Anlaufstellen und Zugängen zum Internationalen Naturpark Bourtanger Moor. Der **Schaapskooi** ❶ am Südrand des Bargerveen verdankt seinen Namen dem riesigen modernen Schafstall, der 2018 von König Willem-Alexander eröffnet wurde und 1.000 Tieren Platz bietet. Der Zugang zum Moor führt links am Schafstall und dahinter rechts am modernen Restaurant Wollegras vorbei. Nach dem Gatter folgen wir H geradeaus zu KP 78, dort nach links Richtung KP 79 und mit H nach rechts vor-

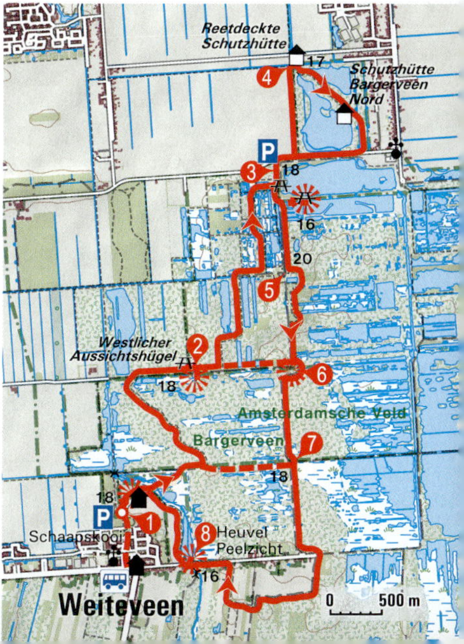

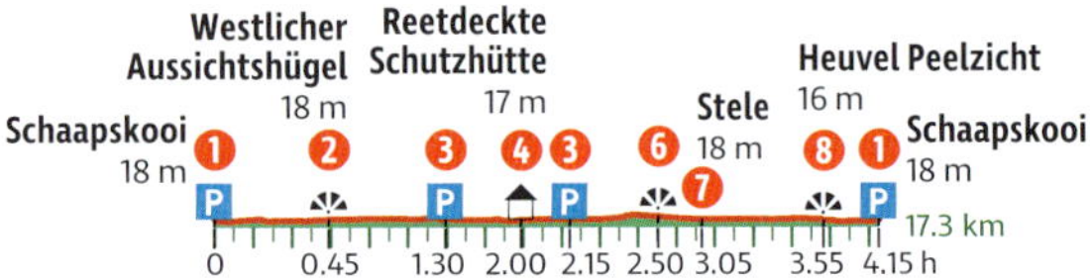

bei am lohnenden westlichen **Aussichtshügel** ❷. Während der rot-weiß markierte Noaberpfad hier nordwärts durch das Moor führt, folgen wir dem Hauptweg noch 200 m ostwärts und dann links bei KP 81 dem Hünenweg, der im Zickzack nordwärts durch das Moor führt – vorbei an den Knotenpunkten 07, 06, 03 und 24. Unterwegs lässt sich die typische Moorvegetation beobachten, darunter Wollgras, Sonnentau sowie Torfmoose – mit seinen 15 Arten entscheidend für die Torfbildung.
Beim Parkplatz **Bargerveen-Nord** ❸ mit KP 01 bietet eine lange Bank Rastgelegenheit, nach rechts ist ein kurzer 400 m langer Abstecher zu einem Beobachtungspunkt über eine große vernässte Fläche möglich. H leitet vom Parkplatz nördlich an dieser vernässten Fläche vorbei mit schönem Blick von dem Wall und schwenkt nach 10 Minuten bei KP 98 nach links. Bei einer Hütte verlassen wir den Radweg und gehen auf schönem Weg durch die vernässte nördliche Pufferzone des Bargerveen. An deren Ende erwartet uns eine **reetgedeckte Schutzhütte** ❹ mit Beobachtungsplattform bei

Südliches Bargerveen.

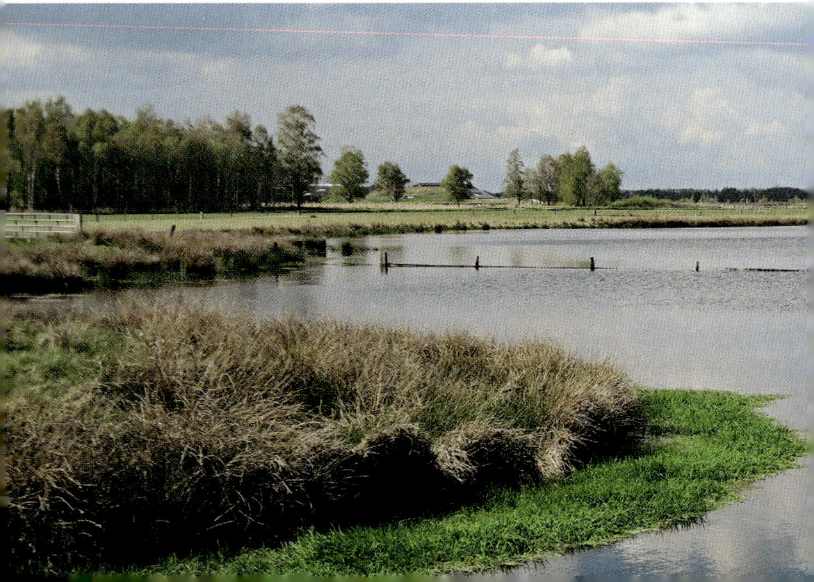

KP 98 als nördlichstem Punkt dieser Rundwanderung. Hier verlassen wir die weiter nordwärts Richtung Klazienaveen führenden Fernwege N und H und wandern südwärts – nach einem Rechts- und Linksschwenk zu 3 und von dort weiter entlang dem in Nord-Süd-Richtung führenden Hauptweg durch das Moor. Nach 1 km erschließt ab KP 05 5 links ein schönerer Weg das kleine Waldgebiet, ehe der Hauptweg uns weiter südwärts zum zentral gelegenen Aussichtshügel 6 mit spiralförmigem Zugangsweg führt. Der breite betonierte Weg umrundet den Hügel östlich und leitet weiter südwärts zu einer Kreuzung bei KP 84 mit Stele 7. Die aufgestellte Skulptur von Ulrich Rückriem erinnert an die frühere Bedeutung der Torfgewinnung, wobei das Moor wie die Granitstele in Blöcke aufgeteilt wurde. Bis 1992 wurde das im Bargerveen abgebaute »braune Gold« zu einem großen Teil industriell in Klazienaveen verwertet, u.a. zur Produktion von Kohletabletten und Filterelementen.
Von links mündet der aus Deutschland kommende Hünenweg ein und begleitet uns bis zum Ausgangspunkt: zunächst südwärts und nach einem Linksschwenk bei KP 83 in einer großen Schleife um die östlichen Ausläufer von Weiteveen, vorbei an KP 82. Der Weg mündet in die kleine Straße Zuidersloot, die uns links zu KP 90 führt mit rechts dem schönen südlichen Aussichtspunkt **Heuvel Peelzicht** 8. Wir queren den Graben und nehmen dahinter rechts den Pfad, der an der vernässten Fläche entlang nach 1 km links zum bekannten Zugang beim Restaurant Wollegras führt, hinter dem wir wieder den Parkplatz **Schaapskooi** 1 erreichen.

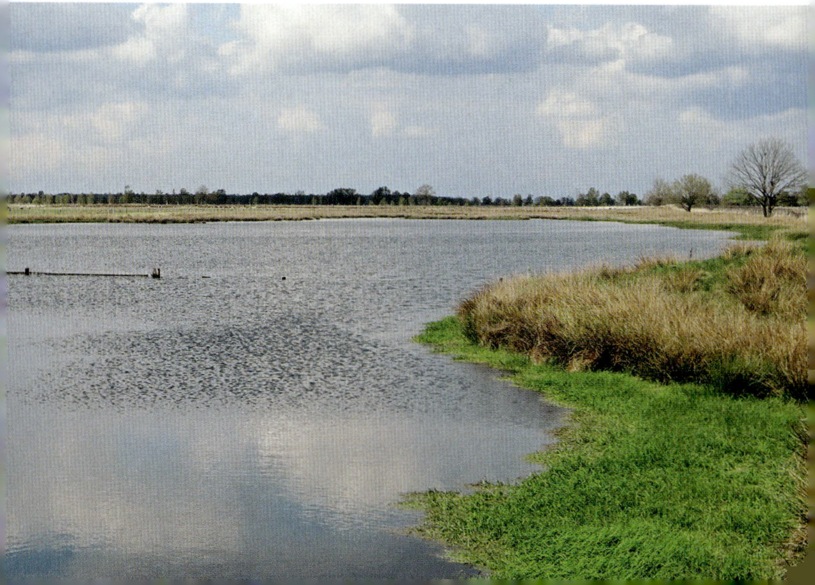

↗ 10 m | ↘ 10 m | 4.9 km

25 Fullener Moorweg

1.15 h

Renaturiertes Moor bei Rühlerfeld

Westlich von Meppen entstand nach dem Ende der Abtorfung zwischen der Grenze und der Autobahn ein fast 300 ha großes Waldgebiet, in dem zwischen 1980 und 1995 1,3 Millionen Bäume in 25 Arten angepflanzt wurden. Auf weiteren einstmals abgetorften Flächen kann sich die Natur selbst entwickeln. Durch diese abwechslungsreiche Landschaft führt der Fullener Moorweg, im Norden ergänzt mit dem Fullener Waldweg (Variante) über Moorflächen, Heide und Wald mit angenehmen Pfaden. Für Farbe sorgen im Spätsommer die Heide und im Frühjahr die bunten Rhodendronsträucher eines Zuchtbetriebes am Rande von Rühlerfeld.

Ausgangspunkt: Kleiner Wanderparkplatz am Fullener Moor nördlich von Rühlerfeld. Westlich der Autobahnunterführung der Langen Straße nordwärts folgen (Erlebnispfad Moor), nach 1,3 km vor der Autobahnquerung links (Fullener Moorweg).
ÖPNV: Bushaltestelle Rühlerfeld-Siedlung am Ortseingang neben dem Dorfladen mit Linie 929 von/nach Meppen (Mo–Fr stündlich, Sa zweistündlich), levelink.de.
Anforderungen: Leichte Wanderung über kleine Pfade auf Moor- und Waldboden sowie Forstwege und kurzzeitig kleine Straße am Rande von Rühlerfeld.
Markierung: Knotenpunktsystem mit Pfeilen und folgenden Nummern (KP): 38-53-29-22-79-29-53-46-38.
Einkehr: Keine.
Variante: Verlängerung in Fullener Wald (zusätzlich 4,6 km); ab KP 22 rechts auf dem Waldweg nordwärts, bei KP 99 mit überdachtem Picknicktisch links auf Hünenweg und Waldlehrpfad mit Stationen, u.a. einer Sprunggrube für Menschen und Vergleichswerten von Touren. Bei Abzweigungen rechts (KP 87 und 52) und schließlich wieder zurück auf geradlinigem Waldpfad zu KP 22.

Bunte Rhododendronplantage vor Rühlerfeld.

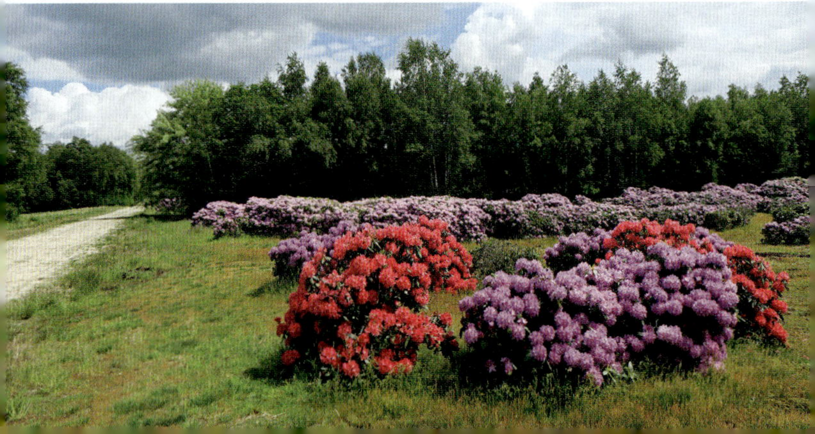

Vom kleinen **Wanderparkplatz bei KP 38** ❶ führt ein Pfad westwärts in ein kleines Waldstück, wo wir uns nach der Holzbrücke über einen früheren Entwässerungsgraben links halten. Nach 5 Gehminuten informiert am **KP 53** ❷ eine überdachte Infotafel zweisprachig über die Veränderung der Vegetation im Laufe der Zeit. Der rechts abzweigende Pfad erschließt eine schöne Heidefläche. Nach deren Ende erreichen wir bei KP 29 ein Waldgebiet, in dem wir auf einem Forstweg gegen den Uhrzeigersinn einen Moorsee großräumig umgehen, der nach 250 m von einem hölzernen **Beobachtungsstand** ❸ (Wegweiser nach links »Erlebnisstation / Belevingspunt«) gut erkennbar ist. Nach weiteren 250 m passieren wir KP 22, wo rechts die Verlängerung zum Naturlehrpfad Fullener Wald möglich wäre (Variante). Wir folgen dem Waldweg jedoch westwärts und schwenken bei KP 79 nach links, vorbei an einem überdachten Rastunterstand. Bei KP 29 geht es auf bekanntem Pfad wieder durch das Moor und bei der überdachten Infotafel mit **KP 32** ❷ rechts am Waldrand entlang. Rechts fällt der Blick über die freie einst abgetorfte Hochmoorfläche. Im Hintergrund dominieren die 22 Windräder des 2004 eröffneten Bürgerwindparks Twist den Horizont, der den Strombedarf von 25.000 Haushalten deckt.

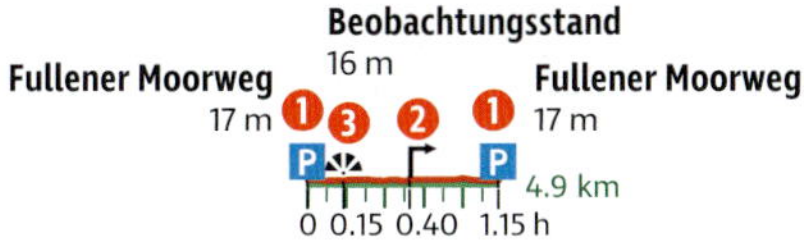

Vor einer weiteren überdachten Infotafel schwenkt der gelegentlich als Zubringer zum Hünenweg ausgeschilderte Weg nach links und bietet nach Passieren eines roten Gatters rechts einen Blick über Rhododendronsträucher eines Zuchtbetriebes, die im Mai bunt blühen und auf dem torfigen Untergrund gut gedeihen. Bei den ersten Häusern von **Rühlerfeld** ❹ tauchen wir nach der rechts abzweigenden Straße »Im Staatsmoor« bei KP 46 links in den Wald auf einladendem Waldweg mit federndem, moorigem Boden und folgen dem schmalen, aber gut erkennbaren Pfad nordwärts. Nach einer Brücke überqueren wir eine (noch) offene Fläche mit Heide und Birkenwald. Vor einem Weiher schwenkt der schmale Pfad nach links und mündet nach 250 m in die Zufahrtsstraße zum Wanderparkplatz, der wir links über den Damm zwischen rekultivierten ehemaligen Moorflächen zurück zu **KP 38** ❶ folgen.

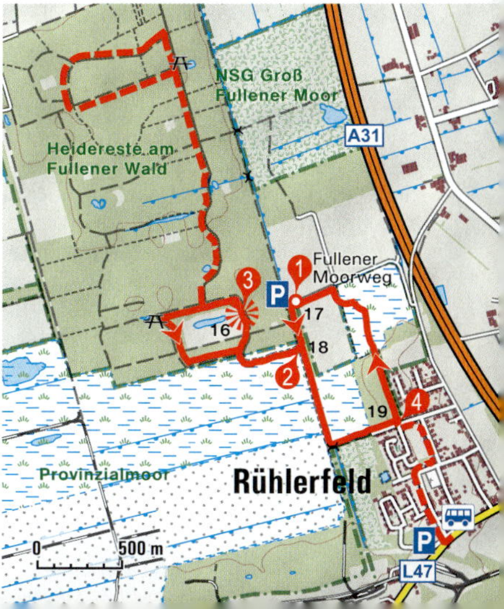

↗ 15 m | ↘ 15 m | 13.7 km

26 Groß Heseper Moor

3.30 h

Moorpanorama und -museum bei ehemaligem Torfwerk

Groß Hesepe stand früher für großflächigen Torfabbau, an den ein Moormuseum erinnert. Von dort führt ein Rundweg durch das renaturierte Moor mit spektakulären Panoramapunkten, die einen weiten Aus- und Einblick in den Lebensraum Moor bieten. Die Rundwanderung leitet beidseitig der Autobahn durch das Moor, deren Verkehrsgeräusche bei dem überwiegenden Westwind aber nur kurz zu Beginn der Wanderung zu hören sind.

Ausgangspunkt: Moormuseum Groß Hesepe mit Parkplatz (Navi: Geestmoor 6, 49744 Geeste), bei Variante Sackgasse westlich von Autobahn-Ausfahrt Geeste.
ÖPNV: Bushaltestelle Groß Hesepe am Moormuseum mit Linie 902 Richtung Dalum und Groß Hesepe (Mo–Fr alle 1–2 Stunden, Sa 3x täglich), wessels-touren.de/fahrpreise_fahrplaene.html.
Anforderungen: Leichte Wanderung über angenehm zu gehende Wege auf leicht federndem, weichem Torfboden, stellenweise auch befestigtem Weg sowie Gras.
Markierung: Knotenpunktsystem mit Pfeilen und folgenden Nummern (KP): 30-59-75-43-35-41-20-39-41-43-59-47-30.
Einkehr: Restaurant im Moormuseum am Ausgangspunkt.
Varianten: 1. **Weglassen der Südschleife** ab ❸ zum Aussichtshügel (5,5 km kürzer oder/und der kurzen Schleife nach ❷ zu KP 75 (0,5 km kürzer).
2. **Nur Südschleife** mit Start ab KP 17 bei Sackgasse östlich von Autobahnausfahrt Geeste (2,5 km): vom Asphaltende westwärts vorbei an Schranke und auf verkehrsgesperrtem Weg Richtung Aussichtshügel zu KP 39. Dort rechts, bei KP 41 links zu ❹, von dort wie beschrieben zu KP 39 und zurück zu KP 17.
Tipps: Emsland Moormuseum am Ausgangspunkt (Mo Ruhetag), moormuseum.de.

Das 1976 gegründete und mehrfach modernisierte **Emsland Moormuseum** ❶ zeigt an der Stelle des früheren Torfabbaus die Entwicklung von der Moorkolonisation zur industriellen Abtorfung. Den Parkplatz des Moormuseums verlassen wir wie auf der Hinfahrt: über die Zufahrt zur Landstraße und auf dieser rechts über die Autobahn. 20 m nach der Brücke entfernt sich der mit einem Pfeil ausgewiesene Knotenpunktwanderweg halbrechts von dem Radweg neben der Straße und führt rechts von dem Graben weiter parallel zur Straße. Wer den Grasweg dort meiden möchte, folgt solange weiter dem Radweg. Nach 100 m geht es rechts auf zunächst schma-

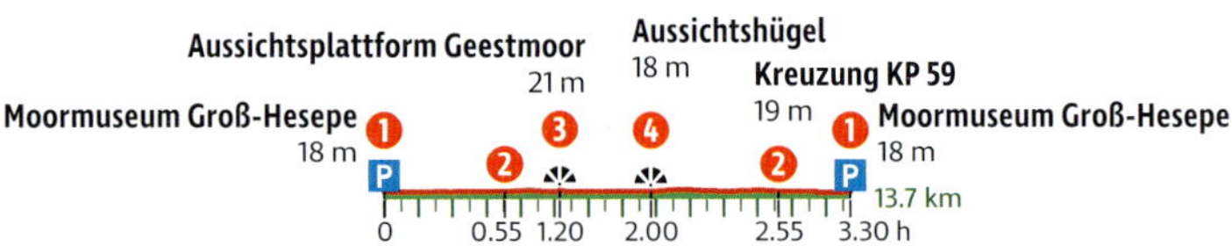

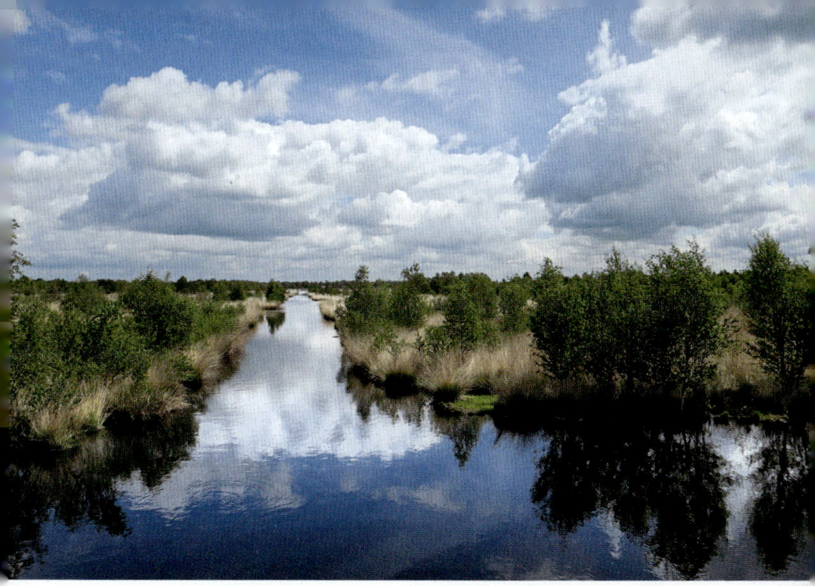

Blick von der Aussichtsplattform.

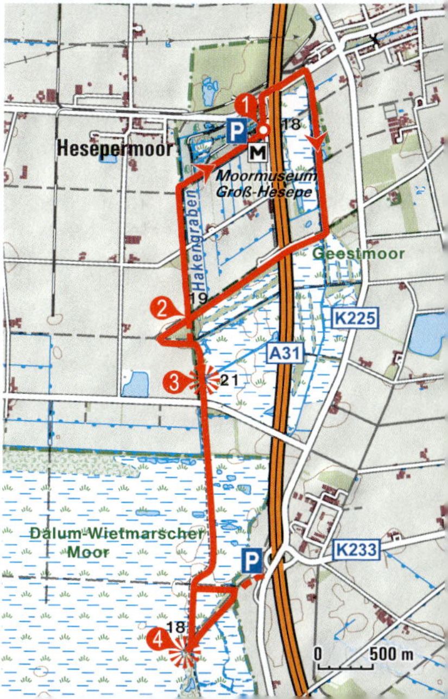

lem Pfad durch Gras und später auf breitem Weg über weichen Torfboden südwärts über eine rekultivierte Abtorfungsfläche. Nach einer Wegkreuzung begleitet uns links ein ehemaliger Entwässerungsgraben, den wir nach 1 km bei einer Kreuzung mit einem Rechtsschwenk verlassen. Der breite geschotterte und im Bereich der Autobahnbrücke asphaltierte Weg führt in gerader Linie in südwestlicher Richtung, nach der Autobahn am Nordrand des Geestmoors entlang. Bei der folgenden **Kreuzung am KP 59** ❷ geradeaus – oder abkürzend links (Variante 1) – und bei KP 75 wieder links, immer am Waldrand entlang. Bei KP 43 erreichen wir wieder den in Nord-Süd-Richtung führenden Hauptweg und folgen ihm rechts südwärts Richtung KP 35. Bei

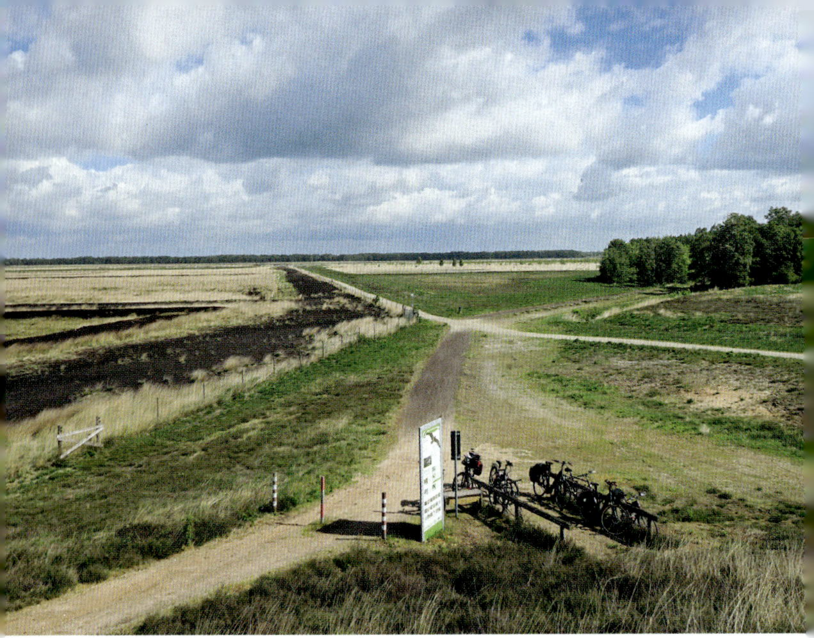

Ausblick vom Aussichtshügel auf das Dalum-Wietmarscher Moor.

der kreuzenden Twister Straße mit Parkplatz führt scharf links ein 250 m langer Weg zu einer lohnenden **Aussichtsplattform** ❸ mit Infotafel beim renaturierten Geestmoor.

Der folgende Abschnitt mit dem Ziel einer schönen Aussichtsspirale führt am Rand von Moorwald südwärts auf dem Radweg durch das Dalum-Wietmarscher-Moor. Nach 1,7 km bei KP 41 geradeaus zum sichtbaren **Aussichtshügel** ❹ bei KP 20 mit dem spiralförmig hinaufführenden Weg. Oben bietet sich ein toller Rundum-Blick auf das als EU-Vogelschutzgebiet ausgewiesene **Dalum-Wietmarscher Moor**, das bis 2016 industriell abgetorft wurde.

Als kleine Abwechslung geht es auf dem Rückweg zunächst in nordöstlicher Richtung durch einen schmalen Waldstreifen, nach 10 Gehminuten bei KP 39 nach links und wieder über offene Moorfläche zu KP 41. Von dort auf dem Hauptweg wieder erst nordost- und dann nordwärts, vorbei an ❷. Nach rund einer Stunde leitet bei KP 47 rechts eine einfache Holzbrücke über den Wassergraben, an die sich ein breiter Weg anschließt – rechts vorbei am weitläufigen Gelände des Moormuseums mit alter Torfbahn. Kurz vor der Einmündung in die Querstraße wechseln wir rechts auf den Fußweg zum Parkplatz des **Emsland Moormuseums** ❶.

↗ 40 m | ↘ 45 m | 17.4 km

4.15 h

Von Geeste nach Meppen

27

Kanal-, Wald- und Feldwanderung in die Kreisstadt

Diese abwechslungsreiche bahngeeignete Streckentour erschließt den Süden von Meppen mit Emsauen und bewaldetem Geestrücken. Anfangs geht es fast eine Stunde entlang dem Dortmund-Ems-Kanal, ehe uns der Varloher Wald erwartet mit stellenweise sandigen Pfaden. Durch die Emsniederung mit Feldern und Wiesen nähern wir uns – zuletzt entlang der Ems – dem Zielort Meppen.

Ausgangspunkt: Bahnhof Geeste mit beidseitig (kostenlosen) Parkplätzen (Navi: Bahnhofstraße, 49744 Geeste).
Endpunkt: Bahnhof Meppen mit Parkplatz an der Südostseite (Navi: Am alten Güterbahnhof, 49716 Meppen) sowie Parkhaus im benachbarten MEP-Center (beide kostenpflichtig).
ÖPNV: Zwischen dem Ausgangs- und Endpunkt verkehren stündlich Regionalbahnen Richtung Emden und Münster.
Anforderungen: Leichte Wanderung über Treidel- und Waldwege sowie kleine Straßen und Radwege.
Markierung: Großteils (zwischen kurz vor 4 und kurz vor 8) gut ausgeschildertes Knotenpunktsystem für Wanderer mit Pfeilen und folgenden Nummern (KP): 88-96-52-59-80-05-58-42-68-85-23-01-53-58. Außerdem viele Radwegweiser mit km-Angaben.
Einkehr: Landcafé Alte Scheune in Schwefingen (nur Fr–So 14–18 Uhr), Meppen.

Vom funktionalen **Bahnhof Geeste** 1 im Ortsteil Osterbrock steigt die Landstraße bei einem Baustoffhandel an zur Querung des Dortmund-Ems-Kanals, der uns die ersten 3 km begleiten wird. Man kann auf beiden Kanalseiten wandern: Die rechte ist asphaltiert und daher gut von Radfahrern frequentiert; die linke ist geschottert und vom Wegbelag besser für Wanderer geeignet, aber der Weg verläuft dichter an der links gut hörbaren B70. Die linke Seite ist durch einen dünnen Waldstreifen von der B70 getrennt, dessen Bäume ab mittags den linken Kanalweg in Schatten tauchen.
Für die linke Variante geht es nach der Kanalbrücke links die Treppe hinunter und dann nach links. Wählen wir die rechte Kanalseite, folgen wir dem Radweg vor der Brücke beim Baustoffhandel halbrechts Richtung Meppen (11,1 km), vorbei an der Schranke zum Kanal und dort rechts. Nach 2,7 km erreichen wir die **Schleuse Varloh** 2 mit einer Fallhöhe von 3,7 m. Hier verlassen wir den Kanal nach links und queren vorsichtig die stark befahrene B70. Bei der folgenden Gabelung nehmen wir den rechten Weg

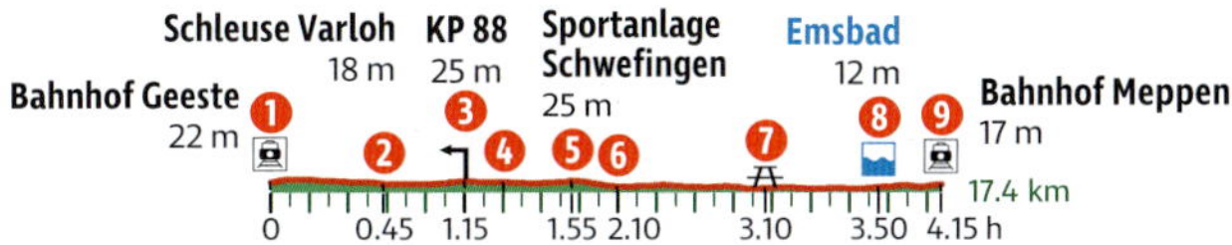

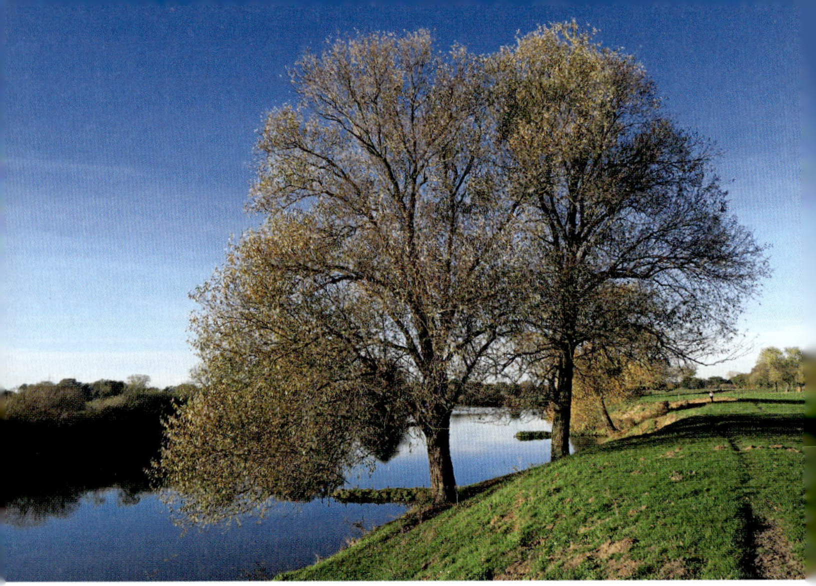

Mit Mäandern fließt die Ems relativ naturnah der Stadt Meppen zu.

Richtung Varloh (Zur Schleuse), eine kleine Landstraße zwischen Feldern und Höfen.

Diese etwas eintönige Passage endet am Waldrand, wo wir bei einer Kreuzung dem Wegweiser (Pfeil) des Wanderknotenpunktnetzwerks halbrechts in den Wald folgen – bis nach Meppen weisen uns diese Pfeile den Weg. Nach 5 Minuten biegen wir links bei **KP 88** ❸ in den grasigen Waldweg und am Anfang von Varloh hinter dem **Spielplatz Telgenstraße** ❹ nach rechts. Der mit dem Pfeil markierte Wanderweg führt längere Zeit nordwärts entlang dem Waldrand, bei KP 96 geradeaus und rechts vorbei an einem Wasserwerk. Vor der **Sportanlage Schwefingen** ❺ schwenkt der Pfad nach rechts und vereinigt sich mit einem Naturlehrpfad – mit vorgeschlagenen Bewegungsübungen bei den einzelnen Stationen. Beide umgehen die Sportanlage gegen den Uhrzeigersinn. Bei KP 59 und Station 9 geradeaus und bei der Gabelung mit rechts einer Schutzhütte links haltend. Der Waldpfad endet nach einer Station zur Bestimmung der Baumhöhe beim Parkplatz der Sportanlage. Dort halten wir uns rechts und folgen den Markierungspfeilen nach Querung der Straße geradeaus vorbei an den Metallsperren. Nach dem kleinen Waldstück kommen wir zur Schwefinger Dorfkirche. Dort halblinks (Ringstraße) und aus dem Dorf heraus in die Weite der Emstalniederung.

Bei einem Gedenkstein an den **Landtausch 1999** ❻ weisen uns die Rad- und Wandermarkierung nach rechts.

Die kleine von Bäumen gesäumte Straße schwenkt nach 10 Minuten in einem Waldstück nach links. An dessen Ende biegen wir vor der Bachbrücke nach rechts ab für eine kleine Schleife entlang dem Bach und später an einem Hof vorbei. Links haltend führt uns nach dem Hof die Dorfstraße zum Rad-KP 44, wo wir rechts den schmalen Radweg Richtung Meppen (4,1 km) nehmen. Bei den folgenden Wanderknotenpunkten (5, 58) halten wir uns links und kurz darauf bei KP 42 rechts. Zur Linken passieren wir eine kleine Ölförderanlage mit einer wegen der entsprechenden Ähnlichkeit nach einem Pferdekopf benannten Tiefpumpe.

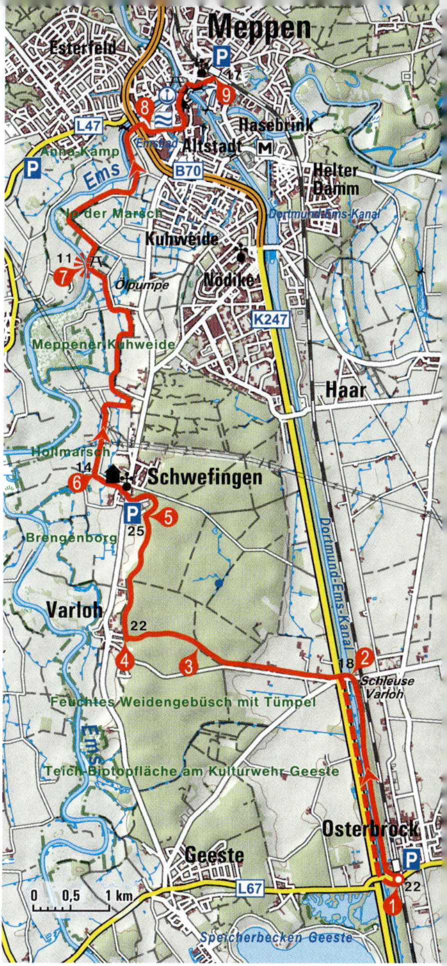

In einer Rechtskurve der Straße leitet die Markierung auf einen einladenden Pfad entlang einer Baumreihe. Bei einer **Bank mit Emsblick** 7 ist über einen Zaunübertritt der direkte Zugang zum Ufer möglich. Die Wanderpfeile leiten uns von der Ems weg, mit mehreren Abzweigungen in einigem Abstand von ihr. Bei KP 53 halten wir uns geradeaus und steigen kurz darauf auf den niedrigen Emsdeich mit schönem Blick auf den Fluss. Nach einer Rad-/Fußgängerbrücke gehen wir geradeaus unter der Straßenbrücke der B70 hindurch, ehe ein Campingplatz den Weiterweg entlang der Ems verhindert. Also passieren wir die Altstadt von Meppen: rechts entlang der kleinen Straße am **Emsbad** 8 vorbei, nach Querung der Ringstraße und Wallanlagen geradeaus und zuletzt durch die Fußgängerzone zum Rathaus. Dort schwenken wir nach links und gehen entlang der Einkaufsstraße zum Windthorstplatz, dort geradeaus über die Ems und gleich dahinter rechts entlang der Uferpromenade vorbei am MEP. Bei der ersten Kreuzung biegen wir nach links und folgen der Hüttenstraße links vorbei am Friedhof zum **Bahnhof Meppen** 9.

↗ 50 m | ↘ 50 m | 12.3 km

28 Esterfelder Forst und Borkener Paradies

3.00 h

Wald- und Uferwanderung nordwestlich von Meppen

Nördlich von Meppen bilden die Schleife und Altarme der Ems ein Naturidyll, das den Namen »Paradies« nicht zu Unrecht trägt. Wald mit knorrigen Eichen und offene Flächen mit Magerrasen bestimmen das Bild einer Kulturlandschaft auf sandigem Boden. Jahrhundertelang suchte hier Vieh unter den Bäumen seine Nahrung – gleichzeitig warf dieser sogenannte Hutewald regelmäßig Holzerträge ab. Die Wanderung beginnt und endet im Esterweger Forst am Nordrand von Meppen, Teilstrecken verlaufen entlang des Fernweges Hünenweg.

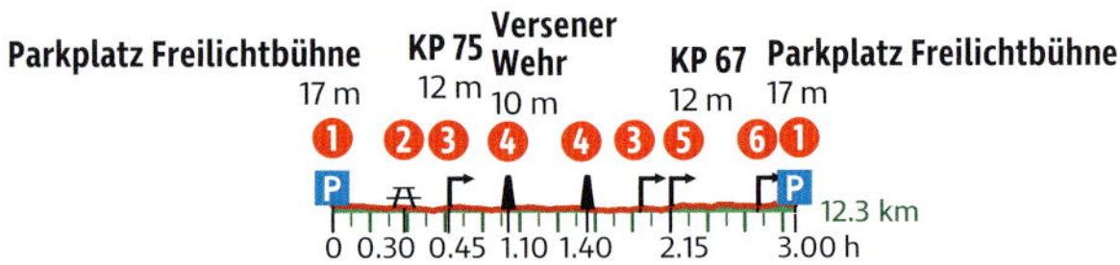

Ausgangspunkt: Parkplatz an der Freilichtbühne in Meppen (Navi: Berghamsweg 20, 49716 Meppen), alternativ kurz vorher Parkplatz nördlich der Emsbrücke (Navi: Grabbestraße 1, 49716 Meppen).
ÖPNV: Die Bushaltestellen Rotdornweg (Linie 3) und Versen-Frankfurter Straße (Linie 4) sind beide mit kurzem Zuweg in 5–10 Minuten erreichbar (beide Mo–Sa halbstündlich), levelink.de.
Von der Haltestelle Rotdornweg entlang dem Radweg parallel zum Rotdornweg, dann links zu ❶, von Versen über die Straße Zum Paradiesweg ostwärts zu KP 8 nach ❹. Der Bahnhof Meppen ist über einen 2,4 km langen schönen Zuweg entlang der Ems erreichbar: ab Bahnhof südwärts in die Hüttenstraße und bei einer Kreuzung rechts in die Arnold-Blanke-Straße, die in eine Uferpromenade entlang der alten Hase übergeht. Am Ende auf einer Straßenbrücke über den Dortmund-Ems-Kanal, dann rechts auf den alten Wall und schließlich rechts auf eine Straßenbrücke über die Ems. Weiter rechts auf einen Dammweg entlang der Ems und später dem Kanal bis zur Route.
Anforderungen: Leichte Wanderung über Feld- und Waldwege sowie kleine Straßen mit kaum Verkehr. Stellenweise kleinere Pfade, die an der Alten Ems teilweise nass und rutschig sein können.
Markierung: Wanderknotenpunkte (KP) mit Pfeilen und folgenden Nummern: 75-19-51-09-18-51-19-08-75-67-71-95. Stellenweise Ems- (E) und Hünenweg (H).
Einkehr: Parkhotel Meppen nahe ❶, sonst mit Abstecher Meppen.
Varianten: Die aus mehreren kleinen Runden bestehende Tour kann beliebig verkürzt werden, etwa ab Versen als kleine 4 km lange Runde zum und im Borkener Paradies.
Kombi-Tipp: Stadtrundgang Meppen (Tour 39) mit 1,4 km langem Verbindungsstück entlang dem Dortmund-Ems-Kanal.
Tipps: Veranstaltungen wie Musicals und Konzerte auf der Freilichtbühne (Sommerwochenenden, freilichtbuehne-meppen.de).

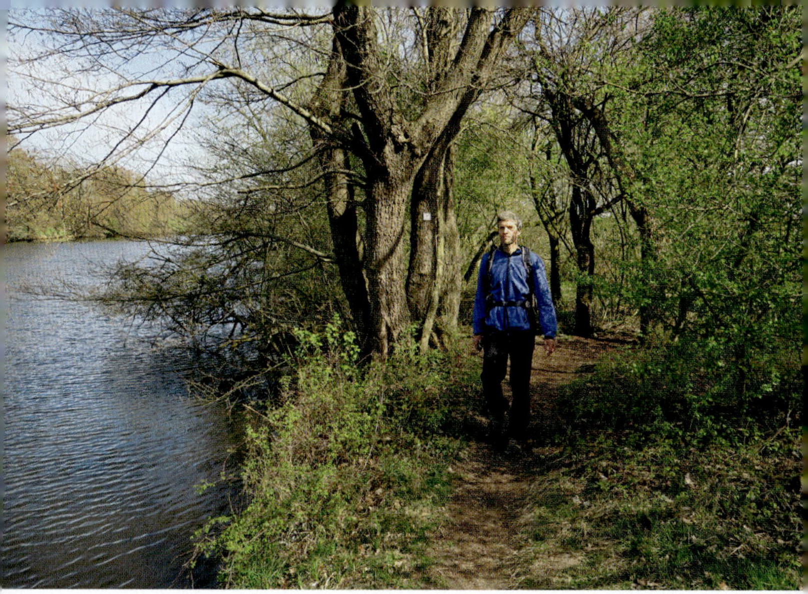

Uferpfad am Ems-Altarm vor dem Versener Wehr.

Der nahe dem Parkhotel gelegene **Parkplatz Freilichtbühne** ❶ ist ein günstiger Startpunkt für diese linksemsische Wanderung im Norden Meppens – allerdings nicht zu Zeiten einer Veranstaltung auf der Freilichtbühne (an Sommerwochenenden, meistens abends).

Von der Parkplatzzufahrt leitet ein Dammweg zwischen einer Pferdeweide (links) und einem Bolzplatz (rechts) zur Ems, wo wir dem Uferweg links folgen. Nach 20 Minuten erkennen wir auf der rechten Seite der Ems bei einer Brücke die Mündung eines Altarms mit der Nordradde. Hier verlassen wir die Ems bei einer Gabelung und wenden uns links vor einem Sackgassenschild auf dem Radweg in den Esterfelder Forst Richtung Versen (E). Bei einer **Kreuzung mit Picknicktisch** ❷ gehen wir halbrechts und folgen weiter einem Altarm der Ems. Zu den E-Markierungen des Emsweges gesellen sich Pfeile des Wanderknotenpunktsystems, später (ab KP 15) auch das »h« des Hünenwegs. Nach einer Linkskurve verlässt der markierte Weg den Wald und führt alleeartig durch Felder.

Die Markierungen weisen bei **KP 75** ❸ nach rechts und nach 250 m nach links, zunächst am Waldrand, dann in den Wald. Dort schwingt der Pfad nach links und entlang einem weiteren Altarm der Ems, wo gelegentlich nasse Stellen und umgestürzte Bäume das Vorankommen erschweren.

Beim **Versener Wehr** ❹ mit Aussichtsturm und Picknicktisch queren wir rechts den Emsarm Richtung KP 51, während der Hünenweg geradeaus Rich-

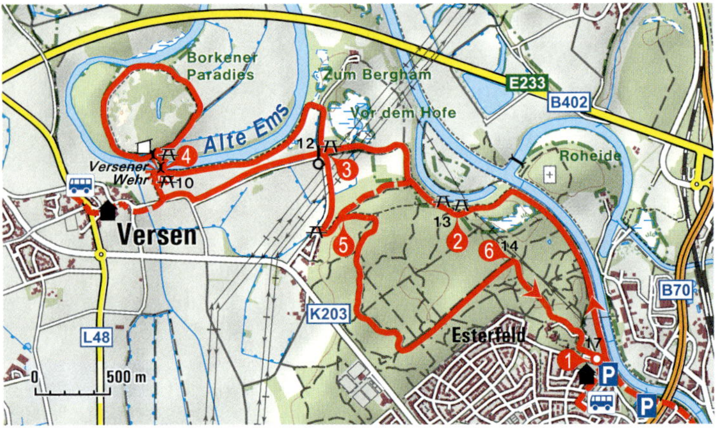

tung Niederlande führt. Auf der anderen Seite liegt in der Emsschleife das von Menschen geschaffene Borkener Paradies mit seinem ehemaligen Hutewald. Diesen erschließt eine Runde, die wir bei KP 51 beginnen, wo wir vor einem Graben links Richtung KP 9 gehen und den Graben queren. Hinter einem Holzgatter erwartet uns die Hutelandschaft auf einer Hochfläche mit Heide, Weißdorn und knorrigen Eichen. KP 9 markiert den nördlichen Scheitelpunkt der Paradiesrunde: hier vor dem Emsarm rechts zu KP 18 und dort hinter einem Zaun auf dem Schotterweg rechts Richtung KP 51 zum Emsarm. Dort passieren wir wieder das **Versener Wehr** 4 und folgen dem Hünenweg rechts am Aussichtsturm zu KP 8 unter einer Stromleitung. Dort schwingt H nach rechts, während wir der Straße links folgen Richtung Wendkerei und KP 75. Zusätzlich zum Wanderpfeil tauchen das E und alte Markierungen des Hünenwegs auf.

Bei der bekannten Kreuzung mit **KP 75** 3 und Picknicktisch rechts Richtung Wendkerei sowie KP 67, vor Häusern bei einem weiteren Picknicktisch links in die Straße (Am Wald) und nach wenigen Metern links in den Wald an der Schranke vorbei (Pfeil). Nach wenigen Minuten erreichen wir bei **KP 67** 5 eine Gabelung. Dort geradeaus Richtung KP71, nach 200 m rechts und weiter auf mit H markiertem Waldpfad. Bis kurz vor das Ziel wird uns der Hünenweg begleiten: bei der nächsten Kreuzung (KP 71) geradeaus und bei einer T-Kreuzung links. Danach immer geradeaus, am Ende vor einer **Stromleitung** 6 rechts auf den Forstweg und nach 50 m rechts. Ab hier folgen wir der »Straße der Lieder« mit Liedtext-Tafeln. Vor der Waldbühne weisen der Pfeil und die Markierung für H nach links, nördlich vorbei an der Freilichtbühne. An deren Ende gehen wir bei KP 95 rechts aufwärts auf die Häuser zu, ehe wir links zum **Parkplatz Freilichtbühne** 1 schwenken.

↗ 40 m | ↘ 40 m | 9.8 km

2.30 h

Meppen – Möllersee

29

Rundwanderung mit zwei Flüssen zu einem Badesee

Diese erstaunlich grüne Rundwanderung in der nördlichen Neustadt von Meppen führt durch Stadtwald und Parkanlagen und berührt drei Gewässer: die beiden Flüsse Nordradde und Ems sowie den Möllersee, ein traumhaft gelegener Baggersee mit Badestrand umrundet von abwechslungsreichem Mischwald. Unterhalb davon steht die Herrenmühle, eine 500 Jahre alte Wassermühle für Korn.

Ausgangspunkt: Nordseite des Bahnhofs Meppen mit Parkgelegenheit auf der südlichen Bahnhofseite (Navi: Am alten Güterbahnhof, 49716 Meppen), alternativ (kostenloser) Parkplatz am Möllersee (Navi: Schlagbrückener Weg, 49716 Meppen).
ÖPNV: IC-Bahnhof Meppen mit IC- sowie stündlichen Regionalbahnverbindungen Richtung Münster und Emden.
Anforderungen: Leichte Wanderung auf Pfaden an der Nordradde und am Möllersee, Abschnitte vor allem in Meppen über kleinere Straßen oder gepflasterte Fußwege, einige Feld- und Forstwege in der Nähe vom Möllersee.
Markierung: Stellenweise Wegweiser für Fußgänger und Radfahrer, Straßenschilder.
Einkehr: Bahnhof sowie mit Abstecher Zentrum von Meppen, in der Badesaison Kiosk am Möllersee.
Variante: Abkürzung um 0,7 km ohne Waldschleife im Nordosten des Möllersees.
Kombi-Tipp: Touren 29 oder 30.
Tipps: Der Möllersee ist mit seinem Sandstrand ein beliebter Badesee, wo das Baden zu Rettungszeiten erlaubt ist (Juni bis August Sa und So 11–18 Uhr). Die Stadt Meppen übernimmt keinerlei Haftung bei Missachtung.

Der Möller- oder auch Schlagbrückener See ist maximal 10 m tief.

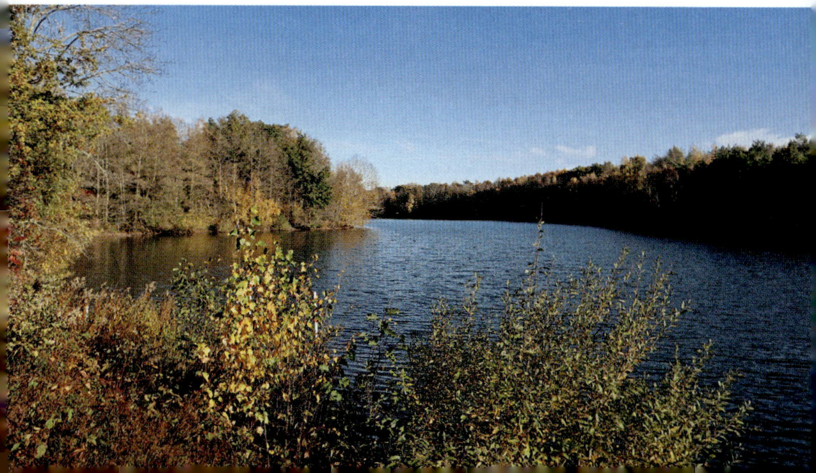

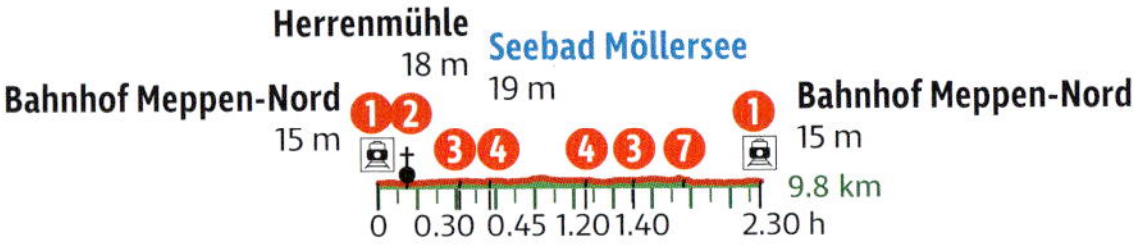

Die Nordseite des **Bahnhofs Meppen** ❶ an der Haselünner Straße ist durch die Rad-/Fußgängerunterführung von den Gleisen oder der Vorderseite des Bahnhofs bei der Post zu erreichen. Die Königstraße leitet uns oberhalb der Unterführung neben den Bahngleisen in nordwestlicher Richtung und nach 100 m über die Herzog-Arenberg-Straße. Nach der Rechtskurve zweigen wir links in die Sackgasse Falkenstiege, wechseln am Straßenende bei Garagen links auf den Rad-/Fußweg und wandern weiter entlang dem Oldenmeppener Weg zur Kreuzung mit der Hermann-Löns-Straße. Geradeaus durch die Einbahnstraße vorbei an der Jakob-Muth-Schule und danach rechts. Vor uns liegt das **Maristenkoster** ❷ als Teil des im 19. Jh. in Frankreich gegründeten Maristenordens mit weltweit 1.200 Patres und Brüdern.

Wir schwenken links in die Herzog-Arenberg-Straße und queren nach dem Gymnasium Marianum die Georg-Wesener-Straße über die etwas rechts liegende Ampel. Auf der anderen Seite leiten der Fuß-/Radweg und die folgende Wohnstraße (Im Raddegrund) nordwärts zum Waldrand. Dort rechts hinunter zur Nordradde und rechts auf den Uferpfad. Nach 5 Minuten queren wir den Fluss vor der **Herrenmühle** ❸, deren heutiger Bau auf das Jahr 1732 zurückgeht. Die Getreidemühle stellte 1970 ihren Betrieb ein, eine 1897 ergänzte Sägemühle ist heute noch funktionsfähig.

Die kleine Straße leitet zur Unterführung unter die B402, hinter der wir rechts abzweigen, um nach dem Fahrrad- und vor dem Autoparkplatz dem Pfad links in den Wald zu folgen, der zum **Seebad Möllersee** ❹ führt. Dort ist das Baden nur unter DLRG-Aufsicht an Wochenenden erlaubt. Wir umgehen den See im Uhrzeigersinn und passieren dabei das Gebäude der Badeaufsicht sowie eine Schutzhütte am Anfang von Bereich C – der See ist für Notrufzwecke in vier Zonen eingeteilt.

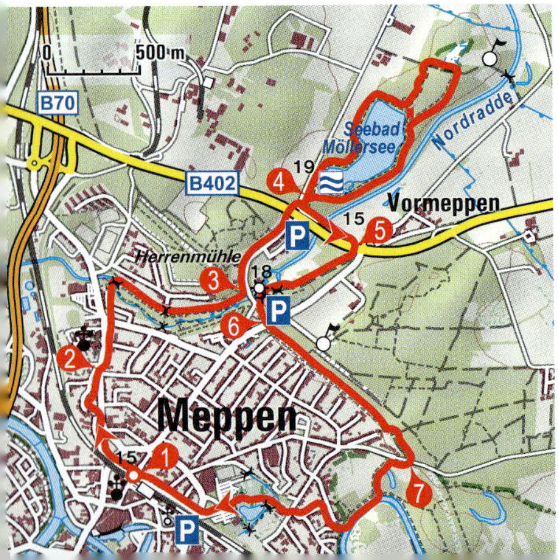

Nach der halben Umgehung des Sees schwenken wir im Nordosten des Sees in einer Rechtskurve links in den Waldpfad für eine nordöstliche Waldschleife – oder folgen abkürzend dem Uferweg (Variante). Im Wald bei der nächsten Gabelung rechts, ebenso bei

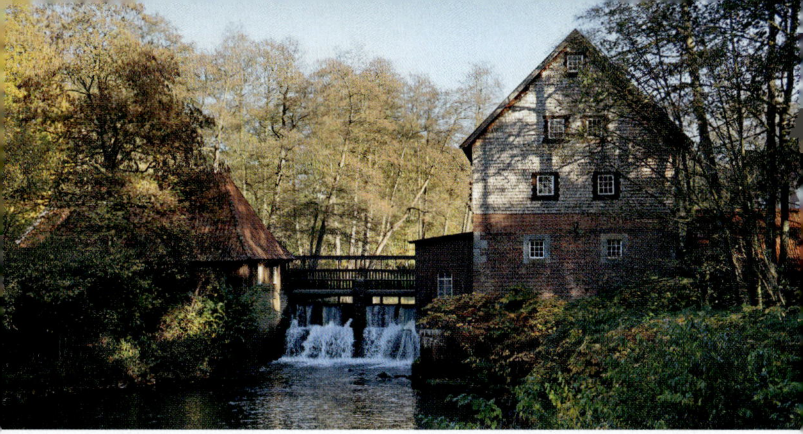

An der Herrenmühle bewegte die Nordradde bis 1970 zwei Mühlenräder.

der T-Kreuzung mit dem breiten Forstweg. Nach 150 m biegen wir rechts in den Forstweg mit einer Schranke und Verkehrsverbotsschild, der zurück zum Ufer führt.

Der Uferweg leitet zurück zum Strand, vor dem wir links durch Wald zurück zum Parkplatz gehen. Dort links entlang dem Radweg aufwärts zur B402, über die Nordradde-Brücke zur Kreuzung mit einer **Ampel** ❺ und dort rechts Richtung Meppen-Zentrum. 50 m hinter der Kreuzung nehmen wir den rechts abzweigenden Schotterweg durch den Wald, der anfangs parallel zur Straße verläuft und nach 5 Minuten das Privatgrundstück der Herrenmühle quert (Durchgang erlaubt). Bei der Straße hinter der **Herrenmühle** ❸ gehen wir links und sofort links südwärts über den Park- und **Bolzplatz** ❻. Im Anschluss an den Bolzplatz queren wir die Haselünner Straße, folgen geradeaus dem Pfad durch das Wäldchen und bleiben weiter geradeaus am Waldrand. Nach 15 Minuten halten wir uns nach einer Linkskurve des Pfads bei einer Gabelung rechts und erreichen kurz darauf vor Pferdeweiden die **Bokeloher Straße** ❼. Hier rechts (Ortsschild) und nach 100 m links zwischen Holzzäunen und am alten Hasearm vorbei zur Hase.

Wir begleiten die Hase 200 m nach rechts und verlassen sie am Waldende rechts auf einem Fußweg. Zwischen Häusern leitet dieser zur Straße Am Hang. Dort rechts, nach 100 m links (Wiesenweg) und am Ende rechts (In den Kämpen). Vor einer Sporthalle links in die Dammstraße und nach 50 m rechts. Alte Markierungen des Hünenwegs weisen links an der Sporthalle vorbei und weiter links durch den kleinen Park zwischen dem kleinen See (links) und dem Kreishaus (rechts). Wir passieren dessen Parkplatz und folgen anschließend der Straße Orde geradeaus zur Bahnstrecke und nach Querung der Hasebrinkstraße der Königstraße geradeaus neben den Gleisen zur Nordseite des **Bahnhofs Meppen** ❶.

↗ 40 m | ↘ 40 m | 9.2 km

30 Stadtrundgang Meppen

2.30 h

Wanderung mit viel Wasser und Wallanlage

Auf die Lage der emsländischen Kreisstadt an der Mündung der Hase in die Ems weist bereits deren Name hin, der sich vom altsächsischen »Meppe« für Mund bzw. Mündung ableiten soll. Die ehemalige Missionszelle Meppen erhielt im Mittelalter Münz- und Markrechte und fiel im 13. Jh. an das Bistum Münster. In den Wirren der Reformationszeit wurde Meppen zur Festungsstadt mit einem doppelten Wallgrabensystem und sieben Schanzen ausgebaut. Deren im 18. Jh. geschleifte Mauern und Wälle sind heute eine beliebte städtische Grünanlage.

Ausgangspunkt: Bahnhof Meppen mit Parkplatz an der Südostseite (Navi: Am alten Güterbahnhof, 49716 Meppen) sowie Parkhaus im benachbarten MEP (beide kostenpflichtig), alternativ freies Parken bei Sportanlage südlich von ❸.
ÖPNV: Bahnhof Meppen mit IC- sowie stündlichen Regionalbahnverbindungen Richtung Münster und Emden, ansonsten zentrale Bushaltestelle Windthorstplatz zwischen ❼ und ❽ sowie weitere unterwegs, levelink.de.
Anforderungen: Leichte Wanderung über breite gut befestigte Fußwege, teils auch Radwege und Bürgersteige.
Markierung: Stellenweise Wegweiser für Fußgänger und Radfahrer, Straßenschilder.
Einkehr: Café Koppelschleuse bei ❸ (Mo Ruhetag) sowie Bahnhof, MEP und Innenstadt von Meppen. Das Restaurant Bootshaus ist nur abends geöffnet.
Varianten: 1. Abkürzung zu Beginn **ohne Hasebrücken** (0,6 km kürzer): kurz nach dem Bahnhof bei einer Kreuzung nach dem Friedhof geradeaus statt rechts und nach 200 m direkt zum Bootshaus, dort wie beschrieben links auf dem Hünenweg.
2. Abkürzung **ohne Schleuse bei Dortmund-Ems-Kanal** (1,2 km kürzer): kurz vor ❹ auf dem Radweg rechts nordwärts statt links, nach der nächsten Brücke rechts eine Treppe aufwärts, scharf rechts über den Kanal, nach der Brücke auf dem Radweg rechts abwärts und weiter wie beschrieben ab ❺.
Kombi-Tipp: Touren 29 oder 30.
Tipps: Zwei Museen an der Koppelschleuse unter einem Dach: Emsland Archäologie Museum und Stadtmuseum Meppen zur Stadt- und Migrationsgeschichte des Emslands (Mo–Sa 14–18, So 11–18 Uhr, archaeologie-emsland.de, stadtmuseum-meppen.de).

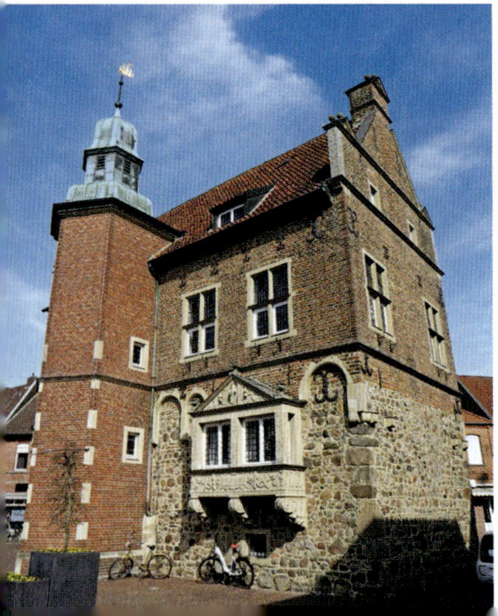

Rathaus von Meppen.

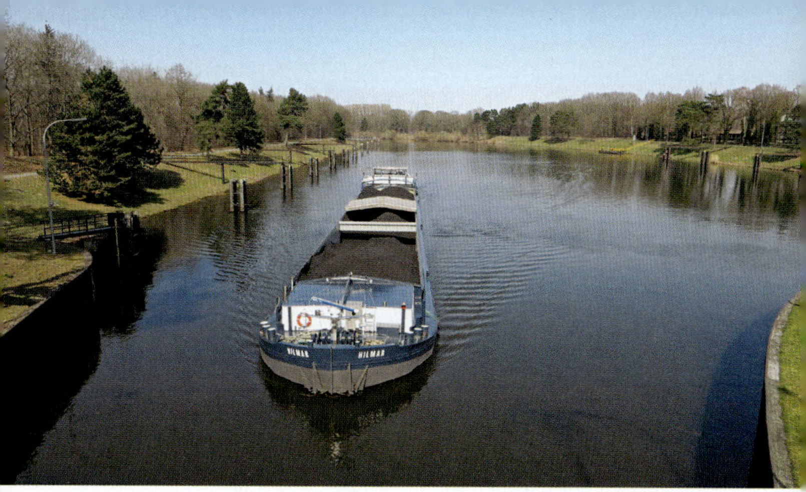

Dortmund-Ems-Kanal bei der Schleuse Meppen.

Der schnellste und angenehmste Weg vom **Bahnhof Meppen** ❶ Richtung Zentrum führt entlang der Hüttenstraße südwärts und bei der Kreuzung hinter dem Friedhof rechts in die Arnold-Blanke-Straße, nach 150 m als Uferpromenade neben der Alte Hase links am Einkaufszentrum MEP vorbei. An deren Ende queren wir den Dortmund-Ems-Kanal über die Hubbrücke und wenden uns auf der anderen Seite links auf den baumbestandenen Wallweg, einst Teil der Stadtfestung. Über die nächste Fußgängerbrücke queren wir wieder den Kanal. Rechts ist die Höltingmühle erkennbar. Dieser nähern wir uns, indem wir auf der anderen Seite immer rechts gehen – vorbei am Restaurant Bootshaus, auch nach Querung der Hase. Dort führt rechts nach der Brücke ein Pfad zur Hasemündung mit der **Höltingmühle** ❷, die 1960 zum 600-jährigen Stadtjubiläum an dieser Stelle neu erbaut wurde und ursprünglich (seit 1639) im friesischen Bockhorn stand.
Von der Mühle geht es zurück zur Straßenbrücke und unter dieser hindurch entlang der Hase auf einem Abschnitt der sogenannten Kulturmeile Meppens zur **Koppelschleuse** ❸. Rechts hinter der Schleuse sind zwei Meppener Museen unter einem Dach vereint: das Emsland Archäologie Museum mit Schwerpunkt Steinzeitgräber sowie das Stadtmuseum. Daneben gibt es ein Café mit schöner Terrasse.
Ab der Koppelschleuse führt ein Überbleibsel des 1828 fertiggestellten Haneken-Kanals südwärts, der mit einer Länge von 25 km die Mäander der Ems umgehen

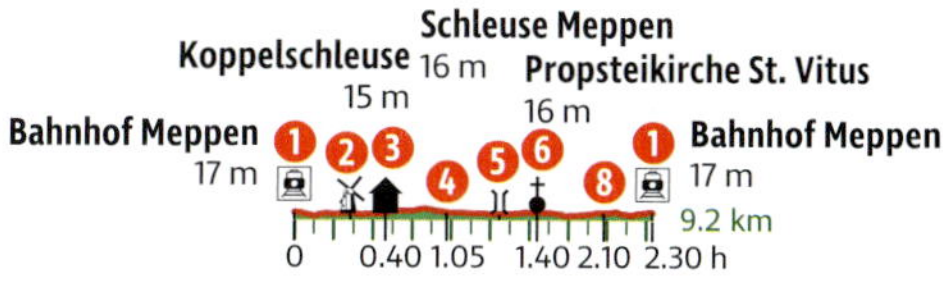

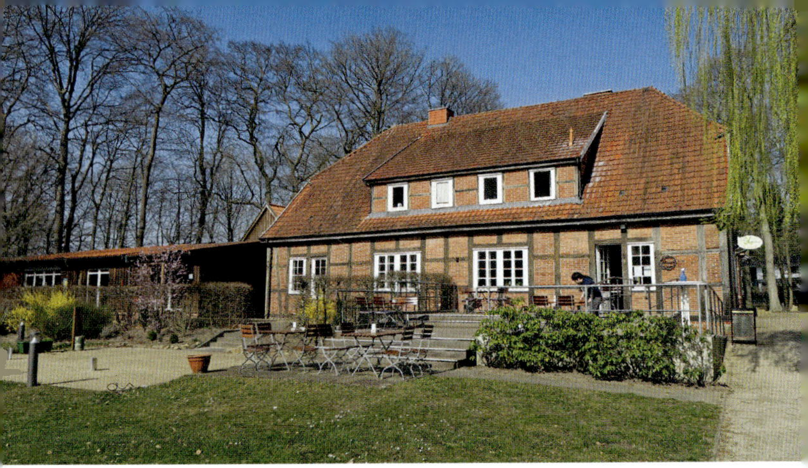

An der Koppelschleuse lädt ein Café mit Terrasse zur Rast ein.

sollte. Die Koppelschleuse war eine von vier Schleusen des Kanals. Deren Name geht zurück auf zwei miteinander gekoppelte Schleusenkammern zur Überwindung von maximal 4 m Höhenunterschied. Der Haneken-Kanal ging ab 1890 großteils im heutigen Dortmund-Ems-Kanal auf.

Wir folgen diesem alten Kanal auf dessen rechter Seite zwischen Bäumen, auch nach Querung des Helter Damms nach dem Jugend- und Kulturgästehaus. Nach Ende des alten Kanals wechseln wir links auf den Uferweg des Dortmund-Ems-Kanals, dessen Asphaltbelag sich nach 120 m halblinks auf schönem Pfad für einige Minuten meiden lässt. Bei der folgenden großen **Schleuse Meppen** ❹ mit einer Wasserfallhöhe von 7,5 m queren wir den Dortmund-Ems-Kanal und folgen ihm auf der anderen Seite für knapp eine halbe Stunde nordwärts.

500 m nach Unterquerung der Brücke **Hasebrinkstraße** ❺ schwenken wir bei Beginn der Wallanlagen etwa 100 m vor der bekannten Fußgängerbrücke nach links, links vorbei an der großen Wiese und links haltend entlang dem Stadtgraben. Letzteren queren wir rechts auf dem Hermann-Lause-Weg (u.a. Richtung Probsteikirche) auf der Holzbrücke. 150 m nach der Brücke biegen wir nach links und kurz darauf beim Eingang des Krankenhauses nach rechts zur **Propsteikirche St. Vitus** ❻. Die spätgotische dreischiffige Hallenkirche aus dem 15. Jh. geht zurück auf eine kleine Taufkirche auf dieser Anhöhe aus der Zeit Karls des Großen (8. Jh.). Der Flügelaltar ist eine Stiftung des in Meppen geborenen Tankschifferfinders und Esso-Mitbegründers Wilhelm Anton Riedemann.

An der Westseite der Kirche mit der im 19. Jh. ergänzten neugotischen Fassade folgen wir der Kuhstraße nach links, um nach 80 m hinter der AOK rechts in die Sackgasse zu biegen (Am Probst-Busch). Diese mündet in den

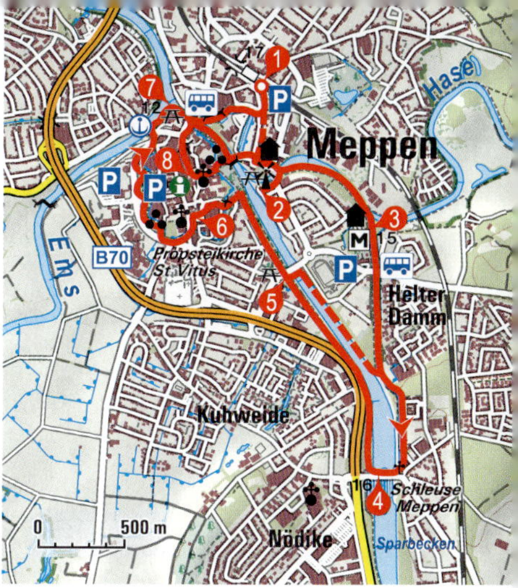

Ring. Dort 30 m nach rechts und danach rechts in die Wallanlagen. Der breite lindenbestandene Weg führt über den alten Vorwall, der heute als Hochwasserschutz dient. Er folgt dem sternförmigen früheren Festungsverlauf zur **Hasemündung** ❼ mit einer Aussichtsplattform. Streng genommen mündet die Hase bereits vorher in den Dortmund-Ems-Kanal, der hier auf die Ems trifft. Wir folgen dem Uferweg weiter, jetzt am Kanal entlang, und erreichen wieder die vom Hinweg bekannte Hubbrücke. Bevor wir zum Bahnhof zurückgehen, lohnt sich eine 1 km kurze Schleife in die Altstadt: bei der Brücke rechts und nach 50 m geradeaus in die Fußgängerzone. Die Hasestraße endet am Marktplatz, an der Südseite dominiert vom **Historischen Rathaus** ❽. Dessen Treppengiebel und Sandsteinerker auf der Rückseite komplettierten 1605 das zwei Jahrhunderte ältere heutige Untergeschoss aus Findlingen. Das vergoldete Schiff auf der Spitze geht auf die Hansezeit zurück.

Beim Rathaus schwenken wir nach links zur Gymnasialkirche mit spätbarocker Fassade und gut erhaltener Innenausstattung, darunter Seitenaltären von Johann Conrad Schlaun. Die Kirche entstand im 18. Jh. als Schulkirche einer Lateinschule des Jesuitenordens mit Unterstützung des Kurfürsten Clemens August, der unter anderem 80.000 Ziegelsteine und 10.600 Taler sponserte (entsprach seinerzeit rund 50 jährlichen Lehrergehältern). Wir gehen links an der Gymnasialkirche und dahinter dem Windthorst-Gymnasium vorbei durch den Jesuitengang zum Wall am Kanal und dort links auf bekanntem Weg über die Hubbrücke und Uferpromenade neben dem MEP zurück zum **Bahnhof Meppen** ❶.

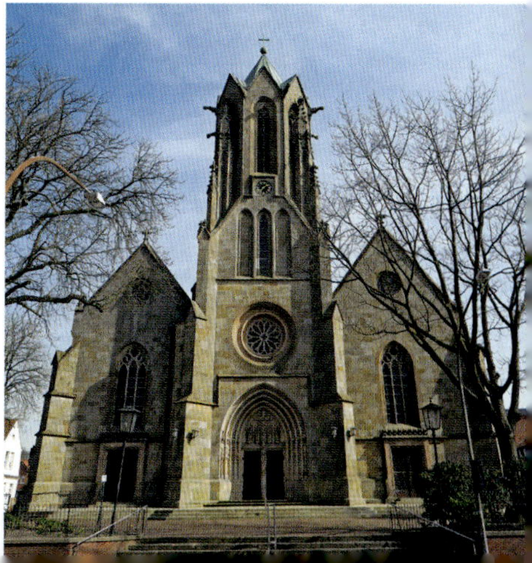

Probsteikirche St. Vitus.

TOP

31 Meppen – Bokeloh

↗ 50 m | ↘ 50 m | 16.1 km

4.00 h

Rundwanderung im Emstal mit Wittekindsburg und Freiluftgalerie

Die Flusslandschaft der mäandernden Hase zwischen Meppen und Bokeloh ist ein geschütztes Naturparadies mit Altarmen, Gleit- und Prallhängen sowie Auwald und alten Eichen. Unterwegs bietet Bokeloh die über 1000 Jahre alte St.-Vitus-Kirche sowie den Otto-Pankok-Rundweg. Dort erinnern ein Dutzend Drucke von Landschaften vor authentischer Kulisse an den Maler, der hier um 1940 lebte und – trotz Arbeitsverbot – malte. Zurück leitet der Hünenweg entlang der Hase vorbei an der Wekenborg und erreicht Meppen bei der Hasemündung mit Höltingmühle und Hafen.

Ausgangspunkt: Bahnhof Meppen mit Parkplatz an der Südostseite (Navi: Am alten Güterbahnhof, 49716 Meppen) sowie Parkhaus im benachbarten MEP-Center (beide kostenpflichtig); alternativ (kostenloser) Parkplatz an Brücke in Bokeloh.
ÖPNV: IC-Bahnhof Meppen. Zwischen dem Ausgangspunkt und Bokeloh nahe ❸ verkehrt Buslinie 933 (Mo–Sa, mindestens stündlich), kalmer-reisen.de. Die Haltestelle Bokeloh-Ort liegt 400 m nordwestlich von ❸ in Bokeloh.
Anforderungen: Leichte Wanderung auf Feld- und Forstwegen sowie Pfaden, kurze Abschnitte vor allem in Meppen über kleinere Straßen oder gepflasterte Fußwege. Keine nennenswerte Steigungen.
Markierung: Auf der zweiten Hälfte Hünenweg mit blauem h auf gelbem Grund (kurz H).
Einkehr: Meppen, Bokeloh sowie Gasthaus Giese in Bokeloh bei ❸ (Mo Ruhetag, So ab 12, sonst ab 15 Uhr).
Varianten: 1. **Ohne Pankok-Runde** ab Bokeloh ❸ ist diese Tour 2,8 km kürzer. 2. Mit Start ab Bokeloh und **ohne den westlichen Teil über Meppen** ist diese Rundwanderung 10,4 km lang.
Kombi-Tipp: Tour 30 durch Meppen.
Tipps: Museen bei Koppelschleuse in Meppen: Emsland Archäologie Museum und Stadtmuseum Meppen zur Stadt- und Migrationsgeschichte des Emslands (Mo–Sa 14–18, So 11–18 Uhr, archaeologie-emsland.de, stadtmuseum-meppen.de).

Vom **Bahnhof Meppen** ❶ gehen wir am Busterminal und am Parkplatz vor dem alten Güterbahnhof vorbei (Am alten Güterbahnhof) und am Ende links auf dem Radweg neben der Hauptstraße unter der Bahnbrücke hindurch. 50 m nach der Brücke queren wir die Straße und biegen in die Sackgasse (Ordeniederung) zur Parkanlage mit dem Kreishaus. Vor einem See führt der Rad-/Fußweg geradeaus und rechts am Kreishaus vorbei. Dahinter rechts über den Graben und auf halb geteertem Weg zur

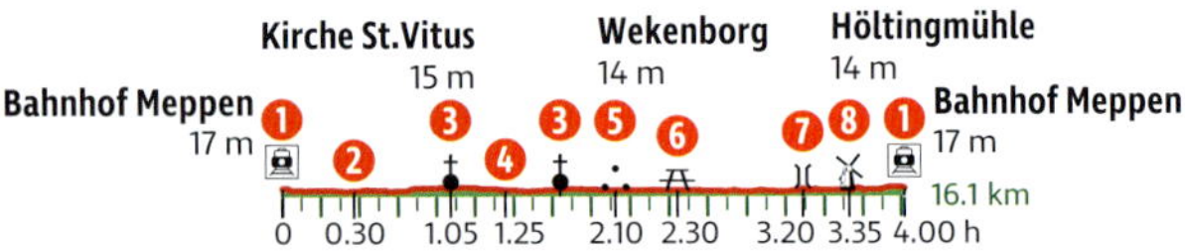

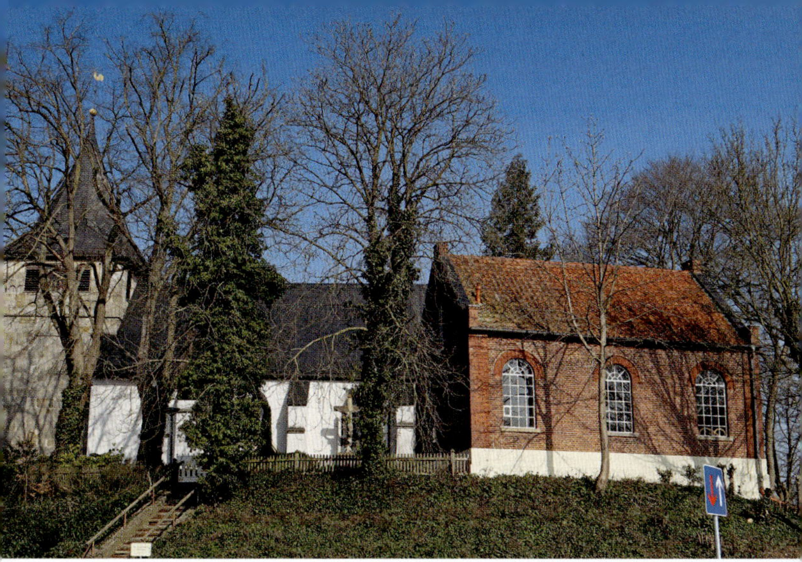

Kirche St. Vitus in Bokeloh.

Kreuzung. Dort links (Dammstraße), an der Sporthalle vorbei und nächste Straße rechts (In den Kämpen) in das Wohngebiet. Nach 100 m halten wir uns rechts (In den Kämpen, später Im Hasenknie). 50 m nach dem rechts abzweigenden Drosselweg biegen wir in der Rechtskurve vor einer Doppelgarage in den Pfad nach links. Zwischen Zäunen mit Efeu nähern wir uns der Hase und folgen ihr links flussaufwärts auf dem Uferweg mit Markierungen des Hünenwegs Richtung Haselünne und Bokeloh.
Die Hase verlassen wir bereits nach 5 Minuten in einer Rechtskurve bei einer **Bank** ❷ und vor der Einmündung in einen Radweg links in den kleinen

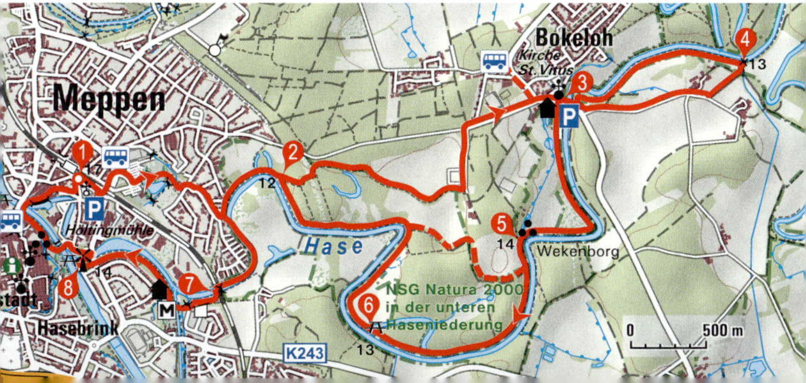

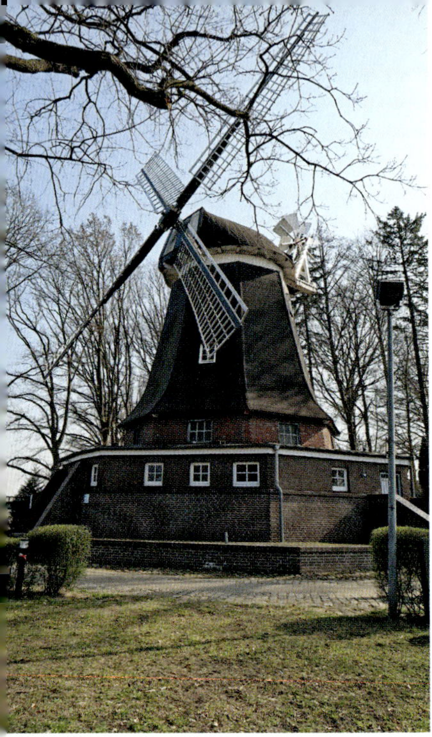

Höltingmühle.

Waldweg. Nach 150 m gehen wir bei einer Gabelung links aufwärts, nach weiteren 150 m bei einer T-Kreuzung links und sofort danach bei einem Wendeplatz rechts in das Naturschutzgebiet Untere Haseniederung. Dort führt ein mit X markierter Pfad rechts hinunter, am Altarm entlang und danach durch eine schöne Allee mit alten Eichen entlang der sichtbaren Grenze zwischen einer höher gelegenen Moräne (links) und der Haseniederung. Der Weg mündet nach 15 Minuten in eine Straße. Dort links bis zur Straße Stationsweg, die rechts am Ortsschild vorbei nach Bokeloh mit der mehr als 1.000 Jahre alten katholischen **St.-Vitus-Kirche** ❸ und unterhalb davon dem Gasthaus Giese leitet. (Der in Karten eingezeichnete direkte Weg nach Bokeloh – Wekenborg führt zwar an einem öffentlichen Sportplatz vorbei, ist aber als Privatweg auch für Fußgänger gesperrt).

Bevor wir den Hünenweg rechts entlang der Hase zurück nach Meppen begleiten, bietet sich in Bokeloh ein 2,8 km langer Rundweg auf dem Otto-Pankok-Malerweg an mit Werken des auf Kohlezeichnungen spezialisierten Künstlers – entlang einem Uferweg und kleiner Straße. Die regionaltypischen und alltäglichen Motive passen gut zum jeweiligen Standort. Bei der Hasebrücke zeigt neben dem Selbstbildnis Pankoks eine Tafel die Stationen des Malerwegs. 50 m nach Querung der Hase zweigt der Malerweg bei Bild 3 (Kirchgängerin) links in die kleine Straße (Höfener Straße) und nach der Rechtskurve mit Hof beim Bild 5 (Kartoffelsäcke) links in den Schotterweg zwischen Feldern. Der Weg passiert den Kamphausgraben mit einem Wehr. Hier geht es links aufwärts auf einen Pfad und vorbei an Bild 6 (Allee mit Frau) zur Hase, wo ab dem **Selbstbildnis von 1945** ❹ der schöne Uferweg zurück zur Bokeloher Brücke beim Gasthof Giese führt.

Südlich der **St.-Vitus-Kirche** ❸ leitet H süd- und flussabwärts zunächst entlang der kleinen Straße, später als Fußweg. Nach 20 Minuten und im Anschluss an eine Linkskurve der Hase erhebt sich rechts der plateauarti-

ge Hügel als früherer Standort einer quadratischen Wallburg. Deren niederdeutscher Name **»Wekenborg«** ❺ für »Wittekindsburg« weist auf das frühe Mittelalter hin. Mehrere Funde sowie Luftbildauswertungen lassen auf eine deutlich frühere Besiedlung und Beackerung mindestens seit der Eisenzeit schließen. Wegen vereinzelt gefundener römischer Münzen und der quadratischen Fläche (300 x 300 m) wurde hier im 19. Jh. ein früheres Römerlager vermutet, aber nach heutigem Forschungsstand ist eine früh- bis hochmittelalterliche Wallburg am wahrscheinlichsten.
Der Hünenweg passiert im weiteren Verlauf Richtung Meppen bei einem abgeschnürten **Altarm** einen **Picknicktisch** ❻ mit Infotafel zu Altwässern sowie später wieder die **Bank** ❷ vom Hinweg, ehe er sich nach der Bahnbrücke über eine neue **Fußgängerbrücke** ❼ links über die Hase schwingt. Auf der anderen Seite leitet der Uferweg zur Koppelschleuse bei einer Streuobstwiese und dort rechts weiter zur **Höltingmühle** ❽ an der Mündung der Hase in den Dortmund-Ems-Kanal. Von der Höltingmühle gehen wir den Uferweg zurück zur Straßenbrücke, queren die Hase und folgen H nach links vorbei am Bootshaus und über die grüne Fußgängerbrücke zur Meppener Wallanlage. Dort rechts entlang dem Dortmund-Ems-Kanal, rechts über die Straßenbrücke und hinter dieser Hubbrücke rechts auf gepflasterter Uferpromenade am Einkaufszentrum MEP vorbei. Der Weg geht in die Arnold-Blanke-Straße über, der wir 200 m bis zur Kreuzung folgen, wo uns links die Hüttenstraße zurück zum **Bahnhof Meppen** ❶ leitet.

Pankok-Runde bei Bokeloh.

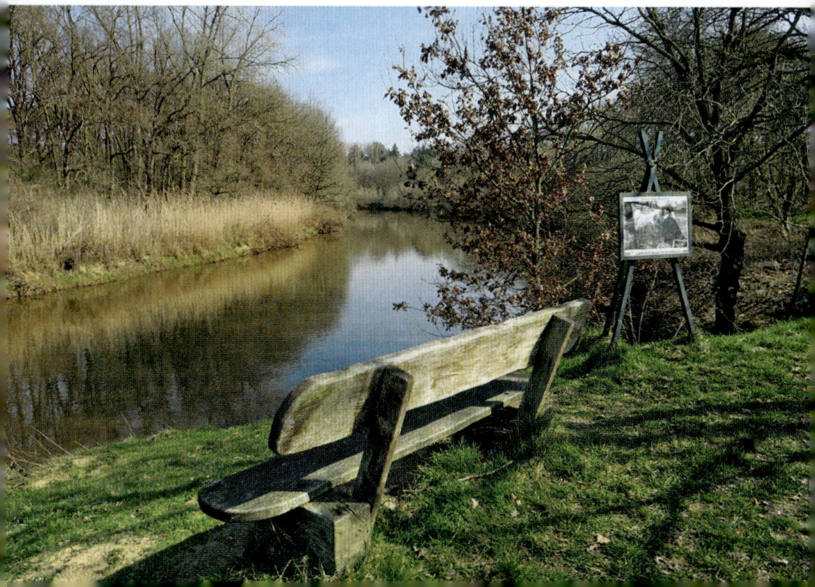

↗ 95 m | ↘ 100 m | 24.8 km

32 Von Haselünne nach Meppen

6.00 h

Auf dem Hünenweg entlang der Hase in die Kreishauptstadt

Diese schöne und abwechslungsreiche Streckenwanderung erschließt die Haseniederung mit Altarmen, Wiesenlandschaften, Auwäldern und bewaldeter Binnendüne am Hase-Prallhang. Der Hünenweg führt vorbei an Bokeloh und der frühmittelalterlichen Wekenborg, wo einer Sage nach die letzte Schlacht zwischen Widukind und Karl dem Großen stattgefunden haben soll. In Meppen werden nach der Koppelschleuse nahe der Mündung der Hase in die Ems beide Flüsse gequert, ehe wir den Bahnhof der Kreisstadt erreichen.

Ausgangspunkt: Bushaltestelle Steintorstraße im Zentrum von Haselünne, Parkgelegenheiten stadtauswärts in Meppener Straße, alternativ Plesseparkplatz (Navi: Kreuzung An der Plesse / Plessestraße, 49740 Haselünne).
Endpunkt: Bushaltestelle Windthorstplatz im Zentrum von Meppen, optional auch Bahnhof Meppen. Zwischen beiden (kostenpflichtiges) Parkhaus des MEP oder Parkplatz am Bahnhof, optionales freies Parken in Bokeloh bei 6.
ÖPNV: Zwischen dem Ausgangs- und Endpunkt verkehrt Linie 933 mit Bushaltestellen unterwegs in Bokeloh (Mo–Sa, mindestens stündlich), kalmer-reisen.de. Der Bahnhof Meppen wird von Regionalbahnen und ICs bedient.
Anforderungen: Leichte Wanderung über Wald- und Graspfade, Radwege sowie stellenweise kleine, meist verkehrsarme Straßen.
Markierung: Mit Ausnahme vom Start und Ziel in Haselünne sowie Meppen durchgehend Hünenweg mit entsprechendem Logo (blaues h, Schrift auf gelbem Grund, abgekürzt H).
Einkehr: Am Start und Ziel sowie in Bokeloh Gasthaus Giese 6 (Mo Ruhetag, So ab 12, sonst ab 15 Uhr).
Varianten: 1. **Abkürzung kurz nach Bokeloh** über den bei Tour 31 in anderer Richtung beschriebenen Hinweg (2 km kürzer).
2. In Bokeloh 2,8 km lange Extrarunde **auf den Spuren von Otto Pankok.**
3. **Abkürzung am Ortsanfang von Meppen** (0,5 km kürzer): nach den ersten Häusern von Meppen rechts zweiten Fußweg, dann rechts Straße durch Wohngebiet (In den Kämpen). Bei Kreuzung mit Dammstraße schräg links versetzt geradeaus und links an Sporthalle und Kreishaus vorbei durch Park zum Bahnhof.
Tipps: Archäologisches Emsland- und Stadtmuseum bei Koppelschleuse Meppen: (Mo–Sa 14–18, So 11–18 Uhr, archaeologie-emsland.de, stadtmuseum-meppen.de).

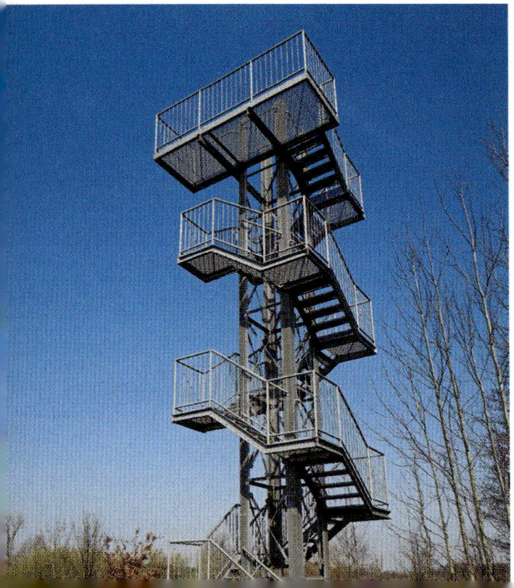

Aussichtsturm Lahre.

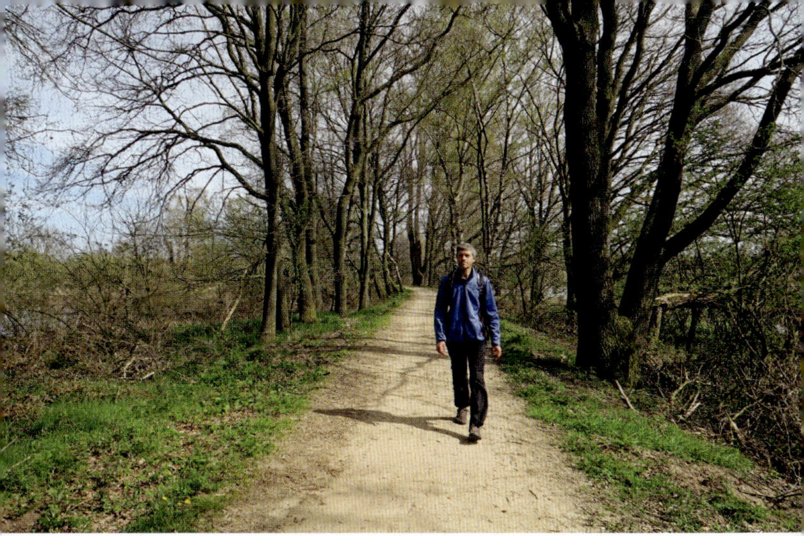

Hünenweg an der Hase zwischen Biberburg und Bokeloh.

In **Haselünne** ❶ gehen wir von der Bushaltestelle Steintorstraße entlang der gleichnamigen Straße durch das Zentrum und links an der Pfarrkirche St. Vincentius vorbei zur Hase, wo diese Etappe des Fernwanderweges Hünenweg (H) beginnt. Zunächst folgt H der Hase auf deren rechter Seite entlang dem Promenadenweg am Ufer. Später können wir zwischen drei Varianten wählen: bequem oben auf dem gepflasterten Radweg, rustikaler auf dem Pfad am bewaldeten Hang oder ganz unten auf dem Grasweg am Ufer – letztere Option ist bei Hochwasser nicht möglich.
Kurz vor der dritten Brücke über die Hase münden die Wege in den Radweg, der bei einem **Insektenhotel** ❷ mit Infotafel unter der Straßenbrücke hindurchführt. Nach 500 m leitet H bei einer Schutzhütte durch eine Rechtskurve und weniger schön entlang einer Straße durch das Gewerbegebiet Hammer Tannen mit rechts einer Großbäckerei. Am Ende geht es rechts auf einen Radweg neben der Kreisstraße. Nach 120 m quert H links die Kreisstraße und taucht in den Wald ein, wo wir uns nach 250 m bei einer Gabelung rechts halten. H führt gut markiert durch den Wald mit stellenweise schönen Blicken vom Waldrand über offene Wiesen, quert eine Niederung mit Teichen und erreicht wenige Minuten nach den Teichen eine kleine Straße, der wir links folgen.
Beim Rad-KP 69 geht es weiter geradeaus entlang der kaum befahrenen Straße. Im nächsten Weiler, **Huden** ❸, bei einem Trafoturm mit Tisch und Bänken rechts (H; Meppen 19 km). In einer Rechtskurve leitet H links in eine Sackgasse und hinaus aus dem Dorf. Auf einem Feld- und später breiten

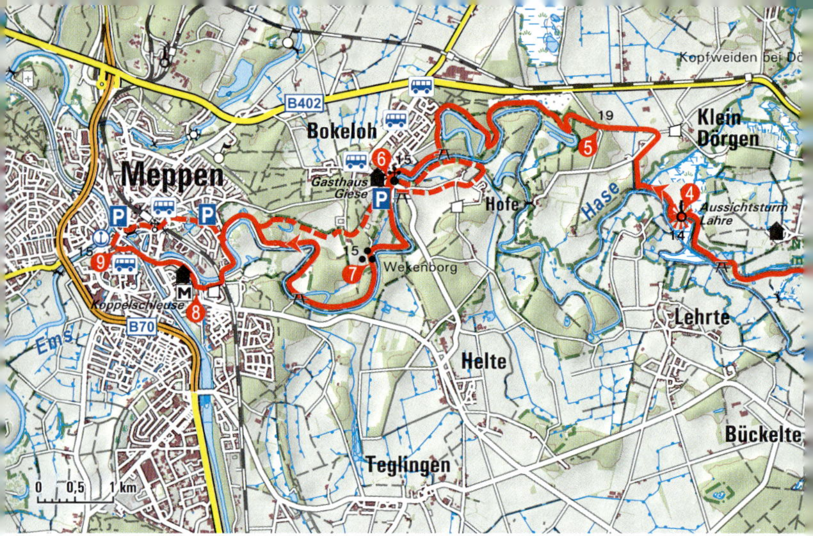

Grasweg nähert sich H der Haseniederung, mündet kurz vor der Hase in einen Radweg und folgt diesem links (H; Meppen 16,4 km), vorbei an einer überdachten Rastbank, weiter rechts an der mäandernden Hase entlang und nach 20 Minuten vorbei am metallenen Aussichtsturm **Lahre** 4, der beim Begehen und bei Wind leicht schwankt. Der 10 m hohe und 57.000 € teure stählerne Turm ersetzte 2013 den erst 12 Jahre alten maroden hölzernen Vorgänger.

Nach einem Schlagbaum schwenkt H zusammen mit dem Radweg nach rechts und beim folgenden Rad-KP 59 wieder nach rechts. Die kleine Landstraße verlassen wir nach etwas mehr als 5 Minuten, indem wir rechts in den von alten Bäumen gesäumten Feldweg abzweigen, der bald in den Wald eintaucht. Nach einer **Straßenquerung** 5 halbrechts durch Nadelwald, nach 450 m nach links und zu einem Altarm der Hase. Diesem und später der Hase selbst folgt der gut markierte Pfad am Hang dieses bewaldeten Geestrückens. Wir ignorieren rechts abzweigende Wege und genießen die ursprüngliche, bewaldete Flusslandschaft auf der rechten Haseseite. Unterwegs bieten Bänke schöne Blicke auf die Hase, ehe wir Bokeloh erreichen.

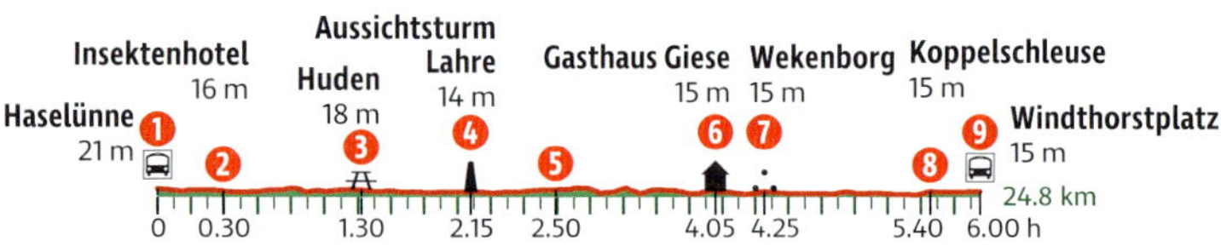

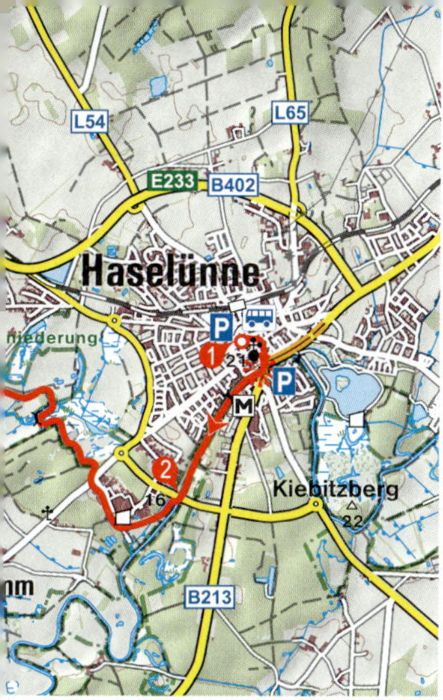

Dort links aufwärts zur Kirche und links oder rechts an dieser vorbei zur Hasebrücke unterhalb der Kirche beim **Gasthaus Giese** ❻.
Nach Überqueren der Hasebrücke beginnt auf der anderen Flussseite der 2,8 km lange Pankok-Rundweg, der an den hier im Zweiten Weltkrieg lebenden Maler Otto Pankok erinnert. H führt weiter rechts entlang der Hase, links vorbei an der alten **Wekenborg** ❼. Von dort folgen wir dem mäandernden Verlauf der Hase zur **Koppelschleuse** ❽ in Meppen sowie über die Hase und Ems. Vor der Straßenbrücke biegen wir links ab zum **Windthorstplatz** ❾ mit rechts der Arenbergschen Rentei, wo u.a. die Busse nach Haselünne abfahren (optional auch am Bahnhof).

Haseschleife zwischen Bokeloh und Meppen.

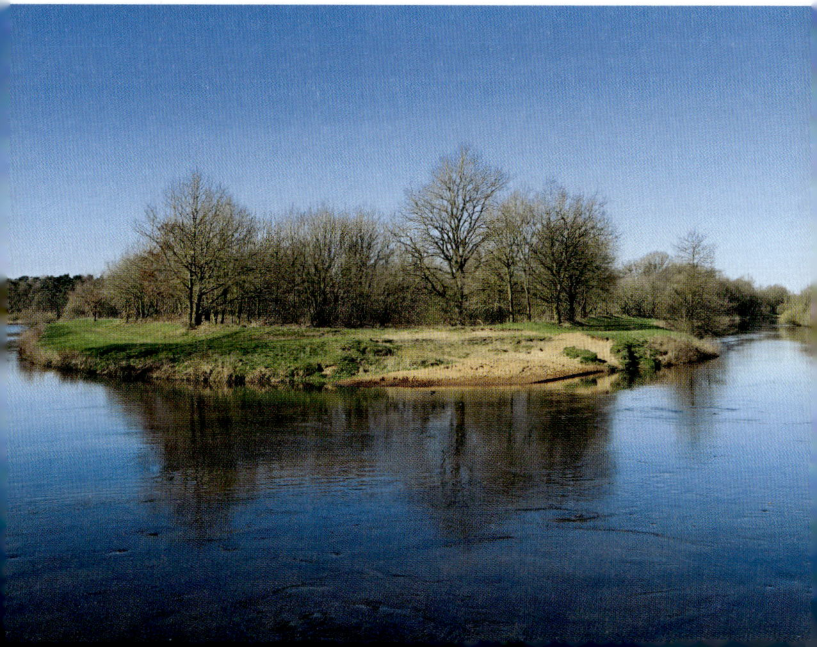

↗ 50 m | ↘ 50 m | 13.8 km

33 Haselünne mit Wacholderhain

3.30 h

Schleifenförmige Rundwanderung entlang der Hase

Haselünne liegt inmitten vielfältiger Landschaften, darunter dem als Hochwasserrückhaltebecken angelegten Hasesee und dem Wacholderhain in einer Haseschleife. Die Pläne aus dem Jahr 2000, an Stelle des Wacholderhains einen Freizeitpark anzulegen, scheiterten glücklicherweise am örtlichen Widerstand. Heute begrasen dank der örtlichen Bürgerinitiative schottische Hochlandrinder und Tarpan-Pferde als Teil des tierischen Landschaftspflege-Teams die flussnahen Flächen. Ein großer Teil dieser Rundwanderung folgt dem Hünenweg neben der Hase auf ihrem Lauf durch Haselünne sowie durch Auwald.

Ausgangspunkt: Plesseparkplatz an der Hase im Zentrum von Haselünne (Navi: Kreuzung An der Plesse / Plessestraße, 49740 Haselünne), alternativ Hasesee mit Parkplätzen (alle gratis).
ÖPNV: Bushaltestelle Haselünne-Busbahnhof 300 m nördlich vom Ortszentrum mit zahlreichen Verbindungen in das Umland, darunter Linie 933 stündlich von/nach Meppen, die auch die Haltestelle Steintorstraße im Zentrum direkt an der Route bedient, kalmer-reisen.de.
Anforderungen: Leichte Wanderung über Forst- und Feldwege, streckenweise auch kleinere Pfade, die bei Nässe matschig sein können. Im letzten Teil längerer Abschnitt auf Rad/Fußweg neben Straße in den Ort.
Markierung: Teilweise (vor und nach 3) Hünenweg (blaues h auf gelbem Grund, kurz H).
Einkehr: Hasesee bei 2 sowie Zentrum von Haselünne.
Varianten: Jeweils zwei kürzere Rundtouren (Tour wie eine »8« angelegt):
1. Runde **ab Hasesee** im Wacholderhain und an Hase (6 km);
2. Runde **im Westen von Haselünne** durch Auebruchwald (8 km).
Kombi-Tipp: Kombinationen mit den Streckentouren Herzlake – Haselünne (Tour 34) und Haselünne – Meppen (Tour 32).
Tipps: Drei Kornbrennereien sind in der Innenstadt mit Führungen zugänglich, die ersteren beiden nur mit Voranmeldung: »Kornkammer« von Rosche (rosche.de); Heydt (heydt.de); Berentzen-Hof, Führungen April bis Oktober Di–Sa 14.30 Uhr (10 € p. P., berentzen-hof.de).

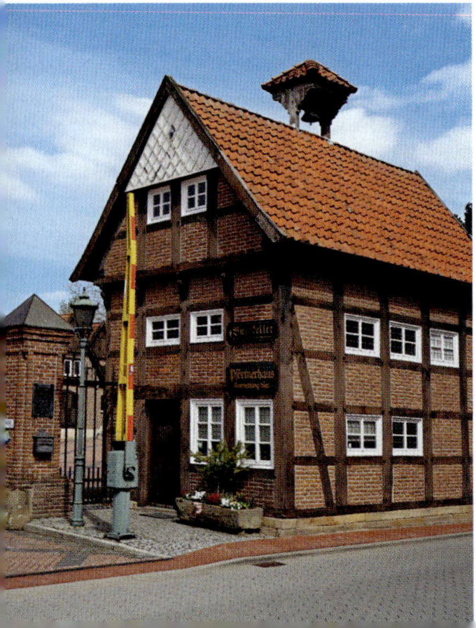

Berentzen-Hof in Haselünne.

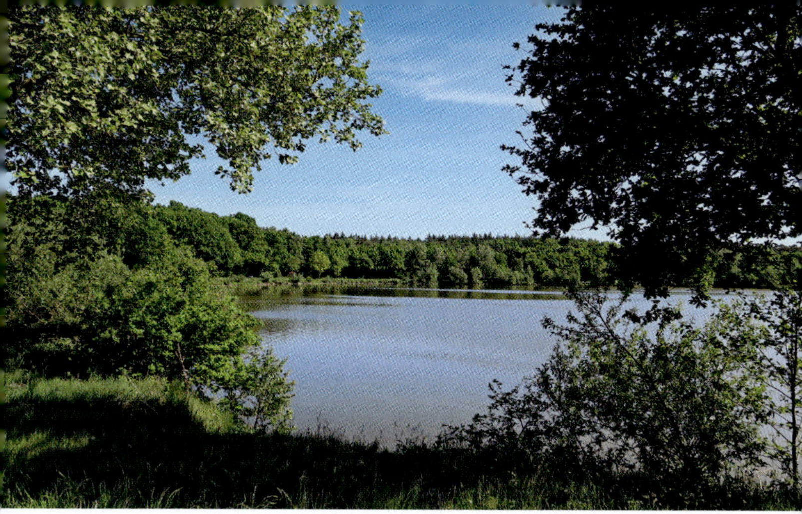

Der in der Haseschleife gelegene Haselünner See ist bis zu 5 m tief.

Haselünne verdankt seinen Ortsnamen vermutlich der Lage am Fluss Hase, wo früher durch Auslegen von Rundhölzern mit der altsächsischen Bezeichnung »lunni« eine Furt das Queren ermöglichte. Der Flussname selbst soll auf »Hassa« (wörtlich »dunkles Wasser«) zurückgehen. Bis heute bietet der Ort die typischen Burgmannshöfe und Brennereien.

Vom zentralen **Plesseparkplatz** ① queren wir ostwärts die Plessestraße und wandern auf dem Rad-/Fußweg rechts vom Parkplatz Richtung Supermarkt. Vor dem Supermarkt rechts durch die Unterführung Richtung Bootsanleger, dahinter in den zweiten Weg links und nach 50 m wieder links. Der alleeartige gepflasterte Fußweg leitet durch Bruchwald zum Haselünner See, an dem wir im Uhrzeigersinn entlang gehen, vorbei am **Hotel-Restaurant Am See** ②. 5 Minuten nach dem Hotel biegen wir beim Rad-KP 42 links Richtung Herzlake und bei der nächsten Kreuzung halbrechts. Der gepflasterte Weg führt an einem frei zugänglichen **Wildgehege** ③ mit rund 50 Damhirschen, Zwergziegen und Kamerunschafen vorbei.

Am Waldrand biegen wir rechts in den Schotterweg und passieren die Schranke. Schilder für einen Naturlehrpfad und später Reitweg weisen geradeaus. Über eine bei Hochwasser schwer zu überquerende Furt gelangen wir über den Franzosengraben, der den in den 1970er-Jahren angelegten Hasesee mit Flusswasser speist. Kurz darauf begleitet uns zur Linken ein naturnaher Altarm der Hase.

Bei einer T-Kreuzung mit dem Hünenweg am Waldrand biegen wir nach rechts und betreten durch ein Tor den Wacholderhain, geleitet von den H-Wegweisern. Nach 70 m und vor Wacholdersträuchern führt der Pfad links

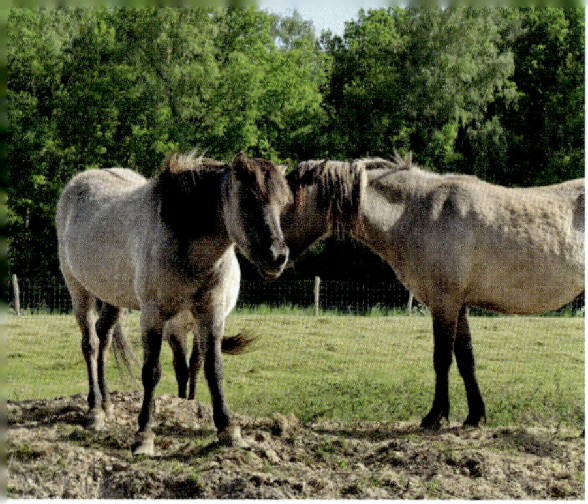

Tarpan-Pferde im Wacholderhain.

am Zaun und kurz darauf an der Hase entlang links am Wacholderhain vorbei, den wir bei der folgenden Abzweigung rechts auf H queren.

Nach kurzem Anstieg bietet der **Kiebitzberg** ❹ mit zwei Bänken eine schöne Aussicht auf den Wacholderhain und die Kuhweide. H leitet geradeaus abwärts und auf verschlungenem Weg zwischen urigen alten Wacholderbüschen hindurch. 20 m vor einer Infotafel über Tarpan-Wildpferde verlassen wir H und gehen scharf rechts durch eine kleine Senke. Pfeile weisen den Weg am Rand der Wacholderheide entlang, bei entsprechendem Wetter möglicherweise mit nassen Stellen.

Durch ein Gatter verlassen wir den Wacholderhain, nähern uns geradeaus am Zaun entlang wieder dem See und umgehen ihn links auf der gepflasterten Uferpromenade. Bei einem **Stauwehr** ❺ als Verbindung zwischen dem See und der Hase mündet von links wieder H ein, dem wir entlang der Hase folgen. Nach einer Radbrücke über die Hase rechts und auf bekanntem Weg wieder zu ❶: links durch die Unterführung und am Supermarktparkplatz vorbei. Wir queren die Plessestraße und den Plesseparkplatz ❶ sowie an dessen Ende nach einem Links- und Rechtsschwenk die Hasestraße. Rechts ragt die dreischiffige spätgotische St.-Vincentius-Kirche aus dem 15. Jh. auf. Der zu jener Zeit erhöhte und mit Bentheimer Sandstein verblendete Westturm geht auf den Vorgängerbau des 13. Jh. zurück.

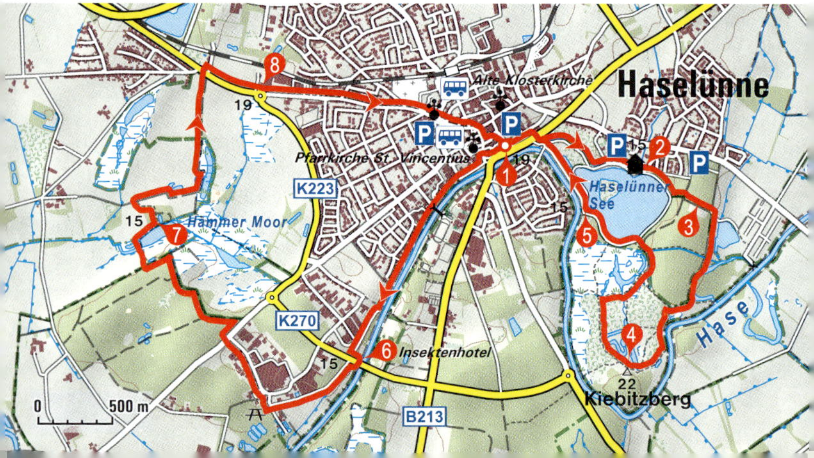

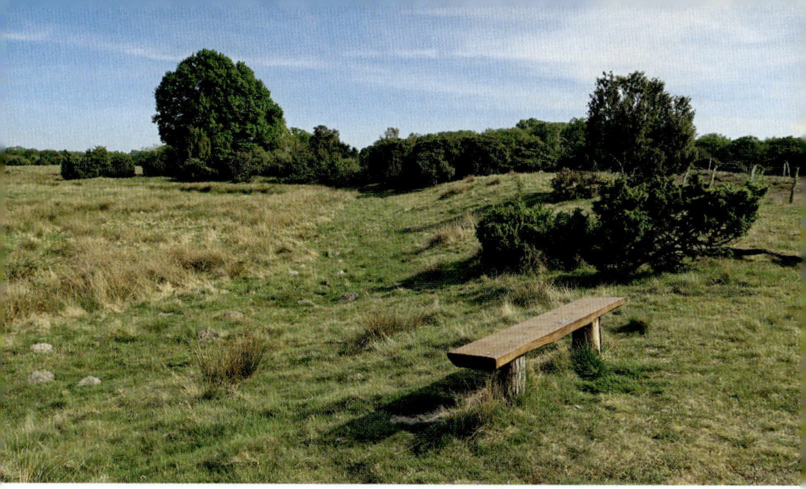

Der Kiebitzberg bildet den höchsten Punkt von der Heide und Haselünne.

Nach der Ampel leitet H kurz nach links und weiter rechts an der Hase entlang Richtung Meppen. Vor der dritten Brücke auf einem Radweg an einem **Insektenhotel** 6 vorbei und unter der Brücke hindurch. Nach 500 m rechts, durch das Gewerbegebiet und an dessen Ende rechts entlang der Kreisstraße. H leitet uns nach 120 m links in den Wald, dort nach 250 m bei einer Gabelung rechts und gut markiert durch den Wald.
Beim **Waldteich** 7 folgen wir H nach der Linkskurve nordwärts, verlassen H aber bei der folgenden T-Kreuzung mit der kleinen Straße, indem wir dort rechts gehen. Die kleine Straße wandelt sich bald in einen Feldweg. Bei der Gabelung am Ende von einem umzäunten Gelände biegen wir links in den Weg neben einem Zaun. Rechts liegen die Koppelwiesen, als Feuchtwiesenbiotop Teil des Naturschutzgebietes Untere Haseniederung.
Der Weg mündet in die Meppener Landstraße, die wir rechts auf dem Radweg für 5 Minuten begleiten, ehe wir am **Kreisverkehr** 8 links haltend entlang der Meppener Straße in die Ortsmitte von Haselünne wandern. Hinter dem Edeka geradeaus und 100 m nach der Bushaltestelle Steintorstraße und dem Burghotel ebenfalls geradeaus (Hasestraße). Bei der folgenden Abzweigung halten wir uns links (Krummer Dreh), vor der Touristinfo im Rathaus rechts und steigen die Stufen hinunter zum **Plesseparkplatz** 1.

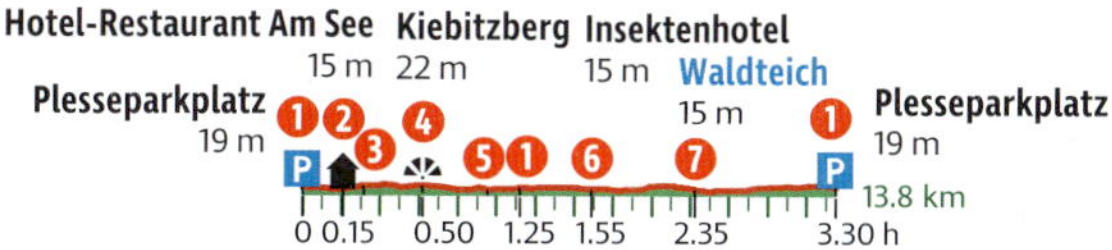

↗ 30 m | ↘ 30 m | 12.8 km

34 Von Herzlake nach Haselünne

3.00 h

Auf dem Hünenweg entlang der Hase und durch Wacholderhain

Auf einer besonders schönen Etappe begleitet der Fernwanderweg Hünenweg die Hase flussabwärts von Herzlake nach Haselünne mit zunehmend ursprünglicherem Verlauf. Mehrere Flächen des Naturschutz- und Natura-2000-Gebietes Untere Haseniederung säumen den Fluss, darunter vor Haselünne ein bekannter Wacholderhain. Am Ufer brüten Eisvögel und leben Biber, deren Zahl sich seit der Wiederansiedlung 1990 von ehemals 8 auf rund 160 Tiere in mehr als 70 Revieren im weiteren Umkreis erhöht hat. Bei Eltern bietet der Biberpfad Einblicke in den Lebensraum dieser Nagetiere.

Ausgangspunkt: Ortsmitte von Herzlake bei der Kirche (Navi: Markt, 49770 Herzlake).
Endpunkt: (Bus-)Bahnhof Haselünne; beste Parkgelegenheit am Ortseingang auf Plesseparkplatz an der Hase (Navi: Kreuzung An der Plesse / Plessestraße, 49740 Haselünne).
ÖPNV: Halbstündliche Busverbindungen Mo–Fr zwischen dem Ausgangs- und Endpunkt (Linien 935, 936) sowie Sa mehrmals täglich, kalmer-reisen.de. Eine nostalgische Alternative sind an rund 10 Tagen im Jahr Museumsbahnfahrten zwischen Herzlake und Haselünne sowie weiter von/nach Meppen und Essen (auch einfach möglich), eisenbahnfreunde-hasetal.net.
Anforderungen: Leichte Wanderung großteils auf Grasweg an der Hase, stellenweise auch Wege durch Wald und Heide sowie kleine Straßen.
Markierung: Mit Ausnahme der Städte Hünenweg (blaues h auf gelbem Grund, abgekürzt H).
Einkehr: Am Start und Ziel sowie mit Abstecher am Hasesee.
Varianten: 1. **Hochwasservariante** (gesamt 12,5 km): Bei Hochwasser leitet ab der Herzlaker Hasebrücke eine ausgeschilderte »Hochwasserfreie Strecke« entlang Radwegen von Herzlake nach Haselünne.
2. **Uferweg an Hase statt Biberpfad** (0,4 km kürzer) mit alten H-Markierungen: Weniger Straße, keinen Campingplatz und mehr Ruhe bietet der Uferweg, aber keinen Biberpfad; bei 3 links über die Brücke und auf der linken Flussseite zur nächsten Straßenbrücke; ab dort weiter auf dem rechtsseitigen Uferweg bis zu H kurz nach 5.
3. **Vor Haselünne entlang Hase** statt durch Haselünner Wacholderhain (0,4 km länger) – mit alten H-Markierungen: vor 5 nicht rechts Richtung Wacholderhain, sondern geradeaus weiter auf Uferweg bis nach Haselünne.
Kombi-Tipp: Touren 33 oder 35 als Rundwanderungen am Ausgangs- bzw. Endpunkt.

Von der Kirche in **Herzlake** 1 sind es nur wenige Schritte zur Hase, deren Brückenquerung von zwei Skulpturen des Brückenheiligen Nepomuk flankiert wird: dem Original aus Sandstein (jenseits) und einer hölzernen Kopie auf unserer Seite. Vor der Brücke senkt sich H zum Flussufer hinab und begleitet die Hase flussabwärts auf der rechten Seite. Der Grasweg passiert zur Rechten abwechselnd Häuser, Felder und eine Neubausiedlung. Nach einer halben Stunde queren wir den im Hümmling entspringenden Zufluss

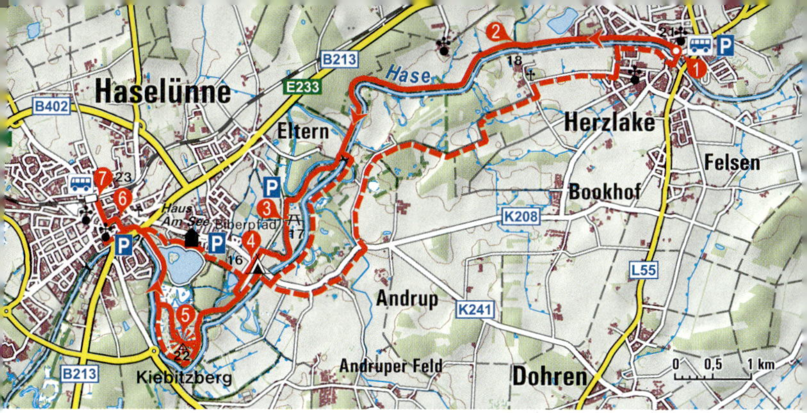

Südradde 2 und erreichen nach rund 50 Minuten eine Straßenbrücke über die Hase. Hinter dieser verlässt H die Hase und begleitet rechts mit einigem Abstand einen Altarm, ehe er nach einer Schranke bei einem Wanderparkplatz und einer Infotafel in eine Straße einschwenkt. Dort links und nach 5 Minuten rechts vorbei an einem Pfosten, der den Beginn des **Biberpfads** 3 markiert, mit Infotafel und überdachtem Picknicktisch. Der Biberpfad veranschaulicht das Leben der Nagetiere in Auenlandschaften, besonders beeindruckend ist das Biberburg-Modell. Am Ende des Biberpfads folgt H der Straße nach links, quert die Kreisstraße und führt am **Campingplatz** 4 vorbei Richtung Haselünne (4,3 km).

Hinter dem Campingplatz nähern wir uns durch eine Linkskurve wieder der Hase. Nach einem Wehr begleitet H den Fluss auf dem Spurweg. Nach

Schafe begrasen das Ufer der Hase beim Campingplatz.

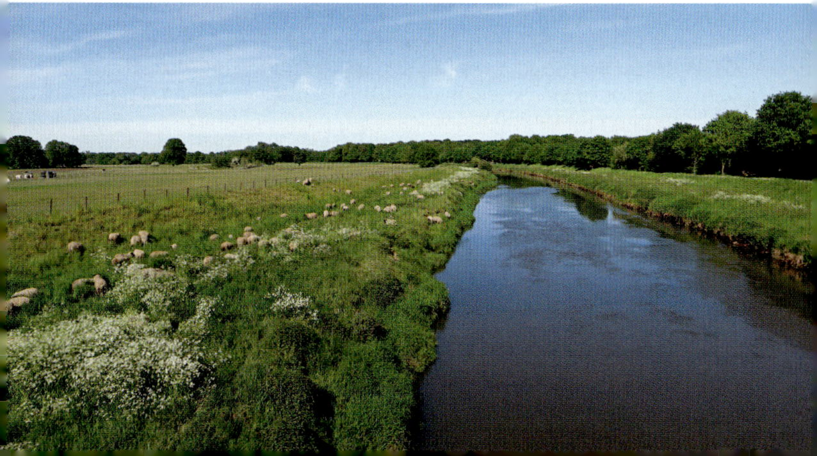

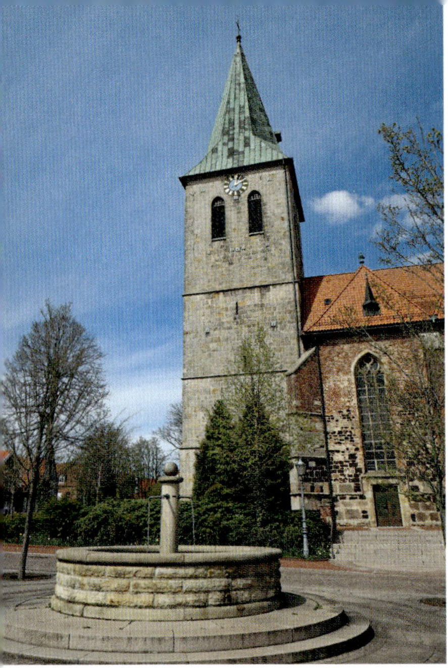

Kirche St. Vincentius in Haselünne.

5 Minuten schwingt H nach einem weiteren Wehr als Ausfluss eines Altarms und vor einem Zaun nach rechts zum Haselünner Wacholderhain. Dieses in einer Emsschleife gelegene Naturidyll gehört zum Natura-2000-Gebiet Untere Haseniederung und wäre im Jahr 2000 beinahe den Ferienpark-Planungen zur Erweiterung des Campingplatzes zum Opfer gefallen. Die Gründung einer Bürgerinitiative hat das verhindert. 70 m nach einem Tor verläuft ein Pfad links am Zaun entlang zur Umgehung des Wacholderhains. 5 Minuten später zweigt H rechts ab und führt durch den Wacholderhain auf den **Kiebitzberg** 5 mit Panoramabänken – alternativ könnte man auch weiter geradeaus dem Uferweg an der Hase folgen (Variante 3).

Beim Bootsanleger Haselünne nach einer Radbrücke leitet uns H rechts unter der Straße hindurch und links am Supermarktparkplatz entlang. Am Parkplatzende rechts, rechts am modernen **Rathaus** 6 mit Touristinfo vorbei (Rathausplatz) und weiter geradeaus (Krummer Dreh). Bei der folgenden T-Kreuzung biegen wir links in Haselünnes Einkaufsstraße Markt und bei der folgenden Kreuzung rechts haltend in die Steintorstraße. Nach 50 m zweigt rechts die Bahnhofstraße ab, die uns links vorbei am Gelände von Berentzen entlang führt, der größten verbliebenen von einst rund 25 Brennereien Haselünnes. Nach 5 Minuten erreichen wir den **ehemaligen Bahnhof Haselünne** 7 mit dem Busbahnhof davor. Die Hasetal-Bahnstrecke zwischen Meppen und Herzlake sowie dem oldenburgischen Essen war ab 1894 in Betrieb, das letzte Mal fuhren reguläre Personenzüge bis 1970 zwischen Meppen und Herzlake, heute verkehren sporadisch noch Museumszüge.

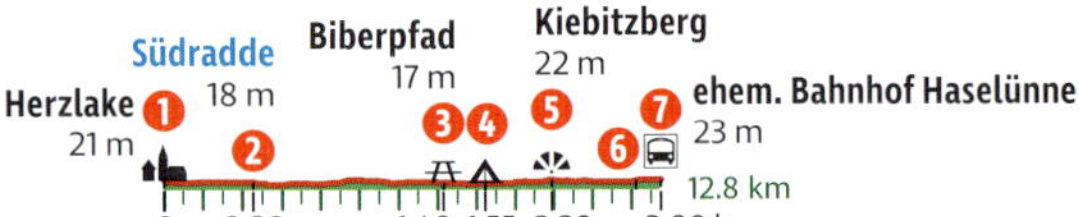

↗ 40 m | ↘ 40 m | 17.3 km

4.15 h

Herzlake – Hahnenmoor – Hase

35

Rundwanderung auf dem Hünenweg vom Hasetal in renaturiertes Moor

Südlich der Hase erstreckt sich unweit von Herzlake das 620 ha große Hahnenmoor, in dem ein Aussichtsturm einen guten Überblick über das wieder vernässte Moor bietet. Die Rundwanderung verbindet Herzlake mit dem Hahnenmoor und folgt dabei anfangs der alten und später der neuen Route des Hünenwegs durch eine einsame landwirtschaftlich geprägte Landschaft mit schönen Baumwällen. Besonders eindrucksvoll ist diese Rundwanderung im Mai, wenn das Wollgras weiß blüht und im Moor Heidelerchen, Schwarzkehlchen, Baumpieper, Rohrammer und Kuckuck für akustische Untermalung sorgen.

Ausgangspunkt: Parkplatz an der Kirche von Herzlake (Navi: Markt, 49770 Herzlake).
ÖPNV: Bushaltestelle Herzlake-Kirche mit Linie 936 von/nach Haselünne (Mo–Fr stündlich) sowie Linie 941 (Mo–Fr wenige Male täglich) zum Hahnenmoor und Halt bei 7, Haltestelle Felsen-Abzw. An der Högede, kalmer-reisen.de.
Anforderungen: Leichte Wanderung über Feldwege, Pfade und kleine Straßen mit wenig Verkehr; im und am Hahnenmoor können die Wege etwas matschig / feucht sein.
Markierung: Teilweise Hünenweg (kurz »H«) – ab 6 durchgehend, stellenweise auch vorher.
Hinweis: Bei mehreren Begehungen waren die Wegweiser stellenweise verdreht, manchmal erschwerten auch Markierungen der älteren Hünenweg-Trasse zwischen 1 und 3 die Orientierung.
Einkehr: Herzlake sowie Torfwerk Hahnenmoor (nur So) mit 0,6 km langem rechtem Abstecher nach 6.
Varianten: Die aus zwei Schleifen bestehende Rundwanderung lässt sich in 2 kürzere Rundtouren aufteilen:
1. Kürzere Runde ohne Hahnenmoor (10,5 km) mit Start in Herzlake: wie beschrieben bis 3; dort geradeaus auf Hünenweg Richtung Herzlake statt rechts und weiter wie beschrieben vor 7.
2. Kurze Runde im Hahnenmoor (5,5 km) mit Start ab Parkplatz beim Torfwerk; von dort in Fahrtrichtung auf Fußweg und später Graspfad rechts neben Graben nach 0,4 km zur Route kurz hinter 6. Dort rechts und bei 4 links auf beschriebener Route.
Kombi-Tipp: Tour 34 von Herzlake nach Haselünne.
Tipps: Mit 0,4 km langem Abstecher nach 6 Moorinformationszentrum im Torfwerk-Museum (nur So), torfwerk-hahnenmoor.de.

Wollgras im Hahnenmoor.

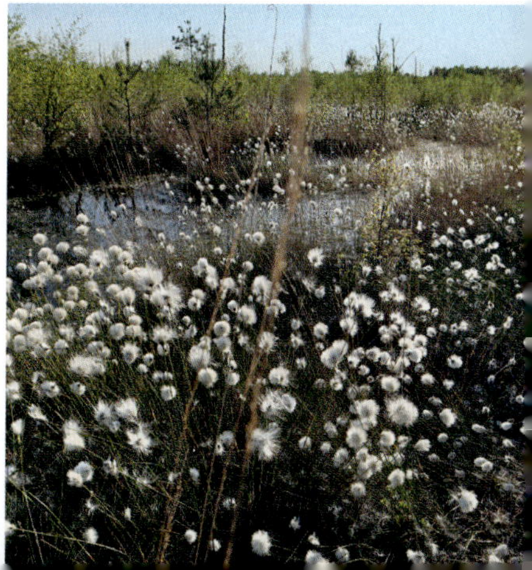

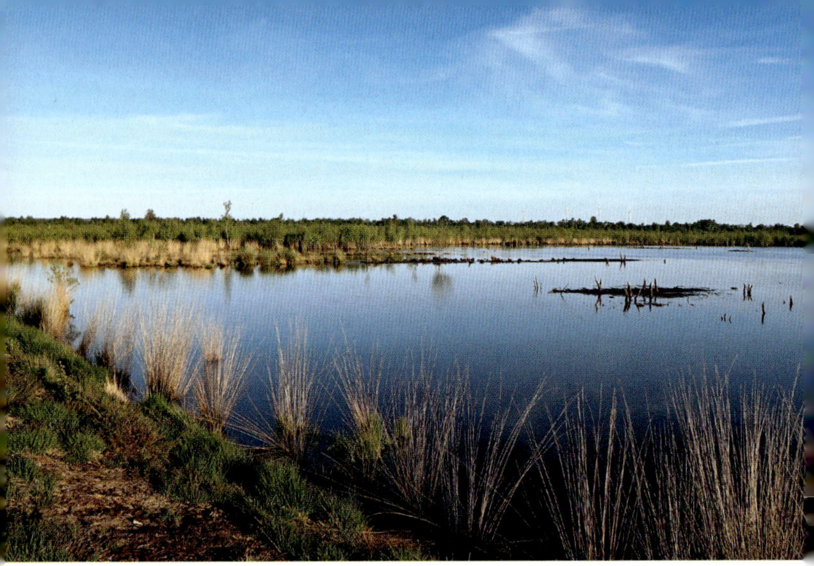

Im heutigen Naturidyll Hahnenmoor wurde bis 1988 industriell Torf abgebaut.

In **Herzlake** ❶ leitet der Weg gegenüber der mehr als 700 Jahre alten St.-Nikolaus-Kirche zur Fußgängerbrücke über die Hase. Dahinter schwenken wir nach links, folgen dem Uferweg entlang der Hase und biegen nach 150 m rechts in die Hauptstraße Richtung Hotel Flora. Hinter dem Hotel zweigen wir links in die erste Straße mit Radweg Richtung Grafeld und nach 200 m am Rad-KP 70 rechts Richtung Fürstenau. Die Straße Am Feldkamp führt zunächst durch eine Neubausiedlung und wird später von Bäumen gesäumt. Bei einer Kreuzung in der Siedlung Felsen mit **Rad-KP 93** ❷ links (Alte Dorfstraße), nach 5 Minuten rechts (Ortermesch) und nach 200 m links in den alleeartigen Feldweg.
Am Waldrand schwenken wir nach links und nach 50 m beim Jagdhochsitz rechts in den Forstweg mit Markierungen der alten Hünenweg-Trasse. Nach einem Anstieg durch Nadelwald bei einer T-Kreuzung links und 200 m weiter bei einer Gabelung auf der **Felsener Höhe** ❸ am Waldrand rechts. Der Weg mündet bei einem Hof in eine Straße, wo die H-Markierungen

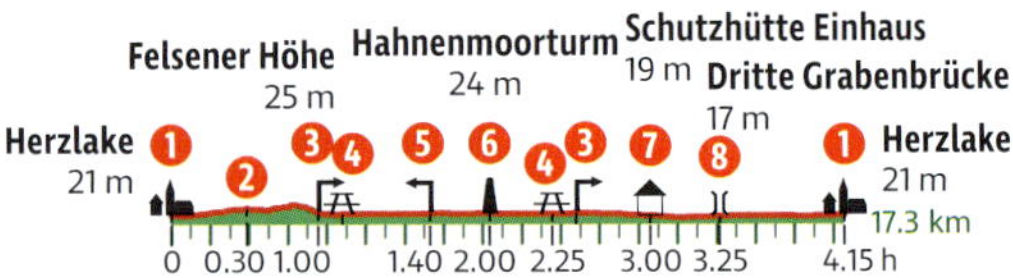

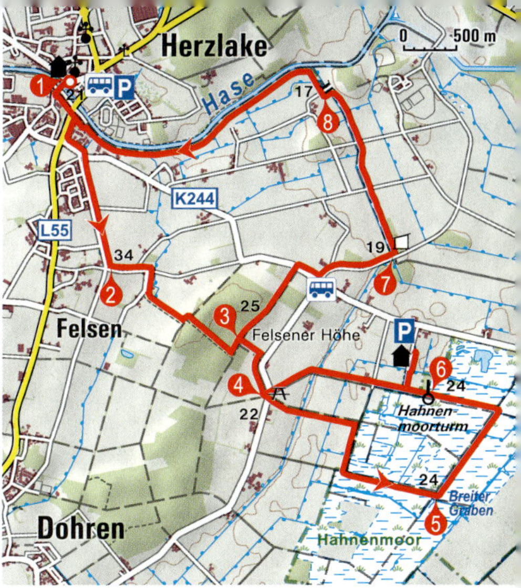

nach rechts Richtung Hahnenmoor weisen. Bei der folgenden Kreuzung kurz links Richtung Hahnenmoor, sofort hinter der Straße geradeaus (An der Högede 13) und rechts am überdachten **Picknicktisch** ❹ vorbei. Beidseitig spenden Bäume auf diesem Feldweg angenehmen Schatten.

Bei einer Kreuzung am Anfang des 1977 eingerichteten Naturschutzgebietes Hahnenmoor mit Verkehrsverbotsschild verlassen wir den nach links abzweigenden Weg mit H und biegen nach rechts. Wir gehen am Rand des renaturierten Moors entlang, das wir nach der folgenden T-Kreuzung links auf einem Grasweg queren mit Blick auf Wasserflächen und moortypische Pflanzen wie Wollgras, Gagelstrauch und Glockenheide. Vor einem **breiten Graben** ❺ schwenken wir nach links und stoßen nach gut 1 km bei einer Kreuzung wieder auf H. Dieser leitet links an einer Bank vorbei zum **Hahnenmoorturm** ❻ mit Aussicht auf die renaturierte Moorfläche, dann weiter geradeaus. 300 m nach einer rechten Abzweigung zum Moorinformationszentrum in einem alten Torfwerk schwenkt H bei einer Kreuzung an einem Hof nach links, wir aber folgen geradeaus dem Schotterweg zur Kreuzung bei ❹. Dort rechts auf bekanntem Radweg und nach 5 Minuten wie auf dem Hinweg links Richtung Wald zur **Felsener Höhe** ❸. Dort folgen wir H rechts auf einem Forstweg nahe dem Waldrand. Am Wegende rechts entlang dem Radweg neben der Hauptstraße (Grafelder Straße) und nach 200 m bei einer Kreuzung mit Bushaltestelle in die links abzweigende Straße (Kuhlenveen). Nach 10 Minuten wechselt H bei der **Schutzhütte Einhaus** ❼ an einem Wäldchen links auf einen Grasweg, der uns neben einem Graben Richtung Hase und Herzlake nordwärts führt – mit einem Seitenwechsel bei einer Brücke. Bei einer zweiten geht es geradeaus weiter.

150 m vor der Hase leitet H links über die dritte **Grabenbrücke** ❽, gleich danach rechts auf einen Feldweg zwischen Bäumen zur Hase und folgt diesem Fluss auf der linken Seite zurück nach Herzlake. Dort queren wir bei der Straßenbrücke geradeaus die Zuckerstraße, gehen wie nach dem Start der Tour mit H geradeaus entlang der Hase und rechts über die Fußgängerbrücke zur von der Kirche dominierten Ortsmitte von **Herzlake** ❶.

↗ 35 m | ↘ 35 m | 6.5 km

36 Speicherbecken Geeste

1.30 h

Runde um künstlichen See am Dortmund-Ems-Kanal

Zwischen Meppen und Lingen überrascht das Speicherbecken Geeste mit seiner großen Wasserfläche. Der rund 15 m tiefe See wurde im Zuge des Kernkraftwerkbaus in Lingen angelegt, um im Falle niedrigen Wasserstands der Ems genügend Kühlwasser für den Atommeiler bei Lingen in Reserve zu haben. Die 230 ha große Wasserfläche entwickelte sich schnell zu einem Paradies für Bade- und Bootsfreunde sowie für Wasserinsekten und -vögel. Letztere suchen vor allem die Röhrichtbestände im nördlich gelegenen Feuchtgebiet auf. Der Deich des Speicherbeckens bietet weite Blicke auf das Umland und den Geester See, der natürlich auch nach Abschaltung des AKWs im Jahr 2023 Bestand hat.

Ausgangspunkt: Parkplatz am westlichen Ende des Sees (Navi: Biener Str. 13a, 49744 Geeste).
ÖPNV: Die Bahnhaltestelle Geeste ist über einen 2,2 km langen Zuweg entlang dem Radweg neben der Osterbrocker Straße erreichbar, der Verbindungsstraße zwischen Geeste und der Bahnstrecke. Vom Bahnhof westwärts Richtung Geeste auf einer Brücke über den Dortmund-Ems-Kanal und die B70, bei einer T-Kreuzung rechts auf den Radweg neben der Osterbrocker Straße Richtung Geeste. Nach 1 km links Richtung Speicherbecken und rechts am nördlichen Parkplatz und am Aussichtshügel vorbei auf den Zubringer zum Speicherbecken. Vor dem Damm links haltend aufwärts zu KP 44 bei 4. Alternativ Bushaltestelle Geeste-Dorf 1,4 km vom Ausgangspunkt mit u.a. Linie 900 Richtung Meppen (reisefreunde.de/bve/index.php/home.html), Linie 171 Richtung Lingen (vge-emslandsued.de) und 701 Richtung Nordhorn (vgb-mob.de). Von der Haltestelle Geeste-Dorf in südöstlicher Richtung entlang der Straße Am Kottenkamp und zuletzt auf Fußwegen zum Speicherbecken.
Anforderungen: Leichte Wanderung über gepflasterten Dammweg.
Markierung: Pfeile und Nummern des Wanderknotenpunktsystems (abgekürzt KP).
Einkehr: Restaurant Deichkrone am Speicherbecken.
Tipps: Badestrand nahe dem Ausgangspunkt.

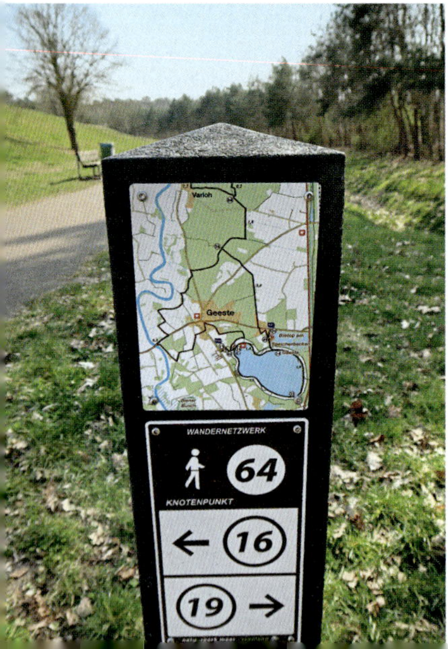

Knotenpunkt 64 mit Karte.

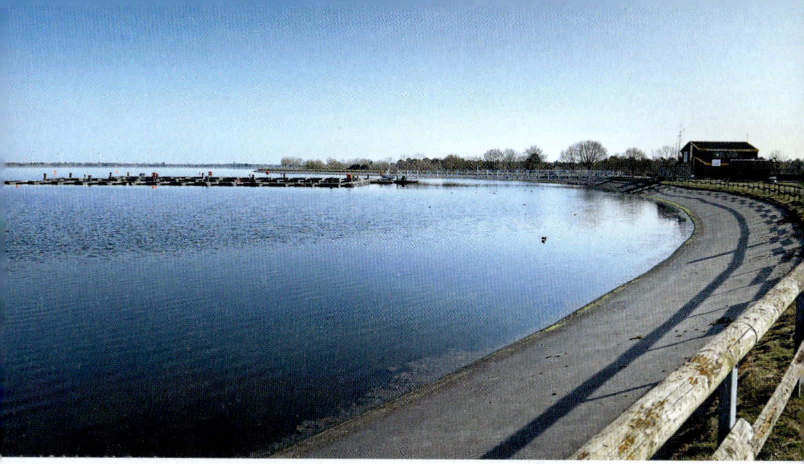

Das Speicherbecken Geeste wurde 1983 als Kühlwassersee angelegt.

Auf der Ostseite des **Parkplatzes** ❶ vom Geester Speicherbecken im Süden von Geeste weisen vom KP 19 Pfeile Richtung KP 64. Bei der Kreuzung kurz vor der Dammkrone halten wir uns rechts und erreichen kurz darauf den Weg oben am Damm auf 36 m Höhe über NN mit Seeblick. Im Prinzip kann diese Rundtour um den See in beide Richtungen gegangen werden, beschrieben ist sie gegen den Uhrzeigersinn, sodass man am Schluss den Strand und das Restaurant passiert.

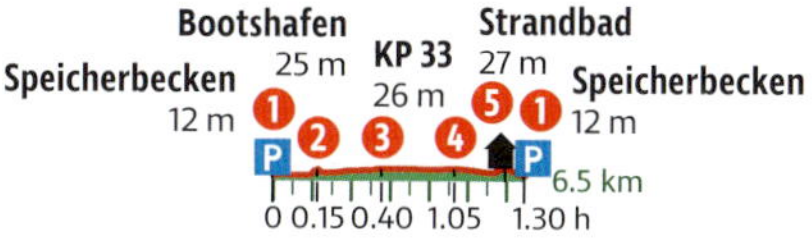

Also folgen wir dem Dammweg rechts, nach 10 Minuten vorbei am **Bootshafen** ❷ des Segelvereins. Der Dammweg schwenkt nach dem südlichsten Punkt bei KP 33 ❸ nach links und führt am links im See stehenden Entnahmeturm vorbei, von dem das Wasser zu Kühlzwecken auf seine 12 km lange Reise zum AKW Emsland geschickt werden könnte.

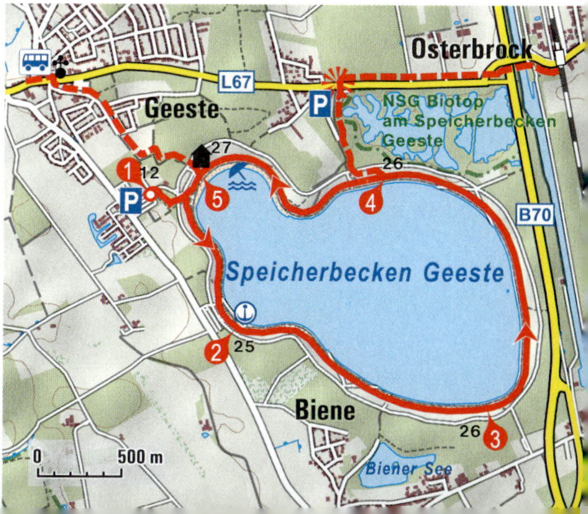

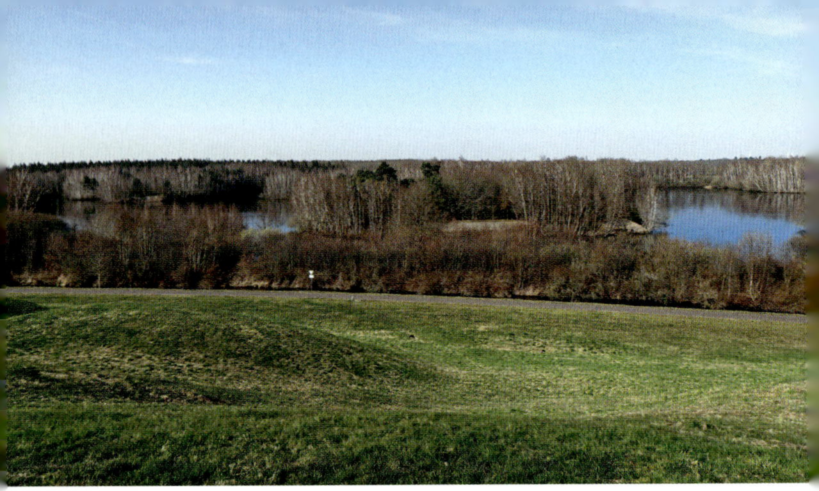

Naturschutzgebiet mit drei Stillgewässern nördlich vom Speicherbecken.

Kurz nach einer Infotafel über den Geester See als Vogelparadies zweigt bei KP 14 ❹ rechts der Zubringer zum nördlichen Parkplatz und dem Bahnhof Geeste ab (ÖPNV). Wir bleiben auf dem Dammweg. Rechts liegt das 50 ha große Feuchtbiotop nördlich des Sees, angelegt als Ausgleichsmaßnahme zum Bau des Speicherbeckens und heute mit Stillgewässer, Sandufer und Röhrichtzonen ein Paradies für Wasserinsekten und -vögel, darunter einer Uferschwalbenkolonie. Am Schluss der Rundwanderung lädt das **Strandbad** ❺ mit Sandstrand und Restaurant zur Erfrischung ein, ehe wir bei KP 16 halbrechts Richtung KP 64 zum **Parkplatz** ❶ zurück absteigen.

Der 6 km lange Dammweg erlaubt eine barrierefreie Seeumrundung.

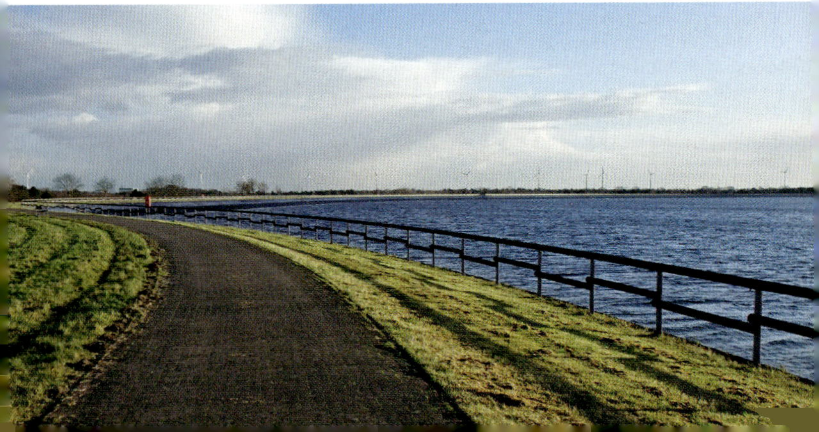

↗ 10 m | ↘ 10 m | 2.9 km

0.45 h

Bienerbusch 37

Rundwanderung durch 300 Jahre alten Buchenwald in Emsaue

Diese kleine, aber feine Rundwanderung erschließt an der Ems bei Geeste den Bienerbusch. Dieses als FFH-Gebiet geschützte Relikt eines Auwalds bietet eine botanische Besonderheit: Mehrere hundert Jahre alte Buchen und Eichen gedeihen an einem Auestandort, wo sonst eher Erlenbruchwälder dominieren. Die Erklärung liegt im saaleeiszeitlichen Sandboden, der das Wasser weniger gut halten kann und dessen Poren so schneller belüftet werden – ideal für Buchen und Eichen, deren Nutzung für Bau und Energieholz hier schon seit dem 16. Jh. belegt ist.

Ausgangspunkt: Sportplatz Bienerbusch westlich von Biene mit Parkplatz an der Ems (Navi: Biener Str. 65, 49808 Lingen).
ÖPNV: Keine günstig gelegene Bushaltestelle, alternativ Anfahrt mit Rad auf schöner Strecke ab Biene oder Geeste.
Anforderungen: Leichte Wanderung über Waldwege.
Markierung: Gelegentlich Pfähle mit roter Banderole sowie Pfeile.

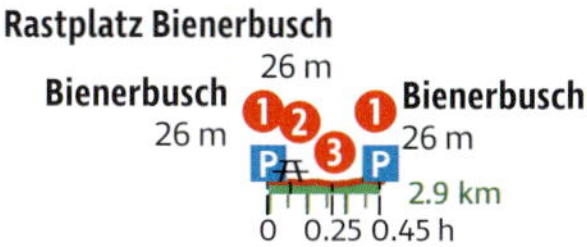

Einkehr: Keine.
Varianten: Zurück ab 3 rechts direkt auf Forstweg.

Vom **Parkplatz Bienerbusch** 1 gehen wir rechts am Sportplatz vorbei und schwenken vor einem überdachten Picknicktisch und Infotafeln an der Ems mit einer Kanu-Anlegestelle nach rechts und passieren eine eher skizzenartige Karte des Waldgebietes. Der Waldweg führt vorbei an dickstämmigen Buchen und Eichen nordwärts parallel zur links fließenden Ems. Nach einem **Rastplatz** 2 schwenkt der Waldweg etwas nach rechts und gabelt sich. Wir folgen dem Weg links nordwestwärts parallel zur Ems, aber jetzt in einigem Abstand zum Fluss.

Nach 500 m halten wir uns etwas links, queren bei einem Holzgeländer einen kleinen Graben und gehen nach 200 m im Anschluss an eine Rechtskurve bei einer Gabelung rechts. Der schöne Weg führt links an einem Waldweiher vorbei, entstanden aus einem abgeschnürten

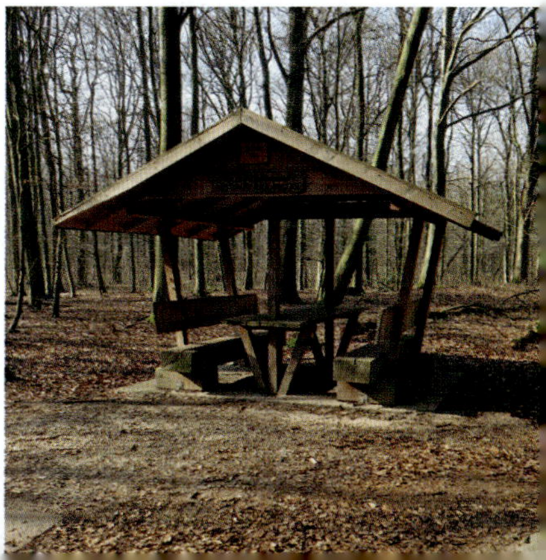

Überdachter Picknicktisch.

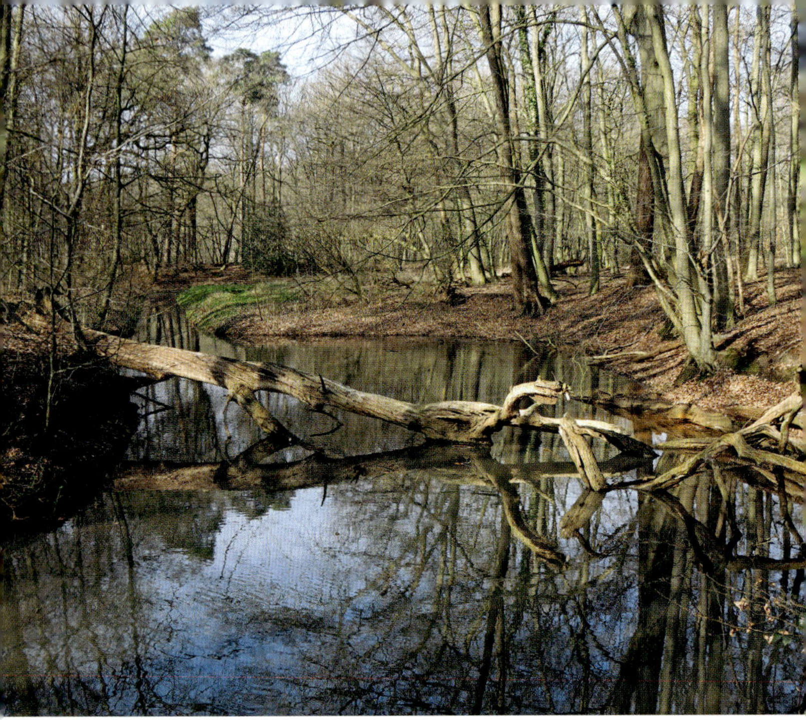

Ems-Atlarm im Bienerbusch.

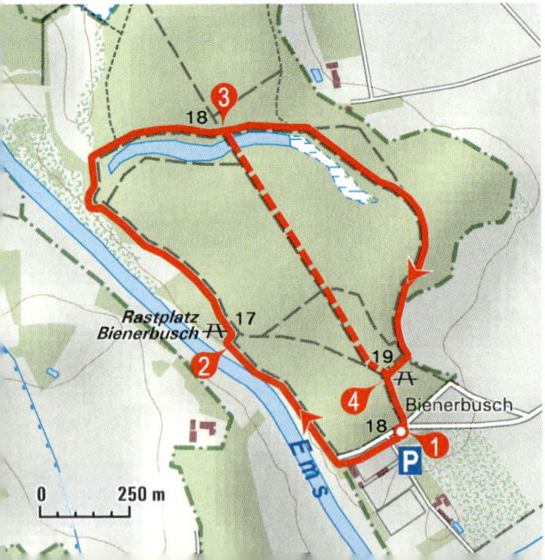

Altarm der Ems. Nach Querung des **Forstweges** ❸ als Hauptstrecke durch das Gehölz (Abkürzungsoption nach rechts, Variante) folgen wir geradeaus dem Pfad links entlang dem Altarm, linke Abzweigungen ignorierend. Der Weg quert später einen Graben mit gemauertem Brückengeländer und kurz darauf einen Altarm über eine Brücke mit beidseitigem Holzgeländer. 200 m nach der letzten Brücke halten wir uns rechts, passieren einen überdachten **Picknicktisch** ❹ und wandern links auf breitem Waldweg zurück zum **Parkplatz Bienerbusch** ❶.

↗ 60 m | ↘ 60 m | 7.7 km

2.00 h

Naturerlebnis-Lehrpfad Wachendorf

TOP 38

Abwechslungsreiche Rundtour an der Ems nördlich von Lingen

Auf einer kleinen Fläche erschließt der Naturerlebnis-Lehrpfad Wachendorf mit 13 Stationen eine erstaunlich große Vielfalt an Lebensräumen und Landschaften: Deren verbindendes Element ist Sand, der hier nach dem Abschmelzen der eiszeitlichen Gletscher abgelagert und später vom Wind zu Binnendünen verweht wurde. An den Lehrpfad schließt sich eine Runde durch die Wachendorfer Wacholderheide an, seit 1985 ein 23 ha großes Naturschutzgebiet.

Ausgangspunkt: Wanderparkplatz des Lehrpfads 100 m westlich vom Gasthof Kiebitz (Dalumer Str., 49808 Lingen).
ÖPNV: Leider keine sinnvolle Anbindung, aber in guter Radentfernung von Lingen (7 km).
Anforderungen: Leichte Wanderung über Wald- und Graspfade.
Markierung: Bei der östlichen Schleife Lehrpfad mit Holzpfählen und violetter Spitze, im westlichen Teil kurz Emsweg (E).
Einkehr: Gasthof Kiebitz nahe ❶ sowie Gaststätte Kanuhof Zur Ems (Do–Sa ab 15 Uhr, So ab 11 Uhr).
Varianten: 1. Der Lehrpfad **ohne die Wacholderheide-Runde** ist 3,7 km lang; dazu bei ❺ links.
2. Die Heide-Runde kann **vor dem Waldteich an drei Möglichkeiten abgekürzt** werden (0,5 bis 1 km kürzer); dazu kurz vor oder direkt bei ❼ links bzw. geradeaus.
Hinweis: Der Wald südlich der Kanustelle sollte trotz verschiedener Pfade lieber nicht begangen werden; dort wird auf dem Bogenparcours öfter mit Pfeil und Bogen geschossen.

Vom **Wanderparkplatz Wachendorf** ❶ leitet der gut markierte Naturerlebnis-Lehrpfad Wachendorf hinunter zum ehemaligen Baggersee, dank des Sandbodens mit nährstoffarmem klarem Wasser. Typische Pflanzen am Seeufer sind Sandtrockenrasenbewohner wie Silbergras, Sandsegge oder Sand-Straußgras. Der Pfad führt gegen den Uhrzeigersinn um den See herum und an dessen Nordseite zum Radweg. Diesem folgen wir rechts entlang der Dalumer Straße. Wenige Minuten nach dem Gasthof Kiebitz zweigt vor der Emsbrücke rechts die Zufahrtsstraße ab zum Kanuhof »Zur Ems«. Dort entlang, vor dem Kanuhof rechts und am Gatter vorbei auf den breiten Grasweg. Der Naturlehrpfad führt in einer Südschleife über Magergrünland und eine Wildblumenwiese (entsprechende Stationen). Dazwischen bietet

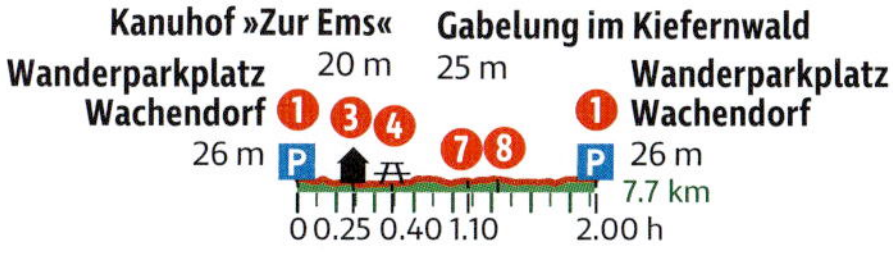

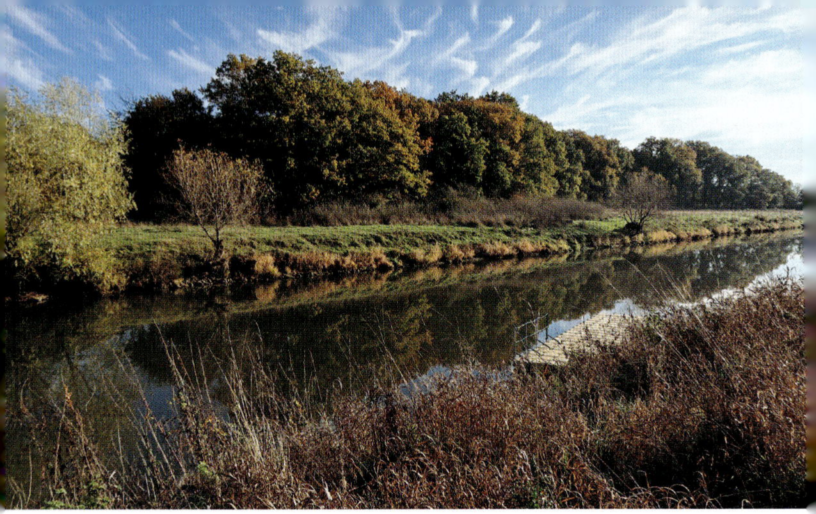

Die Ems beim Kanu-Anleger.

eine **Beobachtungsplattform** ❷ einen guten Blick auf die Wiese mit bunter Farbenpracht im Sommer. An der Rückseite von Bogenschützen-Zielscheiben, die wenig vertrauenserweckend nur durch eine gardinenartige Struktur vom Weg abgeschirmt sind, erreichen wir den **Kanuhof »Zur Ems«** ❸. Durch die Seitentore bzw. falls geschlossen seitlich an ihnen vorbei erreichen wir die Vorderseite dieser Einkehrgelegenheit.

Der Lehrpfad leitet rechts hinunter zur Ems, schwingt vor dem Kanu-Anleger nach links und folgt dem Flussufer unter der Straßenbrücke hindurch. 5 Mi-

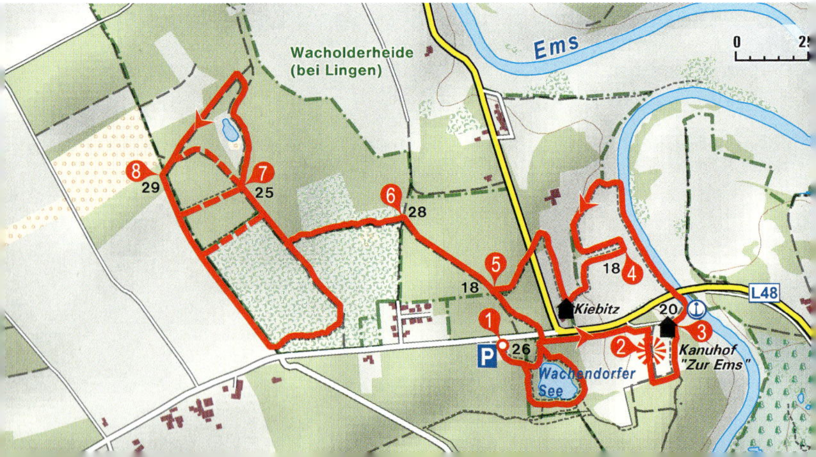

nuten nach einer Infotafel über den Sandfluss Ems führt der Pfad nach links und kurvenreich an Acker- und Feldrändern entlang. Bei der **Station Landschaftsbild** ❹ mit Infos zum Mosaik der Sandlebensräume laden Bänke zu einer Pause mit Emsblick ein. Nach der folgenden Station – zum blütenreichen Saum – schwingt der Pfad nach rechts und leitet durch Grünland mit entsprechender Station. Nach einer Straßenquerung am Waldrand geht es aufwärts auf die bewaldete Binnendüne, deren Vegetation von Heide und Wacholderhain geprägt ist. Bei einer Gabelung mit 3 Bänken und der **Station Zwergstrauchheide** ❺ verlassen wir den Lehrpfad für die Runde durch die Wacholderheide. Dazu wandern wir auf dem nicht markierten Pfad geradeaus in den Kiefernwald und bei einer Kreuzung geradeaus vorbei am **Insektenhotel** ❻ auf dem Pfad über die Heidefläche mit Wacholder.
200 m nach einem Jagdhochsitz schwenken wir bei einer T-Kreuzung nach rechts. Bei einer **Gabelung im Kiefernwald** ❼ halten wir uns rechts und umgehen kurz darauf den fast trocken gefallenen Waldsee. An dessen Nordende folgen wir kurz hinter dem Hochsitz dem Spurweg nach rechts und nach 100 m durch eine scharfe Linkskurve. Der breite Waldweg führt in südwestlicher Richtung zum Waldrand, wo wir hinter einer **Schranke** ❽ links auf den Emsweg (E) schwenken, zunächst am Waldrand, später an der Wacholderheide entlang. 20 m vor der Straße biegen wir bei einem Holzpfosten links in den Pfad, der sich parallel zur Straße durch den Wacholder windet. Bei einer T-Kreuzung vor drei Birken gehen wir links und nach 300 m auf dem rechts eher unauffällig abzweigenden bekannten Weg vorbei an ❻ zurück zur **Station Zwergstrauchheide** ❺. Der Naturerlebnis-Lehrpfad leitet uns hier nach rechts, quert kurz darauf die Straße und führt auf der anderen Seite nördlich vom See rechts haltend zurück zum **Wanderparkplatz Wachendorf** ❶.

Kiefern in Wachendorfer Wacholderheide.

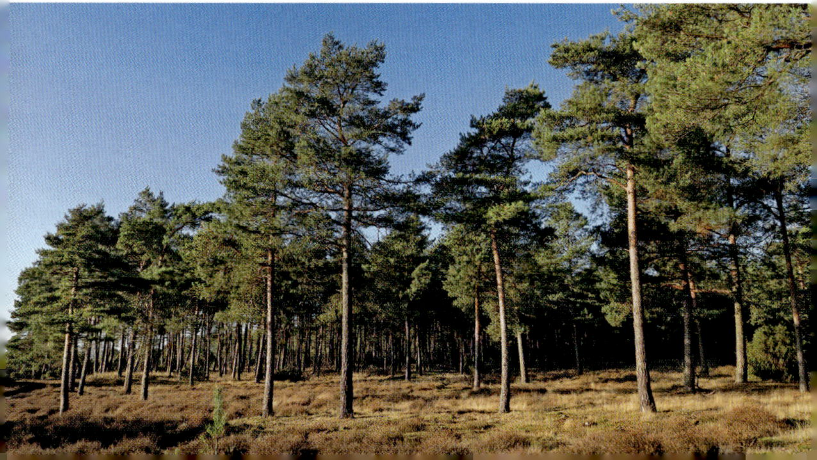

↗ 20 m | ↘ 20 m | 4.9 km

39 Stadtrundgang Lingen

1.30 h

Kanalwege und historischer Ortskern der größten Stadt des Emslandes

Das erstmals im Jahr 975 erwähnte Lingen entstand verkehrsgünstig an einer Furt über die Ems, wo sich die Fernhandelswege Flämische und Friesische Straße kreuzten. Als geschichtsträchtige und größte Stadt des Emslands bietet Lingen einige sehenswerte Gebäude und schöne Plätze. Viele gehen auf die Blütezeit der niederländischen Herrschaft im 80-jährigen Konfessionskrieg gegen das katholische Spanien zurück. Die wechselvolle Geschichte spiegelt sich in den unterschiedlichen Besatzern in nur drei Jahrhunderten wider (16.–19. Jh.): Grafen von Tecklenburg, Spanier, Oranier, Preußen sowie Königreich von Hannover. Diese Kurztour kombiniert kulturhistorische Höhepunkte der katholischen Stadt mit dem Kanal, wo ruhige Wege am Wasser mit dem lebhaften Treiben in der Altstadt kontrastieren.

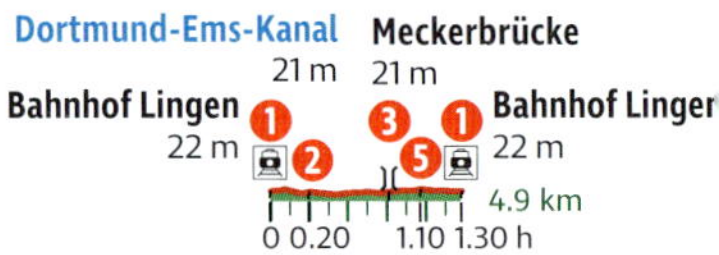

Ausgangspunkt: Bahnhof Lingen mit benachbartem (gebührenpflichtigem) Parkplatz (Navi: Bernd-Rosemeyer-Straße 12, 49808 Lingen), weitere Parkplätze auf der anderen (östlichen) Seite vom Bahnhof.
ÖPNV: Bahnhof Lingen mit stündlichen Regionalbahnverbindungen Richtung Emden und Münster, außerdem täglich mehrere IC-Verbindungen. Unterwegs Stadtbus-Haltestellen, lili-bus.de.
Anforderungen: Leichte Wanderung großteils über gepflasterte und asphaltierte Wege; Fußgängerwege, kleine Straßen. Wenn möglich, auf Naturbelag, etwa am Kanal, Bach und Stadtpark.
Markierung: Keine außer Straßenschildern.
Einkehr: Innenstadt von Lingen.
Variante: Abkürzung am Dortmund-Ems-Kanal (1,6 km kürzer): ab ❷ rechts am Kanal zu ❸, dort hinter Ruderhaus rechts und weiter wie beschrieben am Mühlenbach. Weitere beliebige Variationsmöglichkeiten in der Innenstadt.
Tipps: Emslandmuseum (Di–So 14.30–17.30 Uhr, emslandmuseum.de), Kunsthalle in Halle IV am Bahnhof mit wechselnden Ausstellungen (Mo Ruhetag, kunsthallelingen.de).

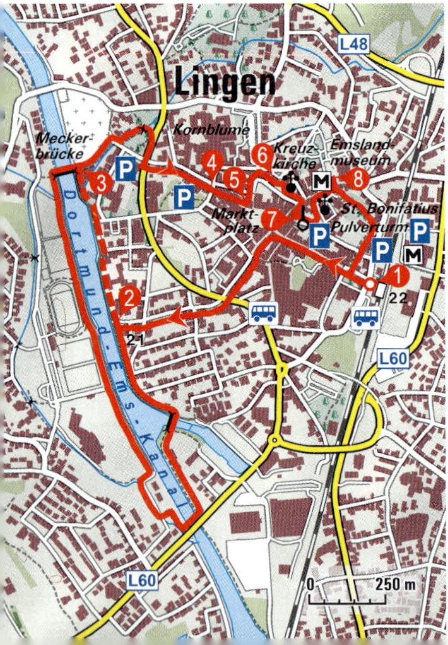

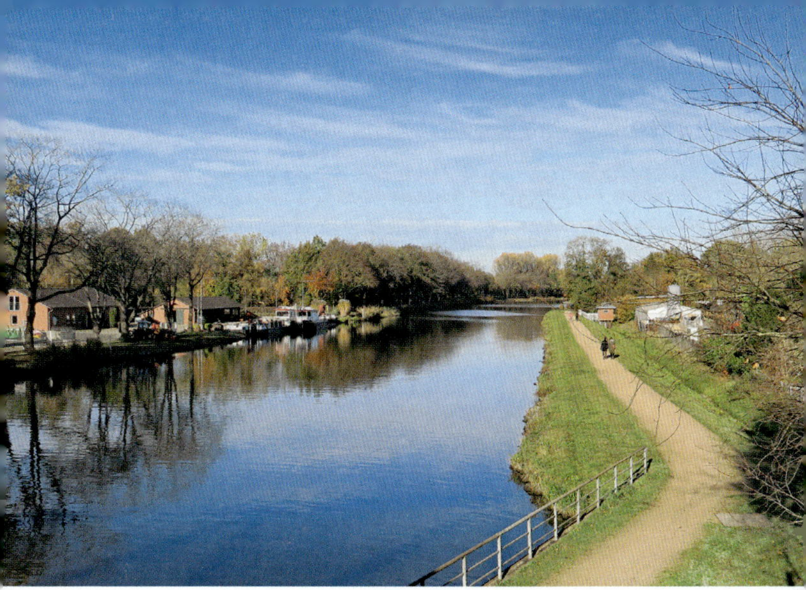

Der Dortmund-Ems-Kanal fließt östlich der Ems durch die Stadt Lingen.

Der **Bahnhof Lingen** ❶ hatte früher eine große Bedeutung wegen des benachbarten Eisenbahnausbesserungswerks. Die ehemaligen Hallen der Rückseite des Bahnhofs dienen heute als Campus von Fakultäten der Hochschule Osnabrück sowie als Kulturzentrum für Kunst, Messen und Medien.
Am Bahnhofsgebäude queren wir die Bernd-Rosemeyer-Straße über den Zebrastreifen und gehen rechts vom Parkhotel entlang der Marienstraße in die Fußgängerzone. Dort schwenken wir vor dem Marktplatz – den wir später passieren werden – nach links (Bauerntanzstraße, später Neue Straße). Kurz hinter dem neuen Rathaus mit der örtlichen Touristinfo queren wir den Konrad-Adenauer-Ring über die Ampel und nähern uns auf der Miquelstraße dem **Dortmund-Ems-Kanal** ❷. Dort biegen wir nach links – ober abkürzend nach rechts (Variante). Nach Ruhebänken und Picknicktischen queren wir rechts die Einfahrt zum Alten Hafen über eine Rad-/Fußgängerbrücke und nähern uns auf dem Uferweg der Kanalbrücke, über die wir rechts den Dortmund-Ems-Kanal queren. Gleich danach rechts und auf der anderen Kanalseite nordwärts wieder zurück, vorbei an den Linus-Wasserwelten und dem Sportstadion zur Linken.
Über die nächste Brücke, die im Frühjahr 2023 sanierte **Meckerbrücke** ❸, geht es wieder auf die andere Kanalseite. Die Planer der Stadt dachten im Zuge der Brückensanierung an viele Details und informierten die Einwohner, dass die zuvor abmontierten Liebesschlösser am städtischen Bauhof

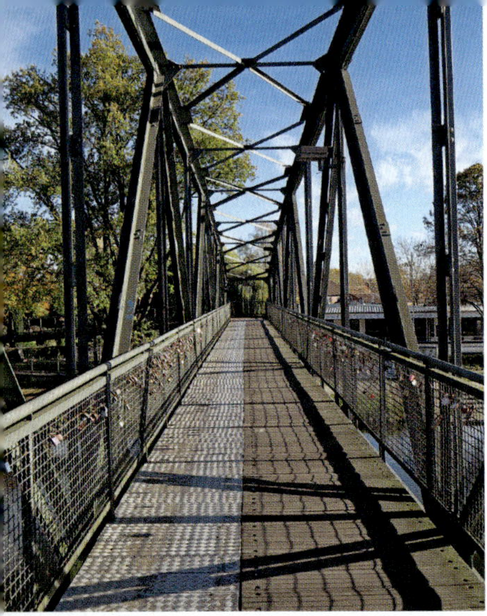

Meckerbrücke.

abgeholt werden können. Auf der anderen Kanalseite nehmen wir geradeaus den links am Ruderhaus vorbei führenden Fußweg entlang dem Mühlenbach und queren diesen bei der folgenden Brücke. Danach ist links eine Schleife durch den überschaubaren Stadtpark möglich – um die Wiese mit der Skulptur »Tapferkeit«. Südöstlich vom Park queren wir wieder den Konrad-Adenauer-Ring und folgen der gepflasterten Straße geradeaus Richtung Innenstadt (Am Gasthausdamm, Mühlentorstraße). Bei der Gabelung neben dem Bioladen **Kornblume** 4 halbrechts in die Fußgängerzone. Die Straße mündet in den **Marktplatz** 5 mit rechts dem historischen Rathaus aus dem 16. Jh. mit markanter Freitreppe, Treppengiebel und darüber einem Glockenspiel – täglich um 12, 15 und 18 Uhr.

Wir halten uns links und gehen dazu rechts am Fachwerkbau der Alten Posthalterei vorbei, gebaut 1653 als Station der reitenden Post zwischen Amsterdam und Hamburg. Vor der Stadtbibliothek von 1986 und links dem alten Krankenhaus St. Bonifatius von 1891 schwenken wir nach rechts. Die Karolinenstraße passiert nach 50 m den Universitätsplatz, dominiert vom **Professorenhaus** 6 und der protestantischen Kreuzkirche gegenüber. Lingen hatte 1697–1819 eine Universität, gegründet

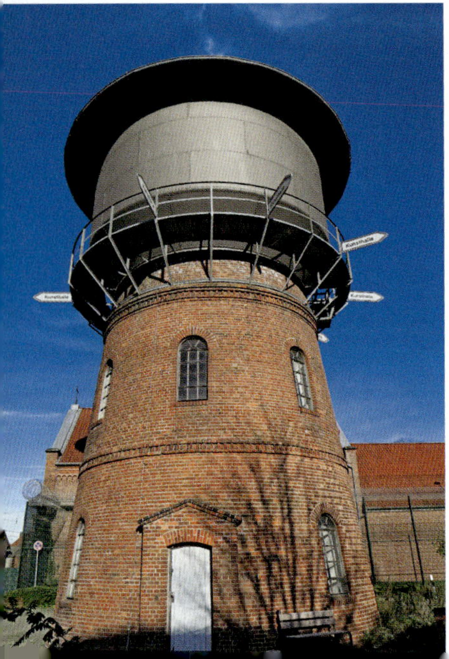

Wasserturm Lingen am Bahnhof.

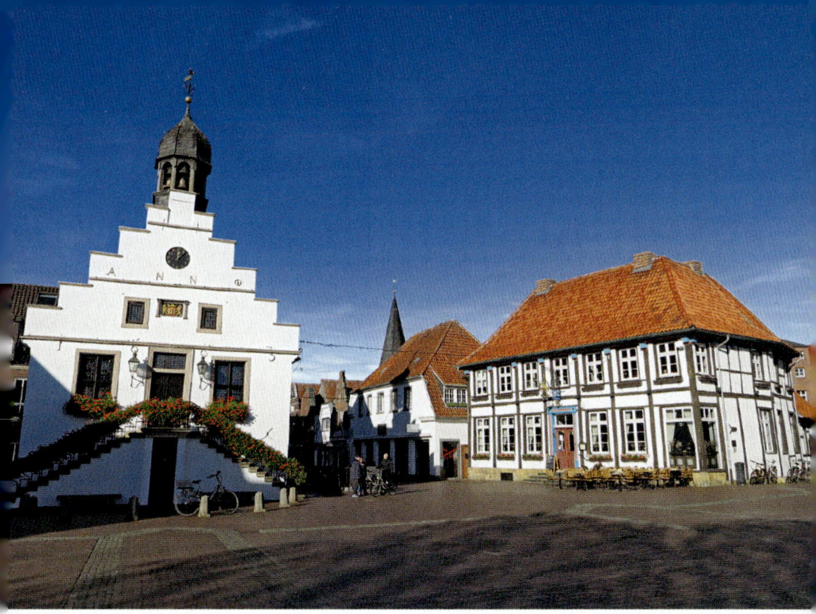

Marktplatz mit historischem Rathaus und Alter Posthalterei.

von den Oraniern. Im Professorenhaus wohnten unten die Lehrer und oben 50 Schüler. Heute ist hier das Theaterpädagogische Zentrum untergebracht mit Kursen im Bereich Theater, Spiel, Tanz und Zirkus sowie einem Café.
Vom Universitätsplatz folgen wir weiter der Karolinenstraße und biegen kurz darauf rechts in die Burgstraße als Flaniermeile der Fußgängerzone. Bei der Kreuzung vor dem Marktplatz zweigen wir nach links (Am Pulverturm) und passieren kurz darauf den **Pulverturm** 7, den einzigen Rest der im 17. Jh. abgetragenen Stadtbefestigung. Links vom Pulverturm queren wir den Parkplatz und gehen auf Lingens Hauptkirche zu; die katholische St.-Bonifatius-Kirche aus dem 19. Jh. mit 64 m hohem Turm von 1906. Wir umgehen die Kirche links – vorbei am Eingang – und folgen der Gasse links vorbei am Kolpinghaus. Hinter dem Kolpinghaus zweigt rechts ein netter Fußweg ab, aber vorher lohnt sich nach links ein 50 m langer Abstecher zum **Emslandmuseum** 8 mit Ausstellungen zur Geschichte und Kultur der Stadt. Links davon zeigt das ehemalige Fachwerk-Kutscherhaus des Palais Dankelman als Teil des Museums alte Bau- und Wohnkultur.
Der Fußweg leitet links am Kolpinghaus und nach einer Rechtskurve rechts an einem Backstein-Bürogebäude vorbei. Nach einem Spielplatz queren wir die Straße Am Pulverturm und biegen kurz darauf links in die bekannte Marienstraße zurück zum **Bahnhof Lingen** 1.

↗ 90 m | ↘ 90 m | 11.0 km

40 Freren – Saller See – Windmühlenberg

2.45 h

Rundwanderung zum höchsten Berg des Emslands

Der Saller See bildet mit dem angrenzenden Alt-Frerener Forst ein beliebtes Naherholungsgebiet auf der eiszeitlich entstandenen Endmoräne östlich von Lingen. Der künstlich angelegte 7 ha große See bietet an der Westseite ein Feuchtbiotop mit Bohlenweg und artenreicher Natur, im Süden und Osten ein Strandbad mit Ferienpark. Im Mischwald des Alt-Frerener Forsts zählen ein Großsteingrab und der Windmühlenberg als höchste Erhebung des Emslands zu den Höhepunkten.

Ausgangspunkt: Parkplatz am Waldfreibad Freren (Navi: Zu den Hünensteinen 9, 49832 Freren).
ÖPNV: Bushaltestelle Freren-Engelbertz mit Linie 131 (Mo–Fr etwa stündlich) von/nach Lingen, vge-emsland-sued.de.
Anforderungen: Leichte Wanderung über Forst- und Feldwege, geschotterte Seepromenade und kleinere Pfade, kurze Abschnitte über kleine Straße.
Markierung: Teilweise Nordic-Walking-Routen (NW), zwischen 3 und 5 weißer Punkt (wp) als Markierung des 174 km langen Ems-Hase-Hunte-Else-Weges zwischen Teutoburger Wald und Lingen.
Einkehr: Emslandhotel mit Terrasse am Saller See (nur im Sommer), Kiosk Saller See, Imbiss am Ausgangspunkt (Öffnungszeiten des Freibads).
Varianten: Mehrere abkürzende Querverbindungen.
Tipps: Waldfreibad (Mai bis September, kostenpflichtig) sowie mehrere Badegelegenheiten am Saller See (frei).

Das Großsteingrab Altfrerener Forst hat noch vier ganze von einst elf Decksteinen.

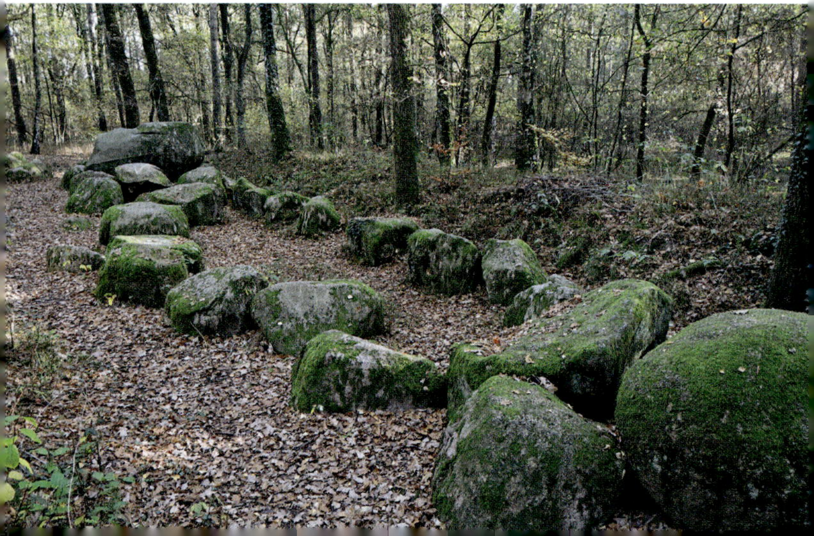

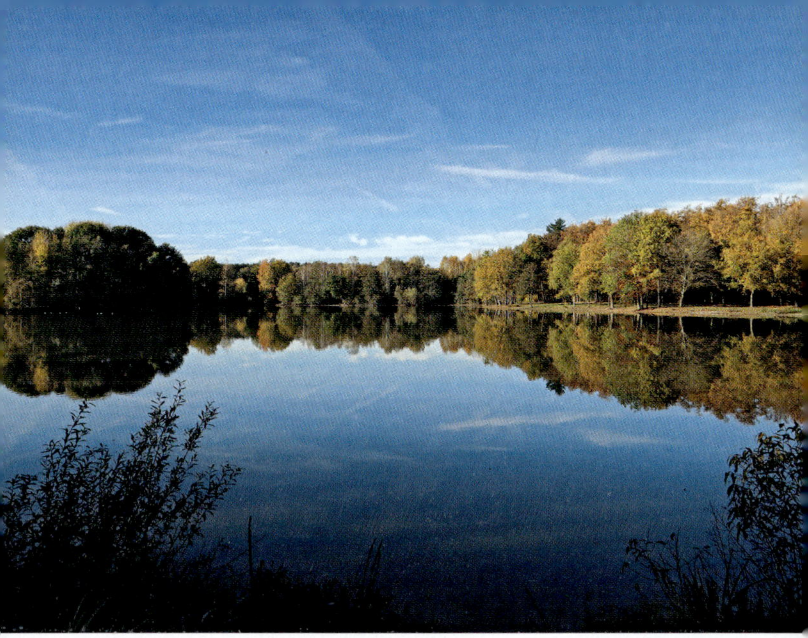

Der Saller See wird von einem Quellgraben gespeist.

Die vom **Waldfreibad Freren** ❶ Richtung Saller See führende Straße geht bald in einen Schotterweg über, dem wir am Sportplatz vorbei geradeaus folgen. Eine Infotafel weist auf den 1995 eingerichteten und vor Ort nur noch sporadisch sichtbaren Walderlebnispfad Holtpättken hin. Nach 5 Minuten erreichen wir das gut erhaltene **Großsteingrab Alt-Frerener Forst** ❷ mit seiner aus 14 Tragsteinen gebildeten 20 m langen Grabkammer.

Kurz nach dem Hünengrab biegen wir am Waldrand links in den Weg Richtung Saller See, zunächst am Feldrand, dann im Auf und Ab durch Wald. Immer geradeaus bis zu einer T-Kreuzung im Mischwald: dort rechts Richtung Saller See. Nach der Querung eines tiefer gelegenen Forstweges leiten uns Markierungen der Nordic Walking Route 6 geradeaus. Im Anschluss an einen etwas steileren Abstieg wird der Forstweg breiter. Bei der folgenden Gabelung rechts (NW 4, 6, 5, 3), dann immer geradeaus und aus dem Wald heraus.

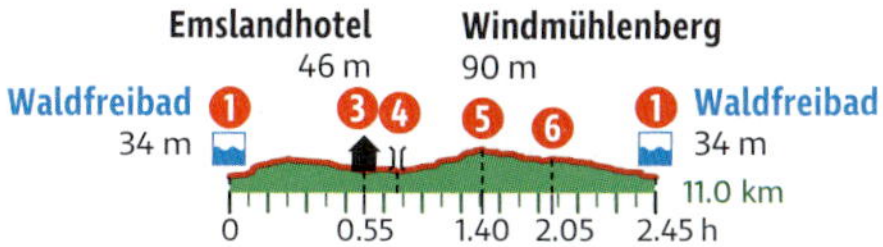

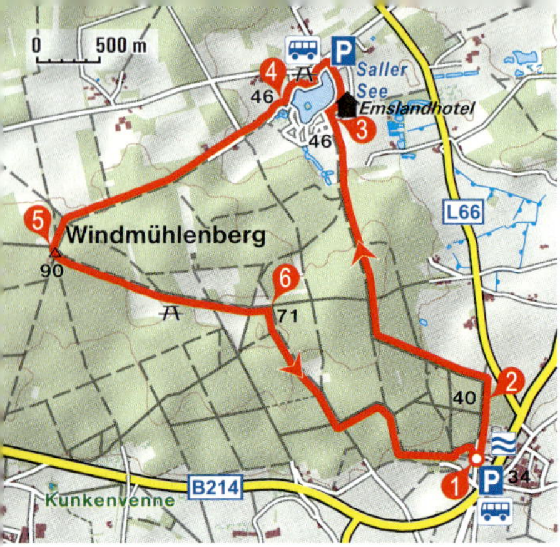

Von dem über eine Anhöhe führenden Feldweg sind schon die Ferienhäuser am Saller See erkennbar. Am Saller See schwenken wir rechts auf den Fußweg und umgehen den See gegen den Uhrzeigersinn, vorbei am **Emslandhotel 3**, einem Kiosk, überdachten Picknicktischen und natürlich mehreren Badestellen. Am Westufer verlassen wir den See nach einer Brücke und folgen zunächst dem Fußweg rechts am Feuchtbiotop entlang (wp) und kurz darauf dem Pfad über einen **Holzsteg 4**. Bei einem Landhaus biegen wir rechts auf den alleeartigem Schotterweg (wp). Der weiße Punkt leitet uns nun geradeaus auf den **Windmühlenberg 5**, 90 m, wo uns statt weiter Aussicht ein Wasserwerk und ein Wendeplatz mit Kreisverkehr erwarten.

Hier gehen wir zweimal links und folgen der Nordic-Walking-Route 6 über einen sandigen Forstweg geradeaus, ohne Abzweigungen zu beachten. Wenige Minuten nach einem Picknicktisch bei einer Kreuzung geradeaus (NW 3, 5). Bei einer **Kreuzung mit Bank 6**, kleinem Feld und umzäunter Aufforstung biegen wir nach rechts (Reitschild) und bei der folgenden, 300 m hinter offener Fläche, nach links, vorbei an einer Bank. Abzweigungen von dem hügeligen Weg ignorieren wir. Nach 5 Minuten geht es bei einer T-Kreuzung auf einem Hohlweg rechts durch jungen Buchenwald abwärts. 100 m vor dem Waldende kommen wir bei einer Kreuzung links an einer Bank vorbei. Ferienhäuser kündigen den Campingplatz am Startpunkt an. Bei der Kreuzung davor gehen wir links und sofort danach rechts zurück zum Parkplatz am **Waldfreibad Freren 1**.

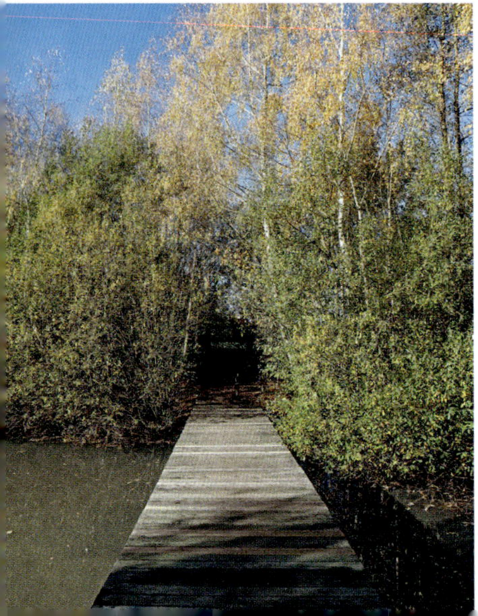

Holzsteg am Feuchtbiotop des Westufers.

↗ 30 m | ↘ 30 m | 13.3 km

3.15 h

Von Salzbergen nach Rheine

41

Auf den Spuren des Salzes entlang der Ems

Salzbergen an der Ems verdankt seinen Namen der früheren Salzgewinnung aus einem 220 Millionen Jahre alten Salzdom in der Emsschleife mit einem 440 m mächtigen Steinsalzlager unter einer 200 m dicken Deckschicht. Der Emsweg führt zwischen Salzbergen und Rheine zwar nicht durchgehend, aber großteils entlang dem stellenweise ursprünglich mäandernden Fluss mit der Emsaue. Für besonders schöne Abschnitte verlassen wir den Emsweg, erkunden dadurch kurz vor Rheine das Kloster Bentlage und folgen den Spuren der Sole, die im Norden von Rheine der Salzgewinnung diente und ein Badehaus belieferte.

Ausgangspunkt: Bahnhof Salzbergen mit (kostenfreier) Parkgelegenheit beidseitig des Bahnhofs (Navi: Bahnhofstraße oder Lindenstraße, 48499 Salzbergen).
Endpunkt: Bahnhof Rheine mit mehreren gebührenpflichtigen Parkgelegenheiten, etwa P1 Bahnhof Vorplatz (Navi: Kardinal-Galen-Ring, 48431 Rheine) oder Parkhaus nördlich vom Bahnhof (Navi: Bahnhofstraße 32, 48431 Rheine).
ÖPNV: Halbstündliche Regionalbahnverbindungen zwischen Rheine und Salzbergen bzw. stündlich Richtung Emden via Meppen und Bad Bentheim, Osnabrück und Münster. Unterwegs vor 7 Stadtbushaltestelle Rheine-Saline mit Linie C12 zum Bustreff bei 10 (alle 30–60 Minuten), stadtwerke-rheine.de/StadtBus.
Anforderungen: Leichte Wanderung über Feld- und Uferwege sowie kleine Straßen.
Markierung: Großteils E für Emsweg sowie Radwegweiser, kurz vor Rheine auch T für Töddenweg.
Einkehr: Klostercafé im ehemaligen Kloster Bentlage, Hotel-Restaurant Gottesgabe in der alten Salzsiederei, Rheine.
Varianten: 1. **Abkürzung vor Kloster Bentlage** (0,5 km kürzer): 0,3 km nach der Unterführung unter der B70 nicht geradeaus am Ufer entlang, sondern rechts durch den Wald (E, T).
2. **Abkürzung nach Kloster Bentlage ohne Saline** (1 km kürzer): nach dem Tor des Klosters links in alleeartigen Bentlager Weg zur Bahnbrücke und dort weiter geradeaus wie beschrieben entlang dem Emsweg.
Kombi-Tipp: Tour 42 von Rheine nach Schüttorf; diese trifft bei 5 in den Emsweg; ab hier rechts auf Töddenweg wie bei Tour 42 ab 4 beschrieben – Gesamtlänge von Salzbergen nach Schüttorf rund 17 km.
Tipps: Vor Rheine Kloster Bentlage mit Klostermuseum und Kunstgalerie sowie Salzsiedewerkstatt (kloster-bentlage.de). In Rheine Falkenhof-Museum zur Stadtgeschichte.

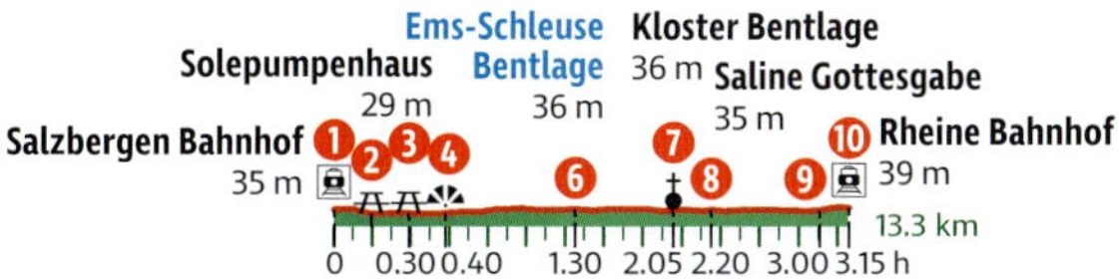

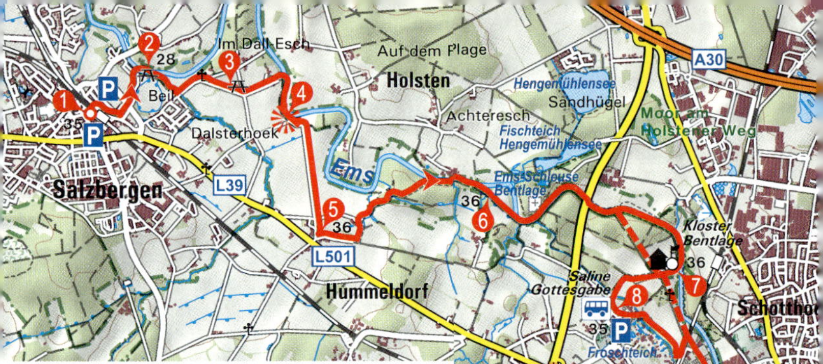
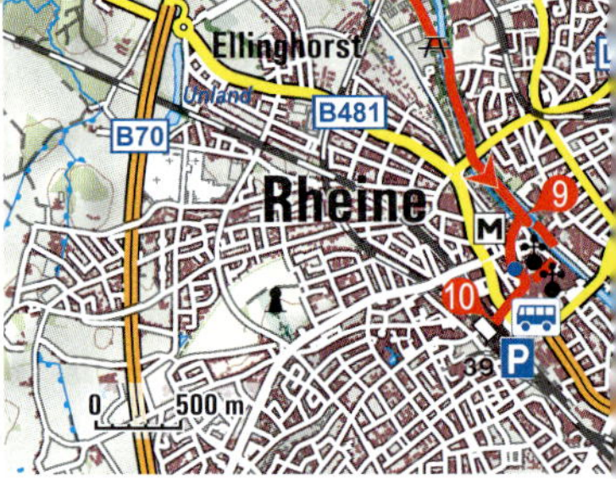

Am **Bahnhof Salzbergen** ❶ erinnert eine große Dampflok an die Bedeutung dieses kleinen Ortes als Eisenbahnknotenpunkt, wo sich die von Rheine kommende Bahnstrecke Richtung Norddeich und Niederlande gabelt.

An der Rückseite der Dampflok gehen wir durch die Unterführung und folgen auf der anderen (Ost-)Seite der Lindenstraße nach rechts bis zum Raiffeisenmarkt mit Tankstelle. Kurz dahinter zweigen wir links in die Sackgasse (Nepomukstraße), nehmen am Ende den Durchgang beim Steinwall und queren die Hauptstraße, auf Karten amtlich als »Ortskernentlastungsstraße« bezeichnet. Auf der anderen Seite leitet der anfangs asphaltierte Hohlweg beim Gedenkstein zur Flurbereinigung durch einen Waldstreifen zur Ems, wo wir rechts dem Radweg vorbei an einem **Rastplatz** ❷ folgen. 5 Minuten nach dem Rastplatz weist uns ein Radwegweiser bei einer Kreuzung nach links und über den Elsbach, ehe wir uns nach 250 m bei einer Gabelung mit Kruzifix rechts halten und nach wenigen Minuten ein altes **Solepumpenhaus** ❸ mit Rastplatz passieren: ein kleines Fachwerkgebäude mit pyramidenförmigem Stangengerüst. In dem 2016 sanierten Pumpenhaus wurden in den 16 Jahren der Salzgewinnung (1959–1975) pro Stunde bis zu 2.000 l Sole mit einem Salzgehalt von 26% aus bis zu 350 m Tiefe gefördert. Bei der folgenden Kreuzung geradeaus auf dem Salzweg, nach einem Wohnhaus vor der Ems durch die Rechtskurve und entlang dem Fluss. Nach wenigen Minuten bietet eine **Aussichtskanzel** ❹ einen guten Blick über die Emsterrassen im Nordosten und Süden: vorne die Emsaue, dahinter Inselterrassen und am Horizont die oberen Emsterrassen der Talsandebene.

Kurz nach der Aussichtskanzel folgen wir der kleinen asphaltierten Straße geradeaus und durch die Rechtskurve. Bei **Rad-KP 44** ❺ kurz vor der Rheiner

Landstraße schwenkt der Emsweg nach links (Radschild Rheine 6,2 km) und nach 400 m wieder nach links. Ein Pfad leitet zwischen Bäumen zur Emsaue mit dichterem Wald, wo die gut sichtbaren E-Markierungen den Weg weisen. Später schlängelt sich der Pfad entlang dem Fluss zur 1841 errichteten **Ems-Schleuse Bentlage** 6, mit einer offiziellen mittleren Wasserfallhöhe von 0,88 m. Der Emsweg begleitet weiter den Fluss auf der rechten Seite (gegen die Fließrichtung), bis zu einem Rechtsschwenk 300 m nach Unterquerung der B70. Hier verlassen wir den Verlauf des Emsweges und folgen dem etwas längeren, aber schöneren Uferweg geradeaus entlang der Ems und erreichen nach 1 km das **Kloster Bentlage** 7 mit Café. Die ehemalige gotische Klosteranlage aus dem 15. Jh,. bietet heute als kulturelles Zentrum ein breites Spektrum: Museum zur Klostergeschichte mit zwei Reliquiengärten, Galerie mit Malerei der klassischen Moderne, Ausstellungen, Konzerte und Sitz der Europäischen Märchengesellschaft. Wir passieren links das Hauptgebäude und verlassen das Gelände durch das eiserne verzierte Eingangstor zwischen den beiden Torhäusern. Dahinter für wenige Meter rechts in den Bentlager Weg (T, E, E11), beim Stromverteilungskasten links in den Weg am Feldrand neben dem Zaun und nach 200 m geradeaus rechts neben dem Schlossweg. Nach 5 Minuten queren wir den Schlossweg und den 4 km langen Salinenkanal, angelegt zur Nutzung der Wasserkraft für die Förderung der Salzsole. Links neben dem Schlossweg nähern wir uns dem Gelände der ehemaligen **Saline Gottesgabe** 8 mit rechts dem in Fachwerk erbauten Salzsiedehaus, das bis 1953 in Betrieb war.

Das im Jahr 1803 säkularisierte Kloster Bentlage ist heute ein Kulturzentrum.

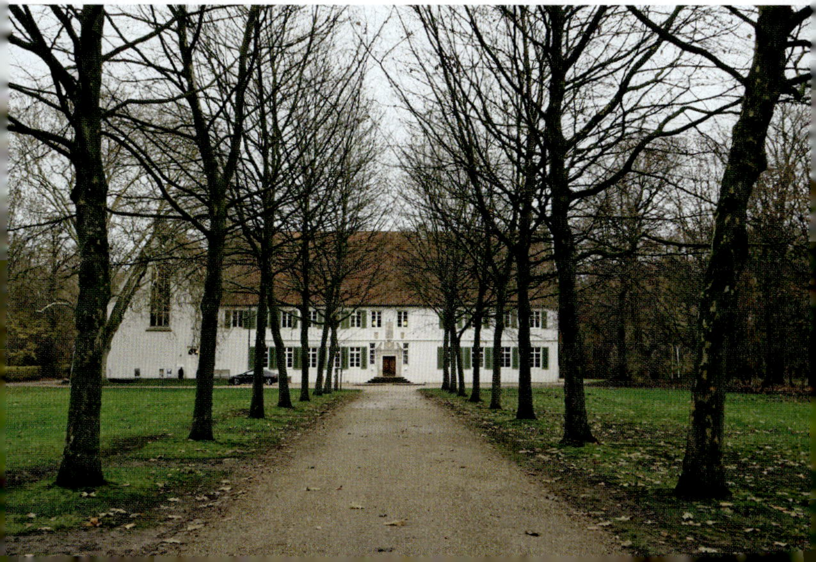

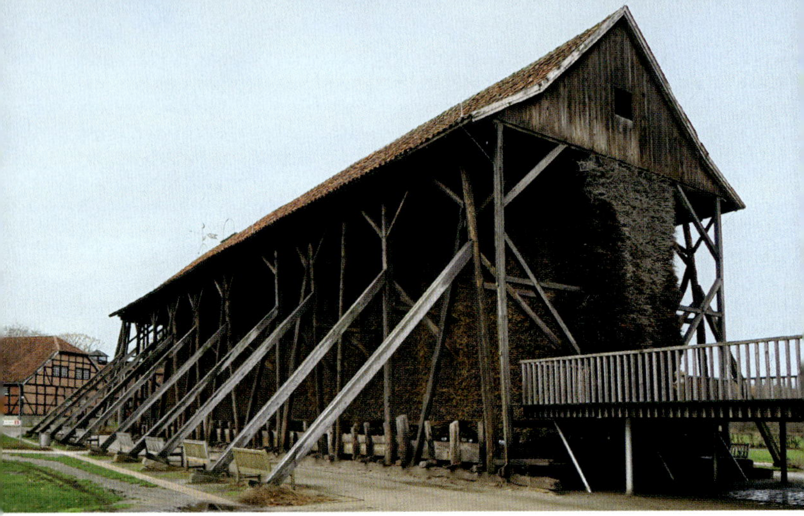

Die Salzgewinnung bei Bentlage reicht bis in das 11. Jh. zurück.

Die Saline erlebte seit der Salzgewinnung im Mittelalter Höhen und Tiefen. Nach einem Niedergang im 17. Jh. investierte Fürstbischof Clemens August im 18. Jh. in den Neuaufbau, wobei der Salinenkanal mit einem Mühlenrad von 12 m Durchmesser angelegt wurde. Um die mithilfe der Wasserkraft geförderte schwachprozentige natürliche Sole anzureichern, entstanden 1745 Gradierwerke aus Schwarzdornreisig; damit sollte ein Teil des Wassers verdunsten und sich so die Salzkonzentration erhöhen. Die jetzigen Gradierwerke sind Rekonstruktionen von 1970 mit nur wenigen Originalteilen. An den 1975 eingestellten Kurbetrieb erinnern noch das ehemalige Badehaus hinter dem Wendehammer mit der Bushaltestelle sowie das ehemalige Kinderheim mit Solebadekuren, heute eine berufsbildende Schule links vom Salzsiedehaus.

Wir folgen der kleinen Straße links am Salzsiedehaus vorbei und nach der Linkskurve geradeaus vorbei an den auffälligen Gradierwerken – teilweise auch über die Brücke möglich. Zur Linken

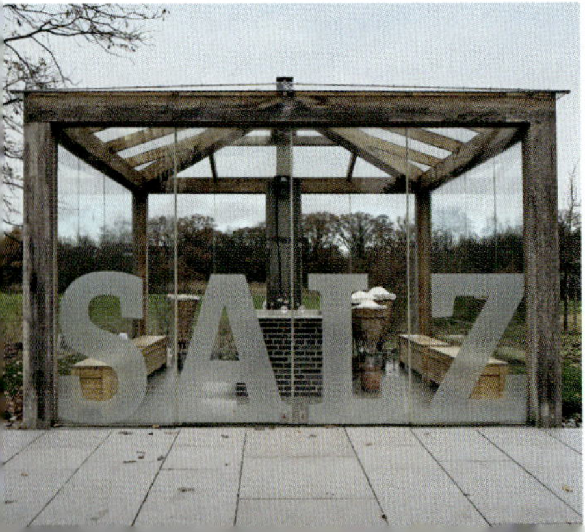

Saline Bentlage.

passieren wir den hölzernen Solespeicherturm von 1910 und danach das Turbinenhaus mit darin einem Modell der Saline von 1915. Nach dem zweiten Gradierwerk und dem Turbinenhaus schwenken wir nach rechts auf den von Bäumen gesäumten Uferweg entlang dem Salinenkanal. Auf der anderen Seite des Kanals tummeln sich die rund 1.000 Tiere des NaturZoos Rheine mit seinen 100 Arten, darunter Tiger, Trampeltier, Säbelschnäbler, Schwarzstorch, Seehund sowie Streichelzootiere.

Nach 500 m biegen wir links in den ersten abzweigenden Weg und folgen kurz darauf dem Radweg zu einer Wegkreuzung. Rechts unter der alten Bahnbrücke hindurch und geradeaus auf dem Radweg Richtung Rheine (E, T), nach 5 Minuten ufernäher und schöner auf dem halblinks abzweigenden Pfad. Nach Unterquerung einer schmucklosen Straßenbrücke geradeaus auf dem zwischen dem Radweg (rechts) und der Ems (links) verlaufenden Fußweg (E, T) nach Rheine.

Beim mehrstöckigen Gebäude der Emsmühle wird ein Teil des Flusswassers zur regenerativen Stromerzeugung genutzt – rund 1 Mio. kWh im Jahr. Der eigentliche Mühlenbetrieb wurde 1964 eingestellt. Das jetzige Mühlengebäude wurde nach dem Zweiten Weltkrieg errichtet. Aber bereits im 14. Jh,. wurde eine Mühle an dieser Stelle urkundlich erwähnt. Hinter der Emsmühle schwenken wir nach links zum **Emswehr** ⑨, das auf einen spätmittelalterlichen Vorläufer aus Holz an einer Flussfurt zurückgeht. Das rund 3 m hohe Wehr dient neben der Wasserkraftnutzung zusammen mit einem Kanal aus dem 19. Jh. und zwei Schleusen der Schiffbarmachung der Ems.

Auf der Uferpromenade flanieren wir bis zur nächsten Brücke, biegen dort nach rechts und erreichen nach wenigen Minuten den Marktplatz mit rechts der St.-Dionysius-Kirche. Am (westlichen) Ende des Marktplatzes biegen wir beim Denkmal an Ludwig Rosenberg nach links, beim folgenden Platz (Borneplatz) rechts in die Emsstraße, die später zur Bahnhofsstraße wird und erreichen nach Querung des Kardinal-Galen-Rings den **Bahnhof Rheine** ⑩.

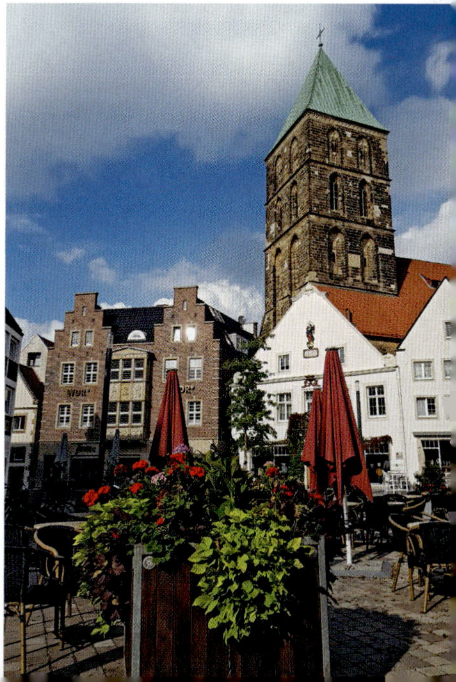

Marktplatz Rheine mit St.-Dionysius-Kirche.

↗ 60 m | ↘ 60 m | 21.8 km

42 Von Rheine nach Schüttorf

5.15 h

Entlang dem Töddenweg auf den Spuren der Textilkaufleute

Das an der Ems in NRW gelegene Rheine präsentiert sich als Knotenpunkt von Fernwanderwegen: Hermanns-, Ems- und Töddenweg. Letzterer führt westwärts über Bad Bentheim in die Niederlande. Wir folgen großteils diesem ehemaligen Handelsweg der Textilkaufleute über kleine Landstraßen, Ufer- und Feldwege. Anfangs begleitet uns die Ems, kurz vor dem Ziel geht es durch den 266 ha großen Hainbuchen-Mischwald Samerott, eines der ältesten Waldgebiete der Grafschaft. Am Start und Ziel weichen wir auf schöne Wege an Flüssen aus.

Ausgangspunkt: Bahnhof Rheine mit mehreren gebührenpflichtigen Parkgelegenheiten, etwa P1 Bahnhof Vorplatz (Navi: Kardinal-Galen-Ring, 48431 Rheine) oder Parkhaus am Bahnhof nördlich vom Bahnhof (Navi: Bahnhofstraße 32, 48431 Rheine).

Endpunkt: Bahnhof Schüttorf mit kleinem gebührenfreien Parkplatz (Navi: Ladestraße, 48465 Schüttorf).
ÖPNV: Stündliche Regionalbahnverbindungen zwischen Rheine und Schüttorf, weiter Richtung Hengelo via Bad Bentheim und Bielefeld via Osnabrück.
Anforderungen: Leichte Wanderung über großteils radfähige Wege; kleine Straßen, Forstwege sowie Pfade durch Wald und am Flussufer.
Markierung: Großteils Töddenweg (T) sowie zwischen ❸ und ❺ Emsweg (E).
Variante: Vor Kloster Bentlage **kleine Schleife zu alter Saline** (0,5 km länger): nach ❷ geradeaus und vor dem Salinenkanal rechts auf den Uferweg mit links dem NaturZoo. Bei einer Kreuzung mit der Brücke des Gradierwerks und links der Anlage der alten Saline geradeaus, vorbei an Pfählen in den Wald und geradeaus zu einem alleeartigen Weg vor ❸.
Einkehr: Rheine, Kloster Bentlage, Schüttorf.
Kombi-Tipp: Tour 41 von Salzbergen nach Rheine. Diese mündet bei ❺ in den Töddenweg ein, woraus sich eine 17 km lange Streckenwanderung von Salzbergen nach Schüttorf ergibt.
Tipps: Tierpark und Saline Rheine, Museum im Kloster Bentlage.

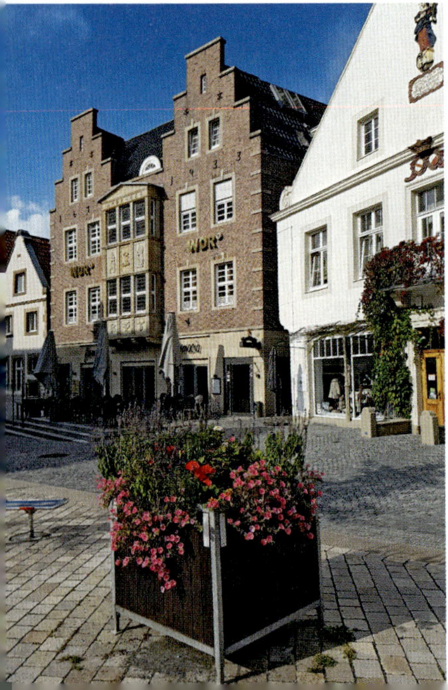

Marktplatz Rheine.

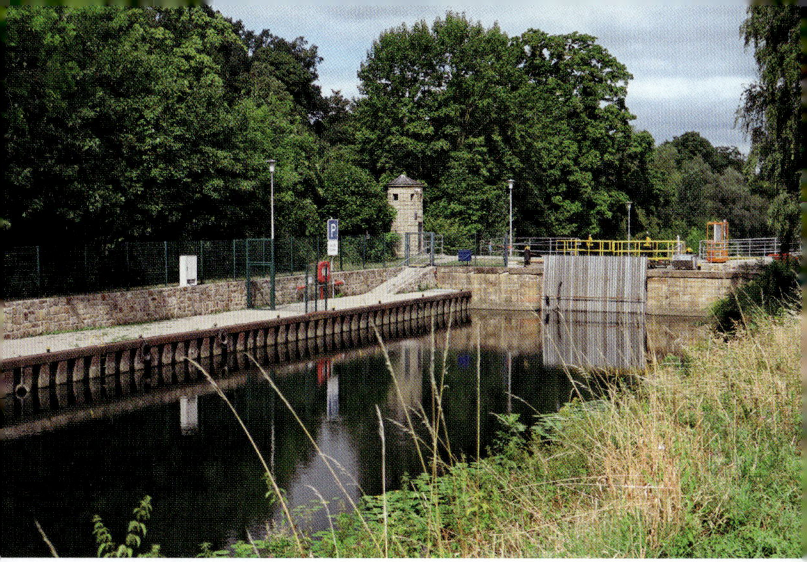

Die Unterschleuse Rheine überwindet einen Höhenunterschied von 2,5 m.

Den eher schmucklosen **Bahnhof Rheine** ❶ im Rücken orientieren wir uns nordostwärts in das Stadtzentrum (Bahnhofstraße) und folgen dort der Fußgängerzone leicht links haltend zum zentralen Platz mit Brunnen. Hier gehen wir rechts, passieren zur Linken die St.-Dionysioskirche, queren die Mühlenstraße und kurz darauf die Ems. Nach der Emsbrücke steigen wir links die Treppe hinab zum Ufer der Ems und folgen dort dem Weg (Timmermannsufer) rechts an der Ems entlang, die sich nach dem Emswehr aufsplittet in den Flussarm sowie auf der rechten (unseren) Seite dem Schiffskanal.
Beim Rettungspunkt 504 endet der Asphalt, und ein bewaldeter Schotterweg leitet uns an der Ems entlang, vorbei an der Unterschleuse Rheine. Nach einer **Bogenbrücke** ❷ steigen wir rechts aufwärts und queren auf dieser Bahnbrücke die Ems. Links verlaufen die Gleise der in den 1990er-Jahren stillgelegten Strecke zwischen Rheine und Quakenbrück. Diese war 1979 wegen ihres geraden Verlaufs als Teststrecke für den seinerzeit neu entwickelten ICE im Gespräch. Der anfängliche Abschnitt zwischen Rheine und Spelle – also auch bei der Brücke – wird bis heute noch für den Güterverkehr zum Speller Betonwerk genutzt.
Nach der Brücke biegen wir bei der Kreuzung (KP 20) nach rechts Richtung Salzbergen. Der alleeartige Schotterweg leitet in nördlicher Richtung zum **Kloster Bentlage** ❸. An der Kreuzung vor dem Kloster wandern wir geradeaus in nördlicher Richtung (T, E), schwenken vor der Ems nach links und folgen dem Uferweg flussabwärts.

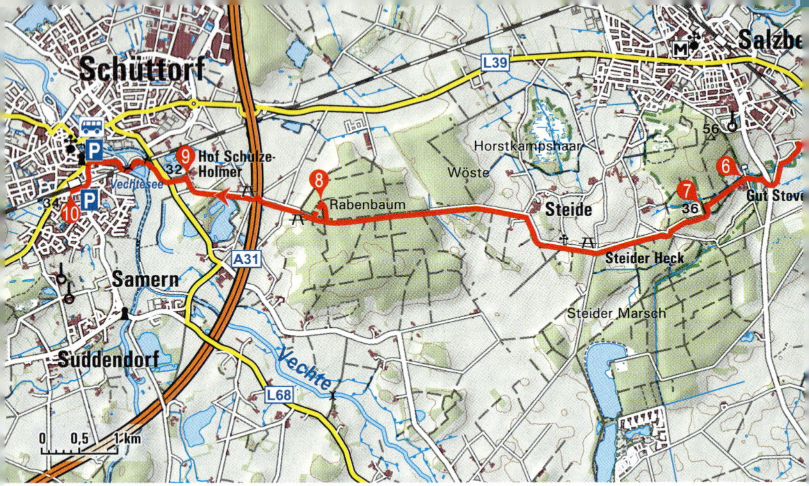

150 m nach der **Ems-Schleuse Bentlage** 4 passieren wir kaum wahrnehmbar die Landesgrenze zwischen NRW und Niedersachsen, ehe kurz darauf der Weg nach links schwenkt. Die Markierungen E und T weisen in etwas kurvigem Verlauf durch den Wald und schließlich bei der T-Kreuzung mit einer Straße nach rechts. Beim folgenden **Rad-KP 44** 5 verabschiedet sich der Emsweg rechts Richtung Salzbergen, während wir geradeaus gehen (Radschild Schüttorf 12,3 km) und die Rheiner Straße sowie wenige Minuten später die Bahnstrecke Rheine-Salzbergen queren.

Gleich nach dem Bahnübergang schwenken wir rechts in die Diekenhoogstraße, vorbei an einem Unterstand mit Infotafel über den Handelsweg. Der Töddenweg folgt dieser kleinen Landstraße bis zum Ende, schöner (und kürzer) ist es aber, wenn wir nach 10–15 Minuten, 250 m nach Querung des Elsbaches, beim Schild »Diekenhoogstraße 2« nach links abbiegen und bei der Gabelung nach 100 m rechts gehen. Die kleine Straße mündet nach 300 m in die Neuenkirchner Straße, an der wir wieder auf T stoßen und ihm links folgen. Nach 300 m verlassen wir vor dem Wohnhaus mit der Nr. 40 die Straße auf dem rechts abzweigenden Fußweg (T).

An dessen Ende queren wir den Neuenkirchener Damm und folgen vorbei an Metallpfählen rechts dem Grasweg zwischen Feld (links) und Straße

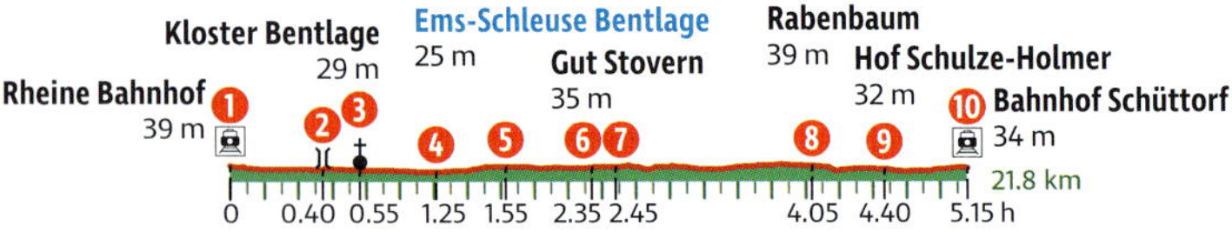

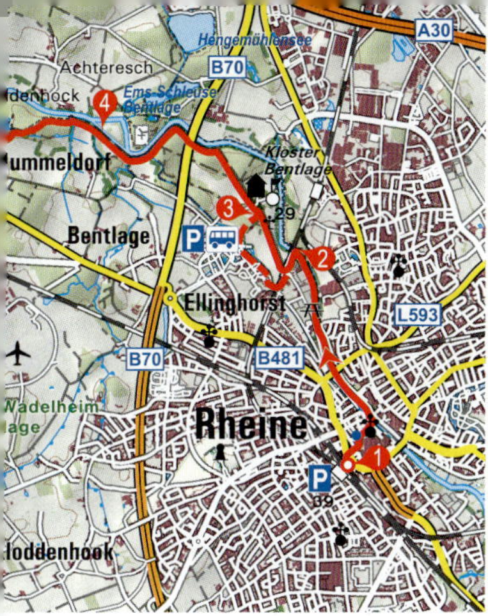

(rechts). Der Töddenweg leitet kurz darauf nach links, quert rechts den Elsbach und führt auf kleinem, asphaltiertem Weg zum **Gut Stovern** ❻. Der erstmals um 1230 erwähnte Hof fiel im 15. Jh. an das Kreuzherrenkloster Bentlage und wurde seit 1611 zu einem privaten Rittergut ausgebaut. Das Schloss wird – seit mehr als 300 Jahren – von der Familie von Twickel bewohnt, die früher über mehrere Generationen den Drosten von Rheine-Bevergern stellte.

Vor dem Hof halblinks auf dem Zufahrtsweg mit dem Herrenhaus im Rücken. Während T diesem asphaltierten Weg 1 km folgt, lädt etwas rechts ein schönerer kleiner Waldweg ein: Dazu wechseln wir 30 m nach ❻ vor der Remise des Gutes halbrechts auf den Pfad, der erst über Gras und später Waldboden geradewegs durch das Gehölz führt. Bei Kreuzungen gehen wir geradeaus, ehe nach 10 Minuten am Waldende ein **Denkmal** ❼ an die jüngste Tochter des Gutsbesitzers Felix Droste Vischering zu Nesselrode-Reichenstein erinnert.

Vor dem Denkmal biegen wir nach links und nach 70 m rechts auf den breiten Schotterweg mit der bekannten T-Markierung. Der Weg setzt sich bald als Asphaltstraße fort, die in den Alten Postweg mündet. Als alter Handelsweg leitet T für rund eine Stunde etwas eintönig entlang dem Alten Postweg, der einem alten Flugsandrücken folgt, in dem 2.500 Jahre alte eisenzeitliche Begräbnisurnen gefunden wurden. Die zweite Hälfte dieses Abschnitts leitet der Postweg schneisenartig durch den Wald. Wanderer wählen hier lieber die breitere Spur über Waldboden, da der dominierende Radverkehr über die schmale Spur führt. Kurz vor dem Waldende führt bei KP S10 rechts ein 200 m langer Abstecher zum **Rabenbaum** ❽ – einer umzäunten jungen Eiche als Nachfolgerin des riesigen »Rabenbaums«. Eine zuletzt rund 1.000 Jahre alte Eiche mit 3,5 m Durchmesser und 11 m Umfang diente hier im Mittelalter als Richtstätte, ehe ein Sturm die Krone 1798 herausbrach und der Baum einging.

Das Waldende markieren drei rote Bänke beim Rettungspunkt Schü-023 mit einer Infosäule über das Samerotter Kunstobjekt »Topografie der Gemeinheit« des Hamburger Künstlers Christoph Schäfer mit drei Standorten: dem Platz beim **Rabenbaum** ❽, der Scheune des **Hofes Schulze-Holmer** ❾ und einer 4 m hohen Glasskulptur. Letztere steht etwas versteckt 15 m links von der Straße auf einem Erdwall neben dem Waldrand.

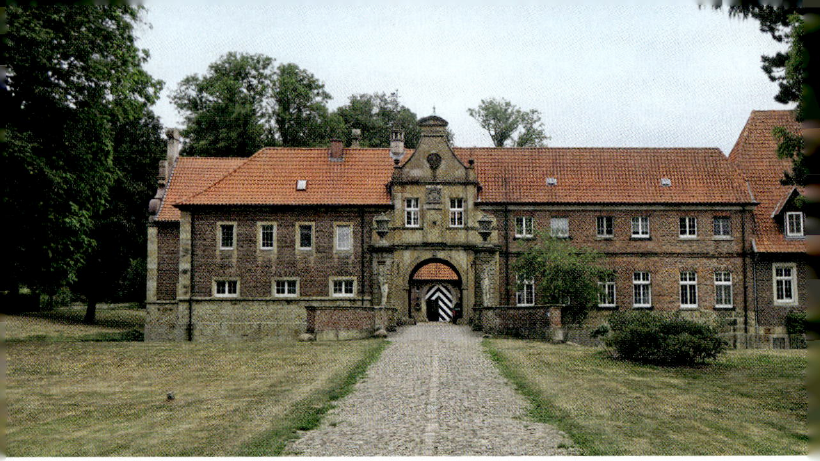

Das in Privatbesitz befindliche Gut Stovern ist nur einmal monatlich öffentlich zugänglich.

T führt wieder durch offenes Gelände entlang dem Rheiner Damm und unter der A31 hindurch. In der Linkskurve nach der Autobahnunterführung erinnert ein Findling an die 20 Jahre währende Flurbereinigung im Zuge des Autobahnbaus. Dabei wurden die Landverluste durch den Bau der A31 auf mehrere Grundbesitzer verteilt. Hier folgen wir T nach rechts und gleich darauf bei der Gabelung nach einem gemauerten Unterstand nach links. Nach 10 Minuten und 180 m hinter Rad-KP 61 biegen wir bei einer Bank und vor einem Linksknick der Straße rechts in den Radweg Richtung Schüttorf zum **Hof Schulze-Holmer** ❾. Rechts informiert im sanierten Speicher der schon im Mittelalter erwähnten Hofstelle eine Ausstellung mit Bilderkreis über die 900-jährige Geschichte von Samern.

Vor einer Biogasinstallation auf einem Hof schwenkt T nach links und leitet nach Querung der Landstraße auf dem parallel verlaufenden Radweg nordwärts. Nach 250 m bietet sich bei einem kurzen Schlenker nach links ein schöner Blick über die zwischen zwei Flussarmen verbreiterte Vechte, ehe wir links Gleise queren und nach dem Bahnübergang dem Radweg nach links folgen. Nach 50 m links über die Vechtebrücke und kurz darauf nach einer weiteren Brücke über den zweiten Vechtearm rechts.

Nach 200 m verlassen wir den Uferweg – noch bevor die beiden Arme wieder zusammenfließen – und folgen dem links abzweigenden Fußweg in Richtung der Ortsmitte von Schüttorf. Beim Freibad gelangen wir in die Graf-Egbert-Straße. Geradeaus leicht rechts versetzt wäre in wenigen Minuten die Ortsmitte erreichbar. Zum Bahnhof folgen wir der Graf-Egbert-Straße nach links, biegen nach 200 m hinter dem großen Parkplatz mit Supermärkten links in die Ohnestraße und gehen in der Linkskurve nach 50 m geradeaus in die Ladestraße, die nach einer Rechtskurve auf den **Bahnhof Schüttorf** ❿ zuführt.

↗ 150 m | ↘ 120 m | 14.9 km

4.00 h

Von Schüttorf nach Gildehaus

43

Auf dem Töddenweg von der Vechte zur niederländischen Grenze

Über den Bentheimer Rücken als westlichstem Ausläufer des Teutoburger Waldes führt diese Streckenwanderung auf dem Töddenweg und gleichzeitig E11 bis kurz vor die Grenze. Zu den Höhepunkten zählen die Bentheimer Burg und Klippen, Windmühlen und Kirchen. Einige dieser Motive verewigte der niederländische Landschaftsmaler Jacob van Ruisdael (1648–1682) bei Reisen in die Region. Ziel dieser Etappe des Töddenweges ist Gildehaus, das sich seit 1923 mit dem offiziellen Beinamen »Perle der Grafschaft« schmückt. Zwei Museen in dem Ort erinnern an Maler, die hier im 20. Jh. wirkten: Otto Pankok und Friedrich Hartmann.

Die Burg Bentheim gilt als größte Höhenburg Nordwestdeutschlands.

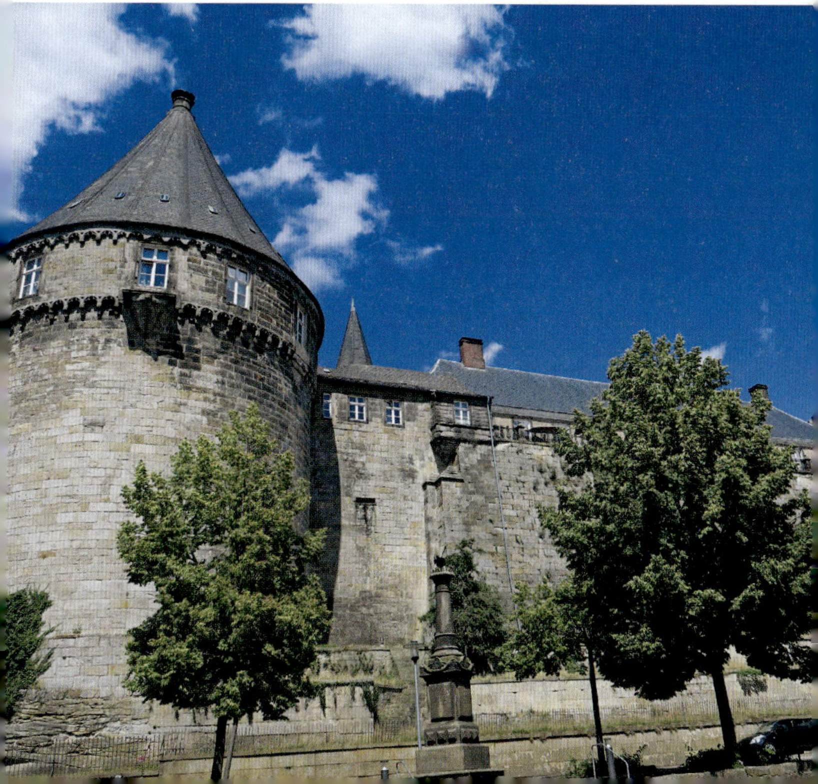

Ausgangspunkt: Bushaltestelle Alte Post im Zentrum von Schüttorf mit benachbartem Parkplatz (Navi: Geiststraße, 48465 Schüttorf).

Endpunkt: Gildehaus Bahnhof mit Bushaltestelle. Wanderparkplatz oberhalb vom Ort bei 8 (Navi: Mühlenberg, 48455 Bad Bentheim).

ÖPNV: Zwischen dem Ausgangs- und Endpunkt verkehrt mit Zwischenhalten in Suddendorf (Haltestelle Rodriguez) und in Bad Bentheim (Zentrum sowie Paulinenkrankenhaus) Linie 60, weiter Richtung Gronau (Mo–Fr stündlich, Sa/So zweistündlich), vgb-mob.de. Die Bahnhöfe Schüttorf und Bad Bentheim bieten stündliche Regionalbahnverbindungen Richtung Hengelo und Bielefeld via Rheine und Osnabrück. Zuweg ab Bahnhof Schüttorf zum Ausgangspunkt (0,8 km): vom Bahnhof rechts auf kopfsteingepflasterter Ladestraße westwärts, nach 200 m links, bei Querung der Bahnhofstraße geradeaus (Burg-Altena-Platz, Steinstraße), hinter der Villa Schlikker rechts in Mühlenstraße und später auf Rad-/Fußweg Am Mühlenkolk durch Park Richtung Zentrum mit rechts dem Ausgangspunkt.

Anforderungen: Leichte Wanderung über kleine Straßen sowie Feld-, Wald- und Uferwege, teilweise auf Gras.

Markierung: Großteils T für Töddenweg und E11, stellenweise Spurensuche (S) und Wanderknotenpunkte.

Einkehr: Schüttorf, Bad Bentheim, Gildehaus sowie Suddendorf Landgasthof Rielmann an der Hauptstraße vor 3 (Sa/So 11–13 Uhr, sonst außer Mo ab 17 Uhr).

Varianten: 1. **Die Tour kann in Bad Bentheim mit Bahnhof beendet (oder begonnen) werden**. Von der Burg zum Bahnhof ist es 1 km. Dazu ab 5 abwärts und nordwärts durch den Schlosspark, nach Querung der Rheiner Straße geradeaus auf Radweg und nach 100 m halblinks auf Eisenbahnstraße zum Bahnhof.

2. **Abkürzung in Gildehaus** (0,5 km kürzer): bei 7 halbrechts abwärts auf gepflasterter Gasse Richtung Ortsmitte/Otto-Pankok-Museum, nach 5 Minuten rechts Fußweg und an dessen Ende links Teichkamp zum Bahnhof.

Kombi-Tipp: Verlängerung mit Tour 46 von Gildehaus zum Dreiländersee (wo auch Buslinie 60 hält).

Tipps: In Gildehaus Malermuseen Otto Pankok (Mi 15–17, Sa und So 14–17 Uhr, pankok-museum.de) und Friedrich Hartmann (auf Anfrage; friedrich-hartmann-museum.de), in Bad Bentheim Burg und Sandsteinmuseum.

Vom Zentrum **Schüttorf** 1 bei der Bushaltestelle Alte Post gehen wir ostwärts zur Vechtebrücke (Färberstraße, Salzberger Straße) und schwenken vor der Brücke rechts auf den Radweg am Ufer der Vechte mit ihren steinernen Fischtreppen entlang. Nach 10 Minuten unter der Bahnbrücke hindurch und

Schlosspark.

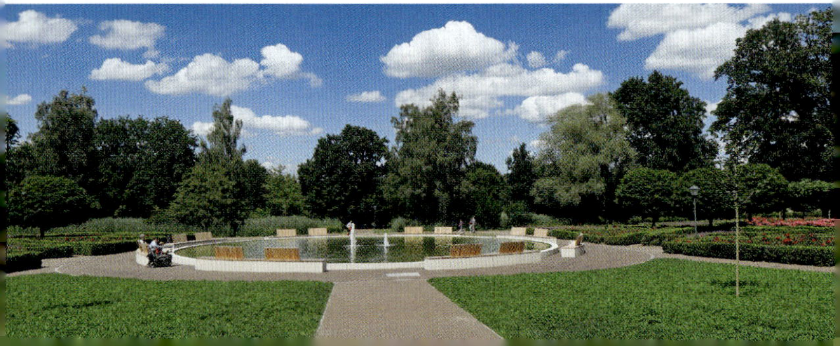

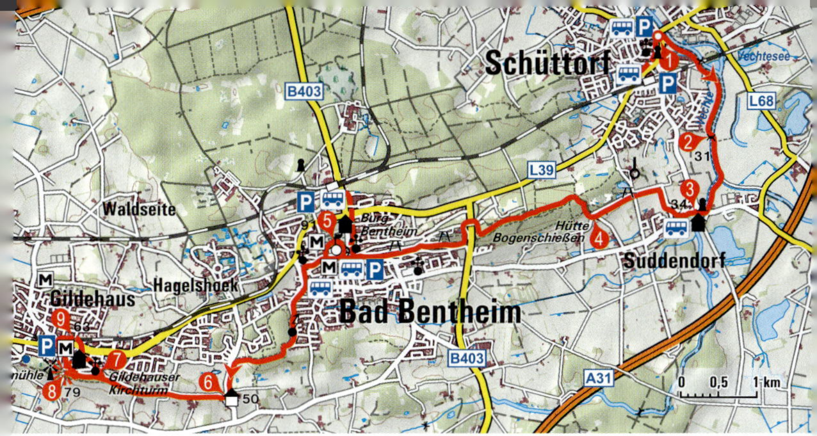

südwärts neben dem Fluss, auch nach einer **Fußgängerbrücke** ❷ immer auf dessen rechter Seite. 500 m nach der Fußgängerbrücke mündet von rechts die Eileringsbeeke in die Vechte ein. T leitet uns rechts neben dem Nebenfluss. Bei Erreichen einer Landstraße halten wir uns links und nach 100 m rechts. Der folgende Weg durch Suddendorf weicht etwas vom Verlauf des Töddenwegs ab, um größere Straßen zu meiden: 40 m nach dem Ortsschild von **Suddendorf** ❸ geht es rechts bei der Straßenlaterne in den Fußweg, danach auf der Straße Schweers Eck durch das Wohngebiet, bei einer Kreuzung geradeaus auf einem gepflasterten Fußweg leicht aufwärts zwischen Hecken, dann auf der Straße Tüchterskamp durch ein Wohngebiet. Bei Abzweigungen halten wir uns rechts und verlassen schließlich Suddendorf entlang der Ziegelstraße nordwärts (T). Bei einer T-Kreuzung links und bei einer Straßenkreuzung mit Rastplatz geradeaus.

Bei einer **Hütte der Bogengemeinschaft** ❹ »Am Berg« biegen wir rechts in die Sackgasse und steigen nach dem Haus auf dem Waldweg an. Nach einer Linkskurve erreichen wir den Kamm bei KP B09 und folgen auf diesem T Richtung B6 durch den Wald vorbei an den Bentheimer Klippen. Am Ende des Kamms nach einem Holztor rechts abwärts (Pfeile, T), bei KP B07 links und über die Straßenbrücke. Nach der B404 halten wir uns links und folgen dem Pfad erst oberhalb der B403 und nach einem Rechtsknick am Hang entlang, links vorbei an der Freilichtbühne. Am Ortsbeginn leitet die Straße

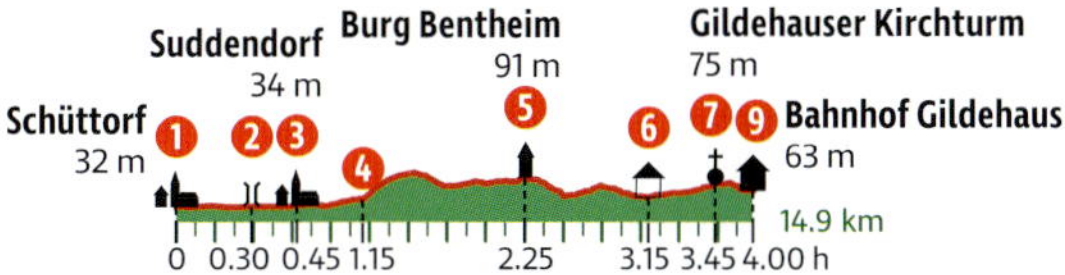

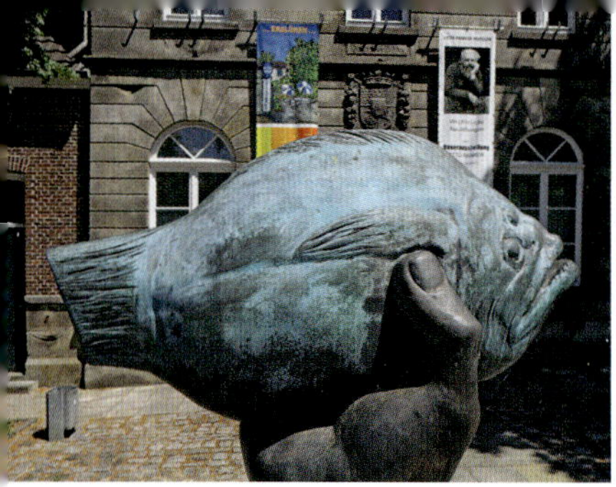

Skulptur »Butt im Griff«.

Osterberg durch eine Rechtskurve. An deren Ende zweigen wir nach links und gelangen auf dem Kamm zunächst auf der Straße Am Kathagen und später auf der Straße Am Wasserturm westwärts in die Ortsmitte, dominiert von der **Burg Bad Bentheim** ❺. Die gut erhaltene Burg thront als eine der größten mittelalterlichen Burganlagen Nordwestdeutschlands auf dem Sandsteinfelsen von Bad Bentheim, überragt vom 45 m hohen Batterie- und dem 30 m hohen Pulverturm. Der Brunnen in der Nordmauer reicht 23 m tief. Mittelpunkt ist das repräsentative Wohngebäude der neugotischen Kronenburg. Der rechts unterhalb liegende Schlosspark wurde 2022 saniert und die Springbrunnenanlage neu gestaltet.

T führt links an der Burg vorbei – erst über die Schlossstraße westwärts, dann links abzweigend entlang dem kopfsteingepflasterten Stoltenkamp über den bebauten Höhenzug. Bei einer T-Kreuzung mit Wiesenblick links (B40 Gildehaus 10,7 km) und vorbei an der Bushaltestelle Paulinenkrankenhaus (Linie 60 zum Ausgangs- und Endpunkt). 5 Minuten nach der Bushaltestelle leitet T (E11) halbrechts in den Wald (Reitverbot), wo wir der T-Markierung folgen, anfangs links haltend.

Bei Erreichen des Radweges rechts und bei KP B33 geradeaus durch Wald, später zwischen Feldern zur Landstraße (Alter Postweg) und dort links. Nach 500 m lädt rechts beim **Notfall-Treffpunkt BB045** ❻ eine Hütte zur Pause ein. Weiter geht es rechts, vorbei an der Station Saturn des Planetenwegs. Der Sieringhoeker Weg führt am Südrand des Höhenzugs entlang mit weiten Blicken über Felder. Kurz nach dem Jupiter des Planetenwegs passieren wir das Gildehauser Ortsschild und einen Grenzstein mit Infotafel zur ehemaligen Bauernschaft Sieringhoek.

Vor einem buntbemalten Trafokasten des **Gildehauser Kirchturms** ❼ führt uns T geradeaus auf den Höhenzug (T) – oder abkürzend halbrechts abwärts direkt zur Ortsmitte (Variante 2). Zwischen dem Ort und dem links abfallenden bewaldeten Bürgerpark nähern wir uns einem aussichtsreichen Rastplatz an der **Ostmühle** ❽. Vor der Ostmühle führt die Mühlenstraße abwärts in die Ortsmitte mit dem zentral gelegenen Otto-Pankok-Museum im alten Rathaus, das an den mehrmonatigen Aufenthalt des in Nazi-Zeiten als »entarteter Künstler« eingestuften Malers im Jahr 1936 erinnert. Vor dem Museum weist die Skulptur »Butt im Griff« auf den bekannten Pankok-Schüler Günter Grass hin. Links am Museum vorbei queren wir einen Privatparkplatz und erreichen die Hengeloer Landstraße mit etwas rechts dem **Bahnhof Gildehaus** ❾, der heute als Gaststätte dient.

↗ 15 m | ↘ 15 m | 7.2 km

1.45 h

Schüttorf – Quendorfer See 44

Rundwanderung von Altstadt zu Badesee und Vechteniederung

Als erster Ort der Grafschaft erhielt Schüttorf 1295 Stadtrechte, was den Bau einer Stadtmauer erforderlich machte. Von dieser einst 1.300 m langen Mauer stehen heute noch 550 m in der Mauerstraße. Diese kurze Rundwanderung durch und bei Schüttorf kombiniert die Innenstadt mit dem Vechtetal und dem 13 ha großen und bis zu 30 m tiefen Quendorfer See, entstanden durch Sandausbaggerung zum Bau der A30 und im Sommer ein beliebter Badesee mit Sandstrand.

Ausgangspunkt: Bushaltestelle Alte Post im Zentrum von Schüttorf mit benachbartem Parkplatz (Navi: Geiststraße, 48465 Schüttorf).
ÖPNV: Bushaltestelle Alte Post am Ausgangspunkt mit u. a. Linie 60 von/nach Gronau via Bad Bentheim (täglich alle 2 Std., Mo–Fr von/nach Bad Bentheim stündlich), vgb-mob.de. Alternativ mit 0,5 km langem Zubringer zu 7 Bahnhof Schüttorf mit stündlichen Bahnverbindungen Richtung Hengelo via Bad Bentheim und Bielefeld via Rheine und Osnabrück. Vom Bahnhof rechts auf kopfsteingepflasterter Ladestraße westwärts, nach 200 m links, und geradeaus, bei Querung der Bahnhofstraße geradeaus (Burg-Altena-Platz, Steinstraße) zu 7.
Anforderungen: Leichte Wanderung über Straßen und Wege am Ufer sowie zwischen Feldern.
Markierung: Stellenweise Radwegweiser.
Variante: Abkürzung ohne Stadtschleife und -mauer (0,7 km kürzer); ab 8 halblinks auf Fußgängerstraße zurück zu 1.
Einkehr: Ortsmitte von Schüttorf, Quendorfer See.
Kombi-Tipp: Die Touren 42 oder 43 können am Ende (42) oder Anfang (43) mit dieser Rundwanderung ergänzt werden.
Tipps: Badestrand am Quendorfer See, 35 m hoher Aussichtsturm Isterberg 5 km an B403 nordwestlich von Schüttorf.

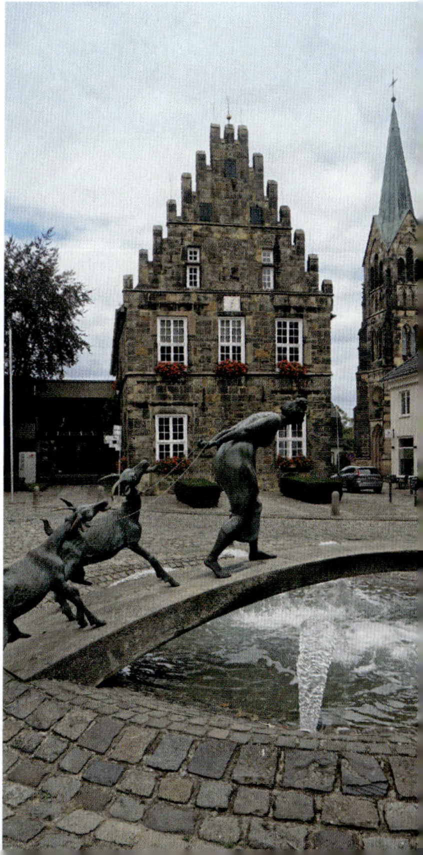

Der Ziegenbrunnen im Zentrum referiert an die früher bedeutenden Nutztiere.

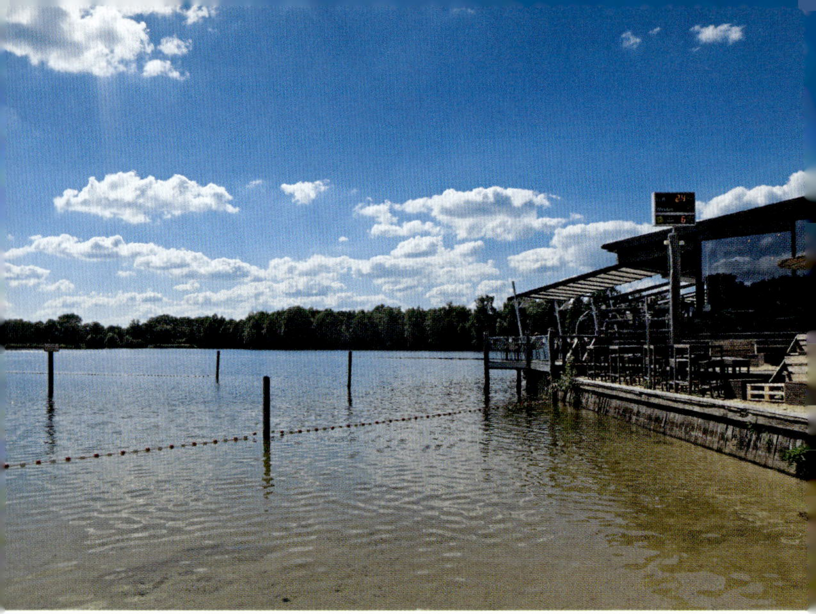

Der Quendorfer See verdankt seine Entstehung dem Autobahnbau.

Die **Bushaltestelle Alte Post** ❶ liegt verkehrsgünstig zwischen der Altstadt und der Vechtebrücke. Wir gehen in Richtung der Brücke und zweigen noch vor ihr bei der Kreuzung mit Ampel links in die Sackgasse (Weidenstraße). Diese ist so gut wie autofrei und wir meiden die Hauptstraße. Auf dem Gelände links liegt die auf Berufsbekleidung spezialisierte Textilfirma Schümer. Am Ende rechts auf der Straßenbrücke über die Vechte. Nach der Brücke nimmt uns rechts der Uferweg auf, der nach 50 m nach links schwingt. Der Weg (Fünerken) mündet in eine Straße; dort geradeaus, auch bei rot-weißen Pfeilern und durch die Spielstraße. Bei der ersten Kreuzung – hinter der Vechtehalle – links und geradeaus nordwärts, auch bei Abzweigungen. Auf Höhe einer Tankstelle biegen wir halbrechts in die Drievordener Straße zum Quendorfer See. Nach knapp 1 km am Ende der Bebauung links vorbei an Metallabsperrungen zum **Strandbad** ❷ des Quendorfer Sees und dort rechts. Vor der Gaststätte halten wir uns et-

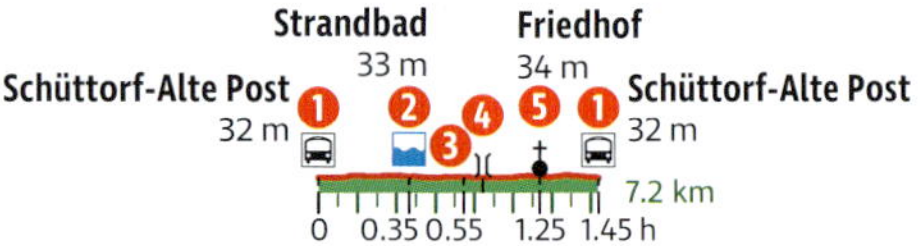

was rechts und umgehen die Einkehrgelegenheit rechts. Weiter geht es nordwärts über eine Holzbrücke und danach links haltend am birkenbestandenen Nordwestufer des Quendorfer Sees entlang. In der Linkskurve verlassen wir den See bei einem Schild, das Angeln unter der Hochspannungsleitung verbietet. Rechts auf dem Pfad geht es vorbei am rot-weiß-roten Pfahl zum Radweg neben der Schüttorfer Straße und auf diesem geradeaus in nordwestlicher Richtung.
Nach 500 m queren wir bei der Bushaltestelle **Quendorf-Siedlung** ❸ die Kreisstraße und wandern vorbei am Rad-KP 34 in die Sackgasse Am Vechtetal (Radwegweiser). Nach Querung der Vechte schwenkt der Radweg nach links und bei einem Holzgeländer nach 70 m nach rechts. 150 m später verlassen wir den links abknickenden Radweg und gehen nach Querung einer kleinen **Holzbrücke** ❹ rechts neben einem Wassergraben. Der schmale Schotterweg mündet in einen Radweg, der uns links zwischen Feldern zurück nach Schüttorf leitet. Dort geradeaus durch Wohnviertel (Breslauer Straße). Vor dem **Friedhof** ❺ rechts auf dem für Autos gesperrten gepflasterten Friedhofsweg. An dessen Ende biegen wir rechts in den Nordring und beim Kreisverkehr links in die Föhnstraße zur Ortsmitte mit **Ziegenbrunnen** ❻ und altem Rathaus. Dort geradeaus auf die Kirche zu mit dem »Riesen von Schüttorf«, dem 81 m hohen Kirchturm. Die Wandermarkierung (X) weist uns rechts um die Kirche herum, an deren Südseite wir rechts von dem Modegeschäft (Nr. 12) in den Gang biegen. Im folgenden überschaubaren Bürgermeister-Meyeringh-Park halten wir uns rechts. Am Parkende rechts (Jürgenstraße) und nach 30 m vor dem Gasthof Zur Alten Mühle nach links. Beim Rest der Stadtmauer aus dem 13. Jh. links in die Mauerstraße, wo nach 80 m ein Durchlass Dicke und Aufbau zeigt. Die Mauerstraße mündet vor der **Villa Schlikker** ❼ in die Steinstraße. Die denkmalgeschützte Jugendstilvilla von 1903 war ein Hochzeitsgeschenk des Fabrikanten Wolde an seine Tochter Ida und ihren Ehemann Dr. Schlikker.
Vor der Villa links in die Stein- und nach 50 m rechts in die schmale Mühlenstraße. Diese endet an der auf das 14. Jh. zurückgehenden fürstlichen Kornmühle. Das jetzige Gebäude stammt aus dem Jahr 1914. Hinter der Kornmühle bietet sich von einer Plattform ein schöner Blick auf den Mühlenkolk, ehe wir auf der linken oder rechten Seite vom Kolk zur **Bushaltestelle Alte Post** ❶ zurückgehen.

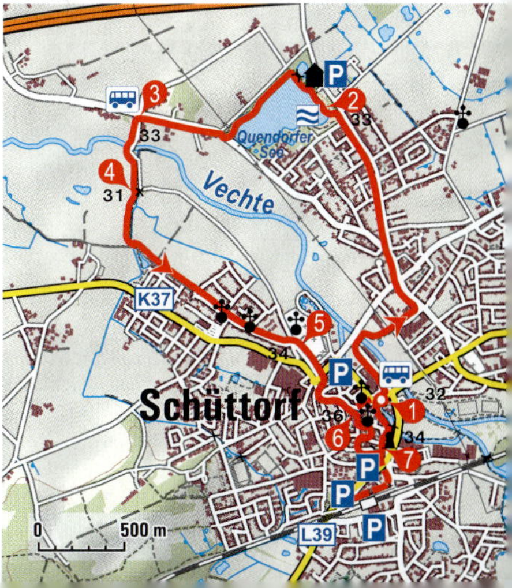

↗ 70 m | ↘ 70 m | 6.0 km

45 Bentheimer Klippen

1.30 h

Rundwanderung ab Bad Bentheim über Sandsteinrücken

Die bekannten Bentheimer Klippen mit ihren schroffen Sandsteinformationen sind nicht nur bei Kletterern bekannt. Auch zum Wandern ist das Gebiet ein Genuss. Stadtnah bietet diese Rundwanderung Naturhöhepunkte und tolle Aussichten. Diese Tour ist eine kürzere Variante der offiziellen Rundstrecke »Bentheimer Gold«, die im Süden etwas monoton über lange gerade Radwege und kleine Straßen durch Felder führt.

Ausgangspunkt: Parkplatz Freilichtbühne Bad Bentheim (Navi: An der Freilichtbühne 2, 48455 Bad Bentheim).
ÖPNV: Mit 1,8 km langem Zubringer Bahnhof Bad Bentheim. Dieser bietet stündliche Bahnverbindungen Richtung Hengelo und Bielefeld via Rheine und Osnabrück sowie Richtung Nordhorn und Neuenhaus. Vom Bahnhof südwärts (erst Eisenbahn-, dann Bahnhofstraße), nach der Kreuzung mit der Rheiner Straße etwas rechts haltend durch den Schlosspark und weiter südwärts zum Zentrum mit der gleichnamigen Bushaltestelle. Hinter dem zentralen Platz links auf dem besiedelten Kamm (Schlossstraße, Am Wasserturm, Am Kathagen) zu Rad-KP 75 kurz hinter ❶. Alternativ häufige Busverbindungen zwischen Bahnhof und Zentrum, vgb-mob.de.

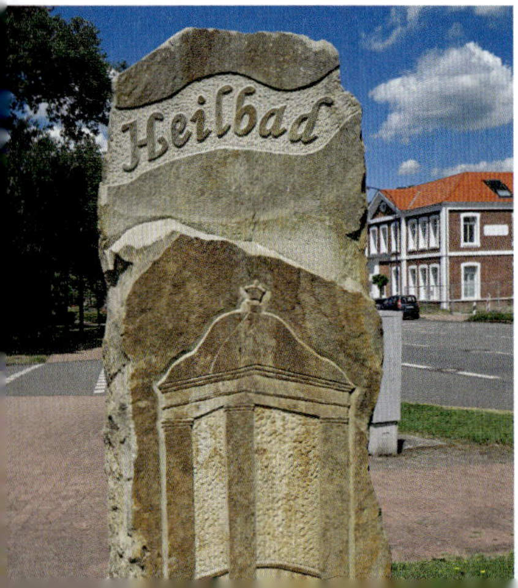

Anforderungen: Leichte Wanderung über stellenweise schmale Wege. Ein teils etwas felsiger und unebener Pfad erfordert ein Mindestmaß an Trittsicherheit, zumal es einige wenige ungesicherte Stellen mit Absturzgefahr gibt. Da diese auf wenige Meter parallel verlaufenden Pfaden umgangen werden, ist Schwindelfreiheit nicht dringend notwendig. Daneben Abschnitte auf kleinen Straßen und Forstwegen.
Markierung: Teilweise Pfeile (Weiß auf Blau), Markierungen von Wanderknotenpunkten, Spurensuche-Rundwanderung Bentheimer Gold (S) auf dem Kamm T für Töddenweg.
Einkehr: Bad Bentheim.
Variante: Abstecher nach Bad Bentheim mit Burg und Sandsteinmuseum im Schlosspark (2 x 1 km): kurz nach ❶ bei Rad-KP 75 geradeaus (Am Kathagen), am Straßenende rechts (Ochtruper Straße) und nach wenigen Metern links (Schlossstraße) zum Zentrum und zu der Burg.
Kombi-Tipp: Tour 43 als Streckentour zwischen Schüttorf und Gildehaus via Bad Bentheim.
Tipps: Bad Bentheim mit Burg (täglich, burg-bentheim.de) und Sandsteinmuseum (Mi–Sa 14–17 Uhr, sandsteinmuseumbad-bentheim.de) im 2022 sanierten Schlosspark. Mineraltherme mit 27%-iger Salzsole.

Heilbad Bad Bentheim.

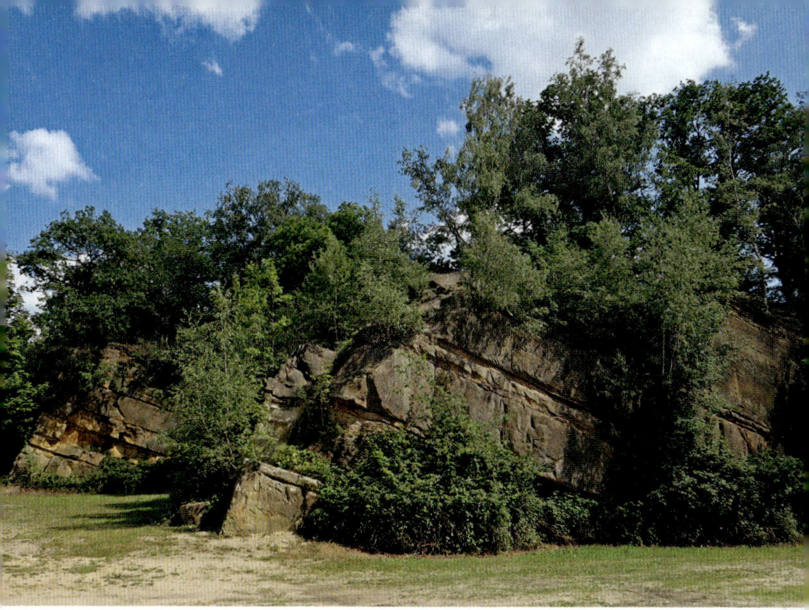

Die Freilichtbühne Bad Bentheim liegt in einem ehemaligen Sandsteinbruch.

Vom Parkplatz der **Freilichtbühne** ❶ folgen wir der Straße zunächst links aufwärts und nach 50 m bei einer T-Kreuzung nach links Richtung Bad Bentheim Zentrum. Nach wenigen Minuten halten wir uns hinter dem Jüdischen Friedhof bei einer Gabelung links (E11, Am Kathagen).
Die Straße (Am Kathagen, später Am Berghang) leitet in einer Linkskurve um das Hotel Am Berghang herum, vorbei am Rad-KP 75, und am Hang entlang (Radwegweiser). Bei einer T-Kreuzung folgen wir der Radroute nach links und verlassen die Tempo-30-Zone.

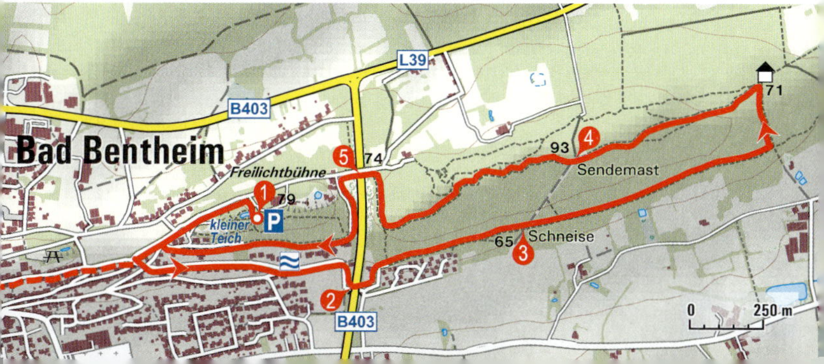

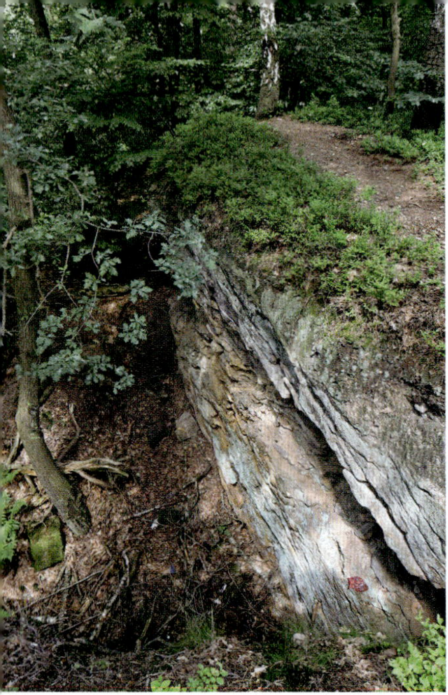

Klippen beim Sendemast.

Bei einem Haus vor der B403 schwingt die Straße nach rechts und dann links unter der B403 hindurch. Hinter der Unterführung zweigen wir bei **KP B11** ❷ links in die Sackgasse Richtung Schüttorf S1, ehe uns am Straßenende ein möglicherweise etwas verwachsener felsiger Fußweg halbrechts in den Wald führt. Weiße Pfeile auf blauem Grund weisen den geraden Verlauf auf dem Pfad am Hang – anfangs am Waldrand oberhalb von Ferienhäusern, später durch Wald, auch nach Querung eines Grasweges in einer **Schneise** ❸. Der Hangweg endet bei einer T-Kreuzung, wo wir der Markierung Spurensuche »Bentheimer Gold« links aufwärts folgen Richtung B6/Freilichtbühne. Auch bei der nächsten Abzweigung gehen wir links (Freilichtbühne B6 2,0 km) und gleich darauf den Markierungen folgend links aufwärts (Pfeile, T) zum urigen und teilweise felsigen Kammweg mit Baumwurzeln.

Oben am **Sendemast** ❹, 93 m, passieren wir eine Schutzhütte und folgen bei einer Kreuzung dem Kammweg geradeaus (T) an den bewaldeten Bentheimer Klippen vorbei. Die Kammpassage endet nach einem Holztor, hinter dem wir rechts absteigen (Pfeile, T). Bei KP B07 links und über die **Straßenbrücke** ❺ queren wir die B403 Richtung Freilichtbühne.

50 m hinter der Brücke und hinter einem Privatgrundstück gehen wir vor dem Haus auf dem Teerweg links aufwärts (keine Markierung) und folgen dem Weg oberhalb der B403 mit schönen Sandsteinfelsen. Hinter einem Haus schwenkt der Pfad nach rechts, führt am Hang entlang oberhalb mehrerer Häuser und geht nach wenigen Minuten am Ortsbeginn in eine gepflasterte Straße über. Nach einer Rechtskurve gelangen wir bei einer T-Kreuzung rechts zurück zur **Freilichtbühne** ❶ oder alternativ links zum Zentrum und dem Bahnhof.

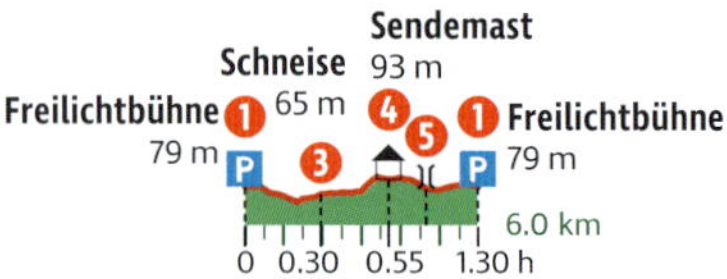

↗ 60 m | ↘ 60 m | 15.1 km

3.45 h

Von Gildehaus zum Dreiländersee

46

Streckenwanderung entlang der deutsch-niederländischen Grenze

Diese Wanderung erschließt das deutsch-niederländische Grenzgebiet bei Bad Bentheim. Von Gildehaus überschreitet der Töddenweg, der Fernwanderweg auf den Spuren der alten Textilkaufleute, die niederländische Grenze. Wald, Wiesen, Windräder und Teiche bestimmen die von vielen Radwegen durchzogene Landschaft. Nach einer Solarfarm wird das Dreiländereck Niedersachsen – NRW – Niederlande erreicht, mit Grenzstein und dem gleichnamigen See.

Ausgangspunkt: Gildehaus-Bahnhof neben Gewerbegebiet mit Parkgelegenheit (Navi: Ladestraße, 48455 Bad Bentheim). Alternativ (gebührenfreier) Wanderparkplatz oben bei der Ostmühle (Navi: Mühlenberg 6, 48455 Bad Bentheim).
Endpunkt: Dreiländersee mit (gebührenpflichtigem) Parkplatz gegenüber dem Hotel Driland (Navi: Gildehauser Str. 350, 48599 Gronau).
ÖPNV: Am Ausgangspunkt Bushaltestelle Gildehaus-Bahnhof, am Endpunkt Bushaltestelle Dreiländersee L572. Zwischen beiden verkehrt Linie 60 mit Zwischenhalt in Gildehaus-Ost (Haltestelle Milkmannstraße/L42), weiter Richtung Gronau und Schüttorf via Bad Bentheim, jeweils mit Bahnanschluss (Mo–Fr stündlich, Sa/So zweistündlich), vgb-mob.de.
Anforderungen: Leichte Wanderung über großteils radgeeignete Wege abwechselnd durch Felder und Wälder.
Markierung: Anfangs T für Töddenweg und E11 sowie »Spurensuche«, später Smokkelroute und Dinkelpad. Außerdem Radwegweiser.
Einkehr: Gildehaus, Dreiländersee.

Variante: Am Ende Abkürzung direkt zum Ziel ohne Schleife (0,6 km kürzer): bei 7 nicht wieder zurück, sondern vorsichtig über die Leitplanke und die stark befahrene Straße; weiter rechts auf dem Radweg zum Ziel.
Kombi-Tipp: Tour 43 von Schüttorf nach Gildehaus (15 km) oder nur teilweise ab Bad Bentheim (7 m).
Tipps: Otto-Pankok-Museum in Gildehaus (Mi 15–17, Sa und So 14–17 Uhr, pankok-museum.de), Badestellen am Dreiländersee.

Vom Alten Bahnhof **Gildehaus** 1 neben dem Raiffeisenmarkt folgen wir der Hengeloer Straße westwärts und biegen bei der ersten Fußgängerampel nach links, nach 30 m

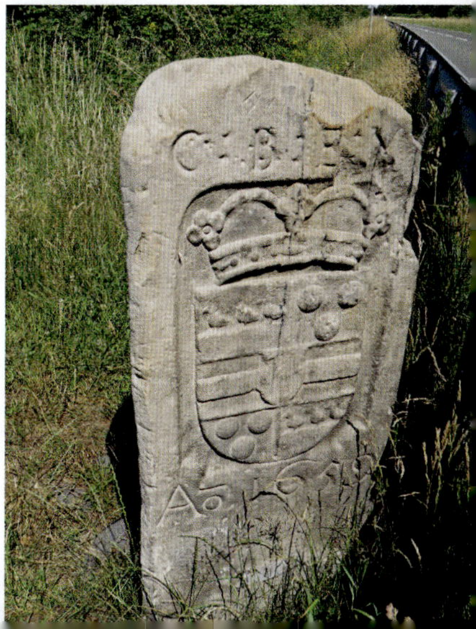

Drilandstein nahe am Dreiländersee.

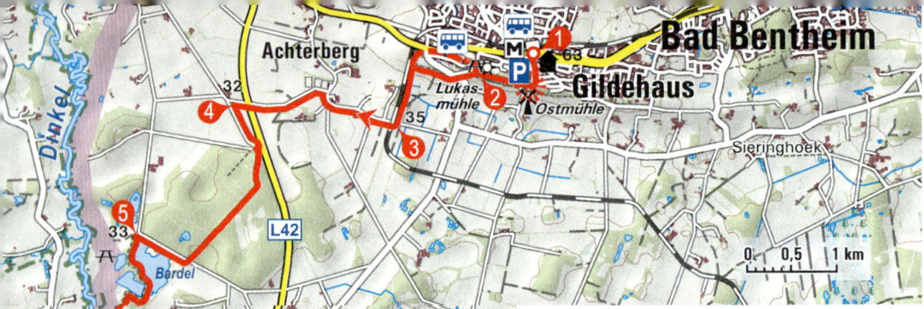
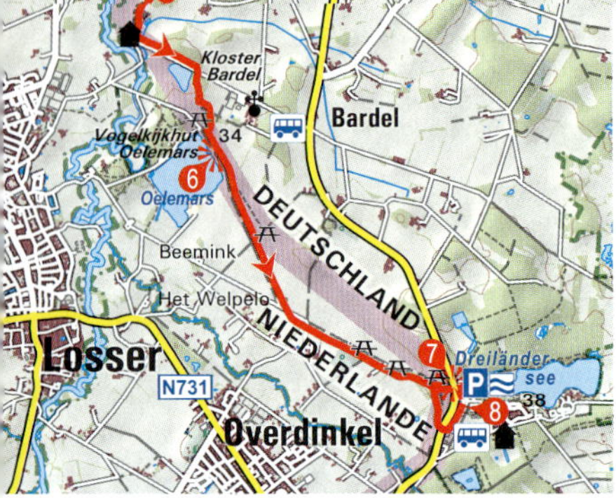

vorbei am Otto-Pankok-Museum. Otto Pankok lebte 1936 in Gildehaus und hielt das Dorf und die Landschaft in zahlreichen Kohlezeichnungen fest – trotz des von den Nazis verhängten Malverbots. Schräg gegenüber vom Museum führt uns die Mühlenstraße durch ein Wohngebiet aufwärts auf den Gildehauser Höhenrücken. Oben angekommen rechts, vorbei an der noch funktionsfähigen Ostmühle, erbaut 1750 an der Stelle einer durch einen Sturm zerstörten Bockwindmühle.

Nach 500 m auf dem bewaldeten breiten Kammweg passieren wir zur Linken den flügellosen Stumpf der **Lukasmühle** ❷ mit davor einem modernen Trinkwasserspender und einer Rastgelegenheit. In der alten Mühle erinnert ein Museum an den Künstler Friedrich Hartmann, der hier 50 Jahre lang nach dem Zweiten Weltkrieg lebte. 100 m nach der Lukasmühle weisen bei einer Kreuzung am Rad-KP 96 die Wanderwegweiser geradeaus. Aussichtsreicher und im Ganzen weniger straßenlastig ist aber der Weg links abwärts entlang der kleinen Straße zur Gronauer Straße. Nach deren

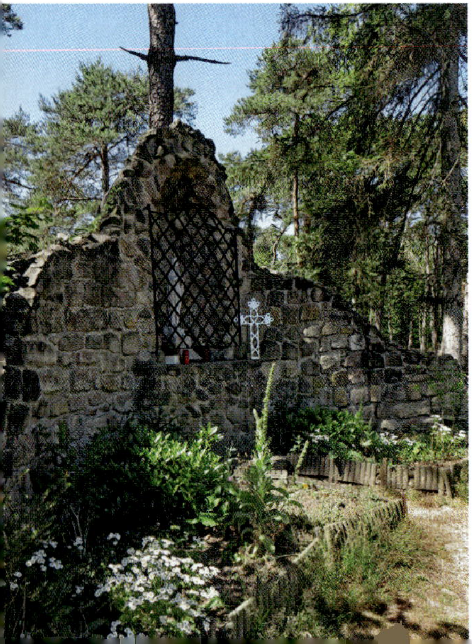

Bardeler Grotte.

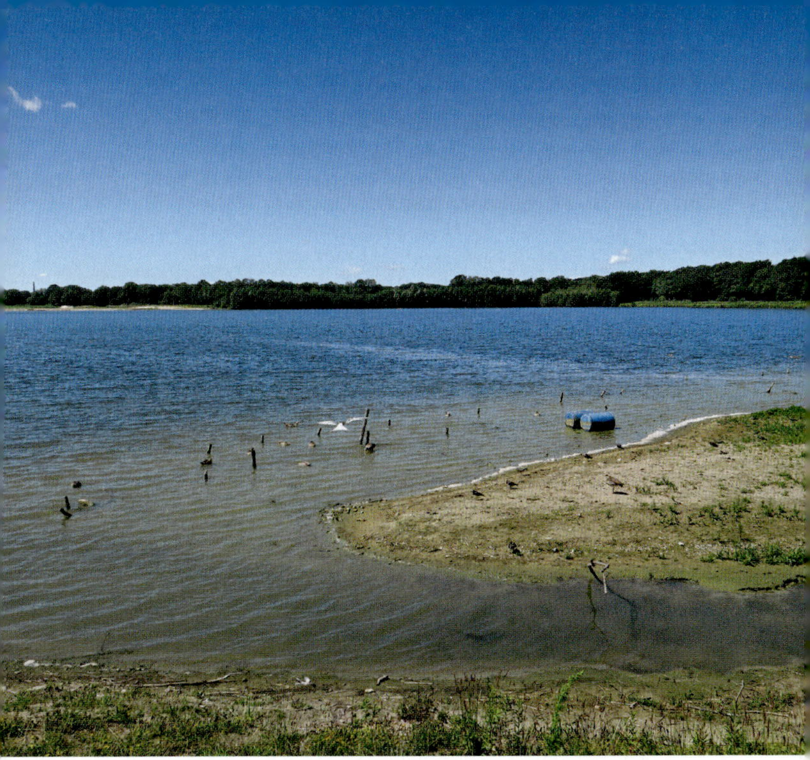

Der Flachsee Oelemars ist ein Vogelparadies – 2021 wurden 176 Arten gezählt.

Querung erwartet uns ein Weg am Waldrand mit weitem Blick nach links über die Felder. Bei der folgenden Gabelung (KP B42) mündet von rechts wieder T ein, dem wir nach links folgen – nach einem Linksschwenk links neben Bahngleisen. Diese bildeten einen Teil der 1981 stillgelegten Strecke zwischen Gronau und Bad Bentheim.
Nach 10 Minuten rechts über den **Bahnübergang** ❸, geradeaus entlang der kleinen Straße und nach einer lang gezogenen Rechtskurve links in die

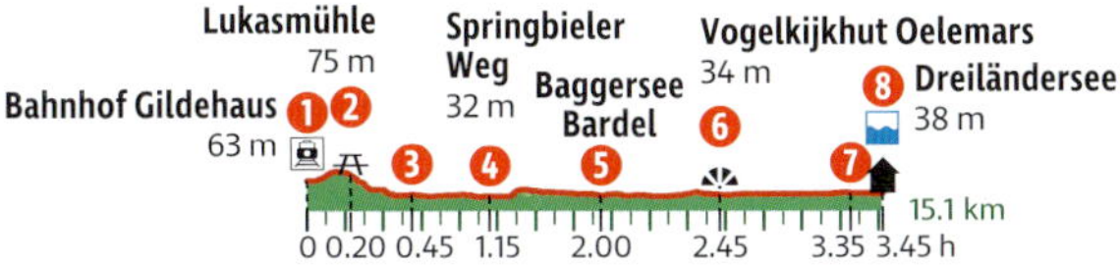

Straße Brookdiek mit einem Sportplatz zur Rechten. 250 m nach der Querung einer größeren Straße bei einer Straßengabelung (KP B64) links in den **Springbieler Weg** ❹, u. a. Richtung Drilandsee. Kurz nach einer Rechtskurve kommen wir mit T links in den Wald. T folgt nach 10 Minuten in einer weiten Linkskurve dem Radweg und später der Straße. Schöner ist aber der halbrechts abzweigende schnurgerade Richtung Südwest führende Forstweg. Dieser (wie auch der Radweg) endet bei der Straße Badeler Weg, der wir rechts in nordwestlicher Richtung folgen.

In einer Straßenrechtskurve am Rad-KP 23 mit zahlreichen Wegweisern links (T, E11). Nach 50 m verlassen wir T, indem wir links neben einem Gatter das bewaldete (ehemalige) Sandabbaugebiet des **Baggersees Bardel** ❺ betreten. Der Durchgang entlang dem Hauptweg ist gestattet, nicht aber der Zugang zu den gefluteten Sandgruben. Der ausgewiesene Hauptweg (Smokkelroute, Dinkelpad) schlängelt sich rechts haltend und am Ende links am See vorbei, ehe wir einen Reiterhof erreichen und diesen rechts umgehen. An der Vorderseite des Reiterhofes halten wir uns links und folgen der Klosterstraße bzw. dem rechts daneben verlaufenden Pfad.

Nach 600 m schwenken wir vor einer Infotafel über den Wacholderhain rechts in den lichten Wald und wählen damit einen schöneren Verlauf als der geradeaus führende Dinkelpad. Der von Zäunen eingefasste Weg schlängelt sich durch den Wald und passiert die »Bardeler Grotte« genannte Marienfigur als Ableger des 200 m östlich gelegenen und heute als Schule genutzten Klosters Bardel. Bei der T-Kreuzung vor einem Gatter rechts und bei der folgenden Kreuzung (KP S75) mit Rastgelegenheit links entlang dem Grensweg. Nach 250 m bietet die **Vogelkijkhut Oelemars** ❻ einen guten Blick auf den See Oelemars, an dem Ornithologen zahlreiche Raritäten wie Fisch- und Seeadler oder Exoten wie Nilgänse und Mandarinenten registriert haben.

Wir folgen dem südwärts verlaufenden Radweg, zu dem sich bald auch die markierte Smokkelroute gesellt. Bei einem Anwesen mit der Nr. 5 mündet der Grensweg in den Drielandweg ein, dem wir anfangs zusammen mit der Smokkelroute links in südöstlicher Richtung folgen. Bei Abzweigungen gehen wir geradeaus und erreichen am Ende einer Solarfarm mit 60.000 Modulen einen aussichtsreichen Rastplatz auf einem Hügel. Zur Straße hin markiert der von der Leitplanke flankierte **Drilandstein** ❼ von 1659 die damalige und jetzige Grenze zwischen den Niederlanden, Niedersachsen und NRW. Man könnte beim Grenzstein über die Leitplanke steigen und nach der Straßenquerung rechts auf dem Radweg nach 100 m das Ziel erreichen, aber die offizielle Route folgt vor der Aussichtsbank dem Radweg und der Smokkelroute südwärts. Nach einer Linkskurve queren wir die Straße und folgen links dem Radweg zum Hotel Driland am **Dreiländersee** ❽, der noch 150 m weiter östlich liegt.

Die Gildehauser Ostmühle ist an manchen Tagen noch in Betrieb.

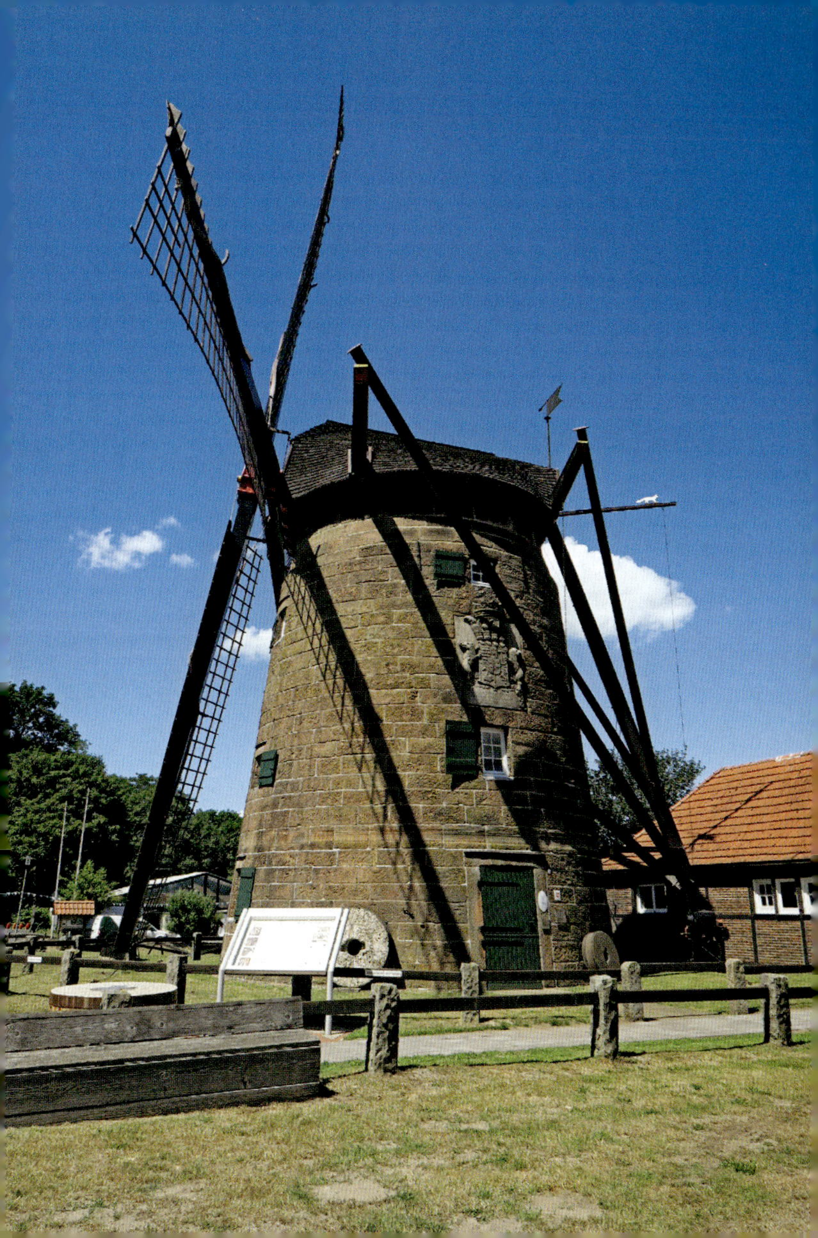

TOP

47 ↗ 30 m | ↘ 30 m | 10.7 km

Dreiländersee – Gildehauser Venn

2.45 h

Rundwanderung mit See, Moor und Heide am Dreiländereck

Diese besonders abwechslungsreiche Wanderung startet am Dreiländereck Niederlande–NRW–Niedersachsen mit dem schönen Dreiländersee. Neben Wassersport- und Bademöglichkeiten bietet der für seine Wasserqualität gerühmte 28 ha große See einen tollen Rundweg direkt am Ufer. Über Waldwege und Alleen führt die Wanderung anschließend zum Gildehauser Venn, ein bedeutendes 650 ha großes Naturschutzgebiet mit Heide und Feuchtgebieten. Zwei Aussichtsplattformen bieten wunderbare Weitsicht. Das umliegende Weideland mit Baumwällen und Hecken sorgt für eine naturnahe Kulisse der Wanderung.

Ausgangspunkt: Hotel-Restaurant Driland an der L572 mit nördlich davon gebührenpflichtigem Parkplatz (Navi: Brechter Weg, 48599 Gronau), alternativ freies Parken bei ❹ (Navi: Gronauer Diek, 48455 Bad Bentheim).
ÖPNV: Bushaltestelle Dreiländersee L572 am Ausgangspunkt mit Linie 60 Richtung Gronau und Schüttorf via Bad Bentheim, jeweils mit Bahnanschluss (Mo–Fr stündlich, Sa/So zweistündlich), vgb-mob.de.
Anforderungen: Leichte Wanderung über gut ausgebaute Wege um den Dreiländersee, Schotter- und Radwege sowie Pfade im Gildehauser Venn, die manchmal schlammig sein können.
Markierung: Im Gildehauser Venn weiße Pfeile auf roter und blauer Fläche sowie einige Wanderknotenpunkte (KP).
Einkehr: Hotel-Restaurant am Ausgangspunkt, Café-Restaurant Seeblick (Mo Ruhetag).
Varianten: Die Tour kann in zwei kürzere, jeweils 3,6 km lange Rundtouren aufgeteilt werden; um den Dreiländer See ab ❶ oder im Gildehauser Venn mit Start und Parkgelegenheit bei ❹.
Kombi-Tipp: Streckentour von Gildehaus zum Dreiländersee (Tour 46).
Tipp: Mehrere Badegelegenheiten am Dreiländersee.

Vom **Hotel-Restaurant Driland** ❶ leitet die Allee ostwärts zum Strandbad am See, entstanden durch Sandausbaggerung seit den 1960er-Jahren. Am Strandende führt ein geschotterter Fußweg am Südufer des Sees entlang. Beim (gebührenpflichtigen) Parkplatz hinter einem Campingplatz biegen wir vor der Schranke auf den gepflasterten Weg nach links zum See und gehen dort weiter am Ufer entlang mit kleinem Bootshafen und kurz dahinter der Einkehrgelegenheit **Seeblick** ❷.

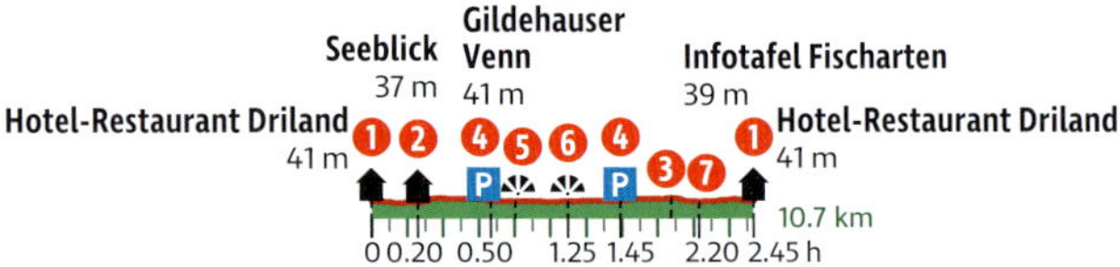

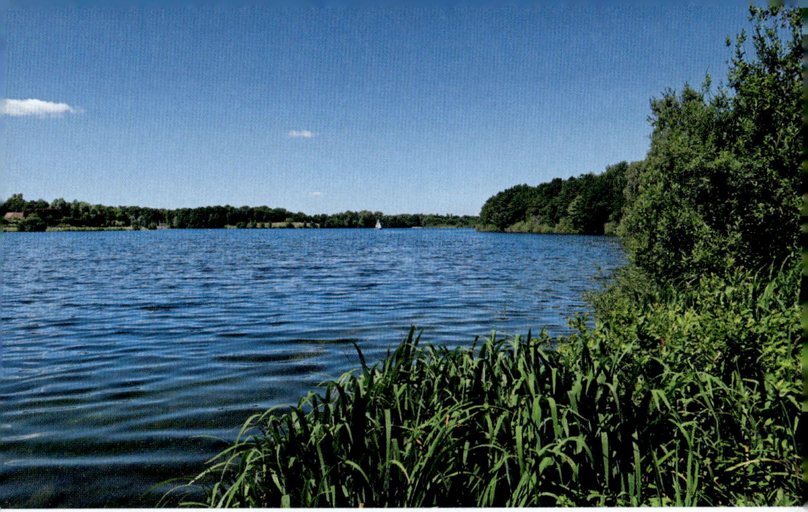

Der Dreiländersee entstand in den 1970er-Jahren als Bade- und Bootsparadies.

Am Ostende des Sees rechts und bei der folgenden Straße (Brechter Weg) mit einer Infotafel über das Rüenberger Venn links Richtung Gildehauser Venn (B2). Nach 250 m schwenken wir bei der Kreuzung am **Rad-KP 2** ❸ nach links und folgen dem geschotterten Radweg an der Schranke vorbei durch Wald Richtung Gildehauser Venn (Spurensuche, Pfeile). Beim Reit-

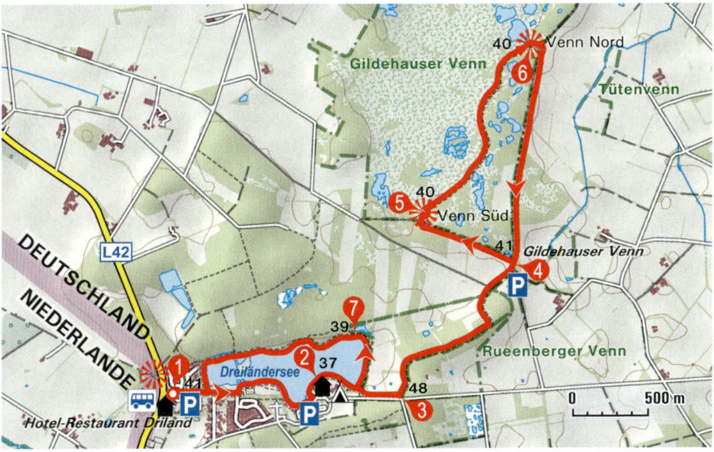

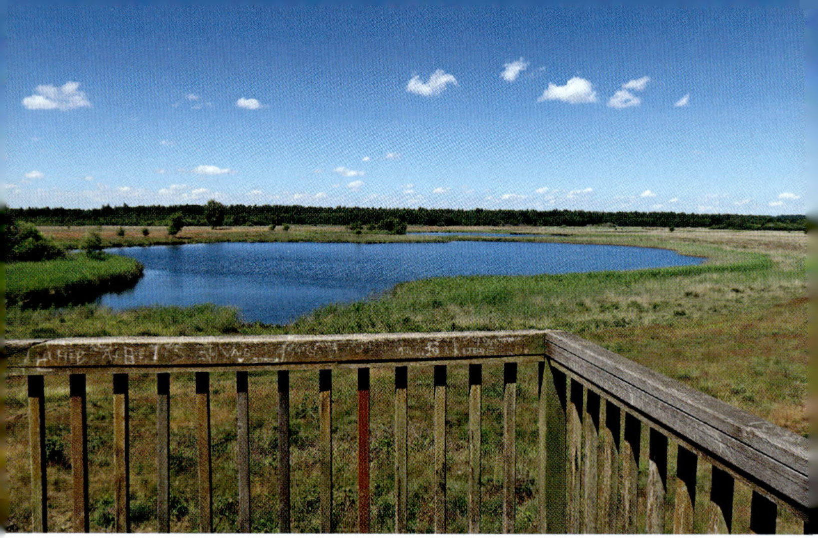

Das Gildehauser Venn steht bereits seit 1936 unter Naturschutz.

KP 1 mit einer Infotafel zum Tütenvenn zweigen wir links in den breiten Schotterweg (Vennweg) und erreichen kurz darauf den **Wanderparkplatz Gildehauser Venn** **4** mit KP B56. Hier links auf Spurweg und Waldrand Richtung B54 Venn Süd. Am KP B54 mit einer Infotafel über das Gildehauser Venn passieren wir rechts ein Holztor (weiße Pfeile auf roter und blauer Fläche), ehe nach 70 m die **Aussichtsplattform Venn Süd** **5** einen schönen Blick auf das Moor bietet.
Pfeile weisen den weiteren Pfadverlauf am Rand der Heide. Teilstücke ohne Holzweg können bei Nässe schlammig sein, später erleichtert ein Bohlenweg den Übergang über das Feuchtgebiet. Nach der ebenfalls links liegenden **Aussichtsplattform Venn Nord** **6** folgen wir dem Weg rechts durch das Holztor und dahinter bei KP B53 dem Schotterweg nach rechts Richtung Drilandsee (B57).
Der Rad-/Reitweg leitet zurück zum **Wanderparkplatz Gildehauser Venn** **4**. Von dort zurück wie gekommen: 100 m in südlicher Richtung und bei einer Infotafel zum Tütenvenn rechts auf einen Schotterweg. Am Rad-KP 2 rechts in den Brechter Weg und nach 250 m rechts zum See. Dort folgen wir dem Uferweg geradeaus gegen den Uhrzeigersinn um den See herum. Nach dem Linksschwenk passiert der Uferweg eine Badestelle mit Insektenhotel und **Infotafel** über die im See vorkommenden **Fischarten** **7**. Nachdem wir den See am West- und Nordufer entlang zur Hälfte umrundet haben, mündet der Rundweg in die vom Start bekannte Allee, der wir rechts zurück zum **Hotel-Restaurant Driland** **1** folgen.

↗ 45 m | ↘ 45 m | 7.6 km

2.00 h

Lutterzand

Rundwanderung an der Dinkel in Wald- und Heidegebiet

Auf ihrem rund 90 km langen Weg von der Quelle in NRW zur Mündung in die Vechte im niederländischen Neuenhaus durchfließt die Dinkel knapp die Hälfte der Strecke die Niederlande, großteils als Natura-2000-Gebiet Dinkelland. Ein besonders beeindruckender Abschnitt ist Lutterzand, wo Flussmäander steile Prall- und flache Gleithänge in dem eiszeitlich abgelagerten Sandboden geformt haben – ein Paradies für Uferseeschwalben und Eisvögel. Ein Großteil des Gebietes ist seit Jahrhunderten bewaldet, um Sandverwehungen auf benachbarte Äcker zu verhindern, aber auch Heidegebiete erwarten Wanderer.

Ausgangspunkt: Parkplatz am Paviljoen 't Lutterzand (Navi: Lutterzandweg 12, 7587 LH De Lutte, NL).
ÖPNV: Leider keine sinnvolle Erreichbarkeit per Bus. Mit dem Rad sind es ab Gildehaus 9 km.
Anforderungen: Leichte Wanderung über Pfade, Forst- und Radwege, kaum Straße.
Markierung: Anfangs gelb und orange, in der zweiten Hälfte teilweise weiß markiert.
Einkehr: Restaurant Paviljoen 't Lutterzand am Ausgangspunkt (Mo Ruhetag), Restaurant Florilympha beim Landgoedcamping ❸ (Di und Mi Ruhetag).
Varianten: Die Tour besteht aus zwei Schleifen, die auch als zwei kürzere Touren unabhängig voneinander erwandert werden können; die südliche zur Dinkel (1,7 km) und die nördliche in das Heidegebiet (6 km). Die südliche kann über die orange markierte Stuifzandroute um 1,7 km verlängert werden, um etwas länger die schöne Dinkel zu begleiten.

Vom **Parkplatz Lutterzand** ❶ folgen wir dem Schotterweg nach links, am Restaurant Paviljoen 't Lutterzand vorbei. Weiter auf dem gelb und orange markierten Wanderweg in das Naturschutzgebiet oberhalb der mäandrierenden Dinkel mit Steilufer. Bei einer Gabelung oberhalb der Dinkel gehen wir rechts auf dem orange markierten Pfad entlang der Dinkel – oder um 300 m abkürzend links (gelb, Variante). Hinter einem Picknicktisch und kleinem **Sandstrand** ❷ wechseln wir links auf den Schotterweg, der zurück zum **Parkplatz** ❶ führt. Hinter dem **Parkplatz** ❶ rechts und nach wenigen Minuten vor dem **Landgoedcamping** ❸ auf den Schotterweg rechts Richtung Lutterzandweg 14 (Verkehrsverbot). Hinter

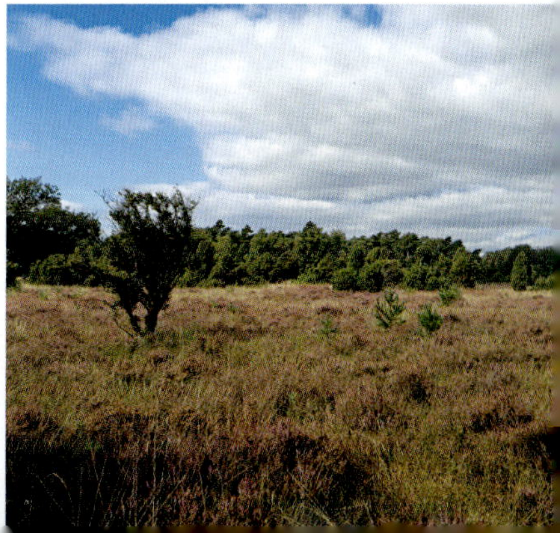

Die Wacholderheide geht auf jahrhundertelange Beweidung zurück.

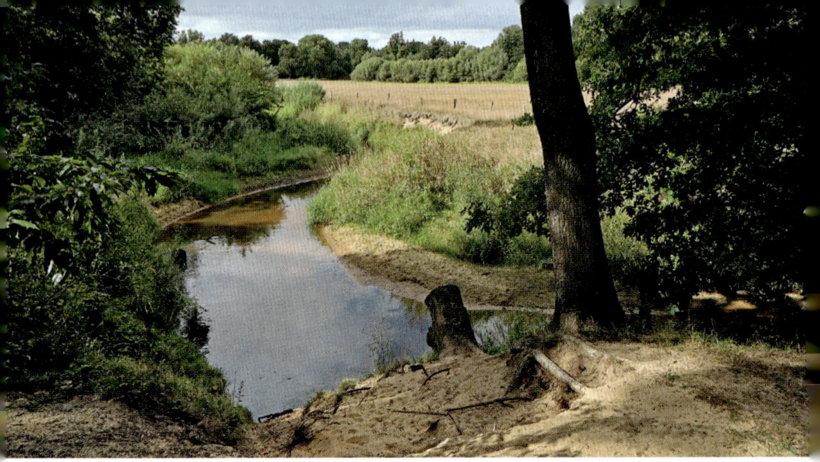

Die mäandernde Dinkel bildet die Westgrenze des Schutzgebietes Het Lutterzand.

dem Schwimmteich führt uns links ein Schotterweg durch lichten Nadelwald mit einigen Heideflächen.

Bei der Kreuzung mit dem **Zandhuizerweg** ❹ links auf den Sandweg neben dem Radweg. Die separaten Spuren gehen später – nach einem Picknicktisch – in einen Radweg über. 500 m nach dem Picknicktisch bzw. 150 m nach einem Feld nehmen wir den links abzweigenden nicht markierten Pfad in den Wald und halten uns nach 200 m bei einer T-Kreuzung rechts. Der weiß markierte Weg führt nordwärts an einer Heidefläche vorbei. Vor einer weiteren kleineren Heidefläche biegen wir links in den nicht markierten **Grasweg** ❺ und folgen diesem, ohne Abzweigungen zu beachten. Nach 10 Minuten schwenken wir hinter einer Linkskurve bei einer kleinen Heidefläche rechts auf den Spurweg und nach weiteren 10 Minuten hinter dem **Tor** ❻ rechts auf den breiten Sandweg. Dieser führt über Heide und durch lichten Wald zur Straße, der wir links zurück zum **Parkplatz Lutterzand** ❶ folgen.

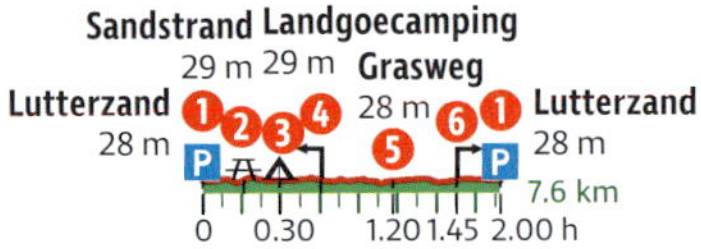

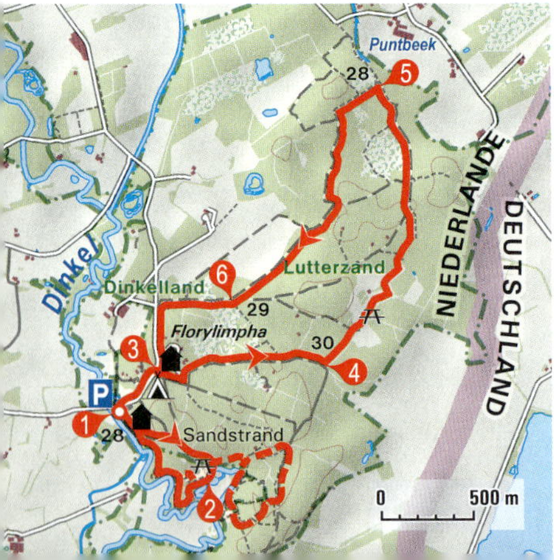

↗ 20 m | ↘ 20 m | 10.0 km

2.30 h

TOP

49 Denekamp – Dinkel

Rundwanderung an naturnahem Fluss in den Niederlanden

Denekamp ist ein schöner niederländischer Ort an der Grenze, nicht weit entfernt von Nordhorn. Westlich fließt die Dinkel vorbei an Denekamp mit ihrem mäandrierendem Verlauf. Diese Rundwanderung folgt stellenweise diesem naturnahen Fluss sowie dem insgesamt 87 km langen Fernrundweg Twentepad und dem 77 km langen Flusswanderweg Dinkelpad. Wanderer erwartet eine kleinräumige bäuerliche Landschaft mit traditionellen Höfen sowie dem Park Sterrebos.

Ausgangspunkt: Ortsmitte von Denekamp; Parkmöglichkeit (gratis) 300 m weiter westlich entlang der Route beim Schwimmbad (Navi: Molendijk 14, NL 7591 PT Denekamp, NL), alternativ vor dem Tennisplatz bei 't Goor (Navi: Meester Muldersstraat 38, NL 7591 VX Denekamp, NL).
ÖPNV: Bushaltestelle Denekamp-Eurowerft am Ausgangspunkt mit u. a. Kleinbus-Linie 38 von/nach Nordhorn (Mo-Fr stündlich außer mittags), vgb-mob.de.
Anforderungen: Leichte Wanderung über Pfade am Fluss, Waldwege, Schotterwege und kleine Straßen. Bei Nässe kann es stellenweise rutschig sein.
Markierung: Twentepad (rot-gelb), Dinkelpad (weiß-blau), stellenweise rote und grüne Markierungen sowie folgende Wanderknotenpunkte (KP): K67-L82-L86-T68-K99-L69-L87-L89.
Einkehr: Denekamp, Gasthof 't Sterrebos in Beuningen, Restaurant de Watermolen bei Variante 1 (Do–So).
Varianten: 1. **Abstecher zum Schloss Huis Singrave** (1,4 km): bei ❷ geradeaus auf die Allee, nach 200 m an der Kreuzung links zum Schloss, über die Schlossbrücke und geradeaus zur nächsten Brücke, dahinter rechts und nordwärts über die Halbinsel Richtung Hotel-Restaurant Watermolen. Nach der Brücke über Bijdinkel rechts zum Restaurant Watermolen und auf diesem Weg zurück zu ❷.
2. **Verlängerung entlang der Dinkel auf dem Dinkelpad** (2 x 0,6 km): ab ❻ geradeaus auf dem Dinkelpad am Fluss bis zum Holztor an der Straße, von dort zurück zu ❻ und rechts auf den Wallweg.

Die **Denekamper Kirche** ❶ im Rücken gehen wir in der Ortsmitte vom großen Platz rechts am Rathaus vorbei durch die Fußgängerzone und biegen an deren Ende bei der Touristinfo (VVV Denekamp) nach rechts. Nach einer Linkskurve passieren wir zur Rechten einen Supermarkt und folgen der Straße Lange Voor geradeaus, auch bei der nächsten Kreuzung (Molendijk) sowie bei der Sporthalle mit Parkgelegenheit.

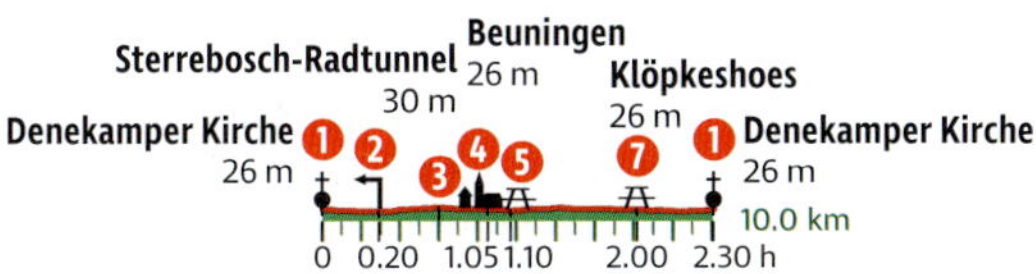

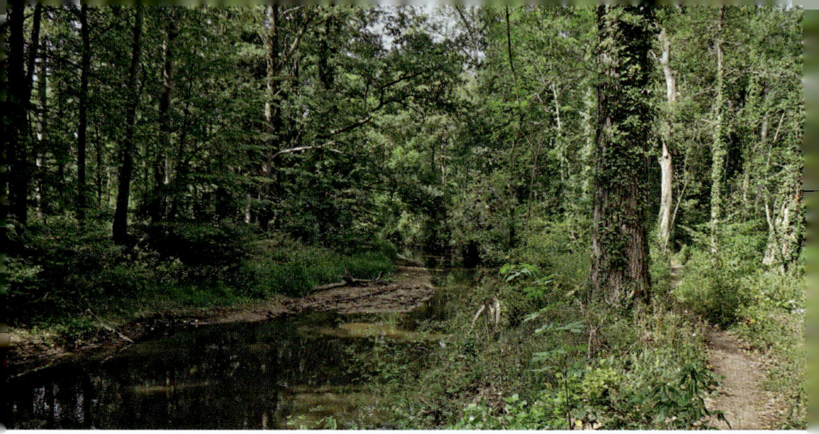

Bei der südlichen Verlängerung geht es noch 0,6 km flussabwärts entlang der Dinkel.

Am Ende der Besiedlung queren wir die Umgehungsstraße Singravenstraat. Eine kleine Straße leitet zwischen Bäumen auf das Landgut Huis Singrave zu, vor dem wir beim **Rad-KP 17** ❷ und Wander-KP L82 links auf einer Brücke einen Nebenarm der Dinkel queren – oder geradeaus mit einem Abstecher das Schloss besuchen (Variante 1). Nach der nächsten (Dinkel-)Brücke links auf den Radweg und links am Hof vorbei, dann auf dem Radweg und Twentepad (rot-gelb) durch den Wald.

Bei KP L86 biegen wir links in den breiten Schotterweg mit Radweg und 100 m vor der Hauptstraße rechts in den Radweg Richtung Beuningen (rot, Twentepad, Dinkelpad), der durch den **Sterrebosch-Radtunnel** ❸ unter der Denekamperstraat hindurchführt. Am Tunnelende links und auf einem Schotterweg am Graben entlang. Nach 100 m schwenken wir vor dem Tor nach rechts auf eine Allee mit einem Graben. Markierungen weisen links haltend den weiteren Weg über das Landgut Sterrebos. Bei einem Haus erreichen wir einen Schotterweg, folgen der Allee südwärts Richtung Beuningen und nach 200 m der Beuninger Straße mit dem Twente- und Dinkelpad nach links am Dorfrand entlang (rot).

In der Dorfmitte von **Beuningen** ❹ biegen wir vor dem Gasthof 't Sterrebos nach links. Die Straße Oude Dijk leitet aus dem Dorf heraus und über die Dinkel. Nach der Brücke schwenken wir bei KP L69 rechts auf den Uferweg, vorbei an einem Kunstwerk aus großen Steinen und einer Infotafel über die Dinkel. Bei der **Mauritsbrug** ❺ mit KP L87 und einem Picknicktisch sowie einer Infotafel gehen wir geradeaus links an der Dinkel entlang. Auf der anderen Seite erinnert eine hölzerne Kanone an den 80-jährigen Krieg, als Prins Maurits an dieser Stelle mit 9.000 Soldaten und 1.600 Pferden die Dinkel auf seinem erfolgreichen Feldzug gegen die spanischen Belagerer überquerte. Der markierte Weg entfernt sich kurz von der mäandernden Dinkel;

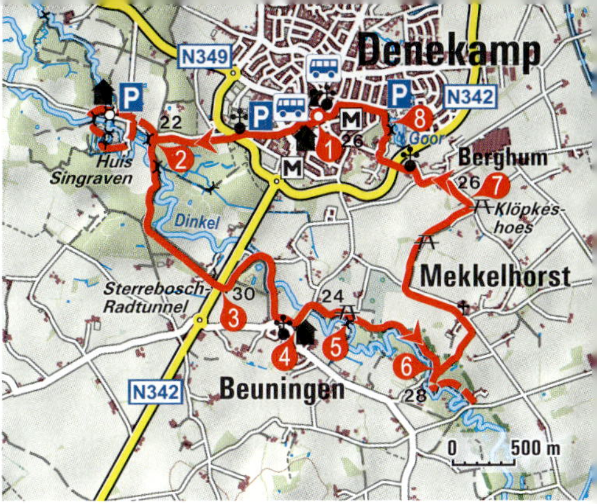

die Markierungen führen uns über ein Baumschulgelände und schließlich wieder an die Dinkel heran.

10 Minuten nach der Baumschule nehmen wir auf einem kleinen **Wall im Wald** 6 den links abzweigenden nicht markierten Pfad und verlassen damit den Dinkelpad. Der Waldpfad geht bald in einen Feldweg zwischen Pferdeweiden über, der schließlich in eine Straße (Lutterzandweg) mündet. Dort links, an den Höfen von Mekkelhorst vorbei und nach 10 Minuten rechts in den als Radweg ausgewiesenen Feldweg (Bawinkelweg, grüne Markierung).

Der Radweg mündet bei einem Haus in die Mekkelhorststraat, der wir links vorbei am **Klöpkeshoes Berghum** 7 mit Picknicktisch folgen. Klöpkeshoes waren Wohnungen von frommen unverheirateten Frauen. Der Name (»Klopfhaus«) kommt daher, dass in diesen Häusern viele katholische Bewohnerinnen geheime Gottesdienste gegen Klopfzeichen an ihre Tür anboten. Katholische Gottesdienste waren seinerzeit (um 1600) von der (protestantischen) Obrigkeit verboten. Das Klöpkeshoes Berghum wurde 1988 an diesem Ort ehrenamtlich neu aufgebaut, nachdem es zuletzt an anderer Stelle als Schafstall und Unterkunft für Schafhirten gedient hatte.

Wir folgen weiter der Straße (Mekkelhorsterstraat, biegen bei der nächsten T-Kreuzung nach links (Stroothuizerweg, grüner Pfeil) und nach 250 m rechts in die Sackgasse, vorbei an Haus Nr. 15/15A (grüner und blauer Pfeil). Ein Radweg leitet durch die Unterführung, hinter der wir vor Häusern rechts zum **Park 't Goor** 8 kommen, am See des Erholungsgebietes vorbei. Am Ende des Parks halten wir uns vor der Schule links und folgen der Meester Muldersstraat geradeaus bis zur fünften links abzweigenden Straße (Van der Heijdenstraat). Entlang dieser gelangen wir zurück zur **Denekamper Kirche** 1.

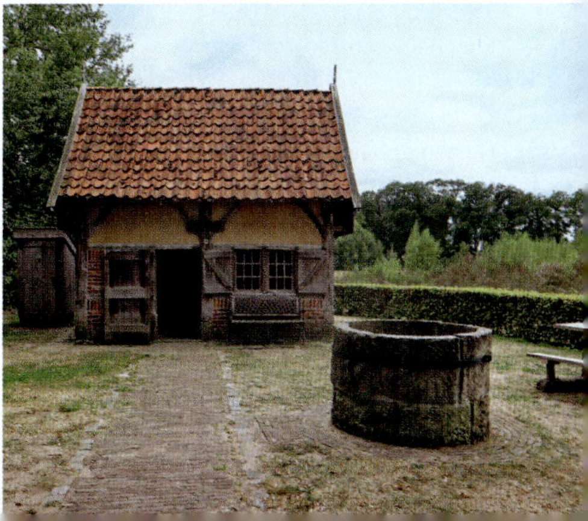

Das Klöpkeshoes bietet uns Rastgelegenheit.

↗ 30 m | ↘ 30 m | 6.9 km

50 Stadtrundgang Nordhorn

2.00 h

Auf den Spuren des Textilhandwerks in der Vechtestadt

An der Grenze zu den Niederlanden gelegen präsentiert sich das wasserreiche Nordhorn mit einer bedeutenden Vergangenheit als Handels- und Industriestadt. Seit dem Mittelalter lagen Hunderte von Frachtkähnen jährlich an der Vechte vor Anker, die Bentheimer Sandstein in die Niederlande exportierten und im Gegenzug Nahrungsmittel, Papier, Textilien und später Kolonialwaren importierten. 1839 wurde die erste Weberei eingerichtet; bald entwickelte sich Nordhorn zu einem wichtigen Zentrum der deutschen Textilindustrie, die um 1960 mit 12.000 Angestellten ihren Höhepunkt fand – bei damals 40.000 (heute 54.000) Einwohnern. Der jahrzehntelang gültige Satz »Nordhorn hängt am Baumwollfaden« verlor seine Gültigkeit mit dem Niedergang der Textilindustrie: 2011 schloss die letzte der einst drei dominierenden Textilfabriken. Die Rundwanderung folgt vielen Wasserläufen Nordhorns und zeigt auf den Flächen der ehemaligen Textilwerke den Strukturwandel.

Ausgangspunkt: Bahnhof Nordhorn mit gebührenpflichtigen Parkplätzen jenseits der Bahnhofstraße (Navi: Frensdorfer Ring und Stadtring, 48529 Nordhorn), alternativ mehrere Parkplätze, etwa bei der Touristinfo.
ÖPNV: Bahnhof Nordhorn mit stündlichen Regionalbahnverbindungen Richtung Bad Bentheim und Neuenhaus. Entlang der Tour mehrere Stadtbus-Haltestellen, vgb-mob.de.
Anforderungen: Leichte Wanderung über Radwege und Bürgersteige sowie großteils befestigte Wege entlang dem Ufer.
Markierung: Diese Rundtour folgt mit kleinen Abweichungen dem ausgewiesenen Spurensuche-Textil Rundweg.
Einkehr: Nordhorn, Pier 99 am Vechtesee.
Varianten: 1. Mehrere Abkürzungsmöglichkeiten, etwa **Verzicht auf Umrundung des Vechtesees** (1 km kürzer); dazu ab 3 geradeaus entlang dem Kanal bzw. nach der Straßenbrücke rechts davon auf schönerem Fußweg bis zu 5 und dort weiter wie beschrieben.
2. **Abstecher zum Tierpark Nordhorn** (2 x 0,7 km): nach der Reiterbrücke zwischen 3 und 4 geradeaus auf den Radweg und nach der Brücke über B203 links abwärts in einer Schleife zum Tierpark.
Kombi-Tipp: Tour 51 als große Rundwanderung oder Tour 52 kurz nach 7 als Verlängerung nach Neuenhaus und zurück per Bahn.
Tipps: Stadtmuseum Nordhorn (stadtmuseum-nordhorn.de) mit drei Abteilungen über die Textilindustrie in Relikten der drei ehemaligen Textilwerke: NINO-Spinnereihochhaus (Di–Sa 14–18 Uhr), Museumsfabrik in Alter Weberei (Sa 14–18 Uhr) und Stadtgeschichte im Povelturm (Fr, Sa). Außerdem Bootsfahrten in Nordhorn im Sommerhalbjahr täglich stündlich (vvv-nordhorn.de), Tierpark Nordhorn (tierpark-nordhorn.de).

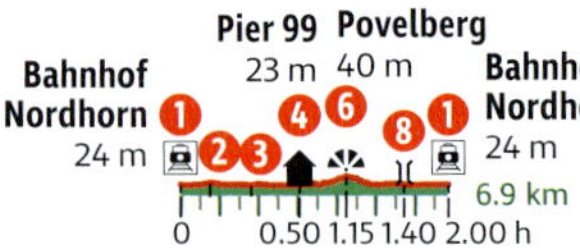

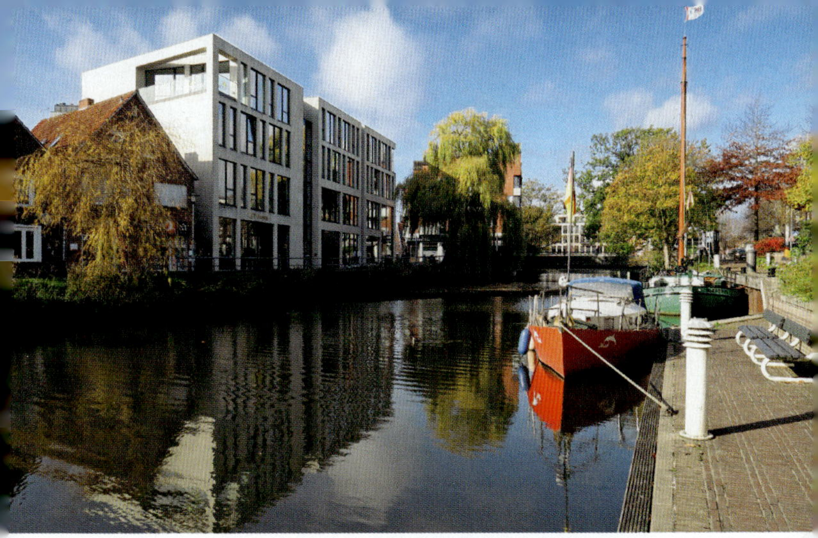

Der Stadthafen soll mit dem Projekt »Innenstadt am Wasser« umgebaut werden.

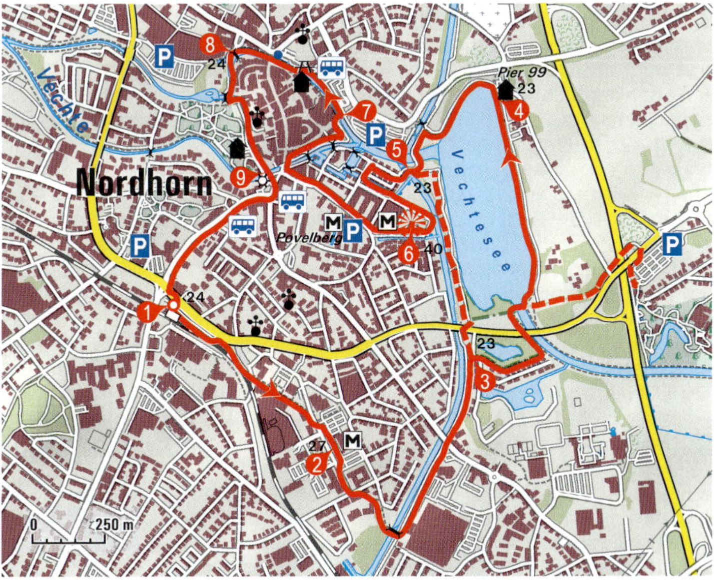

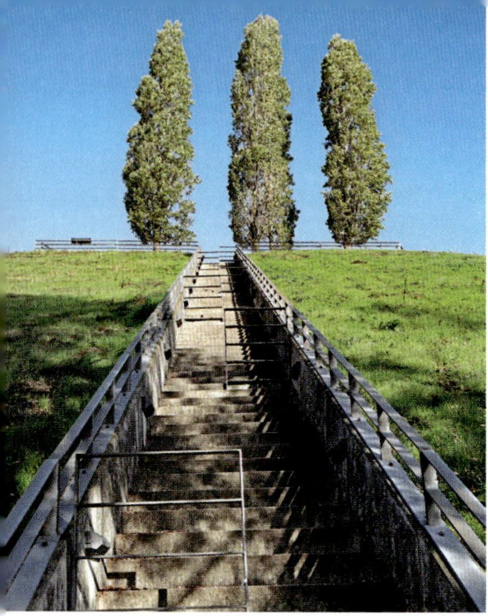

Povelberg auf ehemaliger Betriebsmülldeponie.

Vom **Bahnhof Nordhorn** ❶ gehen wir rechts an den Bushaltestellen vorbei zum Frensdorfer Ring und folgen dort dem Wegweiser »Spurensuche« (S) rechts am Zaun entlang u. a. Richtung VHS. Vor dem Bahnübergang links auf Fuß-/Radweg und links vorbei an der VHS im ehemaligen Rohgewebelager des NINO-Konzerns, der 1996 die Produktion in Nordhorn einstellte. Das Gelände des einstmals zu den Top Ten der deutschen Textilindustrie zählenden Unternehmens wurde zu einem Wirtschaftspark umgestaltet. Nach Einmündung in die Nino-Allee rechts und vorbei am sanierten **NINO-Spinnereihochhaus** ❷, dem heutigen Wirtschafts- und Kompetenzzentrum. Etwas links lässt es sich auf dem vorgelagerten Teich angenehmer gehen. In dem Hochhaus dokumentiert das Stadtmuseum die Textil- und Modegeschichte Nordhorns.

Am Ende der Nino-Allee biegen wir links in die Zeppelinstraße und nach wenigen Metern rechts in den Radweg (Marta-Smoes-Weg). Nach der Querung des Nordhorn-Almelo-Kanals schwenken wir beim Rad-KP 10 nach links und begleiten den von Bäumen gesäumten Kanal. Bei einer Gabelung vor einer Straßenbrücke links und unter der Brücke hindurch.

300 m nach der Straßenbrücke verlassen wir bei den Spielanlagen eines **Ferienparks** ❸ den Uferweg und schwenken nach rechts, vorbei am kleinen Biergarten der Ferienanlage. Geradeaus nimmt uns links von Glascontainern am Waldrand ein Pfad auf, der vor der Vechte endet. Hier links am Ufer entlang und auf kleinem Pfad unter der Straßenbrücke hindurch. Danach rechts über die im Jahr 2022 sanierte Reiterbrücke Richtung Tierpark. Hinter der Brücke steigen wir links die Stufen hinab und folgen dem Uferweg entlang der 1974 als Hochwasserschutz zu einem See aufgestauten Vechte. Auf der Westseite befindet sich hinter den Bootsstegen eine schwimmende Plattform mit dem Kunstwerk 'Parabolic Triangular Pavilion I' als Teil des Projektes »kunstwegen«.

Nach dem Uferrestaurant **Pier 99** ❹ umrunden wir den Nordteil des 16 ha großen Sees und verlassen ihn schließlich nach einer Rechtskurve. Vor dem Verbindungskanal mit der historischen Schleuse gehen wir links und queren die Vechte über die Blaue Brücke. Dahinter bei **Rad-KP 33** ❺ links über

die Weiße Brücke Richtung P31 VVV Nordhorn (1,4 km). Hinter der Weißen Brücke links durch Wohnviertel (S) und nach der nächsten Brücke links. Dieses von Kanälen durchzogene auch »Klein Venedig« genannte Stadtviertel bereitete Kommunalpolitikern nach der Insolvenz der Povel-Textilwerke jahrzehntelang Kopfzerbrechen: 1987–2008 entstand auf der 18 ha großen kontaminierten Industriebrache Povel-Wasserstadt als erfolgreiches Modell für innerstädtischen Strukturwandel. Nach Müllcontainern folgen wir dem Pfad geradeaus und um den pyramidenartigen **Povelberg** 6 herum, an dessen Südseite Treppen aufwärts zur Aussichtsplattform führen. Vorne erinnern die Hallen der alten Weberei an das textile Erbe mit einem Kulturzentrum und einer Museumsfabrik. Einige Meter unter der Plattform lagert eingekapselt ehemaliger Betriebsmüll von Povel, oberflächlich bedeckt mit unbelastetem Boden.
Bei der alten Weberei folgen wir der Kokenmüllerstraße geradeaus, vorbei am 26 m hohen Povelturm mit innen einem Teil des Stadtmuseums und Café. Die Kokenmüllerstraße leitet zum zentralen Europaplatz, wo wir rechts die Vechte über die breite Brücke queren. Gleich danach rechts auf dem Uferweg. Bei einer Bank erreichen wir die Stelle, wo sich die Vechte aufteilt und mit zwei Armen die Altstadt umfließt. Wir folgen dem nördlichen Arm links und wechseln bei der nächsten Brücke mit rechts der Touristinfo **VVV Nordhorn** 7 die Seite. Zwischen der Vechte mit dem Anleger für Bootsfahrten sowie einem Parkhaus und Busbahnhof (rechts) nähern wir uns dem

Blick vom Povelberg auf die alte Weberei.

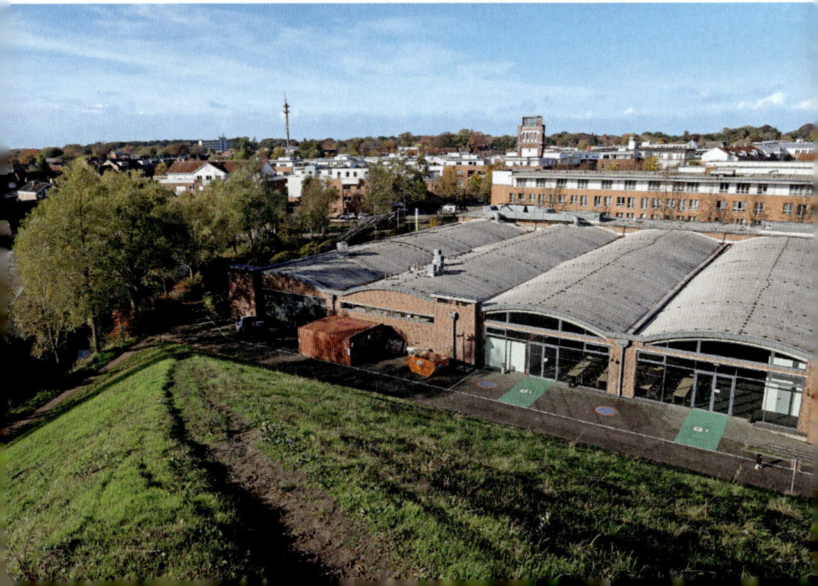

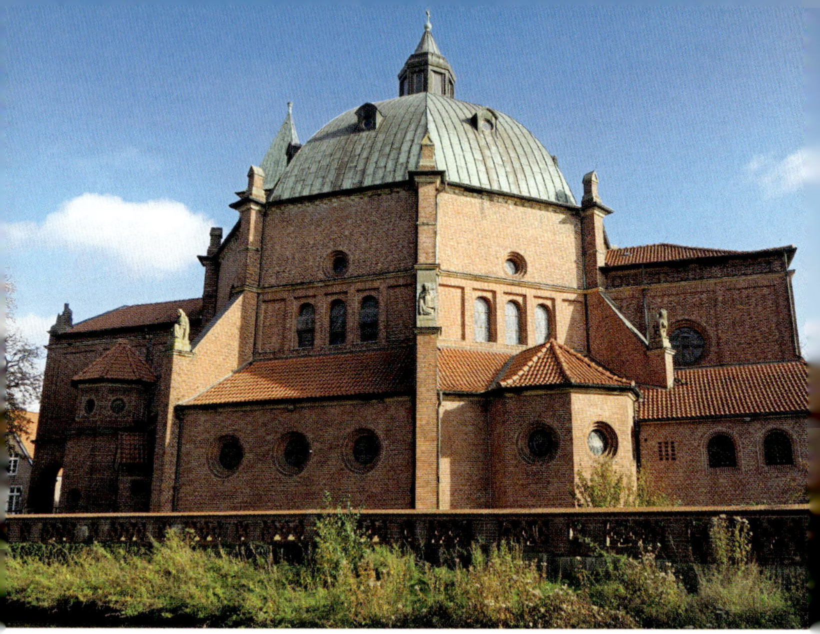

Die massive Kirche St. Augustinus ruht auf 254 bis zu 7,5 m tiefen Pfählen.

Marktplatz mit dahinter der Kirche St. Ludgerus aus dem 15. Jh. Wir halten uns links und steigen die Stufen hinunter zum überschaubaren alten Hafen mit dem Plattbodenschiff Jantje. Bei der nächsten Brücke geradeaus und weiter rechts entlang der Vechte. Bei der Rietibrücke mäandert die Vechte nach links. Rechts von der Außenschleife erstreckte sich bis 2021 das große Betriebsgelände der Textilfirma Rawe, heute ein Einkaufszentrum mit Baumarkt. Das ehemalige Kesselhaus wurde auf Initiative der Lebenshilfe Nordhorn in eine Kaffeerösterei (»Samocca«) mit Café umgestaltet.

Wenige Meter nach der **Rietibrücke** 8 gehen wir links über die moderne Fußgänger-/Radbrücke und folgen dem Weg kurz darauf über die Vechte in den Stadtpark, früher Privatpark der Industriellenfamilie Rawe. Hier halten wir uns links. Der Radweg Mühlendamm führt entlang einem Vechtearm vorbei an der katholischen Kuppelkirche St. Augustinus. Der große Backsteinbau mit separat stehendem 45 m hohen Glockenturm entstand um 1912 vor dem Hintergrund der starken Zuwanderung katholischer Fabrikarbeiter aus dem Ruhrgebiet. Bei der Korn- und **Sägemühle** 9 queren wir den südlichen Vechtearm und folgen beim Europaplatz der Bahnhostraße nach rechts. Wenige Minuten nach dem Rathaus von 1951 erreichen wir wieder den **Bahnhof Norddorf** 1.

↗ 55 m | ↘ 55 m | 21.1 km

5.15 h

Nordhorn – Niederlande

51

Grenzüberschreitende Rundwanderung mit viel Wasser, Wald und Heide

Zwischen Nordhorn und der Grenze zu den Niederlanden begleitet diese lange Rundwanderung Gewässer unterschiedlicher Art: bis zum Kloster Frenswegen den Fluss Vechte, an der Grenze den Bach Rammelbeke und vor Nordhorn den Nordhorn-Almelo-Kanal sowie den Vechtesee. Die Wanderung folgt großteils der Spurensuche-Rundroute »Auf den Spuren alter Wasserwege«, weicht aber hin und wieder zugunsten kleinerer Wege davon ab.

Ausgangspunkt: Touristinfo VVV Nordhorn mit benachbartem großem Parkhaus Parkpalette Vechteinsel (Navi: Seeuferstraße, 48529 Nordhorn), alternativ gebührenfreier Parkplatz beim Kloster Frenswegen.
ÖPNV: Bushaltestelle Nordhorn-Markt nahe dem Ausgangspunkt 200 m nach dem Start, vgb-mob.de. Zwischen Markt (sowie Bahnhof) Nordhorn und dem Kloster Frenswegen 2 verkehrt Mo–Sa stündlich (So zweistündlich) Buslinie 31, zwischen dem Bahnhof und 7 Linie 38 Mo–Fr beinahe stündlich. Der Regionalbahnhof Nordhorn ist über einen 1 km langen Zuweg zur Route erreichbar.
Anforderungen: Leichte Wanderung über Ufer-, Wald- und Feldwege, stellenweise auch Straßen. Einige der Uferwege verlaufen über Gras und können nach Regen recht nass sein.
Markierung: Großteils Spurensuche (S) mit orangen und roten Pfeilen sowie Radwegweiser.
Einkehr: Nordhorn, Café am Kloster Frenswegen (Mi–So).
Kombi-Tipp: Tour 50 als Stadtrundgang Nordhorn.
Tipps: Stadtmuseum Nordhorn (stadtmuseum-nordhorn.de) mit drei Abteilungen über die Textilindustrie in Relikten der drei ehemaligen Textilwerke: NINO-Spinnereihochhaus (Di–Sa 14–18 Uhr), Museumsfabrik in Alter Weberei (Sa 14–18 Uhr) und Stadtgeschichte im Povelturm (Fr, Sa). Außerdem Bootsfahrten in Nordhorn im Sommerhalbjahr täglich stündlich (vvv-nordhorn.de), Tierpark Nordhorn (tierpark-nordhorn.de).

Von der Touristinfo **VVV Nordhorn** 1 begleiten wir die ruhig strömende Vechte auf der rechten Seite links am Parkhaus und dahinter dem Busbahnhof vorbei, steigen vor dem Marktplatz mit der Kirche links die Stufen zum Fluss hinab und gehen an der Promenade des alten Hafens entlang. Wir folgen der Vechte auch bei der folgenden Brücke rechtsseitig und wechseln die Seite kurz nach der Rietibrücke über eine moderne Brücke für Fußgänger und Radfahrer. Weiter rechts neben dem Fluss und nach einer weiteren Brücke im Stadtpark rechts. Bei der nächsten Straßenbrücke queren wir den

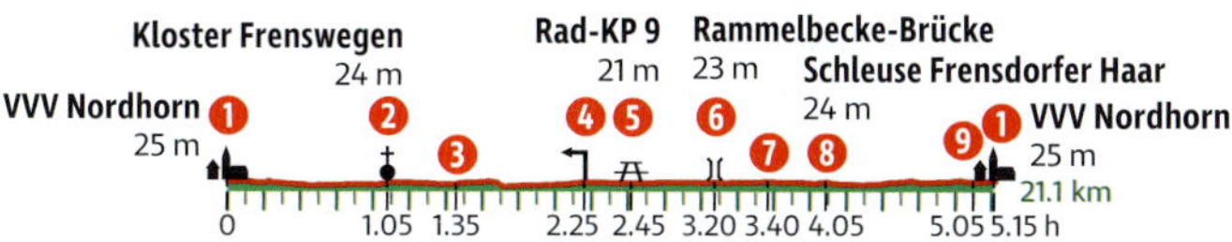

Vechtearm rechts und verlassen damit die Vechteinsel. Vor uns liegt das ehemalige Betriebsgelände der Textilfirma Rawe, heute ein Einkaufszentrum mit Baumarkt und weiter links dem auf Initiative der Lebenshilfe Nordhorn zu einer Kaffeerösterei (»Samocca«) umgestalteten alten Kesselhaus.
Hinter der Brücke steigen wir rechts die Treppe hinunter zur Vechte (gelb-rot, orange) und folgen dieser nach rechts (P67 Coevorden, V1 Neuenhaus) auf einem grasigen Uferpfad, auch bei den zwei folgenden Brücken. Unterwegs sorgen Sandsteinskulpturen des Projektes »kunstwegen« für Abwechslung. 10 Gehminuten nach einem säulenartigen Kunstobjekt auf der linken Seite nehmen wir bei einer Gabelung vor der nächsten Brücke den asphaltierten Weg rechts aufwärts (N1 Kloster 0,6 km, RW Wasserwegen) und folgen der Straße links über die Vechte (oranger Pfeil). Hinter der Brücke biegen wir links in den Rad-/Fußweg neben einem Baumwall und nach 100 m rechts in den gepflasterten Weg zum Kloster Frenswegen, vor dem Picknicktische zur Rast einladen.
Das **Kloster Frenswegen** ❷ geht auf das Mittelalter zurück und wurde im 18. Jh. säkularisiert. Heute sind hier sechs christliche Kirchen unter einem Dach vereinigt mit einer in Europa einzigartigen ökumenischen Besinnungs-, Bildungs- und Begegnungsstätte. Wir gehen rechts am Kloster vorbei, schwenken beim Parkplatz nach links und gleich darauf nach rechts westwärts auf die Klosterzufahrt. Bei den beiden folgenden Abzweigungen gehen wir geradeaus entlang dem Fuchsweg: erst an einer Kreuzung hinter

Rammelbecke mit blühendem Senf.

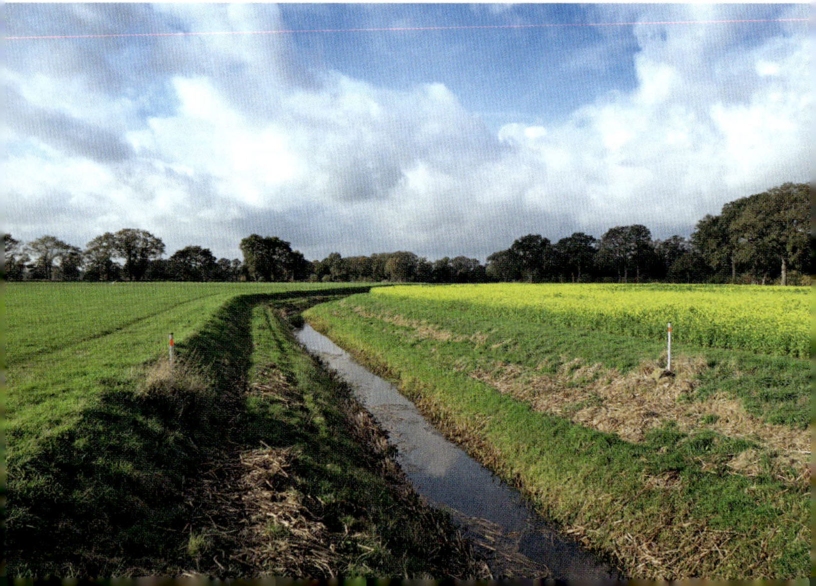

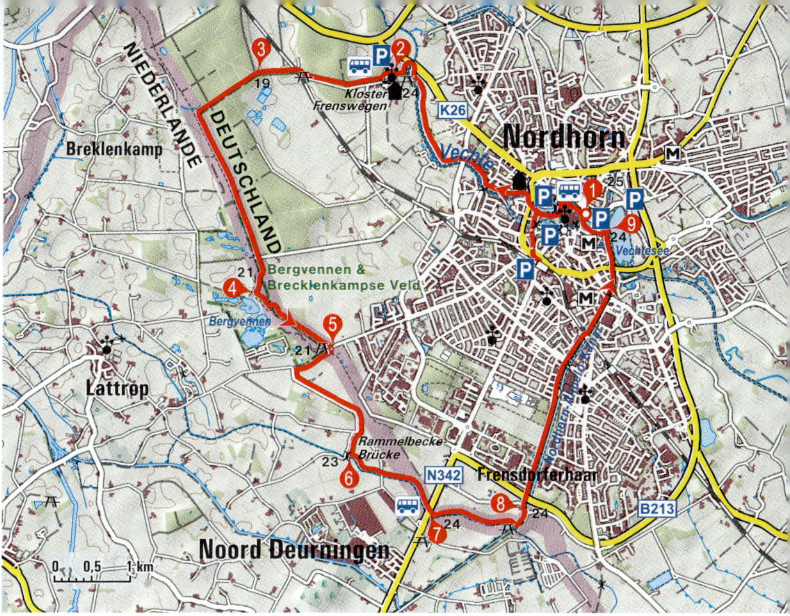

dem Graben (N3 Grenzpfad 2,8 km), dann an einer Gabelung mit dahinter einem Verkehrsverbot an Sonn- und Feiertagen.

Bei einem überdachten Picknicktisch queren wir die Gleise der Bentheimer Eisenbahn, folgen der für den Verkehr gesperrten Straße und kurz darauf einem alleeartigen Schotterweg. An der nächsten Kreuzung – am **Rad-KP 85** ❸ – beginnt eine längere Waldpassage: halblinks (orange) auf halb gepflastertem, halb geschottertem Weg, der nach der Kreuzung mit einem halb geteerten Weg in einen Pfad durch Kiefernwald übergeht. Am Ende des Walds erreichen wir bei einer Bank die niederländische Grenze und folgen dem Grenzweg nach links (P31 Richtung NOH und P26 Richtung Frensdorfer Schleuse / RW Wasserwege).

Nach 2 km schnurgeradem Verlauf südwärts entlang der Grenze durch die Waldrandzone gehen wir beim Rad-KP 83 weiter geradeaus auf dem Grenzweg (Denekamp 10,6 km) und schwenken nach 150 m rechts auf den Pfad durch das niederländische Naturschutzgebiet Bergvennen & Brecklenkampse Veld mit Moor-, Heide- und Graslandschaften. Bei KP E93 in diesem geschützten **Natura-2000-Gebiet** ❹ links in einen Sandweg (oranger Pfeil) und auf diesem über die Heidefläche.

Nach zwei Toren wieder rechts auf den Grenzweg (orange; rot). Bei **Rad-KP 9 »Kleingärtenkolonie«** ❺ mit Spielplatz und überdachten Picknicktischen biegen wir rechts in den Sandweg (Denekamp 9,1 km). In den Niederlanden

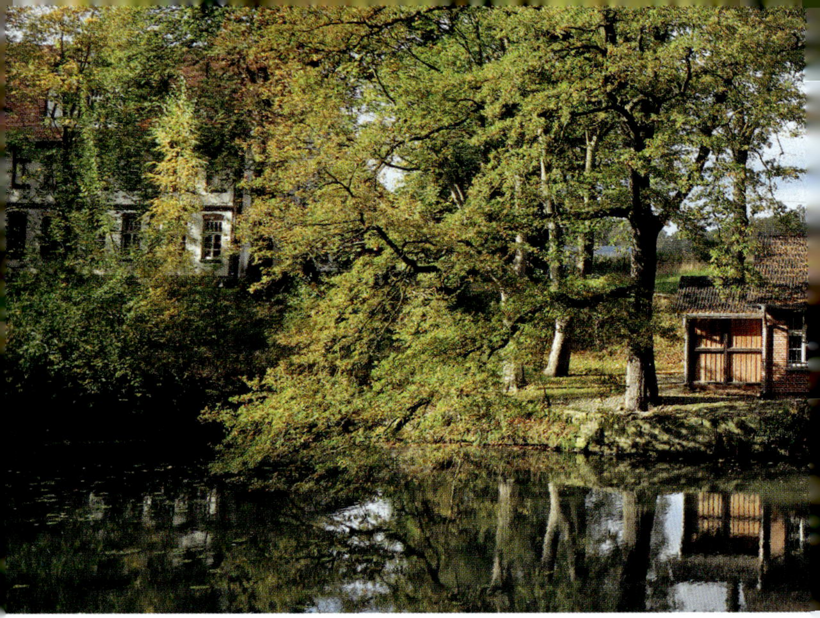

Das ehemalige Zöllnerhaus am Nordhorn-Almelo-Kanal dient heute kulturellen Zwecken.

leitet die orange markierte Spurensuche beim folgenden Rad-KP 81 nach links in den Dennenweg, nach 1,3 km bei der folgenden T-Kreuzung rechts in den Rammelbeekweg und nach 50 m links in den Delengoorweg (grüne Pfeile).

Über eine **Brücke** queren wir die **Rammelbecke** 6 (nl. Rammelbeek) und folgen danach links auf grasigem Weg dem 5 km langen Zufluss der Dinkel, die in diesem Abschnitt die natürliche Grenze zur Niederlande bildet. Wir bleiben auf der östlichen, also niederländischen Seite und erreichen nach einem metallenem Bogen die **Denekamper Straße** 7.

Die Rammelbecke leitet uns weiter auf niederländischer Seite, ehe wir nach einem Waldstück bei KP L14 den Nordhorn-Almelo-Kanal erreichen. Dort biegen wir nach Querung des Kanals nach links und wandern auf dem rechtsseitigen Kanalweg nach Deutschland mit Blick auf das ehemalige Zöllnerhaus und daneben der ufernahen hölzernen Zollabfertigung. 100 m nach einem überdachten Picknickplatz queren wir den Kanal bei der 1905 fertiggestellten **Schleuse Frensdorfer Haar** 8. Hinter dem Geländer weisen rechts Pfeile den Weg auf baumbeschattetem Pfad auf der linken Seite des Nordhorn-Almelo-Kanals. Der Kanal ersetzte seit 1900 die versandete Vechte als Wasserweg für Binnenschiffe. Der für die Schifffahrt seit 1960 bedeutungslose

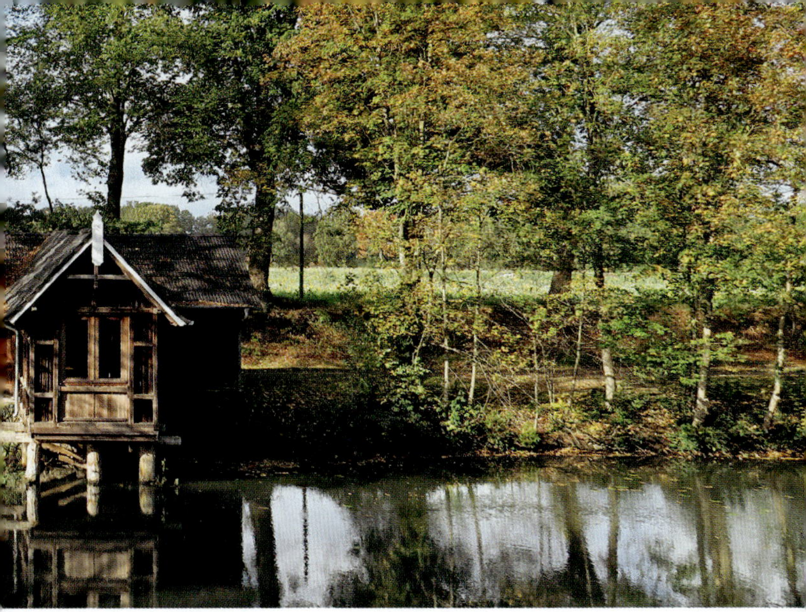

und auf niederländischer Seite stellenweise zugeschüttete Kanal dient heute der Entwässerung und fungiert als Feuchtbiotop.

Wir folgen dem Pfad durch den Waldsaum am Kanal bis zu dessen Ende bei einer querenden Straße mit dahinter Bahngleisen, auch wenn die Wandermarkierungen vorher nach rechts weisen. Dort auf der Friedrich-Ebert-Straße rechts über den Kanal, gleich danach rechts die Stufen abwärts und auf dem von Bäumen gesäumten Rad-/Fußweg weiter auf der rechten Kanalseite.

Vor weiteren Straßenbrücken halten wir uns links und folgen dem Uferweg unter der Brücke hindurch. Nach der zweiten Straßenbrücke (hinter einem Ferienpark zur Rechten) geht es rechts die Stufen aufwärts und nach wenigen Metern links auf schönem Fußweg am Westufer des Vechtesees entlang. Nach einem schönen Aussichtspunkt über den 1974 künstlich angelegten **Vechtesee** 9 schwenkt der Weg nach links. Beim folgenden Rad-KP 33 leicht nach rechts versetzt und Richtung Zentrum über die Brücke, dahinter rechts auf kleiner Straße durch das Wohnviertel der Povel-Wasserstadt. Bei einer Kreuzung gehen wir geradeaus, auch wenn die »Spurensuche« nach links weist. 50 m nach einer Fußgängerbrücke queren wir rechts den Kornmühlenarm der Vechte, schwenken rechts auf den Uferweg und folgen jenem auch nach einer Linkskurve bei der Abzweigung des Vechtearms entlang der Vechte. Den Fluss queren wir rechts über die Reichenbrücke und erreichen wieder die Touristinfo **VVV Nordhorn** 1.

↗ 40 m | ↘ 45 m | 14.3 km

52 Von Nordhorn nach Neuenhaus

3.30 h

Flussabwärts entlang der Vechte

Die Vechte war seit dem Mittelalter bis zu ihrer Versandung eine wichtige Handelsroute für die Stadt Nordhorn. Mit Bentheimer Sandstein beladene Frachtkähne fuhren über Zwolle in die Zuiderzee, damals das Zentrum das niederländischen Seehandels. Sie kehrten zurück mit Nahrungs- und Genussmitteln, später auch Kolonialwaren. Die heutige Ruhe auf dem Wanderweg entlang der Vechte lässt nichts von der früheren Hektik des Handels spüren.

Ausgangspunkt: Bahnhof Nordhorn mit gebührenpflichtigen Parkplätzen jenseits der Bahnhofstraße (Navi: Frensdorfer Ring und Stadtring, 48529 Nordhorn), alternativ großer Parkplatz entlang der Route bei ❷.
Endpunkt: Bahnhof Neuenhaus mit (kostenlosem) Parkplatz (Navi: Am Bahnhof, 49828 Neuenhaus).
ÖPNV: Zwischen dem Ausgangs- und Endpunkt verkehrt stündlich die Bentheimer Eisenbahn Richtung Bad Bentheim.
Anforderungen: Leichte Wanderung großteils über Graswege entlang der Vechte, am Anfang und Ende auch Straßen.
Markierung: Großteils gelb-rote Pfeile und P für Podagristenpad als Spurensuche-Route.
Einkehr: Nordhorn, Neuenhaus. Unterwegs mit 0,8 km langem Abstecher zum urigen Cafe-Hof Strötker (Mi–Fr 14–18 Uhr, Sa & So ganztägig); dazu bei ❹ links (Pappelstraße), dann wieder links (Tannenweg).
Kombi-Tipp: Verlängerung mit Tour 53 als Streckenwanderung von Nordhorn nach Uelsen – ohne Abstecher nach Neuenhaus 25 km. Dazu bei Straßenbrücke vor Neuenhaus geradeaus auf Podagristenpad unter der Brücke hindurch und entlang der Vechte zur Dinkelmündung, dort links zur ersten Rad-/Fußgängerbrücke und weiter ab ❷ bei Tour 53.

Bei der großen Straßenkreuzung am **Bahnhof Nordhorn** ❶ queren wir links diagonal die Ring- und Bahnhofstraße. Nach 50 m auf der Ringstraße geht es hinter dem Parkplatz und vor dem Hauptzollamt rechts in die gepflasterte Vechtestraße. Nach 200 m in der Rechtskurve links auf Rad-/Fußweg durch einen Park, an dessen nordwestlichem Ausgang bei Rad-KP 25 rechts und über die Jahnstraße. Die als Sackgasse ausgezeichnete Fahrradstraße führt über den südlichen Vechtearm und weiter geradeaus. Bei einer T-Kreuzung biegen wir rechts in die Parkstraße, nach 50 m vor dem Park nach

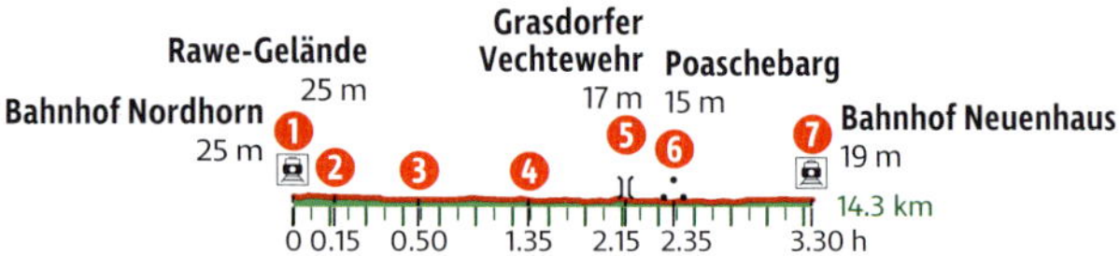

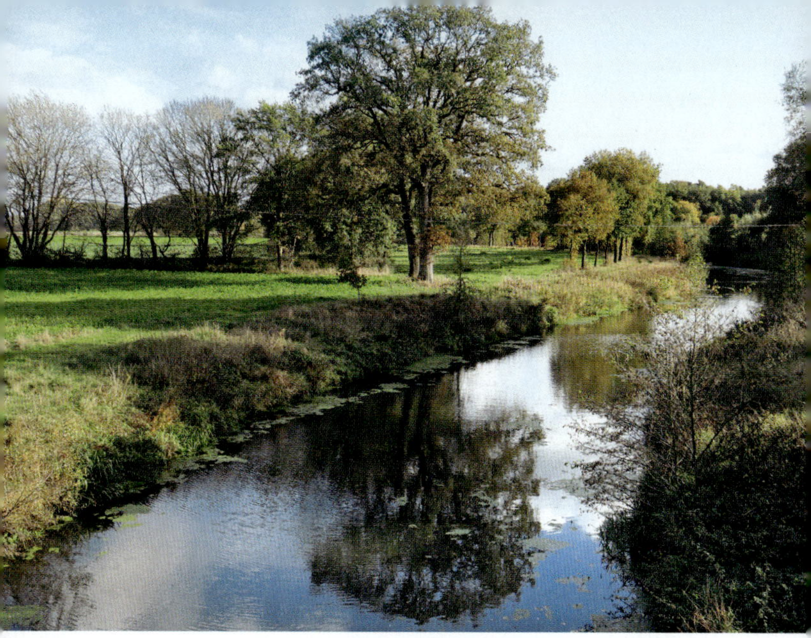

Friedlich fließt die Vechte durch die Niederung zischen Nordhorn und Neuenhaus.

links und steigen nach 50 m die Stufen hinunter zur Vechte. Dort links auf den Uferweg (gelb-rot) und bei der nächsten Straßenbrücke rechts über die Vechte.

Gleich hinter der Brücke mit dem **Rawe-Gelände** ❷ steigen wir rechts die Treppe hinunter zur Vechte (gelb-rot, orange) und folgen dieser nach links (P67 Coevorden, V1 Neuenhaus) auf einem grasigen Uferpfad, auch bei den folgenden Brücken.

Für Abwechslung sorgen unterwegs mehrere Kunstwerke als Teil des Projektes »kunstwegen«, das 80 Skulpturen entlang der Vechte zwischen Ohne und dem niederländischen Zwolle umfasst. Auf unserer Seite passieren wir nacheinander zwei Sandsteinskulpturen von 1988: »einerseits, andererseits« und 10 Minuten später »tisch – nord/süd«. Kurz darauf fällt auf der anderen Flussseite die 4,5 m hohe **Skulptur Kunstobjekt »säule«** ❸ auf, ehe wir kurz darauf das Gebäude des Klosters Frenswegen erreichen.

Nach der fünften Brücke (20–25 Minuten hinter der neuen Straßenbrücke) endet der rechtsseitige Uferpfad und wir werden zu einem **Seitenwechsel** ❹ gezwungen: Wir wandern linksseitig auf dem einsamen und ebenfalls grasigen Uferweg Richtung Neuenhaus (7,6 km) weiter. Bei der folgenden Brücke, dem **Grasdorfer Vechtewehr** ❺, wäre nach links ein Abstecher zu

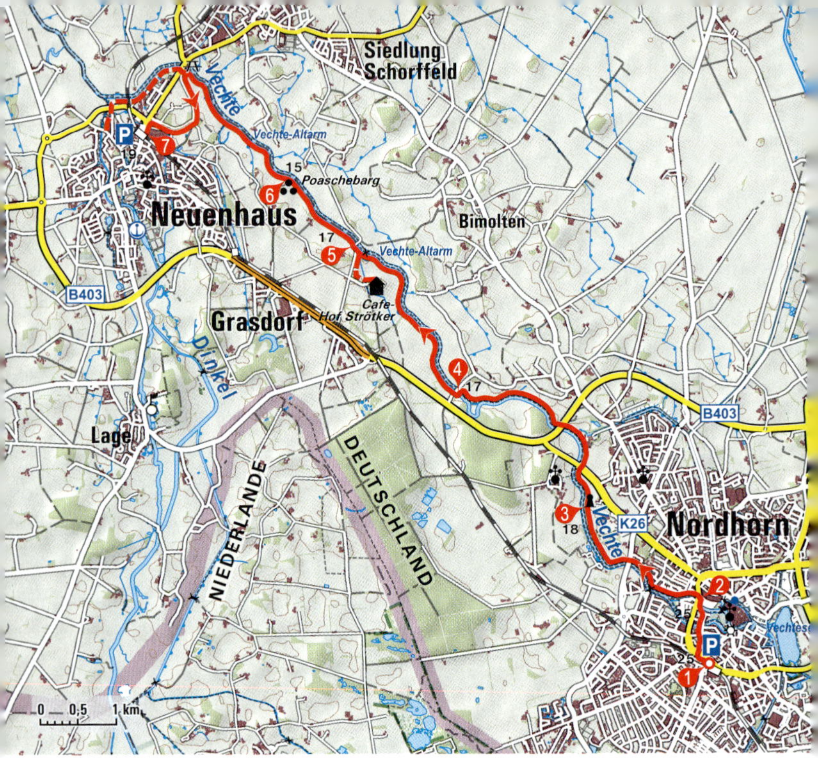

einem Café-Hof möglich. Wir folgen dem Uferweg weiter geradeaus. Nach 1,5 km erhebt sich links ein 4 m hoher bewaldeter Hügel, der denkmalgeschützte **Poaschebarg** ❻, auch »Osterberg« genannt. Archäologische Grabungen erbrachten mittelalterliche Funde, die auf einen Steinbau und Palisaden schließen lassen, Reste eines Ringgrabens sind erkennbar. Vermutlich stand hier die Burg Grasdorf, möglicherweise erbaut von den Grafen von Bentheim als Gegenstück zur Burg Lage der Bischöfe von Utrecht.

Vor der nächsten Straßenbrücke und davor einem Picknicktisch wandern wir auf dem deutlichen Weg durch die Linkskurve, während der Podagristenpad weiter geradeaus der Vechte Richtung Coevorden folgt. Bei der Einmündung in eine Straße (Scholtenstiege) halten wir uns links und bei einer Gabelung nach 600 m in einem kleinen Wäldchen rechts (Buchenstraße). Diese kleine Straße mündet beim Kreisverkehr vor einem Gewerbegebiet in die Veldhausener Straße, der wir links über den Bahnübergang folgen. Links davon liegt der **Bahnhof Neuenhaus** ❼.

↗ 70 m | ↘ 40 m | 11.7 km

2.45 h

Von Neuenhaus nach Uelsen

53

Streckenwanderung vom Vechtetal in die Uelsener Berge

Die Samtgemeinde Neuenhaus entstand an Stelle der früheren Wasserburg Dinkelrode, erbaut 1317 an der Handelsstraße zwischen Münster und Amsterdam. Die zur Abgrenzung von der Bentheimer Burg verwendete Bezeichnung »nye hus« lässt die Entstehung des Ortsnamens erkennen. Neuenhaus war lange bekannt für seine Viehmärkte, an die am alten Marktplatz die Skulptur eines Pferdehändlers erinnert. Auf der Tour von Neuenhaus nach Uelsen begleiten wir die Vechte und wandern in die hügelige Landschaft bei Uelsen. Kurz vor dem Ziel bietet der Gölenkamper Spöllberg einen weiten Ausblick.

Ausgangspunkt: Bahnhof Neuenhaus mit (kostenlosem) Parkplatz (Navi: Am Bahnhof, 49828 Neuenhaus).
Endpunkt: Altes Rathaus Uelsen im Ortszentrum mit Parkgelegenheit an der Kirche (Navi: Am Markt, 49843 Uelsen), alternativ größerer Parkplatz 150 m westlich beim neuen Rathaus (Navi: Itterbecker Str. 11, 49843 Uelsen).
ÖPNV: Zwischen dem Ausgangs- und Endpunkt verkehrt Buslinie 10 (täglich stündlich), weiter Richtung Emlichheim, vgb-mob.de.
Anforderungen: Leichte Wanderung großteils über kleine und bis auf die Erntezeit sehr verkehrsarme Landstraßen, im ersten Drittel auf großteils grasigem Uferweg, am Söllberg auf Pfaden über Heide und durch Wäldchen.
Markierung: Großteils Noaberpad (N, rot-weiß), stellenweise Poagristenpad und Radwegweiser.
Einkehr: Nordhorn, Uelsen.
Varianten: 1. **Abkürzung ohne schöne Vechtepassage über Podagristenpad nach Neuenhaus** (2,5 km kürzer); ab ❷ geradeaus und Wegweisern »Spurensuche« Richtung Uelsen (7,4 km) folgend bis ❺.
Abkürzung auf Spöllberg (0,3 km kürzer): vor Spöllberg bei Reitverbotsschild rechts (S) und nach 100 m links auf den Berg.
2. **Verlängerung in Uelsen** auf dem 7 km langen mit weißem Pfeil auf grünem Grund ausgewiesenen **geschichtlichen Rundweg »Geschichtspark Uelser Quellen«** ab ❽ (Broschüre bei Touristinfo im Alten Rathaus oder Audioguide bei cultureapp.com/uelsen).
Kombi-Tipp: Verlängerung mit Tour 52 als Streckenwanderung von Nordhorn nach Uelsen – ohne Abstecher nach Neuenhaus 25 km.

Vom **Bahnhof Neuenhaus** ❶ leitet die Veldhauser Straße südwärts in das Ortszentrum. Kurz vor der Kirche gehen wir bei der Sparkassse rechts über den Parkplatz zu den rekonstruierten **Mühlenrädern** ❷ der früheren Korn- und Ölmühle Voshaar. Rechts davon zweigt ein Rad-/Fußweg ab und begleitet den Mühlenteich. An dessen Nordseite verlassen wir hinter dem Pavillon

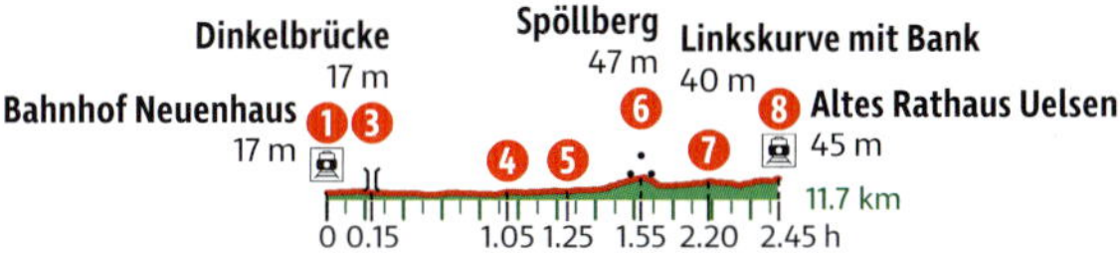

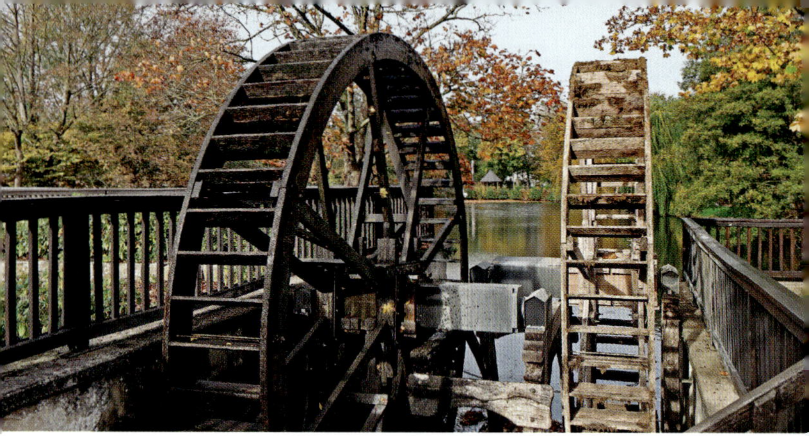

Am Neuenhausener Mühlenkolk erinnern diese Räder an die frühere Mühle Voshaar.

den Park durch das Portal und folgen rechts den Pfeilen (Spurensuche, Dinkelpad) entlang dem Seifendamm, der nach 300 m nach rechts schwingt. Dort geradeaus und an dem mitten auf der Straße stehenden Baum vorbei. Nach einem Linksschwenk queren wir die **Dinkel** und begleiten sie nach der **Brücke** ❸ rechts auf dem linksseitigen Uferweg und ignorieren die geradeaus weisenden Wegweiser zu unserem Ziel (Variante 1). Nach Unterquerung des Westrings erreichen wir die Mündung der Dinkel in die Vechte. Auf der anderen Seite ist eine Sandsteinskulptur erkennbar als eines von 25 ähnlichen Kunstwerken entlang der 67 km langen Dinkelsteinradroute.

Ab der Dinkelmündung folgen wir der Vechte auf dem Grasweg bis zum Ende dieser schönen Uferpassage bei der nächsten Straßenbrücke. Hier links, kurz darauf auf kleiner Straße wieder links und bei der kommenden Kreuzung geradeaus. Bei den folgenden Abzweigungen leiten uns die rot-weißen Markierungen des Noaberpads entlang der großteils baumbestandenen verkehrsarmen Straßen: bei einer **5-fach-Kreuzung mit Bank** ❹ und Reit-KP 36 halblinks (Stegken), nach 200 m vor einem Hof rechts und nach einer Straßenquerung bei einer Gabelung links am Hof vorbei.

In einer **Rechtskurve** ❺ der Straße mündet von links der abkürzende Feldweg ein. Wir folgen N entlang der Straße und nach 300 m den Wandermarkierungen nach links. Die Straße führt kaum merkbar gemächlich aufwärts mit weitem Blick über die Felder. Bei einer Kreuzung geradeaus (S, N) und nach 250 m bei einer Gabelung am Asphaltende vor einem Feld rechts. Bald tauchen am Rand des Spurwegs die Markierungen auf. Bei der Kreuzung vor einem Reitverbotsschild trennen sich N und S für kurze Zeit; wir folgen dem schöneren Verlauf von N: geradeaus über den Grasweg, im Waldstück abwärts, links vorbei an der Heide und am Zaunende rechts zu einem Picknicktisch und Infotafel zum Gräberfeld am Spöllberg.

Weiter durch das Gatter und die Wacholderheide auf den 47 m hohen **Spöllberg** 6 als zentrales Hügelgrab mit weitem Ausblick. Zahlreiche Funde aus der Bronze- und Eisenzeit belegen eine große vorgeschichtliche Bedeutung; der bekannteste ist der 1840 von einem Bauern gefundene bronzezeitliche Goldbecher von Gölenkamp. Das Original wird in Burgsteinfurt aufbewahrt, Kopien stehen in der Bad Bentheimer Burg und im Uelsener Rathaus. Um den Spöllberg zieht sich seit 1999 eine 240 m lange Ankerkette als modernes Kunstwerk des Italieners Luciano Fabro. Die durch ihr Gewicht großteils versunkene Kette ragt nur noch stellenweise aus dem Boden.
Vom Spöllberg nordwärts hinunter, durch das Gatter, am Waldrand abwärts zur Straße und auf dieser in die Bauernhofsiedlung Gölenkamp. Wenige Minuten nach dem Ortsschild weist der Spurensuche-Wegweiser entlang der Hauptstraße Richtung Wilsum. Nach 10 Minuten folgen wir N links in eine kleine Straße (Telgtenweg), nach 5 Minuten in einer **Linkskurve mit Bank** 7 rechts in den Spurweg und an Höfen vorbei. Radwegweiser und rot-weiße Markierungen leiten uns bei einem Hof nach links und vor einem Findling mit der Nr. 1 nach rechts. Am Ortsanfang nach Querung der Hauptstraße geradeaus (Am Festplatz), unter der B403 hindurch und geradeaus (Hardinghauser Straße). Nach einem Tempo-30-Schild halten wir uns rechts, kurz nach dem alten Dorfbrunnen rechts und gehen bei der folgenden Gabelung auf die evangelische Jakobuskirche zu. Rechts dahinter liegen die Bushaltestelle und die Touristinfo im **Alten Rathaus Uelsen** 8 von 1649, das bis 1895 auch als Schule genutzt wurde – mit bis zu 180 Schülern ein Raumwunder.

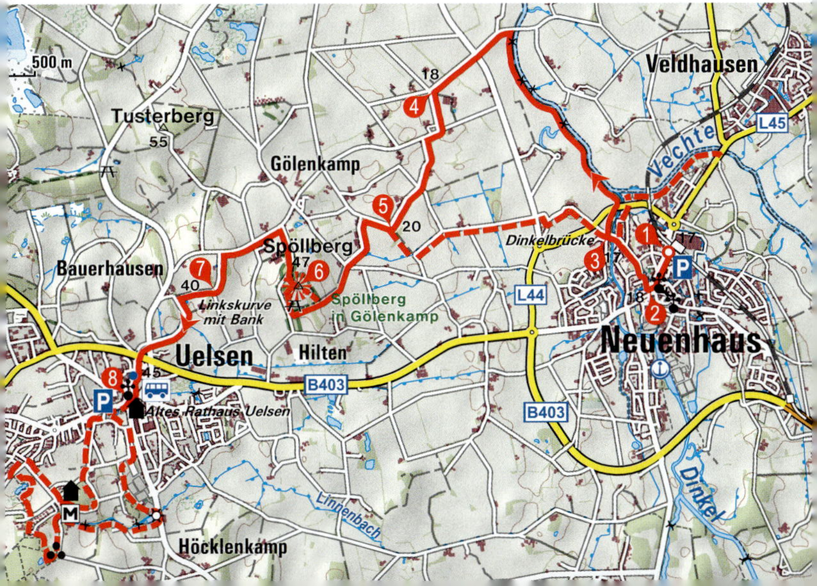

↗ 100 m | ↘ 100 m | 12.6 km

3.00 h

54 Uelsen – Lönsberg

Rundwanderung mit Vorgeschichte und Fernblick

Die Gegend um Uelsen war bereits in der Bronzezeit besiedelt, wie mehrere Funde belegen, etwa am Spöllberg bei Gölenkamp (Tour 53) oder bei Ausgrabungen 2003 am Riedberg. Diese Rundtour passiert einen Bronzezeithof, in dem das Leben auf einem Bauernhof vor 3000 Jahren veranschaulicht wird. Die Wanderung beginnt mit einem Bach und einer von mehreren Quellen in Uelsen, denen der Ort seinen Namen verdankt, abgeleitet von »Ullen« für »Quellen«. Höhepunkt ist der Lönsberg mit Aussichtsturm.

Ausgangspunkt: Waldbad Uelsen mit Parkplatz (Navi: Zum Waldbad, 49843 Uelsen).
ÖPNV: Bushaltestelle Uelsen-Markt 1,5 km nördlich vom Ausgangspunkt mit Buslinie 10 (täglich stündlich) Richtung Neuenhaus und Emlichheim, vgbmob.de. Von der Haltestelle westwärts auf Itterbecker Landstraße, nach 200 m beim Rathausparkplatz links in Radroute durch Bürgerpark und weiter entlang dem Noaberpad zum Waldbad (Friedhofsweg, Zum Waldbad). Unterwegs mehrere Bushaltestellen, diese werden aber nur sehr selten bedient.
Anforderungen: Leichte Wanderung großteils über Feld- und Waldwege sowie -pfade, teils auch kleine Straßen.
Markierung: Erste Hälfte v. a. Noaberpad (rot-weiß), bei Uelsen weiße Pfeile auf farbigem Grund sowie Spurensuche.
Einkehr: Gasthof-Restaurant Zum Lönsberg bei 4, am Startpunkt Hotel Waldbad (Mo Ruhetag), mit kurzen Abstechern Blekker's Hofcafé am Bronzezeithof (Mi–So 14–18 Uhr), Aussichtsturm Lönsberg und Uelsen.
Varianten: Abkürzung über 7 km langen ausgeschilderten Rundgang »Geschichtspfad Uelser Quellen« mit Infos und Anekdoten zu Sehenswürdigkeiten und zum Ort (weißer Pfeil auf grünem Grund).
Kombi-Tipp: Zusammen mit Tour 55 etwa 25 km lange Runde; dazu ab 4 rechts und Tour 5 ab Hesingen folgen bis Lönsberg 1; dort weiter mit Tour 54 ab 5.
Tipps: Archäologisches Freilichtmuseum Bronzezeithof Uelsen (Sommerhalbjahr So 13–17 Uhr, Juli und August auch Di und Do 14–17 Uhr), bronzezeithof.de.

Das Uelser **Waldbad** 1 verdankt seine Entstehung dem Mühlenteich einer um 1900 abgerissenen Wassermühle. Vom Südende des Parkplatzes folgen wir dem Waldpfad mit Spurensuche-Wegweiser (Bronzezeithof 1,8 km) in den Wald links am Bad vorbei in das Linnenbachtal. Vor dem als Brücke gebauten Unterstand schwenken wir nach rechts und folgen den weißen Pfeilen der Uelser Wanderwege am Bach entlang. Beim Staubecken geradeaus vorbei an Holzbarriere und auf schönem Fußweg links an dem Teich vorbei (weißer Pfeil auf grünem Grund). Der Weg begleitet den Linnenbach bis zu dessen Quellgebiet und quert

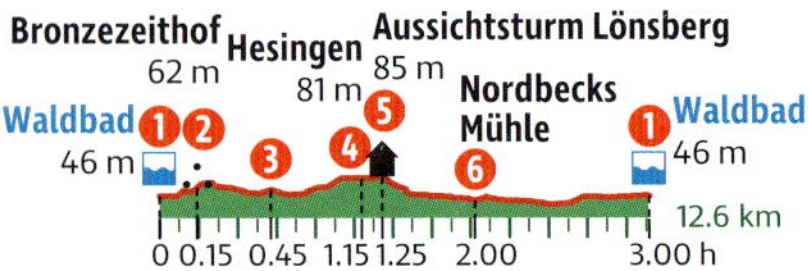

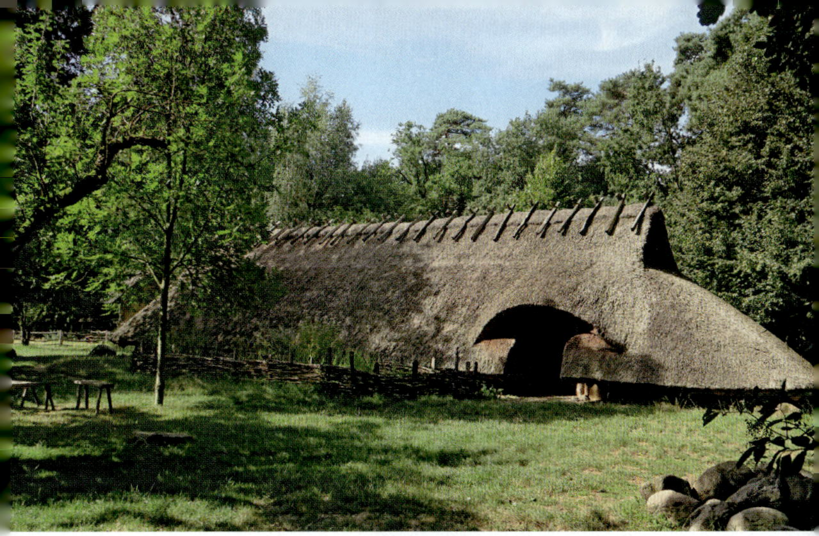

Der Bronzezeithof bei Uelsen bietet eine Zeitreise 3.000 Jahre zurück.

ihn dabei über Trittsteine. Der Bachname verweist auf die im 19. Jh. bedeutende Leinenproduktion mit 800 Webstühlen bei Uelsen. Rechts von der Plattform oberhalb der Quelle steht der rekonstruierte **Bronzezeithof** ❷. Nach einem Holzgatter gehen wir links – oder mit Abstecher rechts (100 m) zum Zugang des Bronzezeithofs mit gegenüber einem Hofcafé.

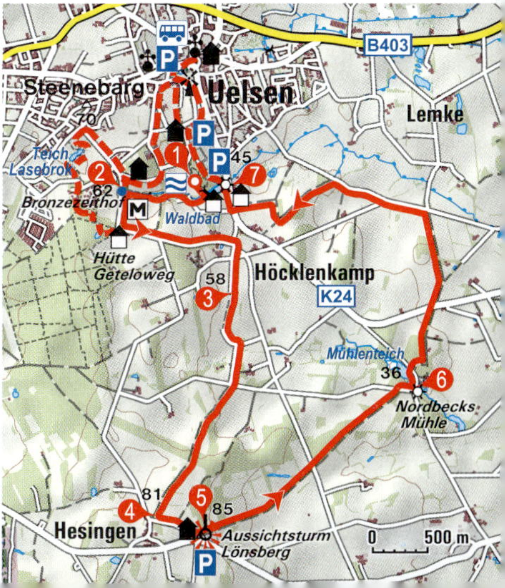

Der Radweg ist bald gepflastert und erreicht eine T-Kreuzung bei Rad-KP 69; hier links in den Geteloweg Richtung Hesingen, vorbei an einer Schutzhütte. Die rot-weißen Markierungen weisen weiter den Weg: am Straßenende rechts haltend in die Hesinger Straße und später Bliksteege südwärts, auch nach einem **Sackgassenschild** ❸ und Asphaltende. Der Weg wandelt sich bald vom Feldweg in einen Pfad am Feldrand.

Nach einer lang gezogenen Linkskurve und wieder breiterem Weg nimmt uns rechts eine

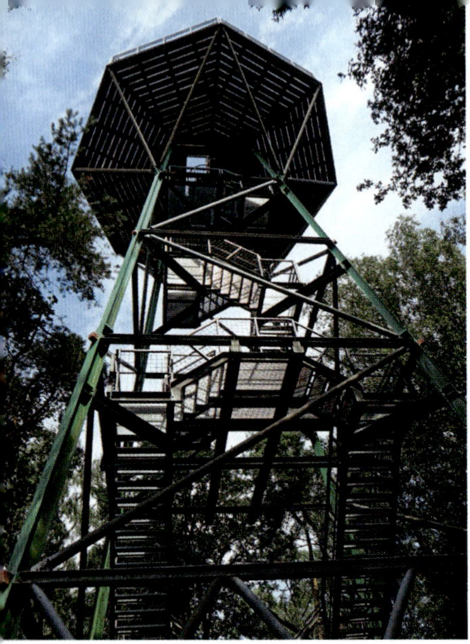

Aussichtsturm Lönsberg.

schmale Landstraße auf und leitet zum Hardinger Mühlenweg. Dort geradeaus auf dem Spurweg (rot-weiß), später als netter Pfad durch kleine Waldgebiete. Am Nordrand von **Hesingen** ❹ biegen wir bei Rad-KP 6 links in die Lönsberger Straße und erreichen nach 500 m an der Hesinger Straße den 120 m hohen und 1999 erbauten **Aussichtsturm Lönsberg** ❺ mit Einkehrgelegenheit.

Während der Noaberpad (wörtlich »Nachbarschaftspfad«) sich rechts zum südlichen Nachbarn Niederlande verabschiedet, folgen wir dem stellenweise sandigen Weg rechts am Turm vorbei in nordwestlicher Richtung, abwechselnd zwischen Feldern und am Waldrand. Nach etwa einer halben Stunde erreichen wir wieder den Hardlinger Mühlenweg und folgen ihm rechts zu **Nordbecks Mühle** ❻. Der Betrieb der erstmals 1610 urkundlich erwähnten Mühle wurde 1954 eingestellt bis auf die für den Eigenbedarf betriebene Sägemühle. Wir biegen links in die Mühlenstraße, vorbei am Hof der Mühle (rechts) und dem alten Mühlenteich (links).

Nach 100 m passieren wir rechts eine Privatzufahrt und nehmen 50 m danach den rechts aufwärts führenden Waldweg, halten uns nach wenigen Metern links und folgen dem grasbewachsenen Pfad durch eine Rechtskurve und 150 m am Feldrand entlang. Der Grasweg mündet in einen Feldweg; dort links und nach 100 m vorbei an einem Hof mit Dahliengarten und Pflückmöglichkeit (»Pluktuin«). Bei einer Straße mit Bushäuschen geradeaus, nach 200 m bei einer Gabelung halblinks entlang dem Spurweg und bei der folgenden Kreuzung links in den Linnenbachweg. Diesen verlassen wir nach 1 km auf dem links in den Wald führenden breiten Sandweg, und biegen 10 Minuten später hinter einem Heuschuppen nach rechts (Waldrand) und nach 200 m nach links zwischen Feldern.

Bei einer Schutzhütte und Rad-KP 3 schwenken wir rechts in den Radweg neben der Höcklenkamper Straße und erreichen nach wenigen Minuten zur Linken die rekonstruierte **Wassermühle Höcklenkamp** ❼. Hier links aufwärts und rechts am Mühlenteich vorbei. Rechts fließt der Linnenbach, den wir nach dem Teich rechts queren auf dem bekannten Rückweg zum **Waldbad** ❶.

↗ 80 m | ↘ 80 m | 13.4 km

3.30 h

Hügelgräberheide Halle-Hesingen

55

Grenzüberschreitende Rundwanderung mit Wassermühlen

Südlich von Uelsen präsentiert sich die Grenzregion mit vielen Wald- und Heideflächen sowie bronzezeitlichen Hügelgräbern. In den Niederlanden durchstreifen wir das naturgeschützte Quellgebiet Dal van de Moosbeek in einer Moränenlandschaft mit seltenen Orchideenarten sowie dem Hirschkäfer. Weitere Höhepunkte sind Wassermühlen sowie die Manderkreise – Letztere das größte Landschaftskunstwerk der Niederlande mit zwei kreisrunden Heideflächen von jeweils 350 m Durchmesser, nach dem früheren Großgrundbesitzer auch »Kreise von Jannink« oder frivoler »BH von Jannink« genannt.

Ausgangspunkt: Lönsberg mit Parkplatz gegenüber vom Gasthof (Navi: Hesinger Str. 12, 49843 Halle), alternativ Parkplatz beim niederländischen Infozentrum IJs & Es (Navi: Bergweg 8, 7663 TB Mander, NL).
ÖPNV: Keine sinnvollen Busverbindungen. Mit dem Fahrrad sind es von Uelsen 7 km, vom nächsten Bahnhof Neuenhaus 11 km.
Anforderungen: Leichte Wanderung auf kleinen Wegen zwischen Feldern, durch Wald und Heide sowie kleine Straßen.
Markierung: Stellenweise im deutschen Teil »Spurensuche« und im niederländischen Teil gelb-rot ausgeschilderter Twentepad (TP) sowie ein Wanderknotenpunktsystem, dessen Nummern hier nicht »Knooppunten«, sondern »Keuzepunten« genannt werden: U11-D49-D51-D56-D53-D67-D54-D55-E44-E39-E40-U08.
Einkehr: Restaurant Watermolen Bels bei 7 (Mo Ruhetag), Gasthof Lönsberg am Ausgangspunkt.
Varianten: Mehrere Abkürzungsmöglichkeiten: 1. **Kürzere westliche Runde ohne Niederlande** (9,4 km kürzer): in Hesingen der Markierung »Spurensuche« links folgen bis 8; dort geradeaus weiter gemäß Beschreibung.
2. **Verzicht auf Manderkreise und -grafveld** (3,2 km kürzer): ab 3 links auf dem Streuweg (»Klootschietersbaan«) direkt zu 6 und dort weiter geradeaus.
Kombi-Tipp: Zusammen mit Tour 54 rund 25 km lange Runde.
Tipps: Aussichtsturm mit 107 m hoher Plattform am Ausgangspunkt, Wassermühlen an der Molenbeek bei 6 mit Demonstrationen an vielen Sonntagen. Die erste (Bels) ist zu den Zeiten des Restaurants geöffnet, die zweite (Frans) So, Juni bis August auch Mi.

Am 83 m hohen **Lönsberg** 1 bietet der 120 m hohe Aussichtsturm zur Orientierung einen guten Rundblick, ehe wir der Straße Zum Lönsberg links am gleichnamigen Gasthof vorbei nach Hesingen folgen. Dort bei

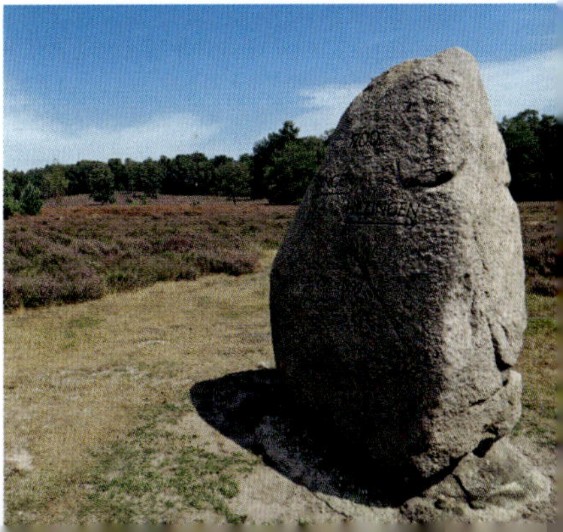

Grenzstein in Hügelgräberheide Halle-Hesingen.

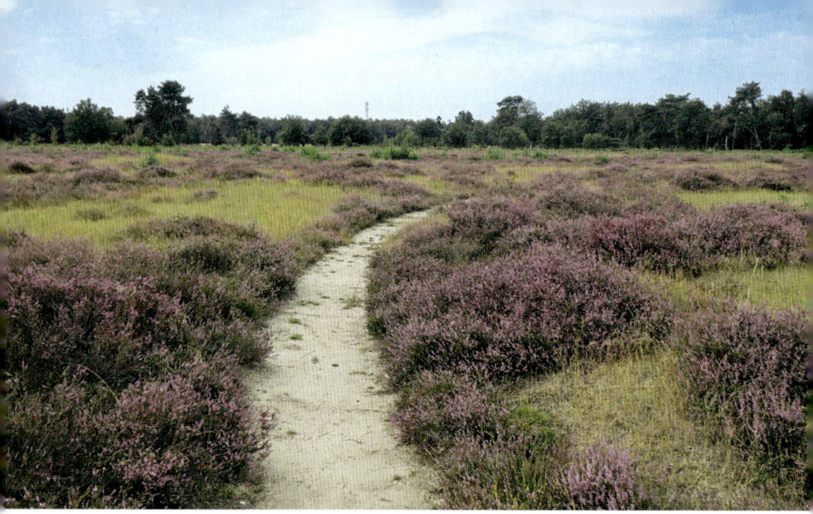

Geschwungener Pfad durch Heide im zweiten Manderkreis.

Rad-KP 6 rechts Richtung KP 6, Wilsum und Uelsen (Höcklenkamper Straße) und nach 250 m links in die Allee mit rechts einem halboffenen Stallgebäude und großen Solardach. Der Weg mündet in die Hesinger Straße, der wir wenige Meter nach rechts folgen, um den nächsten etwas versteckten links abzweigenden Waldpfad zu nehmen. Nach 50 m erreichen wir einen anderen Waldweg und folgen ihm links, auch bei der folgenden Gabelung. Der Pfad quert einen Sandrücken, passiert den **Grenzstein 085** ❷ und damit die sonst kaum sichtbare Grenze zu den Niederlanden. Kurz darauf folgen wir dem Twentepad (TP) geradeaus durch ein Gatter und durch das Tal der Molebeek, verlassen den Pfad aber nach wenigen Minuten und wenden uns nach rechts. Nach einem Gatter passieren wir eine Heidefläche und gehen bei einer Kreuzung im Wald geradeaus.

Am Ende einer großen Wiese zur Rechten erreichen wir **Wander-KP D49** ❸ mit rechts dem rekonstruierten Grabhügel Manderverveld (100 m langer Abstecher), dessen Vorläufer das zerstörte mehr als 5.000 Jahre alte Hünengrab bedeckte. Wir gehen geradeaus und nach 100 m halbrechts entlang dem weniger breiten Waldweg (Verkehrsverbotsschilder). Nach einem Gatter queren wir eine Straße und biegen hinter dem Picknicktisch rechts in den Pfad (Pfeile), der zum ersten der beiden **Manderkreise** ❹ führt und diesen links haltend nach einem Gatter gegen den Uhrzeigersinn umrundet. Die Manderkreise gehen zurück auf den Textilfabriken Gerhard Jannink, der hier in den 1930er-Jahren nach US-amerikanischem Vorbild kreisrunde Äcker anlegen ließ, sodass landwirtschaftliche Maschinen diese spiralförmig bearbeiten konnten, ohne zu wenden. Nachdem der Anbau von Getreide, Kartoffeln

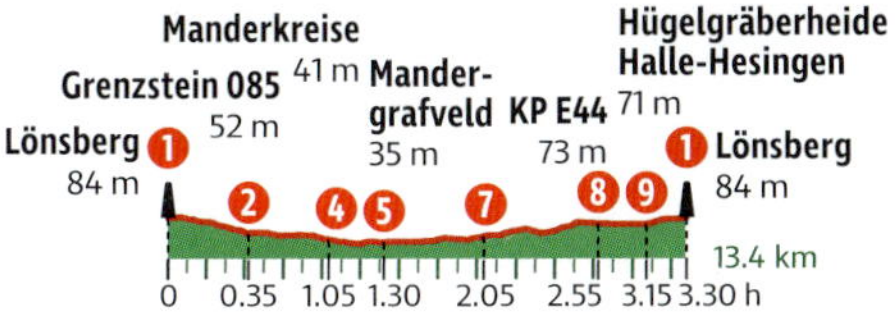

und zuletzt Mais auf dem sandigen Boden nicht mehr lohnte, übernahm eine Landschaftspflegebehörde die Flächen und ließ sie ab 1999 als Kunstwerk herrichten.

Nach einer halben Umgehung des ersten Manderkreises schwenken wir rechts auf den sandigen Grasweg und erreichen kurz hinter einer Bank den zweiten Manderkreis. Dieses Mal gehen wir radial, also geradeaus durch die Heide, umrunden den Mittelpunkt mit dem imitierten und mit 50 Wacholdersträuchern bepflanzten Grabhügel – als Teil eines Kunstprojekts. Am anderen Kreisende biegen wir nach links und verlassen die Kreise zusammen mit dem Twentepad rechts durch das Gatter. TP leitet kurz darauf durch die Heidefläche **Mandergrafveld** 5 und nach einem weiteren Gatter durch Wald. Dort biegen wir nach 5 Minuten bei einer Bank nach links auf den Weg mit separater Radspur (Drieschichtsweg), während TP geradeaus weiter führt. Bei der folgenden Kreuzung (Rad-KP 26) mit Schutzhütte geradeaus.

Bei der folgenden Kreuzung mit Tisch und Bank weist die **Tafel »Klootschietersbaan«** 6 auf einen seit 1826 ausgeübten Sport hin: Klootschieten, eine in den Niederlanden und Norddeutschland ausgeübte Wurfsportart entlang Wegen. Wir folgen rechts dem Weg (Streuweg) als Teil dieser Sportbahn (Verkehrsverbotsschilder) und ignorieren nach 100 m die rechten Abzweigungen. Nach einem Hof queren wir die Mosbeek und schwenken bei KP D51 links in die geklinkerte Straße durch das Tal der Mosbeek zum modernen **Infozentrum IJs & Es** 7 (wörtlich »Eis« und »Esch«) mit Wissenswertem zur Geologie und Kulturlandschaft. Unser Weg führt weiter über das Gelände des Restaurants gegenüber dem Infozentrum in Richtung zweier Wassermühlen.

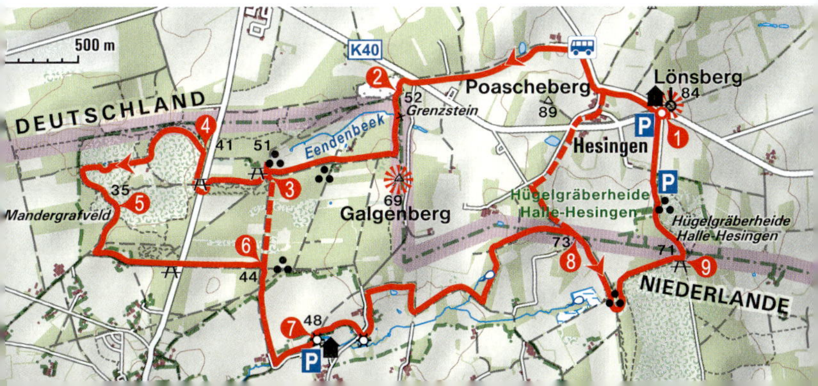

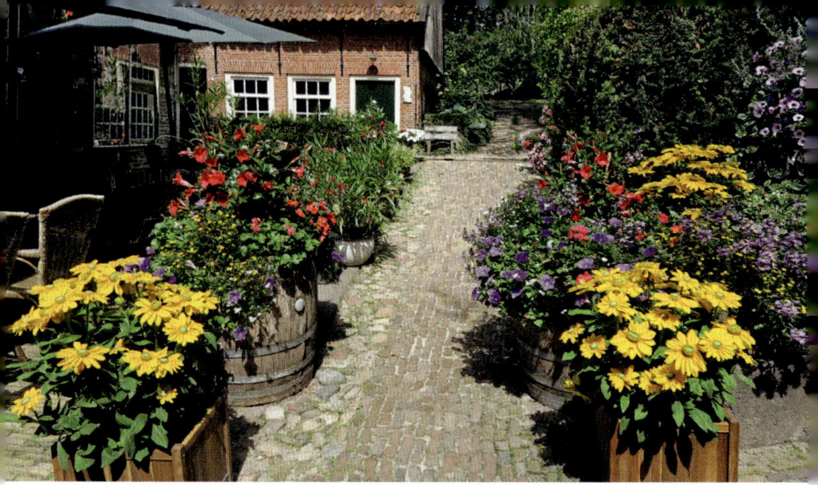

Die Restaurant-Terrasse an der Wassermühle Bels ist eine bunte und ruhige Oase.

Gleich nach der Terrasse des Restaurants ist links die **Wassermühle Bels**, erbaut im 18. Jh. als Papiermühle. Später mahlte sie aus Chichorée Kaffeeersatz und aus Getreide Mehl. Der Pfad führt rechts in die andere Richtung etwas oberhalb des Baches vorbei an KP 53 und 67 zur ausgeschilderten **Wassermühle Frans**, ebenfalls eine frühere Papier- und spätere Kornmühle.
Nach dem Abstieg vom Mühlenrad wieder zu KP 67 und rechts. Bei der folgenden Kreuzung mit KP D54 gehen wir rechts entlang dem Weg am Waldrand (TP) und halten uns nach 500 m bei der Gabelung in einer sandigen Linkskurve mit Bank links. Bei KP D55 führt TP durch eine Holzbarriere und in den Wald, wo wir bei Abzweigungen TP rechts folgen. Bei einer Barriere mit **KP E44** **8** direkt an der Grenze mündet TP in einen Radweg ein, über den auch die »Spurensuche« verläuft. 500 m geradeaus zu KP E39. Dort leitet uns TP links durch die Holzbarriere zu einer Heidefläche, wo wir uns bei KP E66 links halten, während der TP nach rechts abzweigt. Der Pfad führt nördlich am Rand der Heidefläche **Paardenslenkte** entlang, einem eiszeitlich geformten Moränengebiet. Der Name soll auf berittene Schmuggler (nl. paard für »Pferd«) zurückgehen.
An der Nordseite folgen wir 50 m nach einer Bank und einem Holztor bei KP E40 links der Spurensuche und dem Noaberpad Richtung Lönsberg (1,1 km) in die 14 Grabstellen zählende **Hügelgräberheide Halle-Hesingen** **9**, wo wir uns bei der Gabelung nach dem Picknicktisch beim alten Grenzstein mit der Aufschrift der benachbarten Dörfer Hezingen (NL) und Hesingen (D) links halten. Nach einem Holztor verlassen wir das grenzüberschreitende Naturschutzgebiet durch ein kleines Waldstück und folgen der Zufahrtsstraße geradeaus zurück zum **Lönsberg** **1**.

↗ 70 m | ↘ 70 m | 12.8 km

3.15 h

TOP

Itterbecker Heide 56

Rundwanderung ab Itterbeck durch Heide und Wald zur Itterquelle

Auf den sandigen Itterbecker Höhen sorgt die Heide im Spätsommer für eine lila Augenweide umringt von Wäldern. Die Heide steht als 85 ha großes Gebiet unter Naturschutz und wird traditionell gepflegt von dem einst fast ausgestorbenen Bentheimer Landschaf, dessen Bestand nach aufwendiger Zucht eine ausreichende Größe erreicht hat. Namensgeber des Ortes ist der Bach Itter, dessen Quelle an einem lauschigen Plätzchen mit Bohlenweg, Teich und Wasserpumpe Wanderer zur Pause einlädt.

Ausgangspunkt: Parkplatz Itterbecker Heide am westlichen Ortsrand von Itterbeck gegenüber der Straße Am Iland (Navi: Am Iland, Am Iland 2, 49847 Itterbeck).
ÖPNV: Bushaltestelle Itterbeck-Post mit Buslinie 10 (täglich stündlich) Richtung Neuenhaus und Emlichheim, vgb-mob.de. Von der Haltestelle auf Rad-/Fußweg durch den Rhodondendronpark neben der Hauptstraße Richtung Westen; nach ca. 5 Min. vor dem Ortsende-Schild am Parkplatz mit Glascontainer auf Radweg rechts.
Anforderungen: Leichte Wanderung über Wald- und Feldwege sowie kleine Straßen, durchweg gut ausgebaut und einfach zu gehen. Kürzere Abschnitte können bei Nässe schlammig sein. Auf der Heide sind die Pfade etwas sandig.
Markierung: Wanderknotenpunkte U33 und U31 sowie Spurensuche (S) mit rot-gelben Pfeilen.
Einkehr: Futterkrippe in Itterbeck, futterkrippe-itterbeck.com.
Varianten: 1. **Kleine Runde über Heide** (4 km): Wer nur die Heide besuchen möchte, folgt nach der Schleife über die Heide ab ❷ dem Rad-/Forstweg zurück zum Ausgangspunkt.
2. **Abkürzung nach Itterquelle** (gesamt 8,7 km): Zwischen ❹ und ❺ nach dem Erdgasspeicher rechts und entlang der Mühlenstraße geradeaus bis nach Itterbeck, dort bei einer T-Kreuzung links in die Wilsumer Straße, bei einer Kreuzung in der Ortsmitte mit der Bushaltestelle rechts in die Hauptstraße und entlang dieser zu ❶.

Vom **Parkplatz Itterbecker Heide** ❶ am Ortsrand von Itterbeck mit Glas- und Altkleidercontainern folgen wir rechts dem Forstweg mit Radspur in den Wald Richtung Itterbecker Heide. Bei einer **Gabelung** ❷ vor einer sandigen Anhöhe mit Kiefern links auf einen Spurweg und nach 80 m wieder links; kurz abwärts, dann über die Heide. Bei Abzweigungen halten wir uns rechts und folgen so dem Spurweg im Uhrzeigersinn über die Heidefläche. Nach der Runde biegen wir bei ❷ links in den nordwärts am

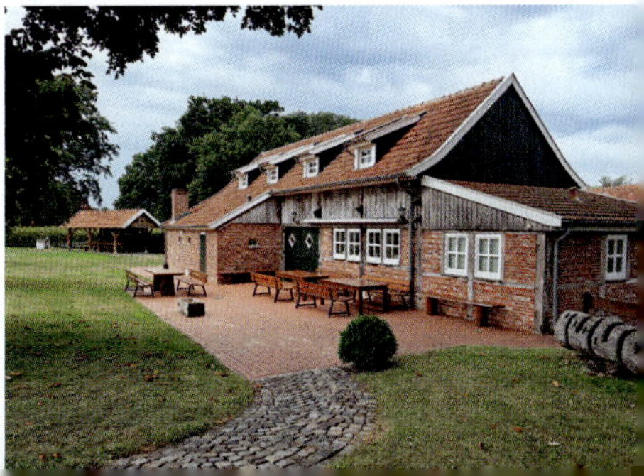

Heimatmuseum Itterbeck.

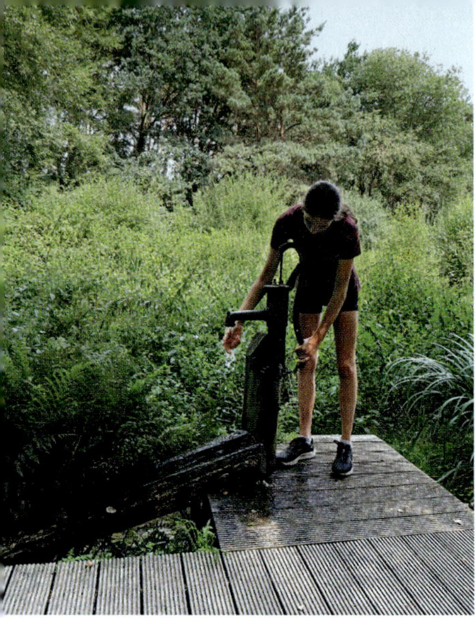

Itterquelle mit Wasserpumpe.

Waldrand verlaufenden Radweg. In einer Linkskurve wechseln wir rechts auf den Forstweg, der im leichten Auf und Ab durch Wald und später am Waldrand entlang führt.

Nach einer Straßenquerung bei **Rad-KP 34** ❸ geradeaus auf asphaltiertem und später gepflastertem Weg Richtung Itterquelle U33/Uelsen. An einem Wendeplatz mit Kreuzung folgen wir dem gepflasterten Weg rechts aufwärts, vorbei an einer Hochbehälteranlage für Wasser und anschließend auf dem Spurweg hinunter. Bei der folgenden Kreuzung biegen wir links auf den Grasweg am Waldrand und am Wiesenende rechts auf den Waldpfad. Nach 50 m auf einem Pfad nach rechts und vor einem Teich wieder rechts. Zwei Picknicktische markieren den Beginn des Quellsumpfes nahe der **Itterquelle** ❹. Diese erreichen wir kurz darauf bei einem Bohlenweg und einer Pumpe. Der Weg leitet zu einer T-Kreuzung; dort rechts Richtung U31 Itterbeck (6,6 km), dann auf der Straße geradeaus am Erdgasspeicher vorbei. 1,5 km unter der Erdoberfläche können hier 860 Mio. m^3 Gas gespeichert werden – genug, um 300.000 Häuser ein Jahr lang zu beheizen.

Etwa 300 m hinter dem Erdgasspeicher biegen wir links in den Schotterweg (U31) und folgen der Markierung U31 durch den Wald; der Forstweg geht später in einen urigen grasigen Waldweg über.

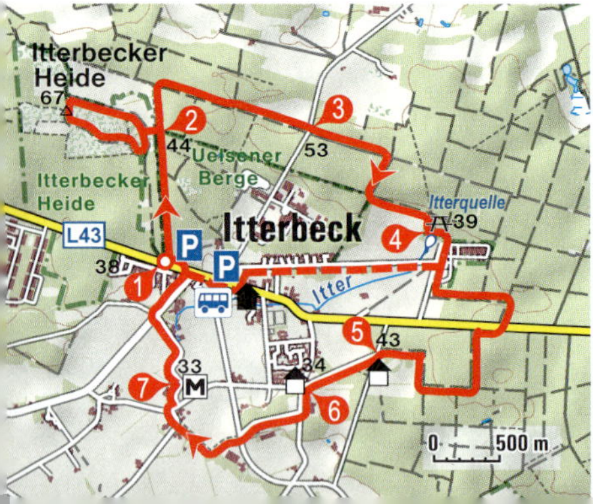

Bei einer T-Kreuzung nehmen wir rechts den Grasweg zur Landstraße und wandern hinter dem Baumwall rechts entlang dem Radweg. Nach 150 m halten wir uns links und folgen der Markierung der Grafschafter Spurensuche (S) durch den Wald.

Vor einem Feld gehen wir bei einer Kreuzung rechts und in den Wald, wo uns Markierungen links

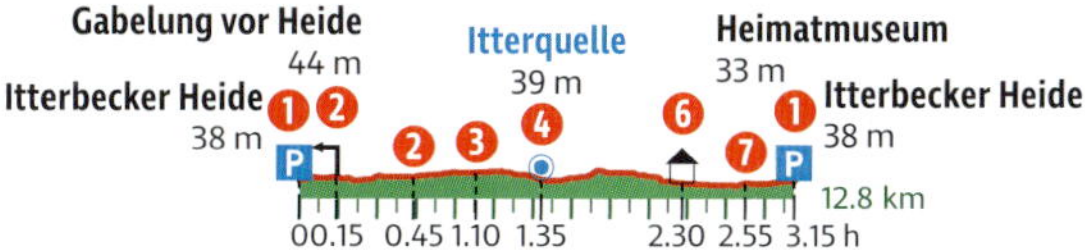

haltend den Weg weisen. Bei einem Hof dient **Rad-KP 50** ❺ als Orientierungspunkt: Hier queren wir die Straße nach links und passieren zur Linken einen Unterstand. Nach längerer Geradeausstrecke biegen wir bei der folgenden Kreuzung mit der **Schutzhütte Blomenhook** ❻ links in den Vorgrundweg (S) und nach 170 m rechts in den gepflasterten Weg Holthouse (S). Bei einer Straßenkreuzung geradeaus (S) auf von Bäumen gesäumtem Schotterweg und an der folgenden Kreuzung bei einem Hof rechts, auf alleeartigem Schotterweg. Hinter Höfen weist uns die Markierung nach rechts und bei der nächsten T-Kreuzung mit gepflastertem Weg wieder nach rechts (U31 Richtung Itterbeck 1,6 km).

Aufgepasst! Nach 50 m verlassen wir die Wandermarkierung und biegen links in die Schoolstege Richtung Itterbeck. An der folgenden T-Kreuzung dokumentiert rechts das **Heimatmuseum** ❼ die Alltagskultur mit alten renovierten Gebäuden. Wir gehen links, passieren die alte Schule und zweigen bei der folgenden Kreuzung mit dem Rad-KP 13 rechts auf den Rad-/Fußweg nach Itterbeck. Dort queren wir die Hauptstraße und folgen dem Fußweg 200 m entweder nach rechts zur Bushaltestelle oder nach links zum Ausgangspunkt am **Parkplatz Itterbecker Heide** ❶.

Besonders zur Blütezeit im August ist die Itterbecker Heide eine Augenweide.

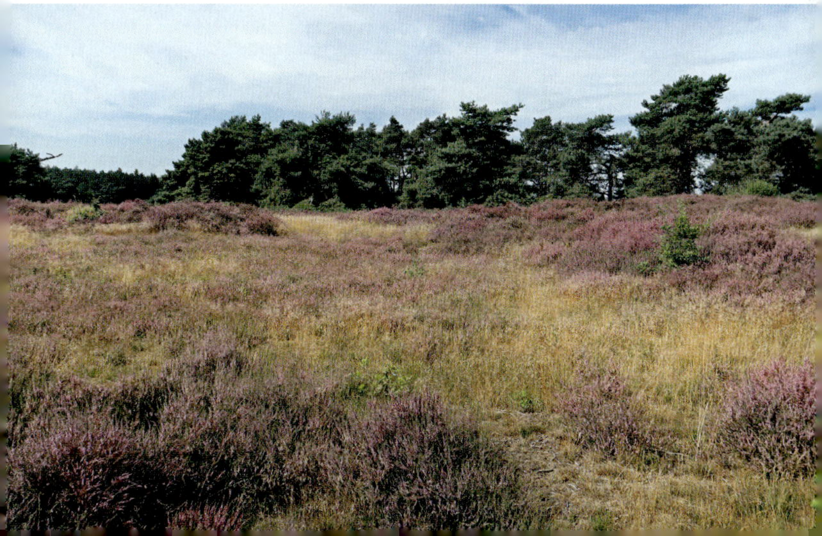

↗ 60 m | ↘ 60 m | 6.4 km

57 Wilsumer Berge

1.45 h

Waldreiche Rundwanderung zwischen Wilsum und Uelsen

Bei Wilsum überraschen die Binnendünen der Wilsumer Berge mit Höhen von über 50 m. Der von den Gletschern ausgespülte Sand/Kies wird heute stellenweise abgebaut, weshalb Teile der Wilsumer Berge nicht zugänglich sind. Aber die verbleibende Fläche ist eindrucksvoll genug. Die Tour erschließt die Berge mit kleinen abenteuerlichen Pfaden und folgt im Flachland großteils dem Wilsumer Wanderweg.

Ausgangspunkt: Evangelisch-Reformierte Kirche Wilsum mit Parkplatz (Navi: In d. Stadt 6, 49849 Wilsum), alternativ Ferienpark Wilsumer Berge mit Parkgelegenheit vor der Zufahrtsstraße. Von dort auf 0,7 km langem Zuweg durch den Wilsumer Ferienpark – der Zugang ist entlang des Wilsumer Wanderweges erlaubt. Rechts an der Rezeption vorbei und aufwärts, bei einer T-Kreuzung rechts und nach 80 m vor dem Sanitärgebäude links.
ÖPNV: Von der Bushaltestelle Wilsum-Ridder nahe ❶ fahren nur selten Schulbusse von/nach Uelsen (Linie 913). Besser angebunden ist die Haltestelle Wilsum-Eichenallee; täglich stündlich mit Linie 10 Richtung Neuenhaus und Emlichheim, vgb-mob.de. Von dort 0,8 km entlang der Dorfstraße zur Route kurz hinter ❶.
Anforderungen: Leichte Wanderung über Feldwege, Waldpfade und kleine Straßen.
Markierung: Stellenweise Wilsumer Wanderweg (rot-weiße und grüne Wegweiser) sowie Nummern.
Einkehr: Restaurant im Ferienpark Wilsumer Berge auf Zubringer durch den Park (Variante); Zutritt entlang des Wilsumer Wanderweges erlaubt.
Varianten: 1. **Abkürzung bei Start ab Ferienpark** (gesamt 4,6 km): vom Parkeingang auf Wilsumer Wanderweg rechts an Rezeption vorbei, nach 5 Minuten bei T-Kreuzung rechts, nach 80 m vor Sanitärgebäude links auf Schotterweg; nach 200 m bei ❸ halbrechts auf Pfad. Zurück ab ❺ geradeaus auf Wilsumer Wanderweg statt rechts zu ❷. Ab ❸ zurück zum Parkeingang wie bei Variante 2 beschrieben.
2. **Abstecher ab ❸ zu Restaurant im Ferienpark Wilsumer Berge** durch den Park (2 x 0,7 km); Zutritt entlang dem Wilsumer Wanderweg erlaubt. Ab ❸ geradeaus, nach 200 m im Park rechts, nach 100 m links und geradeaus zum Parkeingang mit Rezeption und Restaurant.
3. **Abkürzung zwischen ❹ und ❺** (0,3 km kürzer): bei ❹ geradeaus auf einen Waldweg und an dessen Ende links auf die Route vor ❺.
Tipp: Ferienpark Wilsumer Berge mit öffentlich zugänglichem Badesee und Einkehrgelegenheit.

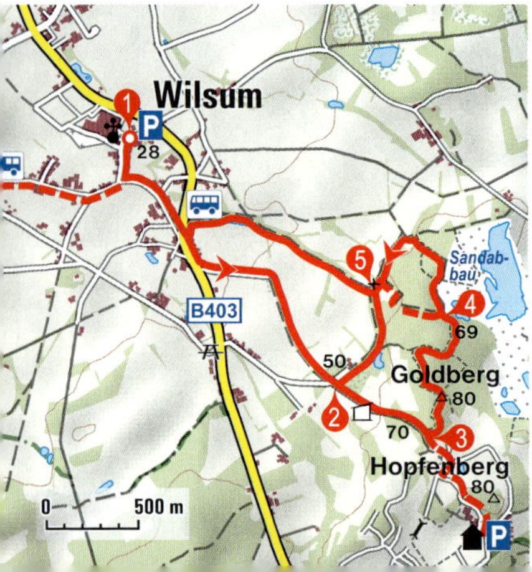

Gesäumt von Bäumen nähert sich der Spurweg dem Geestrücken.

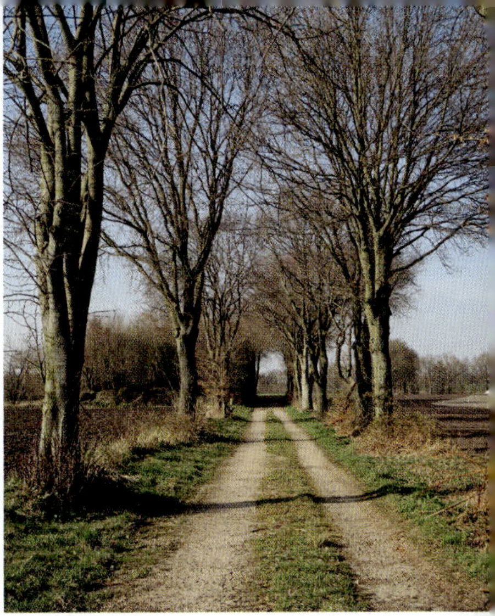

Von der Evangelisch-Reformierten **Kirche Wilsum** ❶ folgen wir der kleinen Straße In der Stadt südwärts auf dem geklinkerten Gehsteig und biegen am Ende links in die Dorfstraße mit rechts dem Fußweg. Die Straße mündet beim Bushäuschen in die B403, die wir queren und auf dem Radweg 150 m begleiten, um sie links auf dem Fahrweg zu verlassen. Dessen Asphaltbelag endet nach einer Rechtskurve bei einer Öl-Förderanlage, wo Probebohrungen schon 1964 im unterirdischen Buntsandstein auf Gasvorkommen stießen – heute eine von mehr als 141 Bohrungen dieser Firma (Neptune Energy) in der Region.

Auf dem von Bäumen gesäumten Spurweg wandern wir zwischen Feldern Richtung Süden und später Südosten und stoßen bei der **Kreuzung** mit der Straße **Am Goldberg** ❷ auf den Wilsumer Wanderweg, dem wir geradeaus am Waldrand folgen (Wegweiser am Verkehrsverbotsschild). Der breite Weg führt bald vorbei an einem bunkerartigen Betonunterstand und erreicht 5 Minuten danach eine **Gabelung vor dem Ferienpark Wilsumer Berge** ❸, wo wir den links abzweigenden Pfad nehmen, während der Wilsumer Wanderweg geradeaus zum und über den Ferienpark Wilsumer Berge mit Einkehrgelegenheit führt (0,7 km, Variante 2). Nach 100 m passieren wir zwischen Holzpflöcken einen niedrigen Zaun, danach schwenkt der Pfad nach links und steigt auf den Geestrücken.

Bei der T-Kreuzung vor einem bewaldeten Abhang links (in der Ferne ist oft die Pumpe der rechts vorne liegenden Kiesgrube hör-

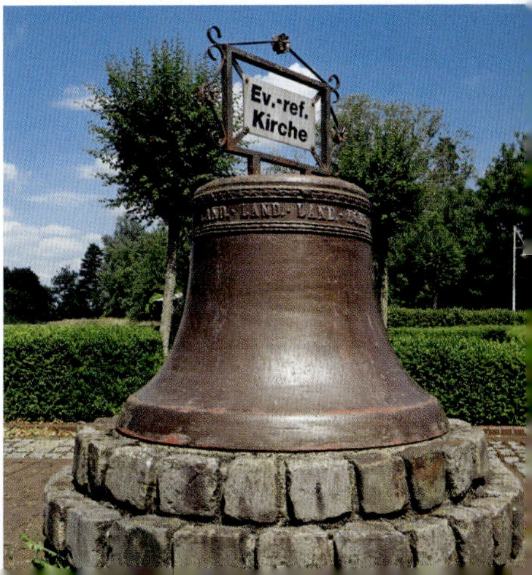

Alte Glocke der Kirche Wilsum.

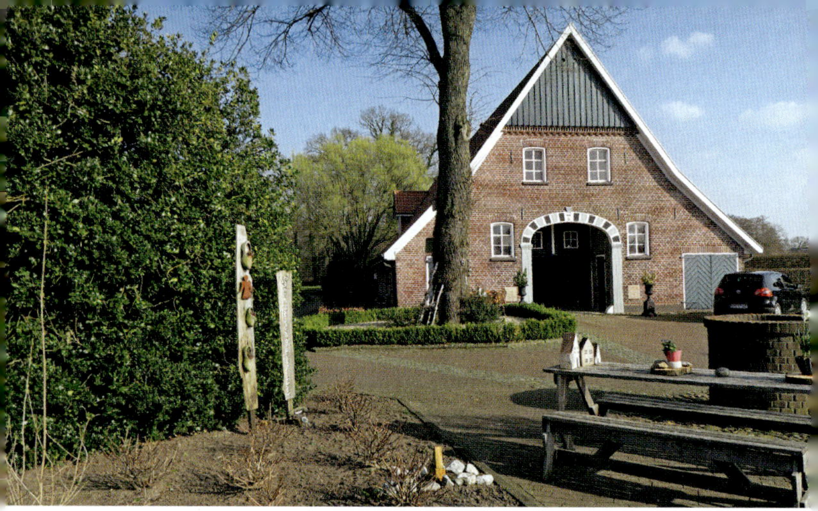

Hof mit Tisch.

bar); ein schöner Pfad schwingt sich über den Rücken und schließlich in mehreren Kurven abwärts. Bei der T-Kreuzung nach einer leichten Rechtskurve halten wir uns rechts und nach 200 m links, vorbei an einem blau ummantelten Wasseranschluss. Beim Anblick der wassergefüllten **Kiesabbaugrube** 4 mit Windrädern im Hintergrund schwenkt der Weg nach links und über einen Sandwall, angelegt als Barriere gegen motorisierten Verkehr. Gleich danach rechts (geradeaus optionale Abkürzung, Variante 3) und am Zaun des Kiesabbaus entlang. Nach 200 m gehen wir am Zaunende durch eine leichte Rechtskurve, gleich darauf links aufwärts und entlang dem Waldpfad.

Bei der T-Kreuzung vor einem Zaun links, nach 200 m wieder links und nach 70 m bei einem Haus zur Linken am Waldrand noch einmal links, jetzt auf der Route des Wilsumer Wanderweges.

Der nicht asphaltierte Fahrweg erreicht nach 5 Minuten bei einer einfachen **Holzbank** 5 eine Gabelung. Dort nehmen wir rechts den breiten Weg, der bei Nässe etwas schlammig sein kann – der Wilsumer Wanderweg führt geradeaus weiter (optionale Abkürzung bei Start ab Ferienpark, Variante 2). Nach 10 Minuten gehen wir bei Fischteichen geradeaus und ignorieren Abzweigungen. Bei der Hauptstraße kurz links, bei der Bushaltestelle rechts und rechts vom Bushäuschen entlang der Dorfstraße. Diese verlassen wir nach 5 Minuten und erreichen rechts abzweigend auf bekanntem Weg wieder die **Kirche Wilsum** 1.

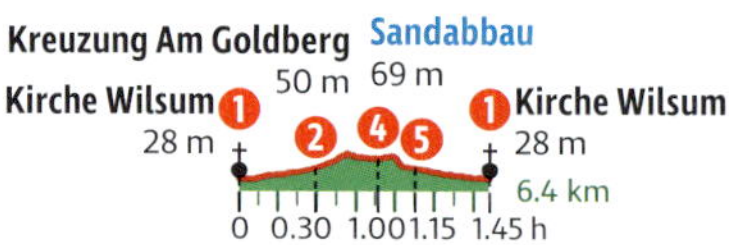

↗ 30 m | ↘ 25 m | 10.2 km

2.30 h

Von Emlichheim nach Hoogstede

Entlang der Vechte durch Überflutungsraum

Zwischen Emlichheim und Hoogstede dienen Teile der Vechteniederung als Überflutungsraum. Aber nur selten steht der Wasserspiegel so hoch, dass diese Wanderung nicht machbar ist. Die Tour folgt fast durchgehend der Vechte über Feld- und Wiesenwege, die Gelegenheit und Ruhe für Naturbeobachtungen bieten. Der Start- und Endpunkt sind ab voraussichtlich 2025 im Stundentakt per Bahn verbunden, bis dahin per Bus.

Ausgangspunkt: Emlichheim Bahnhof mit Bushaltestelle und Parkgelegenheit bei Zufahrt von Bahnhofstraße bei Gewerbegebiet (Navi: Ladestraße, 49824 Emlichheim).
Endpunkt: Hoogstede, Dorfplatz mit Parkgelegenheit gegenüber (Navi: Hauptstraße 57, 49846 Hoogstede).
ÖPNV: Zwischen Hoogstede und Emlichheim verkehrt Mo–Fr Buslinie 20 mehrmals am Nachmittag, vgb-mob.de. Voraussichtlich ab 2025 Bahnverbindung zwischen Emlichheim und Hoogstede (täglich stündlich), be-mobil.de.
Anforderungen: Leichte Wanderung über breite Gras- und Feldwege, in Orten kleine Straßen.
Markierung: Anfangs Podagristenpad (»Spurensuche P«) und Noaberpad (rot-weiß) sowie bis ❸ Vechtdalpad (blau-weiß).
Einkehr: Emlichheim, in Hoogstede nur Bäckerei-Café in Supermarkt.
Tipp: Ortstypische Landschaftsgemälde von lokalem Künstler auf dessen Website (christoph-wortelen.de/malerei).

Auf ihrem 182 km langen Lauf überwindet die Vechte nur 74 m Höhenunterschied.

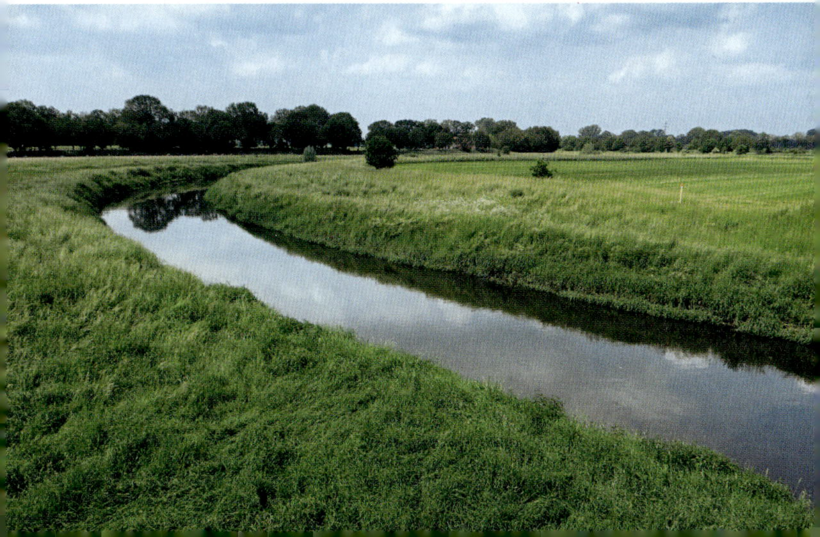

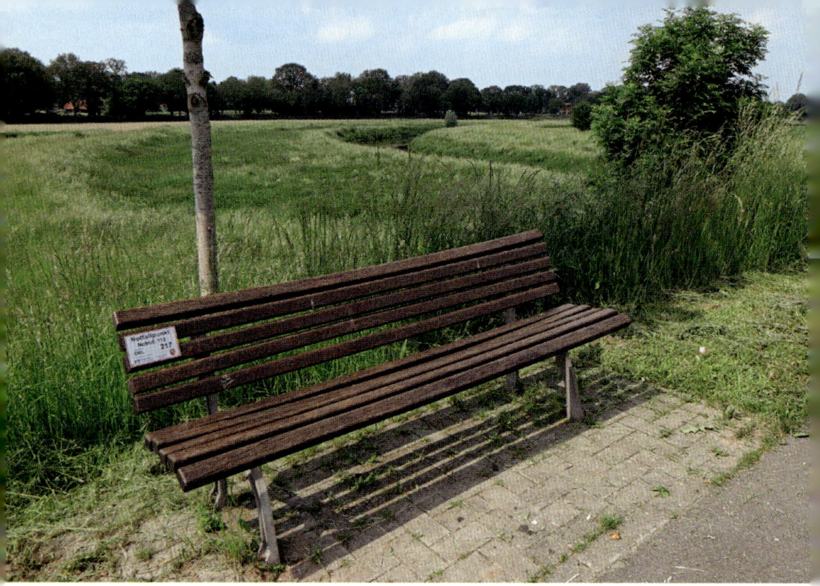

An der Straßenbrücke lädt eine Bank zur Pause ein.

Am **(Bus-)Bahnhof Emlichheim** ❶ orientieren wir uns südwärts und folgen dem gepflasterten Radweg links neben der Straße. Bei der Vorfahrtstraße leicht rechts und auf dem Radweg links am alten Trafoturm vorbei. Bei der nächsten Straße biegen wir links (Dorfstraße) ab und passieren links den Parkplatz sowie die offene Bühne. Auf der rechten Seite erinnert vor dem Dorfgemeindezentrum Haus Ringebrügge und daneben der Touristinfo die Bronzeskulptur »Buur en Veehkoopmann« an den früheren Viehhandel. Hinter der Grasfläche neben der offenen Bühne umgehen wir rechts das Rat-

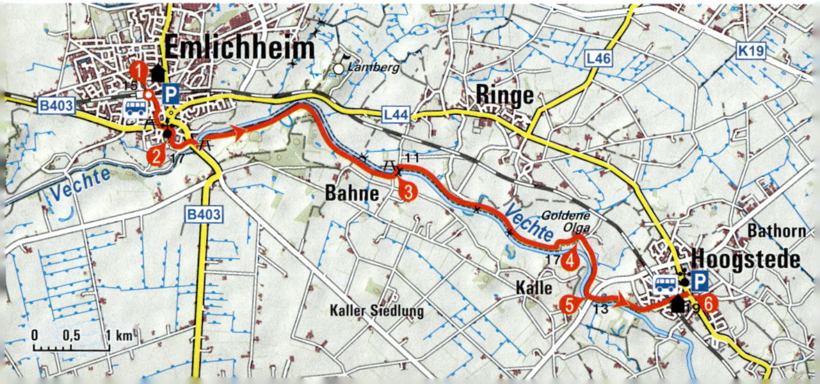

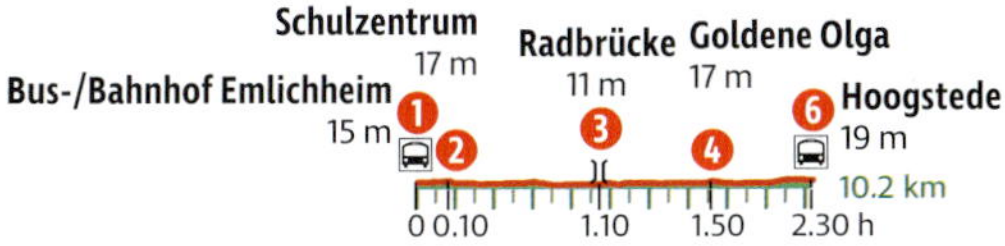

haus und queren die Hauptstraße. Dahinter bei der roten Bank geradeaus (Bremarkt) auf die Kirche zu und links an dieser vorbei. Hinter der Kirche biegen wir rechts in den roten gepflasterten Weg, der rechts am **Schulzentrum** ❷ vorbei führt. In der Linkskurve geradeaus auf den Radweg, rechts an der Sporthalle vorbei und rechts über die Vechte.

Hinter der Brücke schwenken wir nach links und genießen auf breitem grasigen Uferweg die Ruhe am Fluss. Nach etwa 45 Minuten wechseln wir die Seiten bei einer **Radbrücke** ❸ und wandern auf dem Grasweg links neben der Vechte, während der Vechtdalpad auf weniger schöner Straße südlich der Vechte nach Hoogstede führt. Eine halbe Stunde nach der Radbrücke entfernt sich der Weg vom Fluss und führt zu einem Hof (Zugang auf beschriebenem Weg auf Anfrage erlaubt). Der Hof Scholten-Meilink wurde mehrfach als bester Milcherzeuger Niedersachsens ausgezeichnet und darf sich deshalb dauerhaft mit der **Goldenen Olga** ❹, einer lebensgroßen, goldenen Kuhstatue, schmücken.

Am Hof halten wir uns rechts und folgen der Hofzufahrt. 200 m weiter, nach Querung eines Wassergrabens, rechts auf den schmalen Grasweg zur Vechte und dort weiter auf dem grasigen Uferweg zur Straßenbrücke. Der Weg führt auf der linken Flussseite unter der Brücke hindurch, aber vorher lohnt sich ein Abstecher auf die andere Flussseite. Dort informiert auf dem Brückenkopf bei einer Bank die zweisprachige Tafel **»Alles im Fluss«** ❺ über die grenzüberschreitende Vechtetalstrategie.

Nach dem Unterqueren der Brücke und 600 m auf der linken Flussseite folgen wir nach einem Feld dem Gras-Spurweg links auf die Häuser zu und nach 100 m am Ortsrand der gepflasterten Straße rechts zum Dorfplatz von **Hoogstede** ❻ mit links einem Brunnen und rechts der Bushaltestelle vor der St. Bonifatius-Kirche. Nach der Wiedereröffnung der Bahnstrecke wäre möglicherweise der Bahnhof das Ziel; die Bahnhaltestelle liegt rechts vom Bahnübergang kurz vor der Dorfmitte.

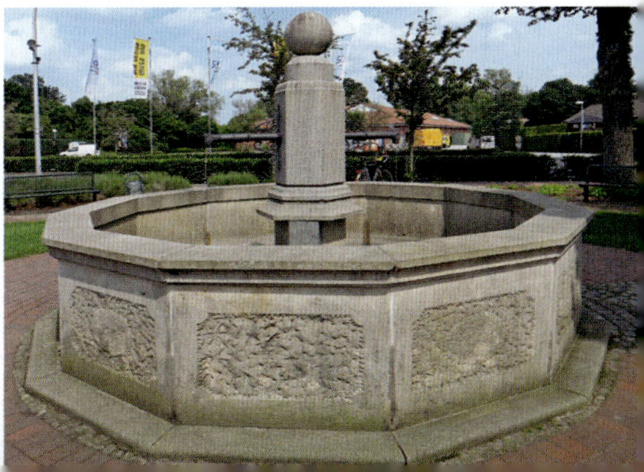

Sandsteinbrunnen in Hoogstede.

↗ 25 m | ↘ 25 m | 6.7 km

59 Emlichheim – Vechte

1.45 h

Rundwanderung durch Wald und Flusstal

Im Nordosten der Grafschaft führt eine kurze Runde abwechslungsreich über ruhige Wege, die nichts von Emlichheims Einnahmequellen spüren lassen: Erdöl, Einkaufstourismus und Emsland-Stärke. Im Umfeld der bei Niederländern beliebten Einkauf- und Tankstadt liegen Erdöl- und Erdgasfelder sowie zahlreiche Äcker zur Belieferung von Deutschlands größtem Kartoffelstärkeproduzenten.

Ausgangspunkt: Emlichheim Bahnhof mit Bushaltestelle und Parkgelegenheit bei Zufahrt von der Bahnhofstraße (Navi: Ladestraße, 49824 Emlichheim).
ÖPNV: Bushaltestelle Emlichheim-Bahnhof mit u.a. Linie 10 von/nach Neuenhaus (täglich stündlich), vgb-mob.de. Voraussichtlich ab 2025 Bahnverbindung Richtung Bad Bentheim via Neuenhaus und Nordhorn, be-mobil.de.
Anforderungen: Leichte Wanderung über breite Gehwege, aber auch kleine Pfade. Bei Nässe können einige Stellen etwas schlammig sein.
Markierung: Stellenweise Schilder Spurensuche (S) sowie Vechtdalpad (blau-weiß).
Einkehr: Emlichheim.
Varianten: Abkürzung am Schluss (0,6 km weniger); 30 m nach ❺ links, nach 220 m bei T-Kreuzung rechts in Wildestraße, bei B403 geradeaus in Radweg links neben dem Huskamp und auf diesem zur Route kurz vor ❶.

Vom **Bahnhof Emlichheim** ❶ wandern wir westwärts auf dem rot geklinkerten Weg, links vorbei am Erdwall und dahinter dem »Vechteland Agrarhandel«. Nach 5 Gehminuten geht der Radweg in eine kleine Straße über, der wir folgen. Am Ende rechts (S) und vor einem Bahnübergang links (Am Neuland). Wir halten uns immer westwärts links neben der Bahnstrecke – abwechselnd auf der Straße, einem Grasweg und einem Spurweg. Beim folgenden Bahn-

Überschwemmungen im Vechtetal sind im Winterhalbjahr keine Seltenheit.

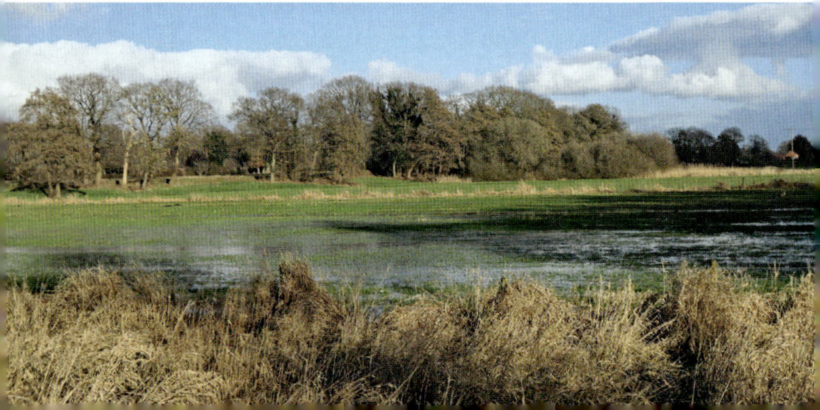

übergang gehen wir links, queren die B403 und folgen dem Radweg für 50 m nach rechts, ehe wir links in den Spurweg biegen (S). Bei einer älteren **Nabu-Infotafel** ❷ betreten wir rechts den dünnen Waldstreifen und folgen dem Weg kurz darauf durch die Linkskurve und durch offene Landschaft. Bei einer Gabelung halten wir uns rechts (S) und folgen dem Hauptweg durch den Waldstreifen, Abzweigungen ignorierend.

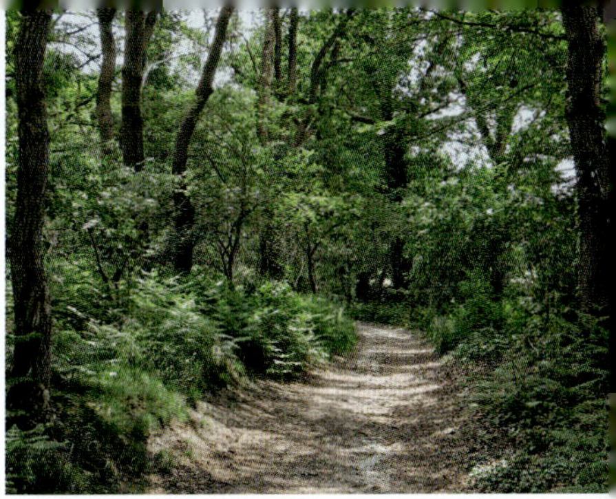

Waldweg westlich von Emlichheim.

In einer Linkskurve mit **alter Bank** ❸ geradeaus, vorbei an Baumstamm-Pollern.

Nach einer lang gezogenen Linkskurve kurz vor der Vechte endet der Baumbestand. Weiter geht es geradeaus durch offene Landschaft auf dem bald gepflasterten Weg. Bei einer **Kreuzung mit Schuppen** ❹ und Haus-Nr. 3 rechts auf gepflastertem Weg (Spurensuche) und bei einer T-Kreuzung mit Wettkampf-Containern einer Reitsportanlage rechts zur Vechte.

Vor der Brücke schwenken wir links auf den Radweg neben der Vechte Richtung Emlichheim und passieren nach 500 m eine **Bank mit Notfallpunkt EMC-154** ❺. Weiter geradeaus und nach 600 m links auf asphaltiertem Rad-/Fußweg (E11 Emlichheim 1,1 km, Vechtdalpad). Bei einer Gabelung vor Hecken und dahinter einem Friedhof schwenken wir nach links und folgen dem Radweg links am Friedhof vorbei. Der Radweg mündet in die kleine Straße Nebenesch. Dort geradeaus, kurz darauf rechts, gleich wieder links (Marlinkstraße). Rechts erinnert ein Turm als einzig erhaltenes Bauteil an die 1873 errichtete katholische St.-Joseph-Kirche.

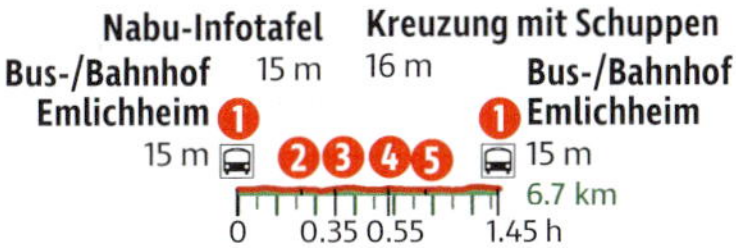

Bei der folgenden Hauptstraße gehen wir leicht links versetzt in die Friedrich-Kottemann-Straße, biegen nach 60 m hinter dem Hotel-Restaurant Veldink rechts in den Radweg und folgen diesem links vorbei an der Alten Scheune mit der Touristinfo. Der Radweg quert nach einem begrünten ehemaligen Trafoturm die Dorfstraße und führt nordwärts wieder zum **Bahnhof Emlichheim** ❶.

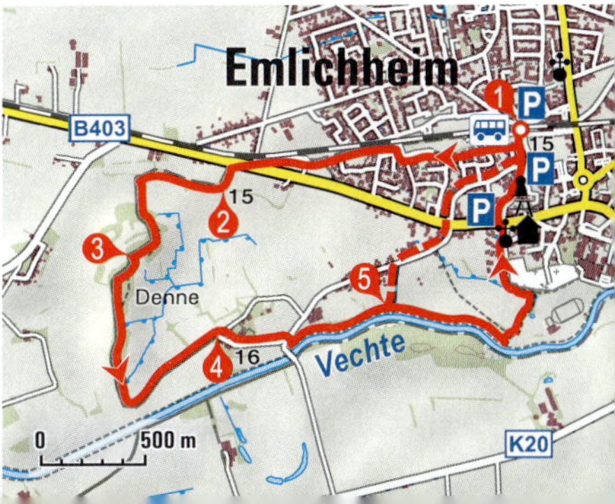

↗ 50 m | ↘ 45 m | 15.9 km

60 Von Gramsbergen nach Emlichheim

4.00 h

Grenzüberschreitende Streckenwanderung entlang der Vechte

Das Grenzgebiet südlich von Coevorden wird geprägt durch eine weite Wiesenlandschaft mit der periodisch über die Ufer tretenden Vechte. An dieser Stelle ragt die nördliche Grafschaft Bentheim weit in die Niederlande hinein. Diese Streckentour lässt sich voraussichtlich ab 2025 mit einem Bahntransfer kombinieren – dank einer dann eingerichteten grenzüberschreitenden Verbindung der Bentheimer Eisenbahn.

Ausgangspunkt: Bahnhof Gramsbergen mit Parkplatz (Navi: De Oostermaat 63, 7783 BX Gramsbergen, NL).
Endpunkt: Emlichheim Bahnhof mit Bushaltestelle und Parkgelegenheit bei Zufahrt von Bahnhofstraße (Navi: Ladestraße, 49824 Emlichheim).
ÖPNV: Der Ausgangs- und Endpunkt sind mit öffentlichen Verkehrsmitteln und Umstieg am Bahnhof Coevorden verbunden: Zwischen Gramsbergen und Coevorden verkehren Regionalbahnen im Halbstundentakt. Zwischen Coevorden und Emlichheim täglich stündlich Ruftaxi T11 (Anmeldung 60 Min. vor Abfahrt, Tel. +49 05921 80350), vgb-mob.de. Voraussichtlich ab 2025 sollen Coevorden und Emlichheim per Regionalbahn auf der bisherigen Güterzugstrecke verbunden sein, be-mobil.de.
Anforderungen: Leichte Wanderung v.a. über breite Gras- und Feldwege, stellenweise auch Radwege und Asphaltstraßen.
Markierung: Großteils Vechtdalpad (blau-weiß) und Radwegeschilder sowie von ❶ bis ❺ folgende Nummern des Wanderknotennetzwerks: K30-K32-K36-K37-K48-K04-K55.
Einkehr: Gramsbergen, Laar, Emlichheim, SB-Café Pusteblume bei ❻.

Vom **Bahnhof Gramsbergen** ❶ folgen wir der Hauptstraße Der Oostermaat nordwärts und zweigen in der Rechtskurve vor dem Bahnübergang links in die Straße Dahlenburg. Rasch endet das Wohngebiet, und am Ortsrand halten wir uns in einer Rechtskurve links – zwischen Haus Nr. 21 und 23, vorbei an einem rot-weiß-roten Pfahl. Vor einer Niederung mit Wiesen und Sportplatz biegen wir rechts in die gepflasterte Straße mit links einer Hundetoilette (»Hondenuitlaatstrook«) und nach 80 m links abwärts auf den Pfad. Dieser führt rechts neben einem Zaun über die Weide (Schild: »Particulier Weidevogelbeheer«).

Nach einem kleinen Rechtsschwenk bei einem Graben leitet der Grasweg zur Vechte, der wir bei KP K37 rechts flussaufwärts folgen, zunächst rechts neben dem Fluss.

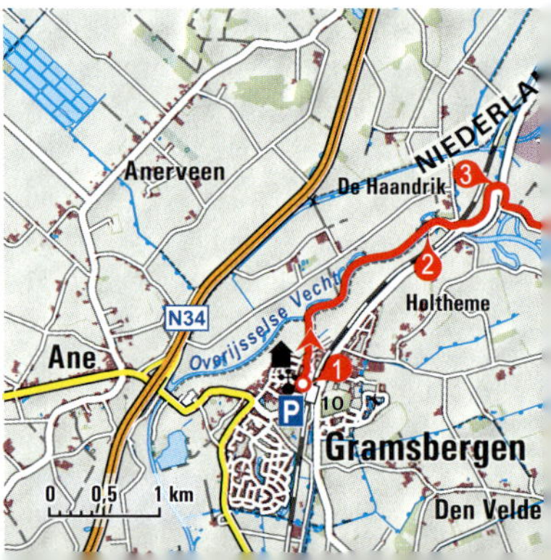

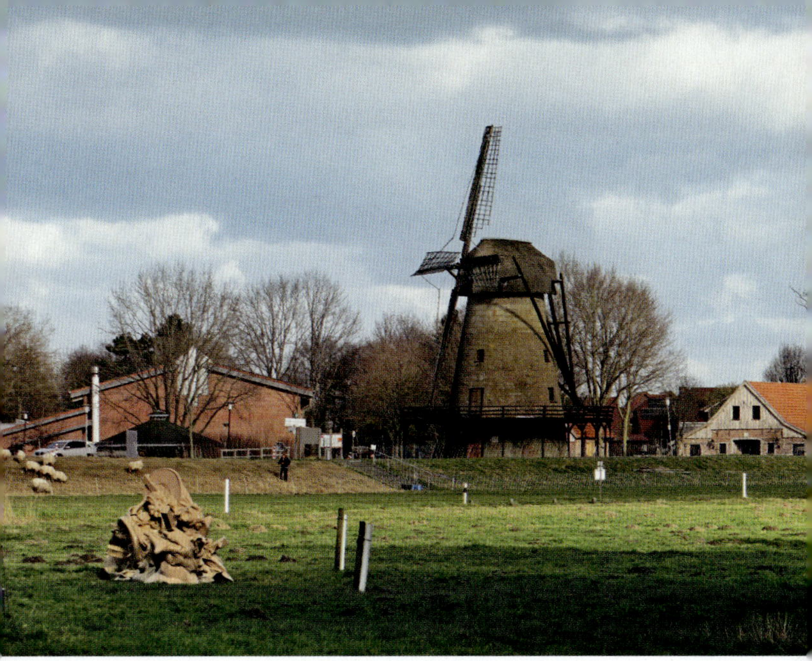

Die Windmühle Laar ist seit mehr als 100 Jahren nicht mehr in Betrieb.

Bald wandern wir rechts an einem **Stauwehr** ❷ vorbei und queren 100 m nach einer Rechtskurve Bahngleise. Danach links entlang der Straße Coevorderweg, nach der Vechtebrücke auf der Straße (De Haandrik) rechts, nach 5 Minuten rechts über die **Coevordersluis** ❸ und dahinter rechts auf den Radweg De Haandrik (Laar (D) 2 km). Nach 100 m folgen wir der kleinen

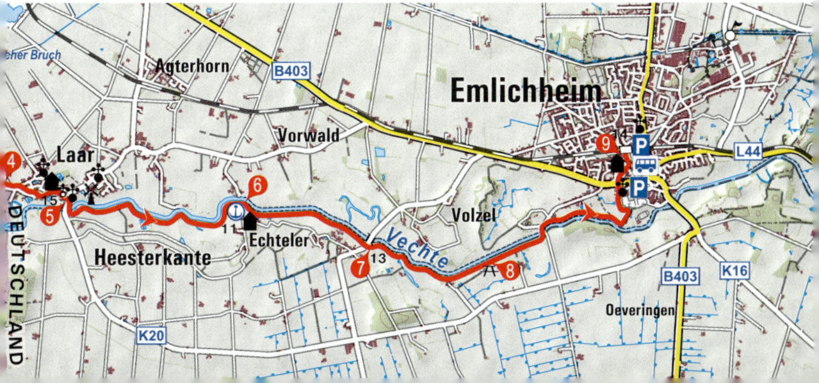

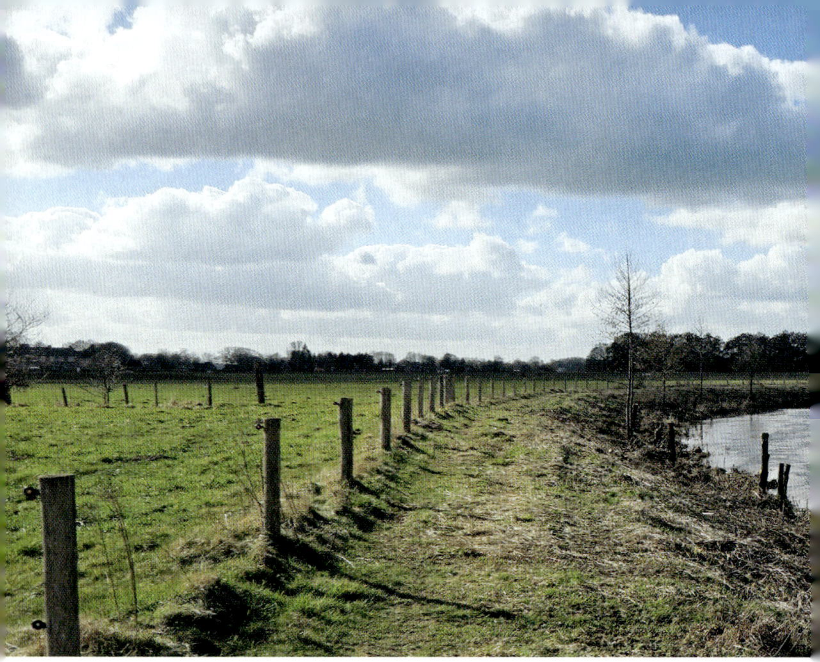

In den Niederlanden heißt die Vechte »Overijsselse Vecht«.

Straße durch die Linkskurve (Radschild Emlichheim 14 km) und der kleinen Straße Vilsterborg links vorbei am Altarm der Vechte.

Nach Passieren der **Grenze** ❹ erreichen wir das deutsche Laar und zweigen dort in der Linkskurve der Straße halbrechts in die Bogenstraße (gelber Pfeil). Nach 250 m nehmen wir in einer Linkskurve bei einem Hof den etwas rechts aufwärts führenden Fußgängerweg, der links von der Vechte auf den Kirchturm zuführt. Auf dem Deich bieten Bänke aussichtsreiche Rastgelegenheit mit Blick auf die Vechteniederung. Vor der **Evangelischen Kirche Laar** ❺ zweigen wir rechts auf die Hauptstraße und queren die Vechte. Gleich nach der Brücke gehen wir links auf die Mühle zu und passieren die von der Mühle inspirierte kunstwege-Skulptur »chain reaction« der Künstlerin Bonnie Collura von 1999.

Der Weg führt rechts entlang der Vechte, die sich bei der **Kurbelfähre »Fähr Harm«** ❻ mit eigener (Arm-)Kraft queren lässt. Ist aber nicht nötig: Der (schönere) Weg führt noch gut 1 Stunde rechts entlang der Vechte, während links der Vechte ein asphaltierter Radweg verläuft. Im Sommerhalbjahr (Mai bis Oktober) bietet 200 m rechts (südlich) von der Kurbelfähre ein SB-Café Kleinigkeiten im Garten mit bäuerlichem Ambiente.

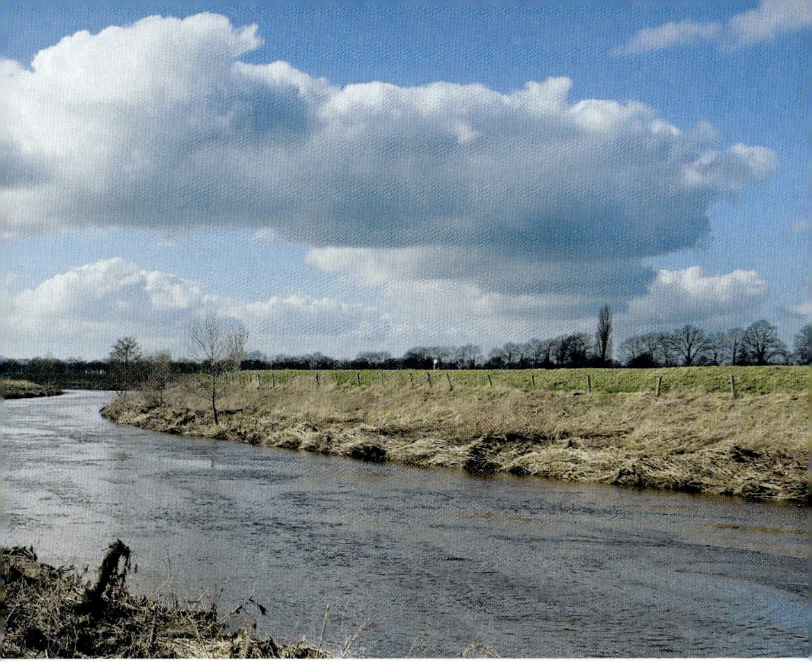

Auch nach der nächsten Straßenbrücke, der **Echteler Brücke** 7, bleiben wir auf der rechten Seite. 800 m nach einem **Tisch und Bank** 8 wechseln wir bei der folgenden Straßenbrücke auf die linke Seite und folgen dort dem linksseitigen Radweg entlang der Vechte. 600 m nach einer Bank mit Notfallpunkt EMC-154 links auf asphaltiertem Rad-/Fußweg (E11 Emlichheim 1,1 km, Vechtdalpad). Bei einer Gabelung vor einem Friedhof folgen wir dem Radweg links und links am Friedhof vorbei. Am Radwegende geradeaus entlang der Straße Nebenesch, nach 50 m rechts und gleich wieder links (Marlinkstraße), links vorbei am Turm der früheren St.-Joseph-Kirche. Nach der folgenden Hauptstraße wandern wir geradeaus leicht links versetzt in die Friedrich-Kottemann-Straße und zweigen nach 60 m hinter dem Hotel Veldink rechts in den Radweg. Dieser führt links vorbei an der Alten Scheune mit der Touristinfo zum **Bahnhof Emlichheim** 9.

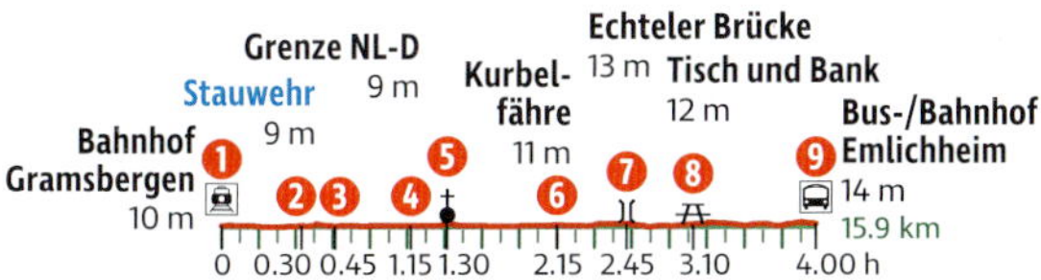

STICHWORTVERZEICHNIS

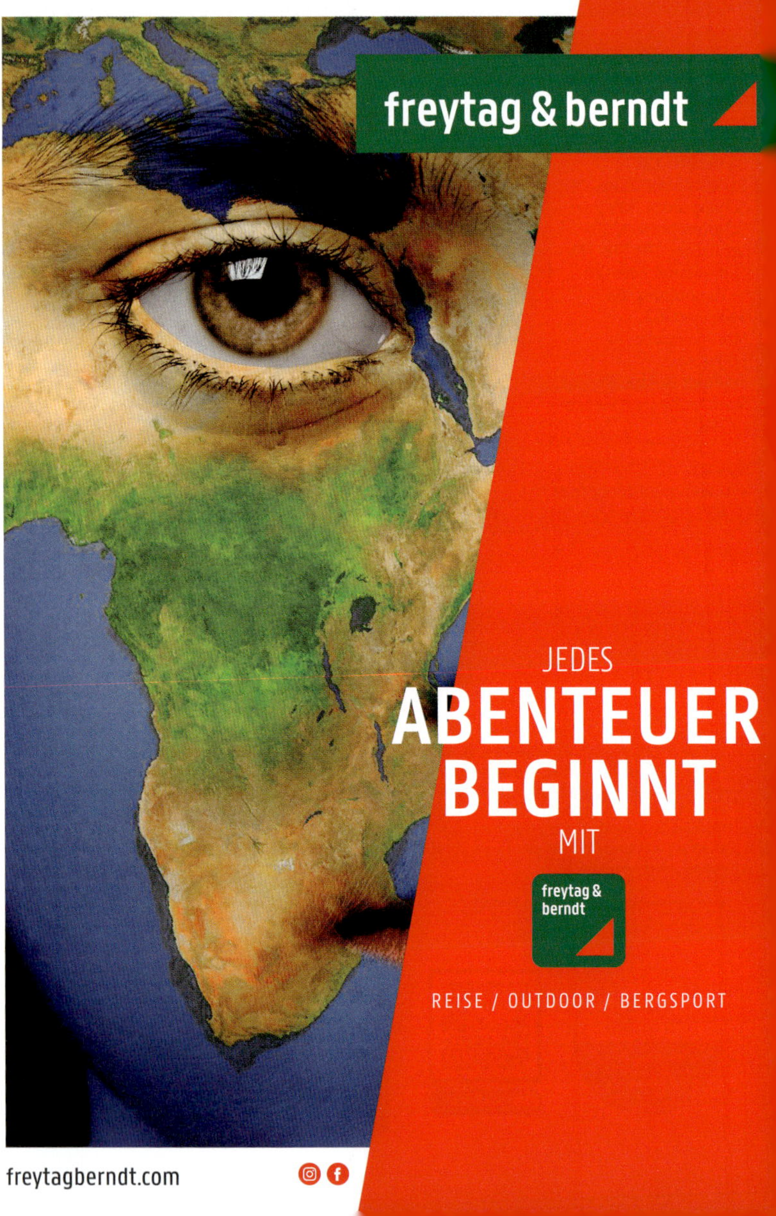
freytag & berndt
JEDES
ABENTEUER
BEGINNT
MIT
freytag & berndt
REISE / OUTDOOR / BERGSPORT
freytagberndt.com

Umschlagbild: Wanderweg an der Vechte südlich von Schüttorf (Tour 43).

Bild im Innentitel: Reetgedeckte Schutzhütte im Bargerveen (Tour 24).

Bild auf den Seiten 36/37: Die Ems bei Meppen (Tour 27).

Alle 171 Fotos vom Autor, ausgenommen die Fotos der Umschlagseite sowie der Seiten 22, 23, 121, 135, 140, 220 (Idhuna Barelds).

Kartografie:
60 Wanderkärtchen im Maßstab 1:25.000 / 1:50.000 / 1:75.000 / 1:100.000
Geodaten © OpenStreetMap und Mitwirkende
Kartografisches Design: SHOCart (CZ), www.shocart.cz
Zwei Übersichtskarten im Maßstab 1:700.000 und 1:1.500.000
© Freytag & Berndt, Wien

Werk-Nr.: 4623

1. Auflage 2024

ISBN 978-3-7633-4623-3

FSC www.fsc.org MIX Papier | Fördert gute Waldnutzung FSC® C147178

Wir freuen uns über jeden Korrekturhinweis zu diesem Wanderführer!
Bitte per E-Mail an: leserzuschrift@rother.de

ROTHER BERGVERLAG · Keltenring 17 · D-82041 Oberhaching
Tel. +49 89 608669-0 · rother.de